MAP 3D (Toolset, AutoCAD) 6. Buch

Funktionen, Besonderheiten und Unterschiede zum AutoCAD und Civil 3D

Exposee

Grundlagen, Funktionalität, Hinweise, Basis-Wissen, MAP 3D Toolset (Autodesk GIS)

Dipl.-Ing. (TU) Gert Domsch
www.gert-domsch.de

1 „MAP 3D Toolset", Funktionen und Unterschiede zum AutoCAD

Sehr geehrter Leser,

diese Unterlage ist die Verdichtung meiner beruflichen Tätigkeit, die Verdichtung von 20 Jahren Trainer AutoCAD Applikation RZI, MAP 3D, jetzt MAP3D Toolset und CIVIL 3D. In dieser Zeit bin ich nicht nur bei dieser Auswahl stehengeblieben. Mein Interesse geht über Civil 3D hinaus, gilt der „Architecture, Engineering & Construction Collection", die mehr bietet und dessen Funktionen bzw. funktionale Erweiterungen in alle Planungsabläufe einzuordnen sind (Planungsphasen der HOAI).

Die Bücher 1-5 konzentrieren sich stark auf Civil 3D. Die hier vorliegende Beschreibung zeigt Themen an welcher Stelle der Arbeitsbereich „Civil 3D" oder „Zeichnen und Beschriften" endet und was der Umfang von „Planung und Analyse" darstellt. Dieses Buch soll zeigen, wo es wichtig wird, um die zusätzliche Funktionalität des AutoCAD MAP 3D Toolset zu wissen (Bestandteil der der „Architecture, Engineering & Construction Collection"). Mit dem Arbeitsbereich „Planung und Analyse" ist auch innerhalb des Produktes Civil 3D der Zugang zu vielen Funktionen möglich. Das AutoCAD MAP 3D Toolset hat einen weiteren Arbeitsbereich „Datenpflege". Dieser Arbeitsbereich stellt die Grenze zwischen dem AutoCAD MAP 3D Toolset und Civil 3D dar.

In diesem Zusammenhang fällt auch immer wieder der Begriff „BIM". Hier ist daran zu erinnern, der Begriff „BIM" bedeute „engl.: Building Information Model" kann auch das ESRI *.shp-Format oder andere moderne GIS-Formate einschließen (BIM deutsch, Interpretation des Autors: Daten-Modell eines Bauwerks, einer Baumaßnahme).

Es ist die freie Interpretation des Auftraggebers, wie er BIM definiert und welche Daten-Formate er für die Erfüllung des Planungsauftrages verlangt. Es macht Sinn die GIS Funktionalität von AutoCAD MAP 3D (MAP 3D Toolset oder Civil 3D, Arbeitsbereich „Planung und Analyse") zu verstehen, um als Bestandteil eines Planungs-Auftrages GIS-Formate importieren oder auch exportieren zu können.

Mit freundlichen Grüßen

Dipl.-Ing. (TU) Gert Domsch

P.S.

Mehr und mehr leben wir in einer Welt der Daten. Die Ausbildung der Kenntnisstand oder das Wissen um alle Besonderheiten im Zusammenhang mit Daten und Datenaustausch setzt die Bereitschaft für eine große Investition voraus. Es handelt sich hierbei um eine Investition in Zeit. Man sollte um alle Details beim Datenaustausch wissen, um damit innerhalb des Projektes die richtige Entscheidung für den richtigen Weg treffen zu können. Die Optionen in dem Paket der „Architecture, Engineering & Construction Collection" sind sehr vielfältig und in einer einzigen Beschreibung kaum darzulegen. Die vorliegenden Beschreibungen bietet dazu einen Einstieg (Bücher 1-6).

Im Buch werden Beispiel-Konstruktionen beschrieben. Die Ausgangsdaten stelle ich auf meiner Internetseite kostenfrei zum Download zur Verfügung.

    www.gert-domsch.de

Inhalt:

1 „MAP 3D Toolset", Funktionen und Unterschiede zum AutoCAD 4
   1.1 Vorwort 4
   1.2 Grundlagen 6
      1.2.1 MAP-Optionen 6
      1.2.2 MAP-Anmeldung 9
      1.2.3 Koordinatensysteme 9
      1.2.1 Vorlage Zeichnungshintergrund 11
      1.2.2 Besonderheit im Civil 3D 13
      1.2.3 besondere Zeichnungs-Elemente (M-Polygon, COGO-Punkt) 14
      1.2.4 Arbeitsbereiche / -Wechsel „Planung und Analyse", „Datenpflege" 18
      1.2.5 MAP-Aufgabenfenster / Funktionsübersicht 19

2 Datenverwaltung, Import von ESRI, *.shp (ArcView, GIS) 24
   2.1 Verbinden (Datenverbindung) 24
   2.1 MAP-Layer Reihenfolge und Sichtbarkeit 27
   2.1 Datentabelle 28
   2.2 Bearbeitung der Darstellung / Stilisierung 30
   2.3 Datenbearbeitung 37
   2.4 Berechnung und Schreiben einer neuen *.*.shp-Datei (Massenkopie) 42
   2.5 Legende, Nordpfeil, Maßstabsleiste, Referenzsystem 49
   2.6 Export/Ausgabe 56
   2.7 DWG Ausgabe 60
   2.8 „Rasterbild" (1.Variante), Einfügen von Bildern (Orthofoto, mit Koordinaten) 61
   2.9 Alternative zum „Bild einfügen" der Microsoft bing-Kartendienst 64
   2.10 Funktion „Transparenz", Option bei geringer Farbtiefe (evntuell Schwarz/Weiß) 67
   2.11 Alternative Funktion „Bild-Transparenz" 68
   2.12 Erstellen einer Korrelationsdatei 73
   2.13 „Rasterbild" (2.Variante) Daten (3D-Funktion) 79
   2.14 Analysieren (Datenauswertung) 83
   2.15 Besonderheit, ALKIS-Daten (Liegenschaftsdaten) 91
      2.15.1 Erläuterung 91
      2.15.2 Hinweis zum Bezug von Testdaten 93
      2.15.3 Erstellen der „Fachschale" (Vorlage) für den Import von ALKIS Daten 94
      2.15.4 Import von ALKIS Daten 96
   2.16 Besonderheit, C3D Addins (Civil 3D) Grundstücksdaten 99
      2.16.1 C3D Add-Ins, Funktionen zum Thema 102

3 *.shp-Datei erstellen (GIS-Format, alternativ *.sdf) 104

1 „MAP 3D Toolset", Funktionen und Unterschiede zum AutoCAD

3.1		Objektklassen, Objekte klassifizieren	105
	3.1.1	Aufgabenfenster (MAP-Fenster)	105
	3.1.2	Objektklassen-Definitionsdatei	106
3.2		*.sdf-, *.shp-Datei ausgeben (exportieren)	110
	3.2.1	SHP ausgeben	111
	3.2.2	*.sdf-Datei ausgeben	113
3.3		*.shp-, *.sdf-Import (Erläuterung, Funktionalität)	115
	3.3.1	Allgemeine Erläuterung	115
	3.3.2	*.sdf-Import	116
	3.3.3	*.shp-Import	120
3.4		Vorteile infolge GIS-Format (SDF, SHP)	122
	3.4.1	Datenmenge	122
	3.4.2	Layout-Funktionen	123
	3.4.3	Erstellen von Plänen, (Kartensammlung)	127
3.5		Text und Position in *.shp exportieren	144
3.6		Daten Verbinden (*.sdf-Datei mit *.mdb MS-ACCESS)	150
4		Geodaten-Dienste der Bundesrepublik Deutschland	158
5		Karten-Explorer, Zeichnungsabfrage, Datenabfrage	166
	5.1	Zeichnungsabfrage, Datenabfrage (Daten einer Zeichnung wählen und neue Zeichnung erstellen)	167
	5.2	Koordinatensysteme wechseln	172
	5.2.1	Vorwort	172
	5.2.2	Zuweisung des Ziel-Koordinatensystems (DWG)	173
	5.2.3	Datenzuweisung (Zuweisung der Zeichnung, Datenquelle)	175
	5.2.4	Abfrage (Einfügen, Transformieren, Hochkopieren)	176
6		Koordinatensysteme erstellen	179
7		MAP Import, alternativer Direktimport	184
	7.1	Beispiel 1, GIS-Daten (*.shp)	184
	7.2	Beispiel 2, ALKIS-Daten (*.xml)	187
	7.3	Beispiel 3, Vermessungspunkte, Koordinatendatei (3D-Funktion)	189
	7.4	Beispie 3, GML -Sonderformat (GIS-Daten der Bundesländer)	194
	7.5	Beispie 5, KML/KMZ, Google Earth, My MAPs (Google)	196
8		Extras (zu beachtende Sonderfunktionen)	203
	8.1	Toplogie, Netzanalyse	203
	8.2	Zeichnungsbereinigung	211
	8.3	Affine Transformation	216
	Ende	220	

1 „MAP 3D Toolset", Funktionen und Unterschiede zum AutoCAD

1.1 Vorwort

Das Dokument, mit seinen Aussagen zum den AutoCAD MAP 3D Toolset (MAP 3D oder MAP 3D Toolset), gilt für eine Komplettversion AutoCAD mit Toolset MAP 3D (Einzelplatz- oder Netzwerkversion), der „Architecture, Engineering & Construction Collection" welche ein AutoCAD Toolset MAP 3D und CIVIL 3D beinhaltet. Civil 3D hat Funktionen des Toolset MAP 3D geladen hat. Der Arbeitsbereich „Planung und Analyse" ist in beiden Versionen nahezu gleich. Der Unterschied besteht im Arbeitsbereich „Datenpflege", der nur Bestandteil des AutoCAD MAP 3D Toolset ist.

Hinweis:
Als etwas irritierend empfinde ich, in der Liste der Produkte taucht der Begriff „Toolset" nicht auf. Es wir in der älteren Sprachregelung vom Produkt „MAP 3D" gesprochen.

Ausschnitt aus der Produktliste, Produkte der Architecture Engineering & Construction Collection (Symbolik der Version 2023)

Sucht man Informationen zu den Produkten taucht der der Begriff der „Toolstet" auf.

Es entsteht der Eindruck, dass „Toolset" erweitert nur das AutoCAD um zusätzliche Funktionen. Aus meiner Sicht (der Autor) ist das nicht ganz richtig. Das „MAP 3D Toolset" installiert unter dem AutoCAD eine parallele GIS-Welt deren eigene Charakteristik im Arbeitsbereich „Planung und Analyse" und im Arbeitsbereich „Datenpflege" zu sehen ist. Die Funktionen und die Arbeitsweise in dieser GIS-Welt entsprechen aus meiner Sicht eher nicht der AutoCAD Philosophie.

Um im CIVIL 3D einige der MAP 3D Toolset -Funktionen zu nutzen, ist der Arbeitsbereich zu wechseln. Es ist der Arbeitsbereich „Planung und Analyse" aufzurufen.

1 „MAP 3D Toolset", Funktionen und Unterschiede zum AutoCAD

Das MAP 3D Toolset (im folgenden auch MAP oder MAP 3D genannt) umfasst Funktionen, die mit einem „CAD-Zeichnen" nicht erklärbar sind. MAP-Funktionen ermöglichen den Umgang mit GIS-Daten, vielfach wird dieser Funktionsumfang auch als GIS bezeichnet. Ein MAP 3D (GIS) importiert, exportiert, kombiniert oder wertet Daten, mit räumlichem Bezug, aus. Daten, die mehr enthalten als nur die reine „Linien-Information (Vektor-Information).

Das MAP 3D Toolset ist ein Autodesk-GIS. Folgende Funktionen versuche ich mit einfachen Beispielen zu erläutern.

Import von „ESRI *.shp (ArcView, GIS) FDO-Funktion

Importieren der *.shp Datei, das Darstellen und Abfragen der GIS-Informationen aus einer Tabelle.

Es liegen GIS-Daten vor, die einen Friedhof beschreiben. Die Grabfelder sind farblich nach „belegt", „unbelegt", und „nicht belegbar" zu beschriften. Die vergeben Farben sollen frei wählbar sein. In einem zweiten Bearbeitungsschritt sollen neue Grabfelder hinzugefügt werden. Es wird die Bearbeitung vorhandener *.shp Dateien gezeigt.

Funktionen zum Erstellen von *,shp Dateien (GIS-Dateien)

Die Erläuterung zeigt einen besonderen Befehl für einen MAP-Export, die Funktion „Massenkopie". Der Befehl ermöglicht das Erstellen neuer GIS-Dateien, einen gesteuerten MAP-Export.

ALKIS-Import

Das ALKIS-Format ist ein Datenbankformat, ist ein Format für Liegenschaftsinformationen, welches weitaus mehr beinhaltet als nur Informationen zum Eigentümer. Das ALKIS-Format besitzt mehrfach verknüpfte Tabellen (Datenbanken). Die Beschreibung zeigt den Infrastructure Admin, den ALKIS Import und Teile der Datenstruktur.

Einfügen von Bildern mit räumlichem Bezug (Daten-Verbindung)

Maßstäbliche Bilder der Vermessungsämter (Ortho-Fotos) werden mit Korrelationsdatei geliefert (Einfüge-Punkt und Skalier-Faktor). ZUM „Orthofoto" besitzt das MAP 3D Toolset eine Alternative den Microsoft Bing – Kartendienst.

Import von Geodaten der Vermessungsämter (Vermessungsämter der Bundesländer)

Die Bundesrepublik Deutschland selbst und alle Bundesländer bieten GEO-Daten zum Download an. Die Beschreibung zeigt zwei Beispiele.

Analysieren (Datenauswertung)

Im Umkreis einer Windkraftanlage sind alle Grundstückseigentümer und der Anteil der Fläche zu ermitteln, der im Einflussbereich der Windkraftanlage liegt, auch wenn die Maßnahme nur Teile des Grundstücks berührt. Die Angaben sind wichtig, um das Genehmigungsverfahren einzuleiten.

Abfrage (Zeichnungsabfrage)

Ein Büro bekommt den Auftrag eine Straße in einem bestimmten Bereich der Innenstadt zu erneuern. Hierzu sind Bestandsdaten der Energieversorger, Telekom, Wasser- und Abwasserversorgung, Verkehrswege- und Eigentümer (Liegenschaften) auszuwerten. Mit einer Zeichnungsabfrage können unendlich viele Zeichnungen geladen-, und diese nach den unterschiedlichsten Elementen durchsucht werde und neue gefilterte reduzierte Zeichnungen erstellt werden, die als Planungsgrundlage (X-Ref) für die Maßnahme dienen.

Koordinatensysteme erstellen, Daten umrechnen (Transformieren, Wechsel von Koordinatensystemen)

Es wird das Erstellen eines neuen Koordinatensystems gezeigt und die Verwendung im Zusammenhang mit GIS-Daten. Zusätzlich kann die Funktion der „Abfrage" (Zeichnungsabfrage) *.dwg-Dateien (*.dxf) umrechnen, von einem Koordinatensystem in ein anderes umrechnen.

Erstellen von editierbaren Layout-Sammlungen mit speziellen Layoutfunktionen

Die Beschreibung zeigt das Erstellen von Layouts mit Verknüpfung einer Layout-Vorlage und die Funktionen Übersichts-Plan, Legende, Nordpfeil, Maßstabsleiste, Referenzsystem.

MAP Import, Alternative zu FDO (Datenverbindung)

Es gibt eine Alternative zur „Datenverbindung" für GIS-Daten, das Einlesen von GIS-Daten, das direkte Erstellen von AutoCAD.-Vektoren. Dieser „MAP-Import hat in bestimmten Fällen Vorteile aber auch Nachteile.

MAP-Import, Import von Vermessungspunkten

Das MAP 3D Toolset besitzt Optionen zum Einlesen von Punktdateien, Verknüpfen von Vermessungsdatenbanken.

Zeichnungsbereinigung-, Fehlersuche-, Fehlerbeseitigung in einem Arbeitsgang

Bei der Verwendung von großen Datenmengen kommt es unvermeidlich zu Fehlern. Das MAP 3D Toolset bietet Funktionen, die eine Fehlersuche und eine Fehler-Beseitigung ermöglichen. Das kann ein automatisches Brechen und Verlängern von Zeichnungselementen zum Herstellen von geschlossenen Flächen -, das Löschen von kleinen - oder NULL-Objekten, Umwandeln von Bögen und Kreisen in Polylinien und vieles mehr sein. Der Abschnitt zeigt einige dieser Funktionen.

Topologie

Der Abschnitt zeigt was eine Topologie ist und erstellt eine einfache Netztopologie mit einer optionalen kleinen Berechnung (kürzeste Verbindung in Rohrleitungen)

Affine Transformation

Es wird die Möglichkeit vorgestellt nicht georeferenzierte Daten in Plane einzupassen, die georeferenziert sind. Die Funktion ermöglicht das gleichzeitige Drehen, Skalieren und Verschieben von Vektoren oder Bildern in einem Arbeitsgang.

1.2 Grundlagen

Die Zeichnen-Oberfläche des MAP ist nicht vordergründig als „Oberfläche zum Zeichnen" zu verstehen. MAP entspricht eher einem GIS (geographisches Informationssystem). Die Oberfläche visualisiert Daten, die im MAP geladen sind.

Für das Laden der Daten mit der richtigen geographischen Einordnung besitzt MAP Koordinatensysteme (eine Datenbank mit nahezu allen weltweit verfügbaren Koordinatensystemen), ab Version 2019 auch das Koordinatensystem der deutschen Bahn. Gleichzeitig ist die Liste der Koordinatensysteme bearbeitbar. Das heißt der Mitarbeiter braucht eventuell im MAP für die Bearbeitung Koordinatensystem-Datenbank Administrator-Rechte. Um diese Administrator-Rechte zu erhalten, ist eine zusätzliche Anmeldung erforderlich.

MAP hat damit Funktionen im Angebot, die es im AutoCAD nicht gibt. Für den Nutzer heißt das, MAP ist ein eigenständiges Programm mit zusätzlichen AutoCAD-Funktionen. Zum Nachweis zeige ich hier die MAP-Optionen, die MAP-Anmeldung und weitere Besonderheiten, die für die beim Umgang mit dem MAP 3D Toolset zu beachten sind.

MAP-Optionen und Anmeldung sind Bestandteil der Karte „Karteneinrichtung" (Zeichnungs-Einrichtung).

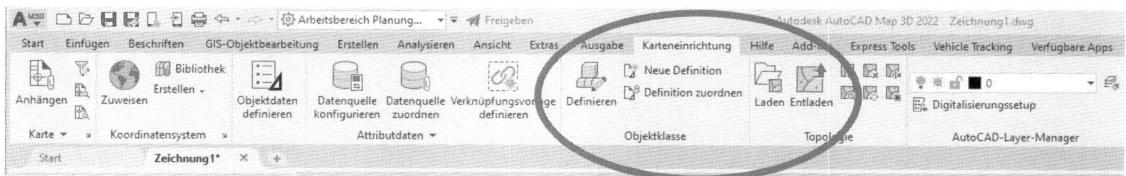

1.2.1 MAP-Optionen

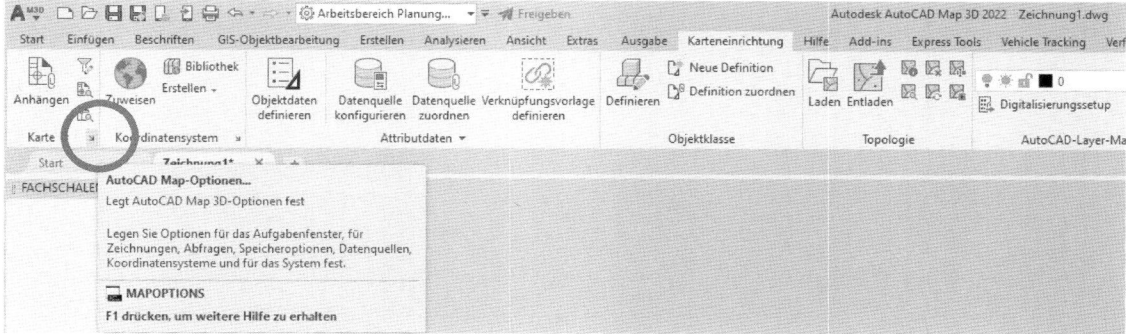

1 „MAP 3D Toolset", Funktionen und Unterschiede zum AutoCAD

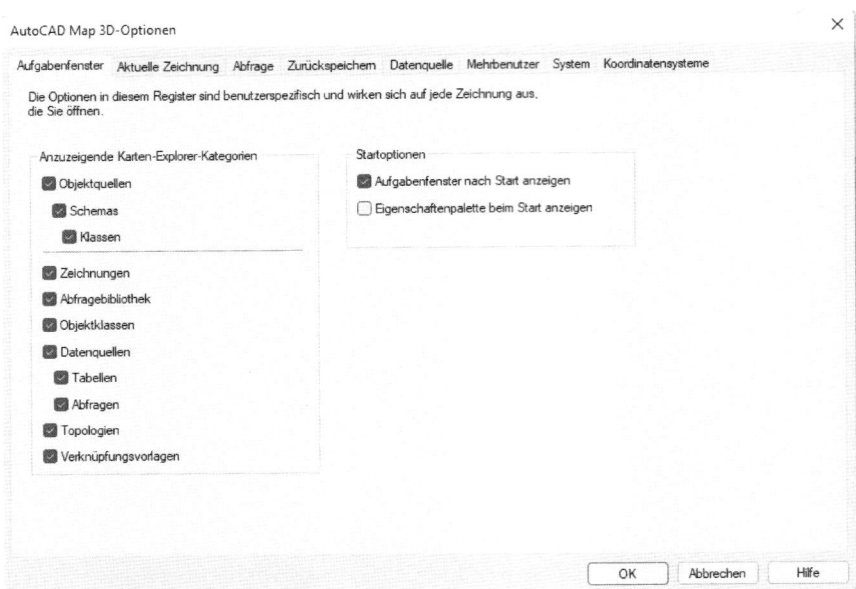

Zu beachten ist, dass Koordinatensysteme, Vermessungsdaten oder GIS-Daten eher in der Einheit „Meter" vorliegen. MAP verfügt eine eigene Einheit für die „Anzeige" der Daten.

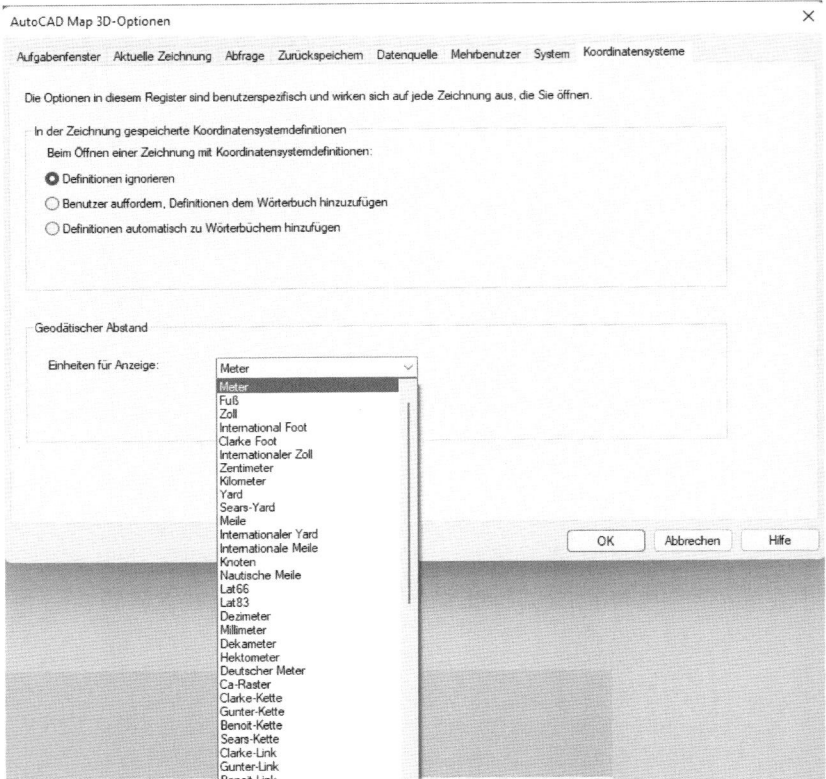

Hinweis:
Um alle diese Funktionen ausführen zu können, hat MAP zusätzlich zu den AutoCAD Programm-Dateien, weitere Programm-Dateien geladen, die es im „reinen AutoCAD" nicht gibt! Das folgende Bild zeigt den „Support-Suchpfad" des MAP 3D Toolsets. Die Anzahl der geladenen Pfade ist auch abhängig vor optionalen weiteren Programmerweiterungen.

1 „MAP 3D Toolset", Funktionen und Unterschiede zum AutoCAD

AutoCAD MAP 3D Toolset

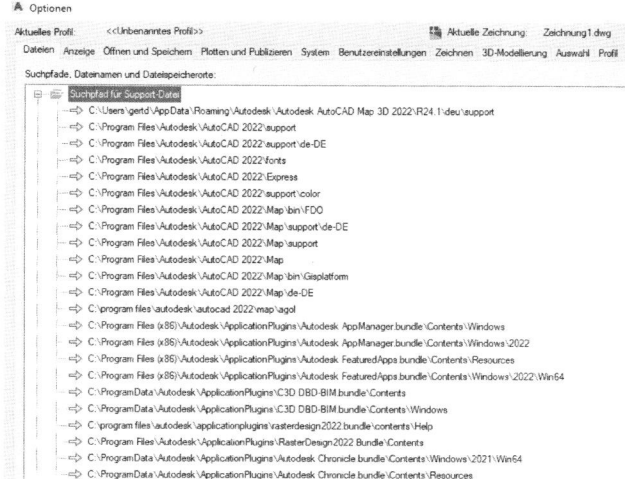

AutoCAD

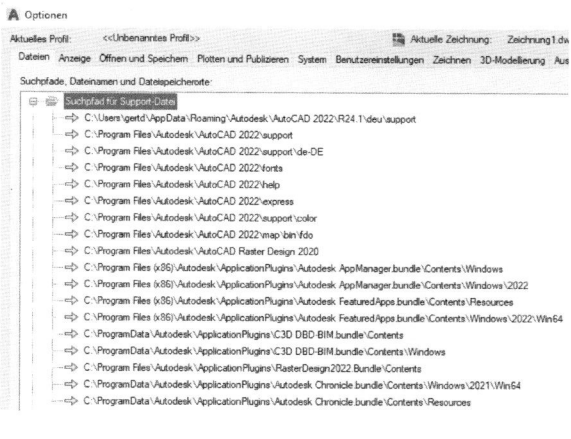

Der Nutzer sollte mit dieser Gegenüberstellung verstehen „MAP-*.dwg ist nicht gleich „AutoCAD-*.dwg".

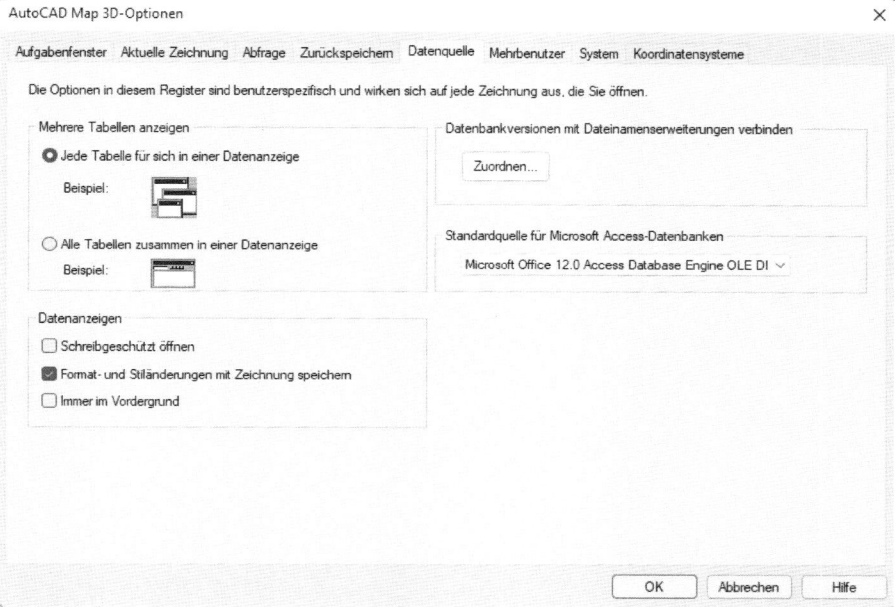

Gert Domsch, CAD-Dienstleistung

1.2.2 MAP-Anmeldung

MAP 3D verlangt für einige Funktionen eine „Benutzeranmeldung".

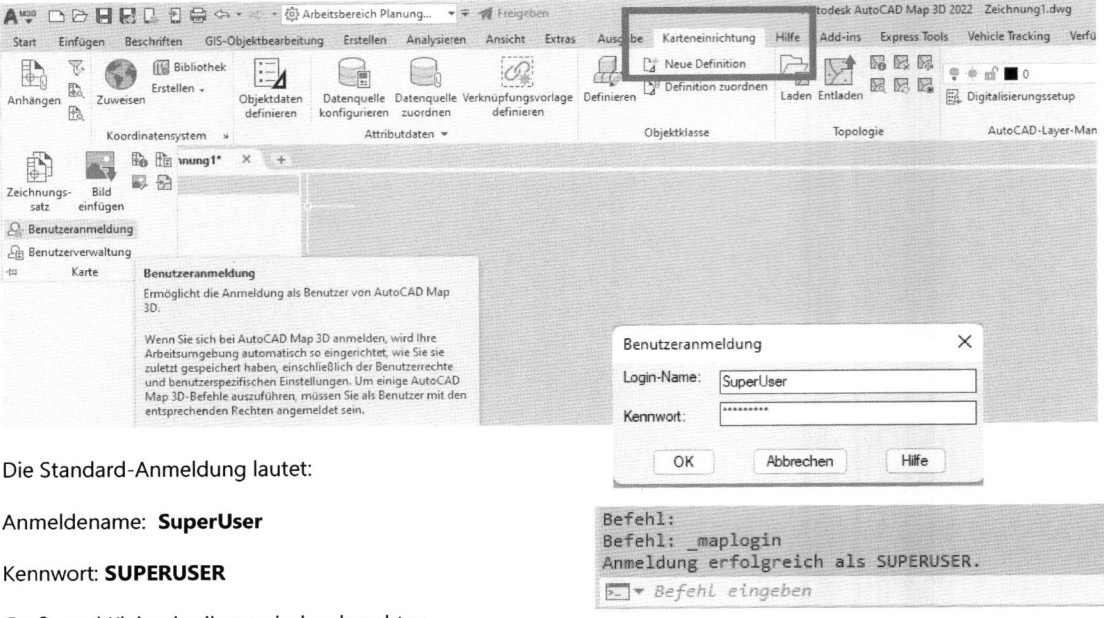

Die Standard-Anmeldung lautet:

Anmeldename: **SuperUser**

Kennwort: **SUPERUSER**

Groß- und Kleinschreibung sind zu beachten.

Hinweis:
Aus meiner Sicht steht die Anmeldung in Verbindung mit der Datenbankfunktion und den installieren Datenbanken unter Windows oder Office (Access).

Mit der Anmeldung als „Superuser" ist das Anlegen weiterer Benutzer in der Benutzerverwaltung möglich.

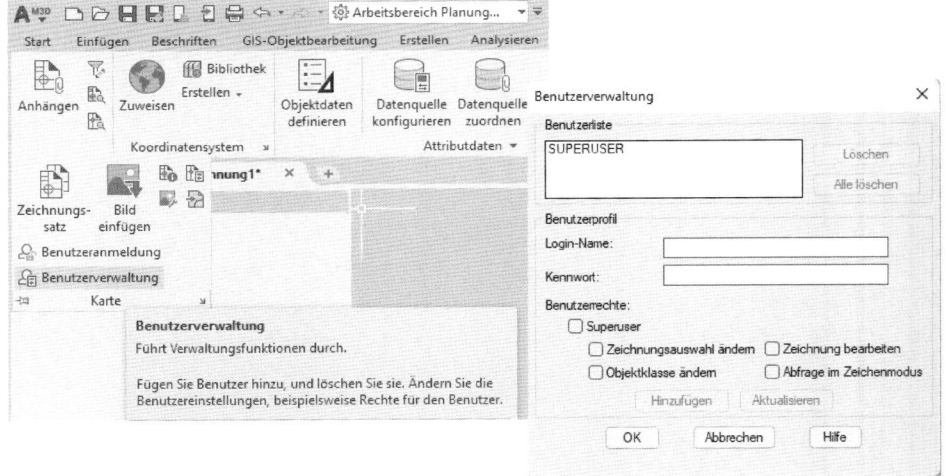

1.2.3 Koordinatensysteme

Während im AutoCAD keine Koordinatensysteme verwendbar sind, obwohl mit Vektoren und Koordinaten gearbeitet wird, gibt es im AutoCAD MAP 3D Toolset den Aufruf von Koordinatensystemen. Für den Nutzer heißt das, er sollte wissen, es gibt im GIS georeferenzierte Daten, die mit der Bezeichnung des Koordinatensystems den Bezugspunkt in der Lage und den Nullpunkt in der Höhe angeben (Lage - X,Y und Höhe - Z).

1 „MAP 3D Toolset", Funktionen und Unterschiede zum AutoCAD

Die Erde ist rund oder besser eine Kugel, die an den Polen abgeflacht ist. Das bedeutet das Messen einer Entfernung sollte gleichzeitig die Krümmung an der Erdoberfläche berücksichtigen. Für große Entfernungen (größer 1000m) wird das je nach Anforderung immer wichtiger. Um in Karten messen zu können, wird die Kugelgestalt der Erde in eine Ebene umgerechnet. Die Art der Umrechnung wird in einem Koordinatensystem dokumentiert. Das Koordinatensystem beschreibt mit dem Begriff „Ellipsoid" die Methodik die räumliche Position aus der gekrümmten Erdoberfläche (Annahme einer Ellipse) in eine Ebene umzurechnen und gibt die Position des Nullpunktes in Lage und Höhe an. Das ist nur innerhalb eines definierten Streifens sinnvoll möglich (Meridianstreifen). Deshalb gibt es mehrere Koordinatensysteme, die jeweils einen Streifen betrachten oder umrechnen.

Diese Koordinatensysteme werden ständig aktualisiert, auf europäische oder weltweite Anforderungen angepasst. Das ist notwendig, weil sich zum einen die Kugelgestalt der Erde ändert und zum anderen neue Anforderungen infolge Rechentechnik, technischen Anforderungen (Hochgeschwindigkeits-Bahn-Trassen) und Globalisierung ergeben. Deshalb gibt es neue Koordinatensysteme oder Änderungen an der bestehenden Rechenmethodik.

Autodesk MAP 3D besitzt nahezu alle weltweit verwendeten Koordinatensysteme. Das folgende Bild zeigt eine Länderauswahl. Gleichzeitig ist im Bild der „Microsoft Bing" – Kartendienst aktiviert. Er zeigt den Bereich der Erde (Meridianstreifen), der dem Koordinatensystem ETRS89 .UTM 32N zugeordnet ist.

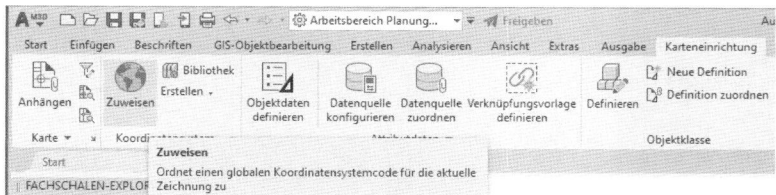

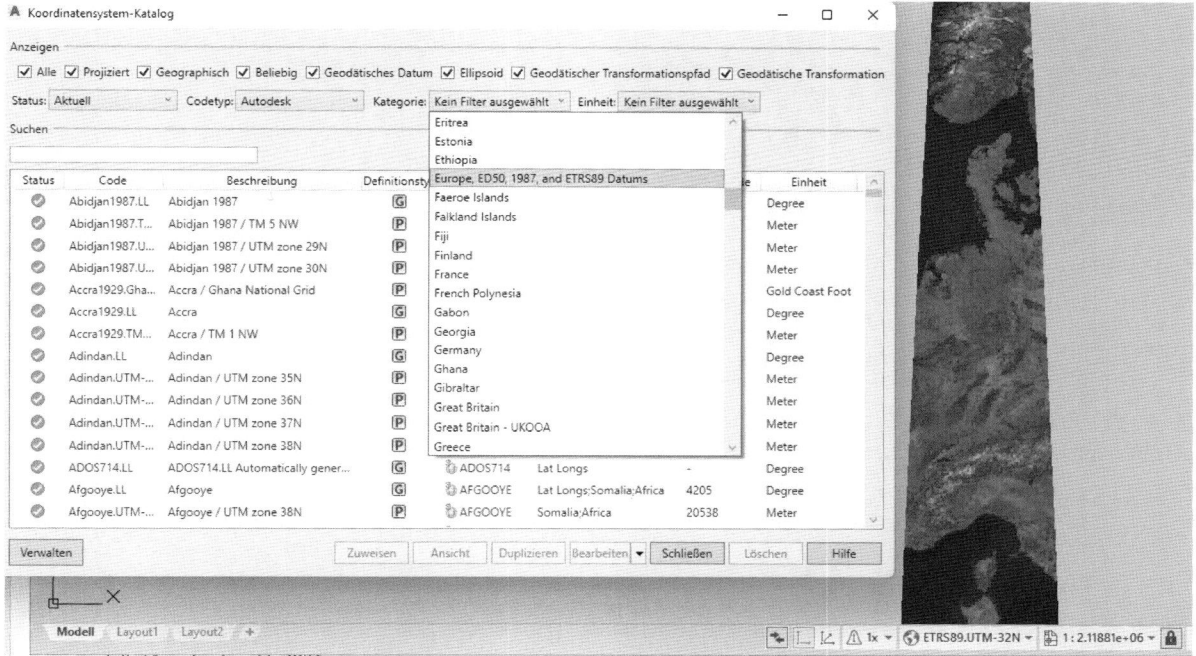

Hinweis:
Ältere Koordinatensysteme (Gaus-Krüger) sind unter Deutschland (Germany) zu finden, neuere sind Europa (Europe) zugeordnet. Für eine Nutzung des „Microsoft Bing" – Kartendienst ist eine Ameldung auf der Autodesk Cloude (Autodesk 360°) erforderlich.

Mit der Zuordnung von GIS-Daten, die in der Regel Koordinatensysteme zugewiesen haben, kann das AutoCAD MAP 3D Toolset die Daten umrechnen, auf das Koordinatensystem, das in der Zeichnung vereinbart ist.

Im folgenden Bild ist der Zeichnung das Koordinatensystem ETRS89.UTM 32N zugewiesen. Die Flurstücks Daten der Stadt Ingolstadt sind auf Basis von GK-S4-R95 erstellt. Mit erfolgter Zuweisung passen die Daten auf das Bild, das heißt die Daten werden im MAP 3D Toolset teilweise automatisch umgerechnet. Das zu verstehen und innerhalb von Projekten kreativ umzusetzen, erfordert viel Erfahrung. Ich empfehle vor eine Projektzusage Daten-Tests zu vereinbaren und sich immer zum EPSG-Code (internationale numerische Bezeichnung von Koordinatensystemen) zu verständigen.

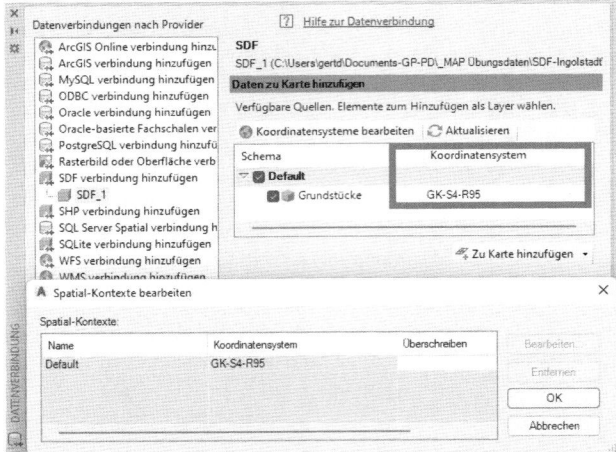

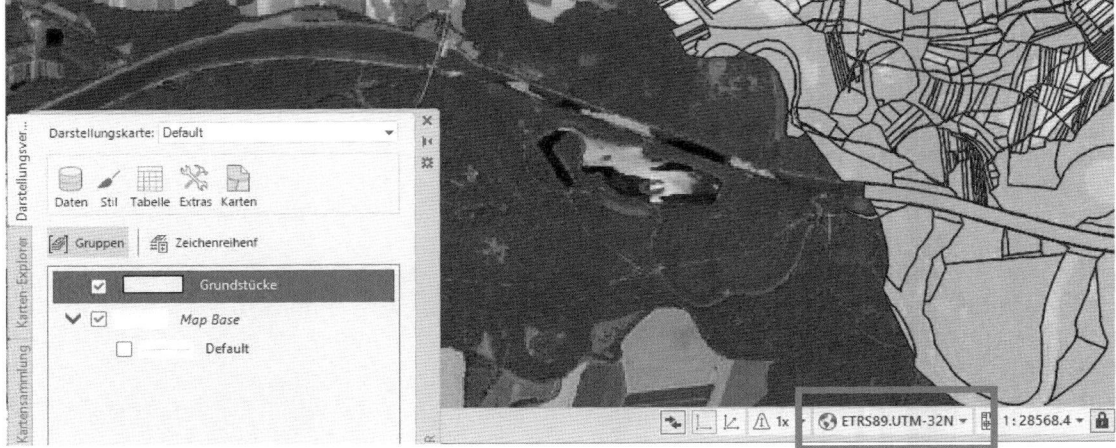

1.2.1 Vorlage Zeichnungshintergrund

Für das Arbeiten im MAP 3D Toolset sollte das Verwenden einer Vorlage (noch leere Zeichnung nach dem Start des Programms („App") nicht dem Zufall überlassen sein.

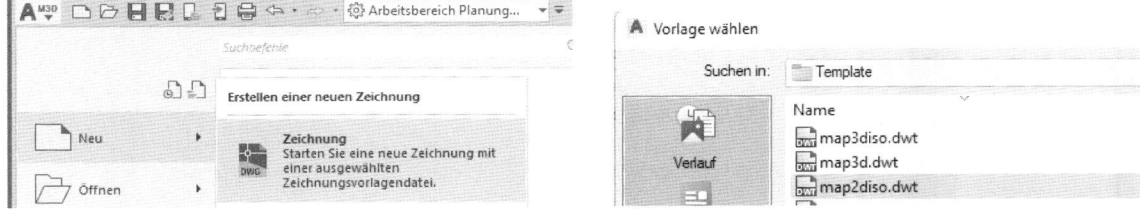

Mit dem Start des Programms (App) ist eine Zeichnung geöffnet, besser ist es, diese noch leere Zeichnung bewusst zu öffnen. Bei allen Autodesk Produkten, deren Basis „AutoCAD" ist, wird der Start in den Optionen gesteuert. Hier ist die erste Zeichnung, die mit dem Start verknüpft ist, eingetragen „Vorgegebener Dateiname für „SNEU". Ist die Standard-installation gewählt, so sollte das die „map2diso.dwt" sein.

1 „MAP 3D Toolset", Funktionen und Unterschiede zum AutoCAD

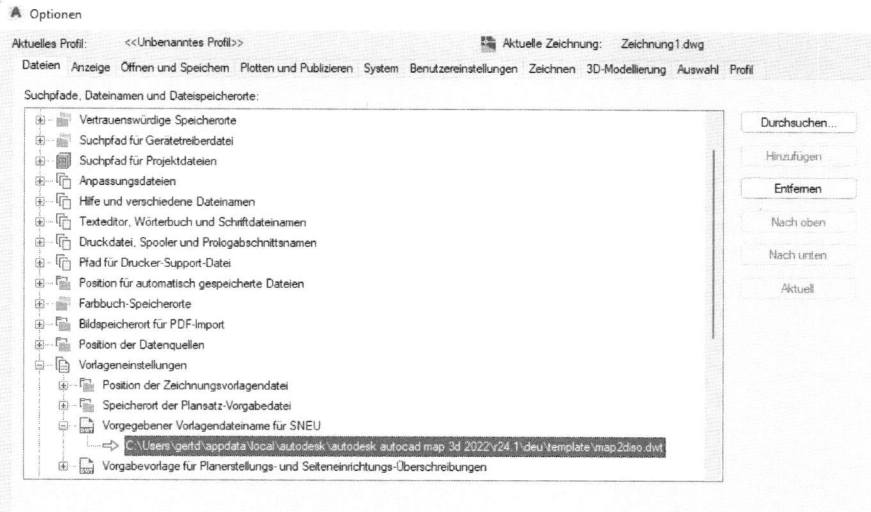

Diese Zeichnung ist durch die Einheit „Millimeter" gekennzeichnet. Es sind keine Layer vorgegeben und es ist kein Layout vorbereitet. Diese Vorlage besitzt auch kein voreingestelltes Koordinatensystem.

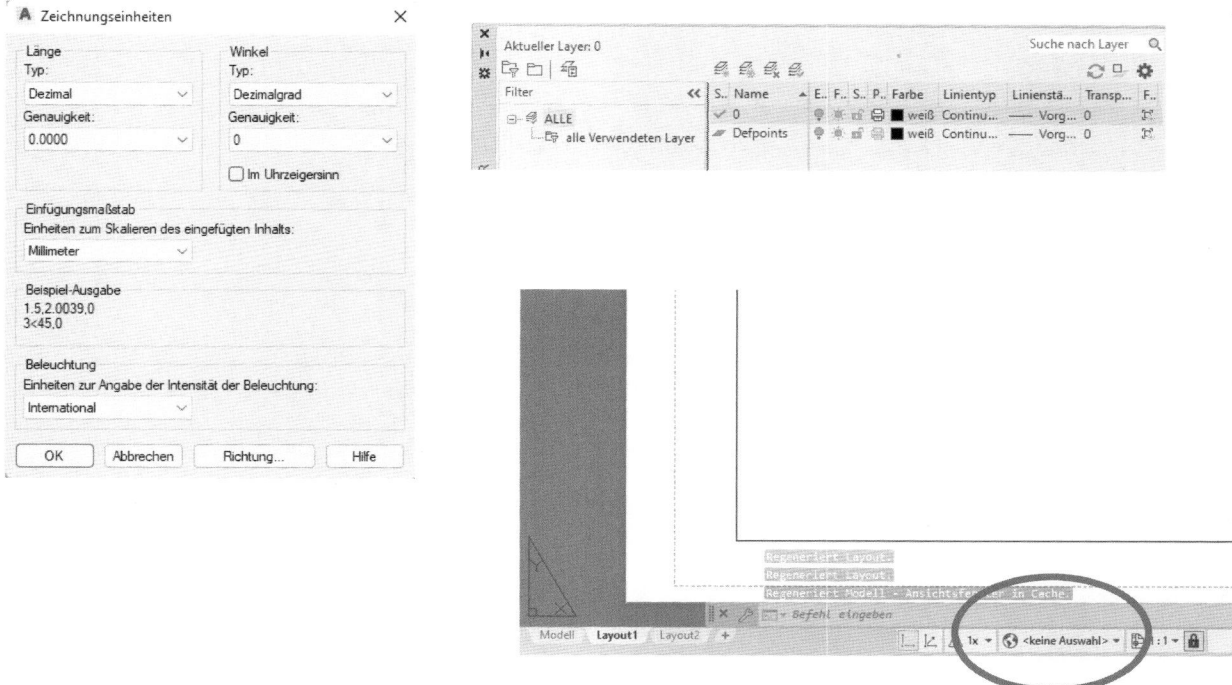

Hinweis:
Die Einheit „Millimeter" als Bestandteil der Zeichnung stellt für mich (der Autor) einen Wiederspruch dar. Vermessungsdaten GIS-Daten gibt es fast ausschließlich nur in der Einheit „Meter". Der Daten-import und die Darstellung der Daten sind trotzdem nicht falsch oder fehlerhaft. Bei der Verwendung des MAP 3D Toolset" sind zusätzlich die „MAP-Optionen" zu beachten.

Es ist empfehlenswert, bewusst eine Vorlage zu verwenden oder den Start des Programms so einzustellen, dass die richtige Vorlage verwendet wird (mit Voreistellungen versehene leere Zeichnung).

Autodesk bietet im Pfad „Template" weitere Vorlagen an, die insbesondere dadurch gekennzeichnet sind, dass die aus der Vorlage erstellte Zeichnung vorbereitete Layouts hat.

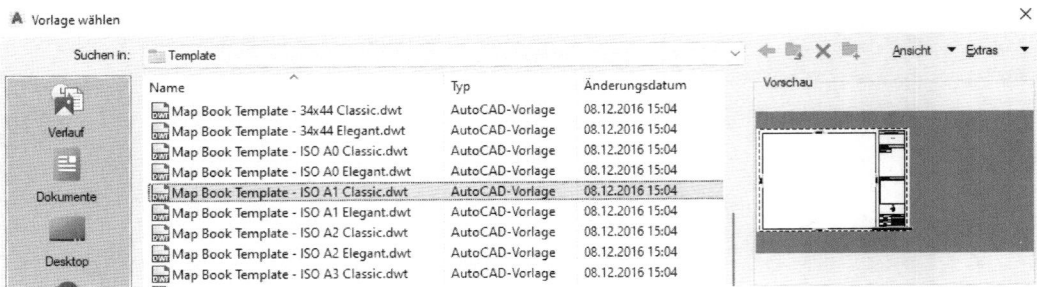

Die AutoCAD-Einheit bleibt auch hier „Millimeter". Es sind jedoch einige wenige Layer mehr angelegt, weil es für die Layouts vorbereitete Blöcke mit Attributen gibt, die die Layout-Einträge steuern.

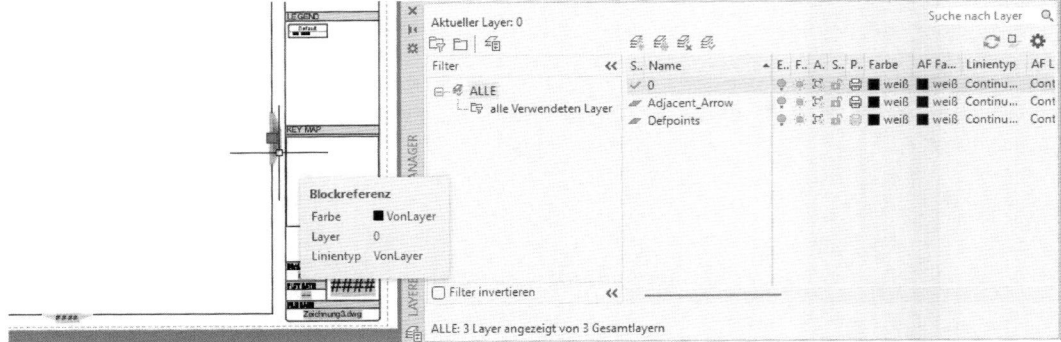

Innerhalb dieser Unterlage wird für alle Beispiele folgende Vorlage des AutoCAD MAP 3D Toolset verwendet „map2Diso.dwt".

1.2.2 Besonderheit im Civil 3D

Innerhalb des Civil 3D gibt es den Arbeitsbereich „Planung und Analyse". Dieser Arbeitsbereich ermöglich nahezu alle GIS-funktionen genauso wie im AutoCAD MAP 3D Toolset Eine der kleinen Unterschiede ist die Einheit der hier unter „MAP Book Templates" abgelegten „map2diso.dwt". Wird hier diese Vorlage benutzt und gestartet, so ist die AutoCAD-Einheit (units) mit „Meter" vorgegeben. Der Unterschied hat nur Auswirkungen auf die später innerhalb der Beschreibung erläuterten Layout-Funktionen.
Die Ausstattungsbestandteile wie Nordpfeil und Maßstabsliste sind hier zusätzlich zu skalieren.

1 „MAP 3D Toolset", Funktionen und Unterschiede zum AutoCAD

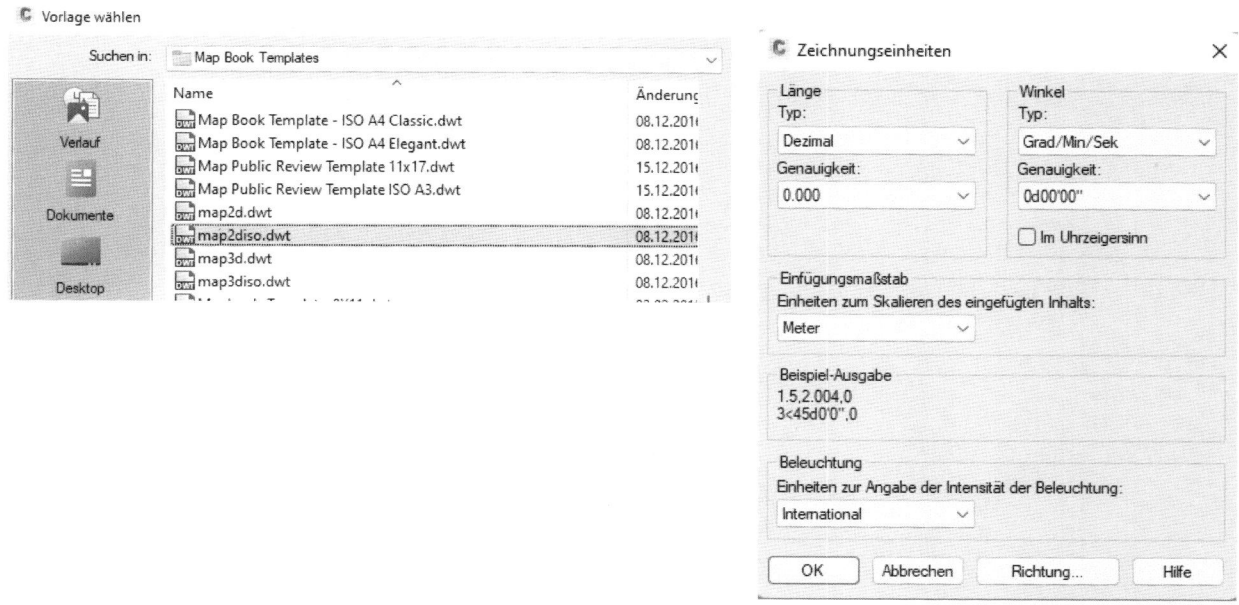

1.2.3 besondere Zeichnungs-Elemente (M-Polygon, COGO-Punkt)

MPOLYGON

Das AutoCAD MAP 3D Toolset besitzt eine zusätzliche Funktion das M-Polygon. Das M-Polygon oder Polygon ist ein besonderes Zeichnungselement, welches im AutoCAD nicht vorkommt. Das Polygon hat gleichzeitig Linien- (2D-Poylinien) und Flächeneigenschaften (Schraffur).

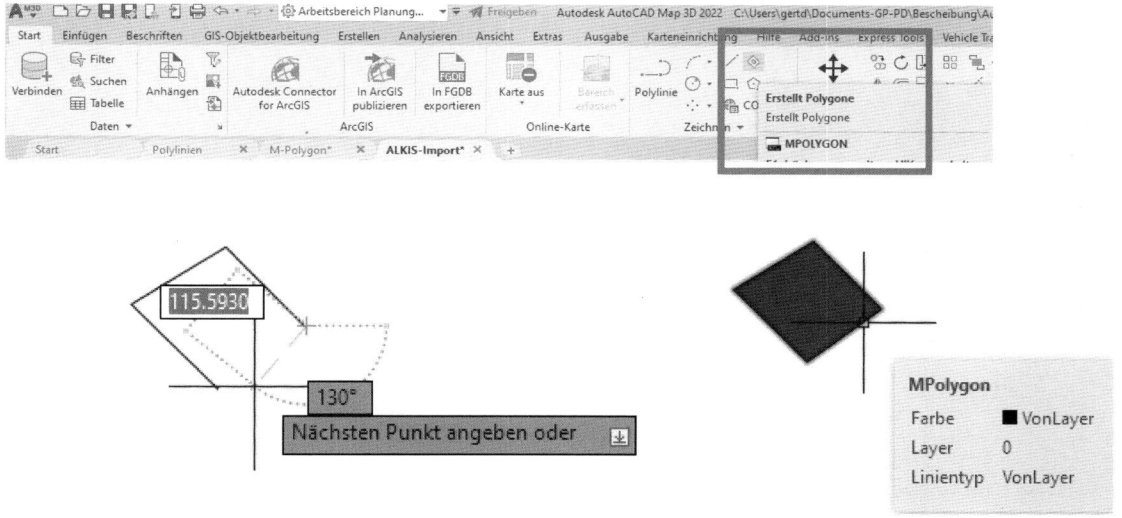

Die Eigenschaften der 2D-Polyliniue entsprechen dem AutoCAD (Layer und Eigenschaften von Layer). Die Eigenschaften der Schraffur ist voreigestellt „Schraffur SOLID".

Diese Eigenschaft ist änderbar und diese Änderung kann Bestandteil der geladenen Vorlage sein.

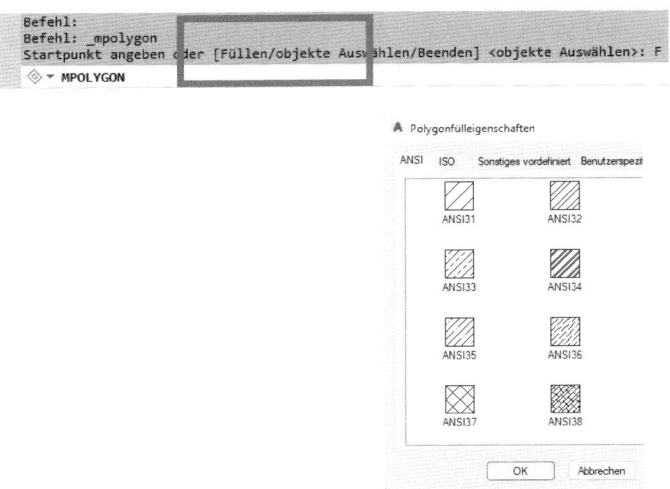

COGO-Punkt

Der COGO-Punkt ist ein AutoCAD Punkt. Die COGO-Punkt-Eingabe ist nur eine spezielle Eingabefunktion.

Die Eingabe von „COGO-Punkten" sind als transparente Befehle programmiert. Das bedeutet zuerst ist der Befehl „Punkt" (AutoCAD-Punkt) zu starten und im Anschluss erfolgt unmittelbar der Start der COGO-Punkt-Funktion..

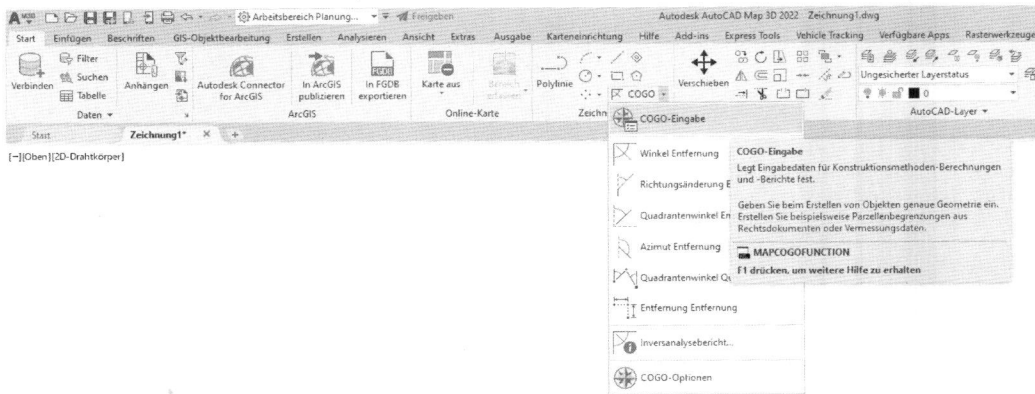

Eventuell sollte man sich über das voreingestellten Punktsymbol informieren, um später den durch die Funktion erstellten Punkt zu erkennen.

In der Standard-Multifunktionsleiste des AutoCAD MAP 3D Toolset ist die Punktsymbol-Einstellung Bestandteil des „Arbeitsbereiches 2D-Zeichnen", Register „Start", Bereich Dienstprogramme.

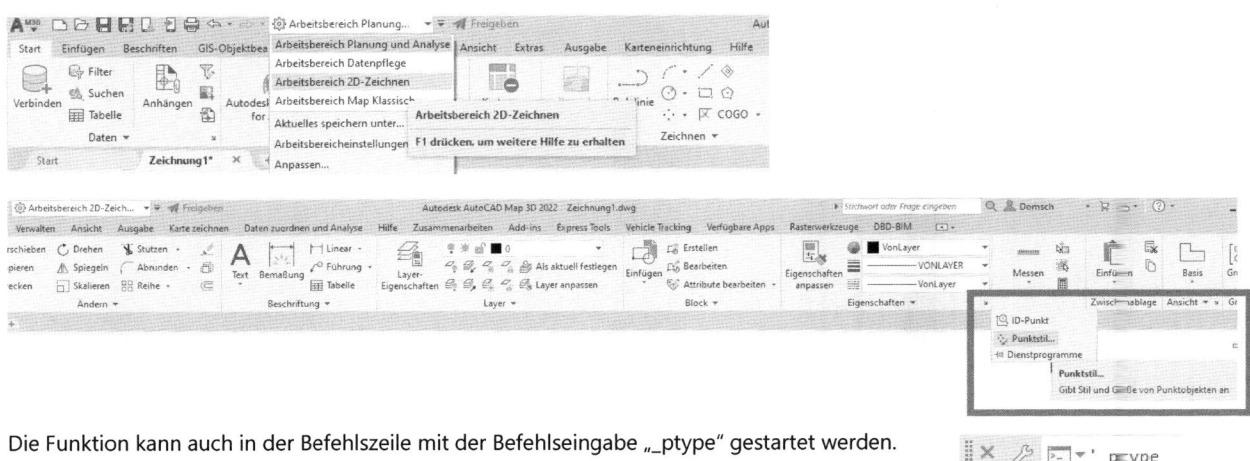

Die Funktion kann auch in der Befehlszeile mit der Befehlseingabe „_ptype" gestartet werden.

Für die Übung wird das Symbol „Diagonal-Kreuz mit Kreis" gewählt. Ich empfehle die Punktgröße absolut in Einheiten festzulegen („1"). Anschließend zeichne ich ein Rechteck, 50x25 Einheiten.

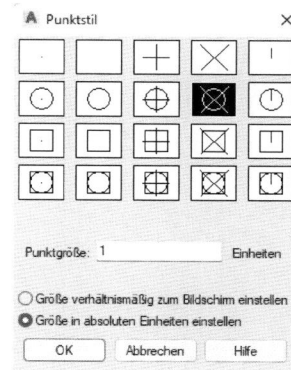

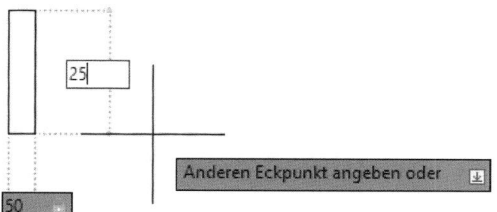

Hinweis:
Für die COGO-Punkteingabe sind die Zeichnungseinheiten der gewählten Vorlage zu beachten. Ist wie im Beispiel die map2Diso.dwt gewählt, so ist die Zeichnungseinheit „Millimeter". Die COGO-Punkteingabe hat nochmals eigene Optionen, die die Einheit für Winkel und Länge neu festlegen können. Wobei einige Begriffe für die Einstellung unglücklich gewählt sind.

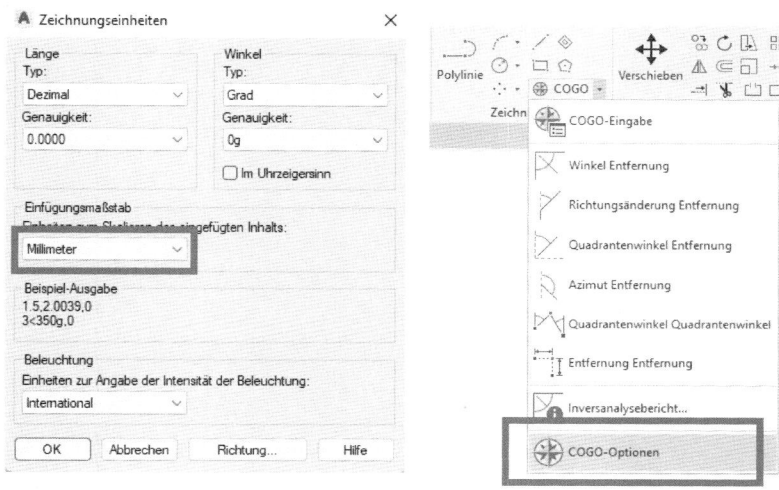

Der Begriff „Ketten" scheint als Längeneingabe in „Einheiten" gewertet zu sein und der Begriff „Gradienten" scheint „Neugrad" zu bedeuten. Die genannte Einstellung „Gradiente" wird gewählt.

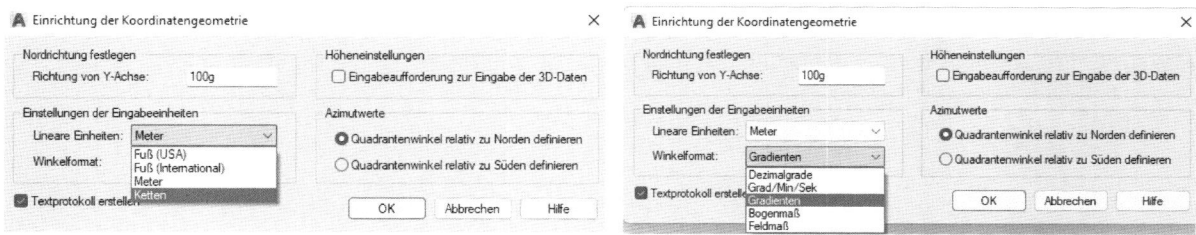

Vor der Funktion COGO-Punkt ist zuerst die Funktion Punkt zu starten.

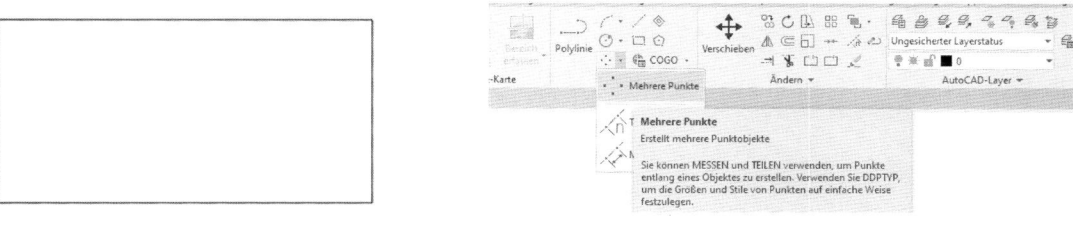

Als Bestandteil der folgenden Funktionsbeschreibung ist die „Dynamische Eingabe" in der Statusleiste aktiviert.

Anschließend folgt die Funktion COGO-Punkt, mit der Unter-Funktion „Winkel Entfernung".

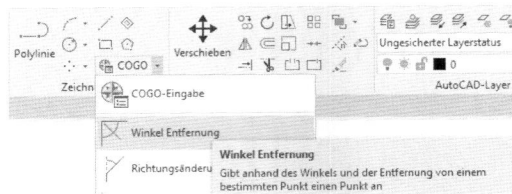

Zuerst ist eine Kante (Linie) des Rechtecks zu wählen, danach der Anfangspunkt.

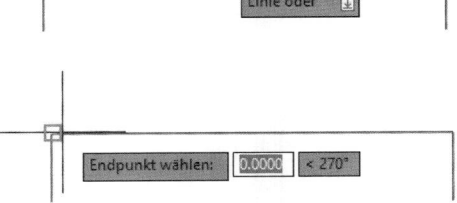

Es wird der Endpunkte gewählt. Das ist die Ausgangssituation für den Winkel.

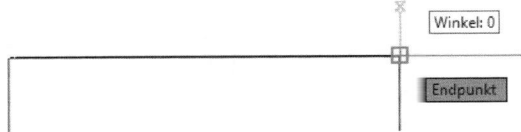

Der Winkel wird in das Dialogfeld der „dynamischen Eingabe geschrieben. Es scheint so, als ob die AutoCAD Einheiten die Winkeleinheiten in diesem Fall bestimmen oder überschreiben.

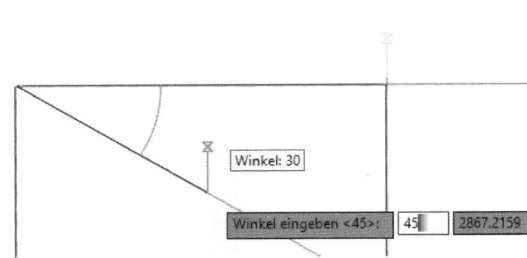

Es wird die Entfernung vorgegeben.

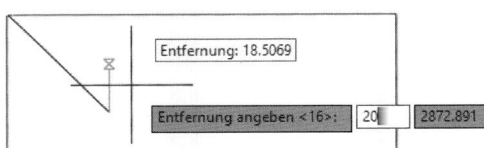

Der Punkt ist gesetzt, im vorgegebenen Abstand und Winkel.

Um alles im Bild nachzuweisen, wurde mit AutoCAD Bemaßung die entsprechenden Bemaßungen angetragen.

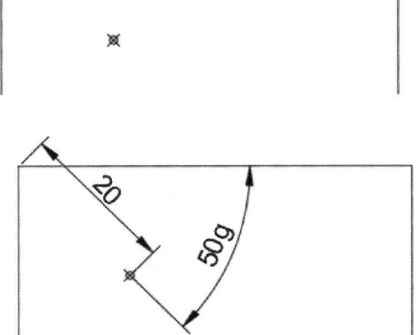

Hinweis:
Um den Winkel in „Gon" nachzuweisen ist ein Bemaßungsstil für Winkel in „Gon" vorzugeben. Die Standard-Bemaßung wäre in „Altgrad" (AutoCAD-Bemaßungs-Stil).

1.2.4 Arbeitsbereiche / -Wechsel „Planung und Analyse", „Datenpflege"

Arbeitsbereiche MAP 3D

Im MAP 3D kann zwischen den MAP 3D - und den AutoCAD-Arbeitsbereichen gewechselt werden. Arbeitsbereich „2D-Zeichnen" ist AutoCAD.

Das „alte" MAP 3D wird mit dem „Arbeitsbereich Planung und Analyse" gestartet. Der „Arbeitsbereich Datenpflege" ist für mich das „neue, erweiterte „MAP 3D".

Hinweis:
Das neue MAP 3D erfordert eventuell die Installation richtiger Datenbanken, zum Teil „ORACLE" oder je nach Anforderung auch „Microsoft SQL". Für einen ISYBAU-Daten-Import, ISYBAU-Leitungsschäden-Import ist die Installation einer Datenbank erforderlich. Für eine ALKIS Daten-Import ist eine Datenbank nicht erforderlich. Für eine Bearbeitung und Ausgabe von ALKIS-Daten ist wiederum eine der genannten Datenbanken zwingend notwendig.

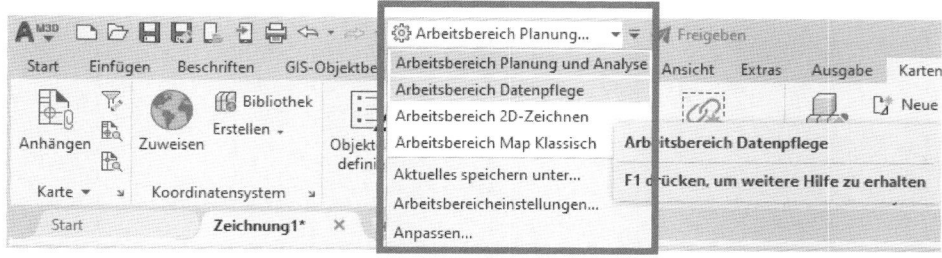

Arbeitsbereich CIVIL 3D

Der Wechsel hin zum MAP erfolgt im CIVIL 3D ebenfalls über den Arbeitsbereich.

Der Wechsel des Arbeitsbereiches ist auf unterschiedlichen Wegen möglich (MAP 3D Toolset und Civil 3D). Im ersten Bild wird der Wechsel über die Statuszeile gezeigt (Statuszeile, unten, rechts).

Im nächsten Bild (Civil 3D, Version 2022) ist der Arbeitsbereichswechsel Bestandteil der Schnellzugriffsleiste. Das gleiche trifft auch für das AutoCAD MAP 3D Toolset zu. Der Arbeitsbereichswechsel ist im Bild (Civil 3D) bereits ausgeführt.

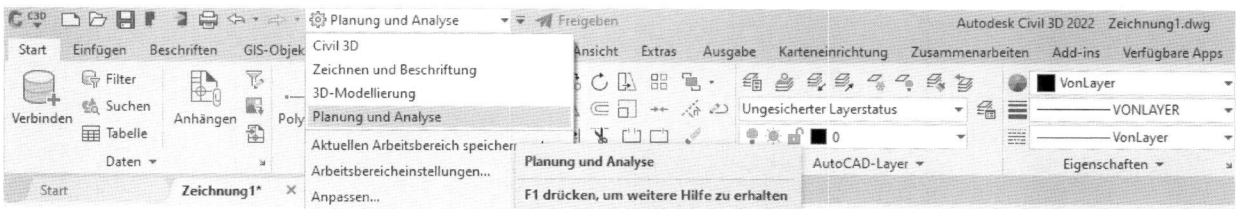

1 „MAP 3D Toolset", Funktionen und Unterschiede zum AutoCAD

1.2.5 MAP-Aufgabenfenster / Funktionsübersicht

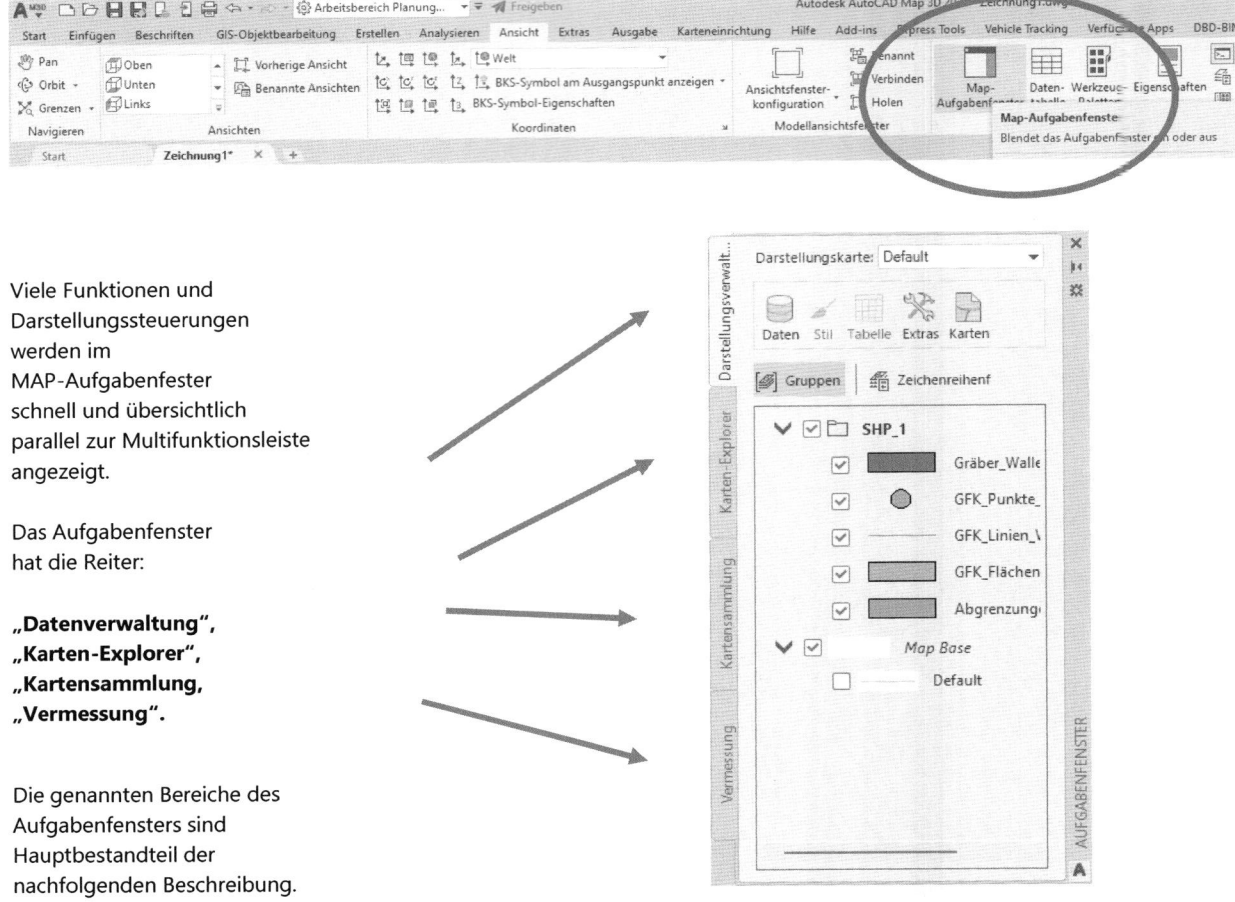

Viele Funktionen und Darstellungssteuerungen werden im MAP-Aufgabenfester schnell und übersichtlich parallel zur Multifunktionsleiste angezeigt.

Das Aufgabenfenster hat die Reiter:

„Datenverwaltung",
„Karten-Explorer",
„Kartensammlung,
„Vermessung".

Die genannten Bereiche des Aufgabenfensters sind Hauptbestandteil der nachfolgenden Beschreibung.

Datenverwaltung

Die Datenverwaltung zeigt strukturiert in „MAP-Layern", alle verknüpften GIS-Daten.

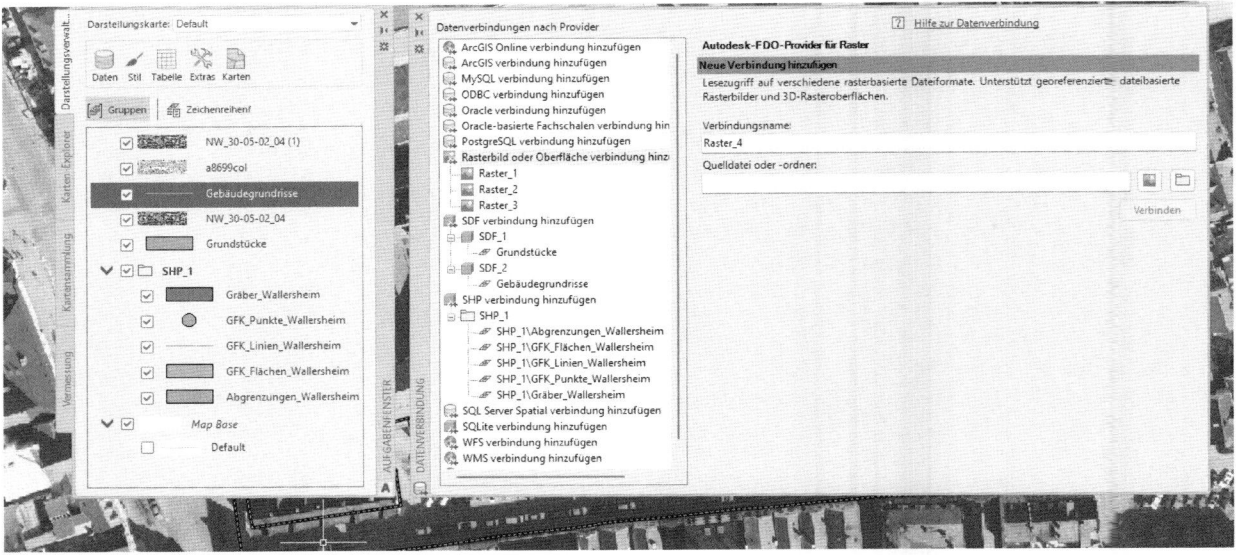

Die mit der Funktion „Daten verknüpfen" abgerufenen Daten sind hier gelistet und bearbeitbar. (Siehe Kapitel: Date¯verwaltung, Import von ESRI, *.shp)

Gert Domsch, CAD-Dienstleistung

Der MAP-Layer besitzt verknüpfte Zeichnungselemente und wenn vorhanden auch die dazugehörigen Datenbankinformationen (Tabelle).

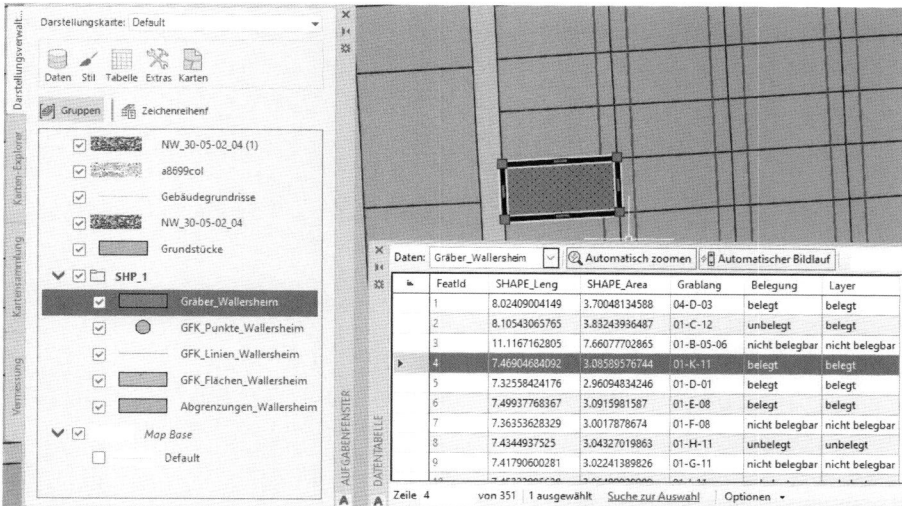

Karten-Explorer

Die Funktionen des Bereichs Karten-Explorer beziehen sich auf DWG-Zeichnungen, Zuordnungen und Datenverknüpfungen mit DWG-Zeichnungen.

Im Unterschied zur externen Referenz des AutoCAD, können hier die zugeordneten Zeichnungen „abgefragt" werden (Siehe Kapitel: Karten-Explorer, Zeichnungsabfrage).

Das „Abfragen" kann auch als „Filtern" oder „Hochladen" verstanden sein.

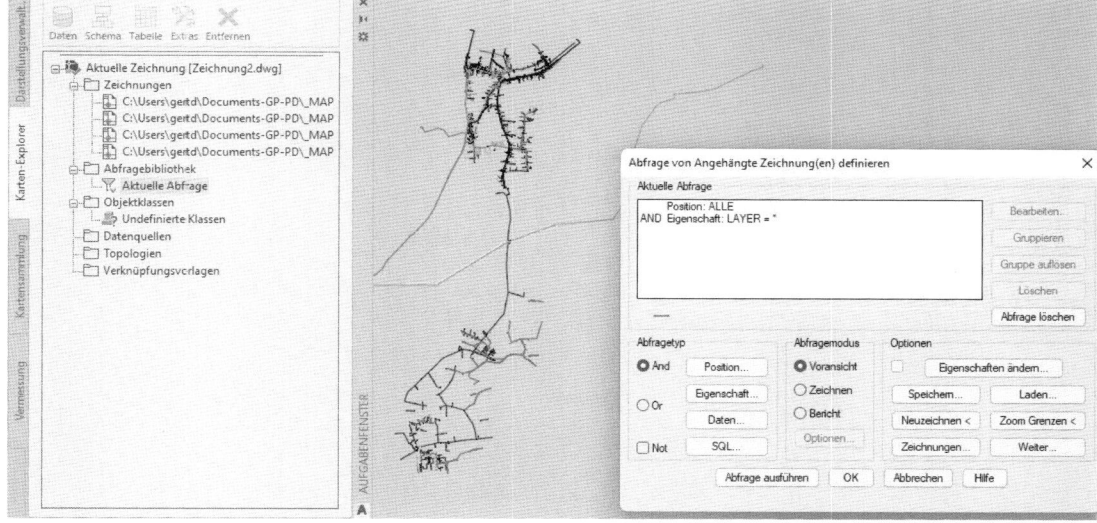

Kartensammlung

Aus den erstellten Zeichnungen (Karten) lassen sich im Bereich Kartensammlung schnell und einfach Layouts erstellen einschließlich Legenden-Tabelle, Übersichtszeichnung und Schriftfeld.

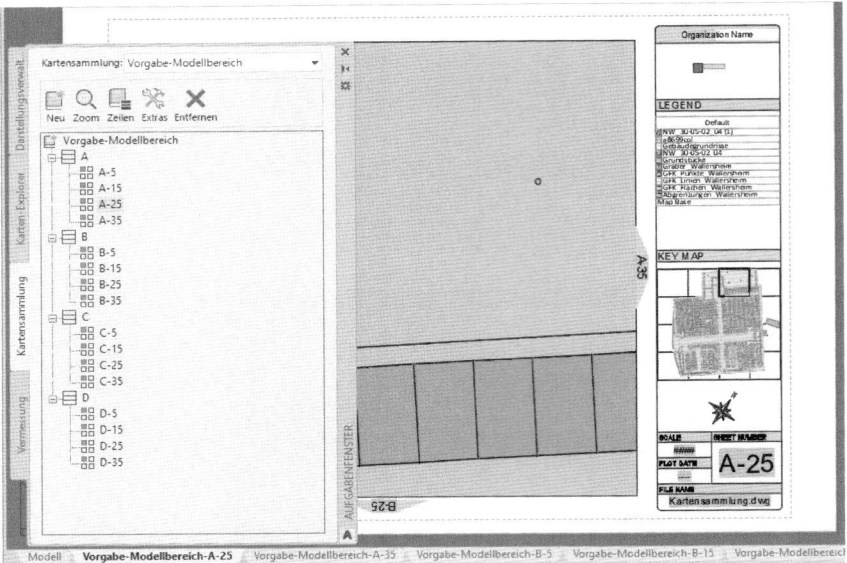

Vermessung

Das Einlesen und Darstellen von Punkten aus Koordinatendateien mit unterschiedlichen Formaten (Spaltenfolge für Punktnummer, Koordinaten, Höhe und Text) ist Bestandteil der Karte Vermessung.

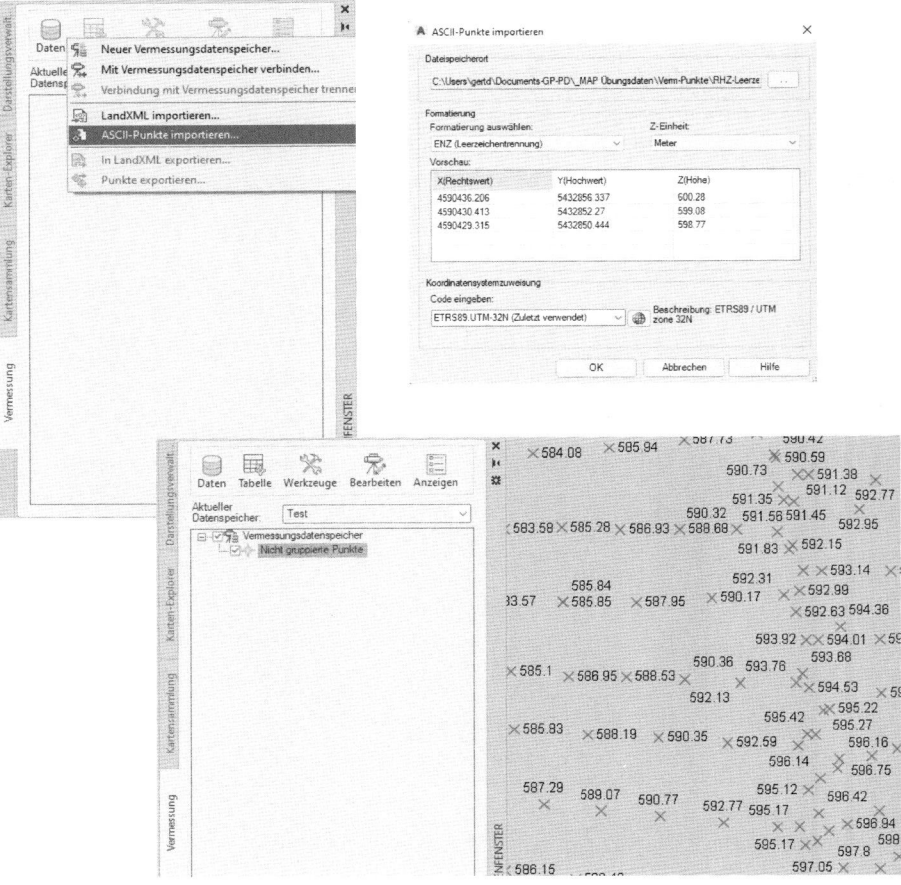

1 „MAP 3D Toolset", Funktionen und Unterschiede zum AutoCAD

Hinweis:

Zu beachten ist hier, eine optionale Beschriftung wird innerhalb der Darstellungsverwaltung mit der Funktion „Stil" gesteuert.

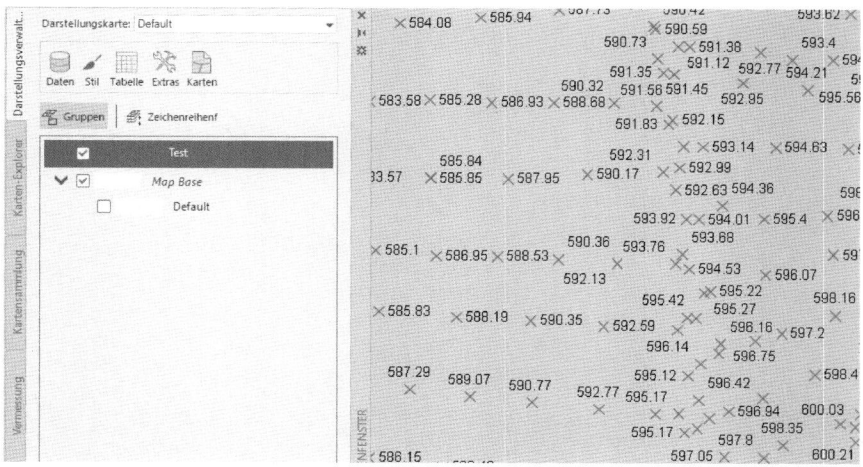

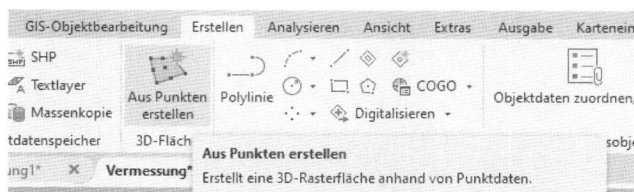

Sind Daten mit 3D-Eigenschaften vorhanden gibt es Funktionen, diese 3D-Eigenschaften auszuwerten. Es wird der Befehl „3D-Fläche" gezeigt (Register Erstellen).

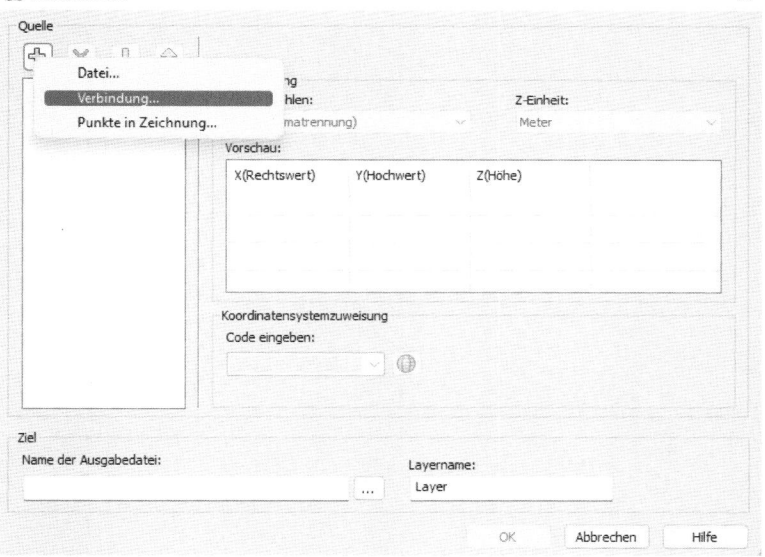

In den weiteren Kapiteln der Beschreibung wird der Befehl wiederholt gezeigt.

Hinweis:
Bestandteil des MAP 3D sind keine weiterführenden Funktionen wie Profile, Schnitte, eine Massen- oder Mengenberechnung.
Diese weiterführenden Funktionen (Ausführungsplanung nach HOAI Leistungsphase 5) gibt es im Civil 3D.

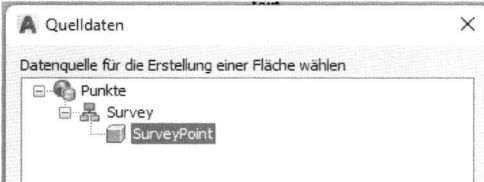

1 „MAP 3D Toolset", Funktionen und Unterschiede zum AutoCAD

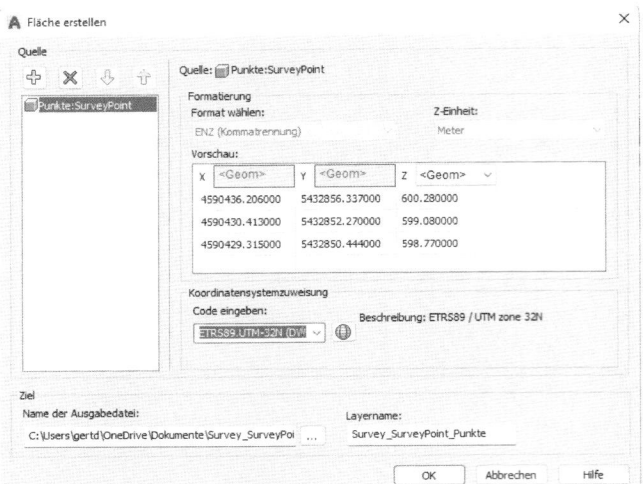

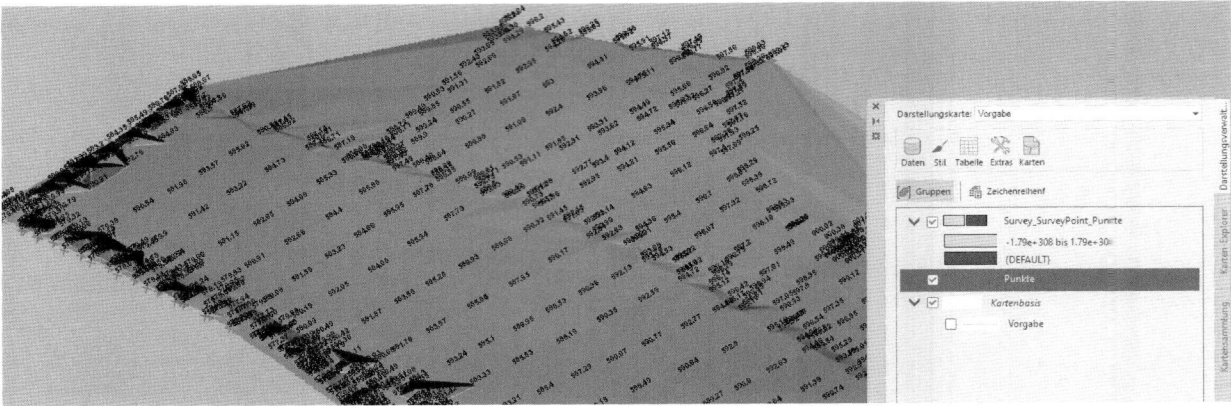

Auf der Basis des erstellten MAP 3D Layers können Höhenlinien berechnet sein.

Das Kapitel „Rasterbild (2.Variante) Daten (3D-Funktion) geht auf diese Funktion näher ein.

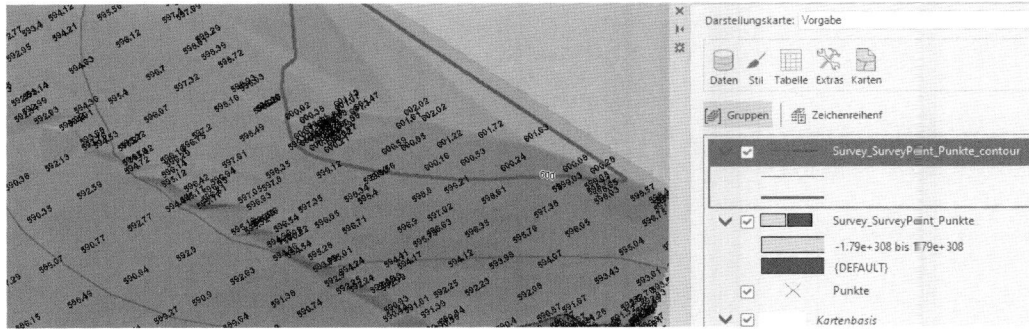

2 Datenverwaltung, Import von ESRI, *.shp (ArcView, GIS)

2.1 Verbinden (Datenverbindung)

Die Funktion „Verbinden" ist Bestandteil der Register-Karte Start. Die Funktion „Verbinden" auf dieser Registerkarte direkt auszuwählen ist nicht empfehlenswert.

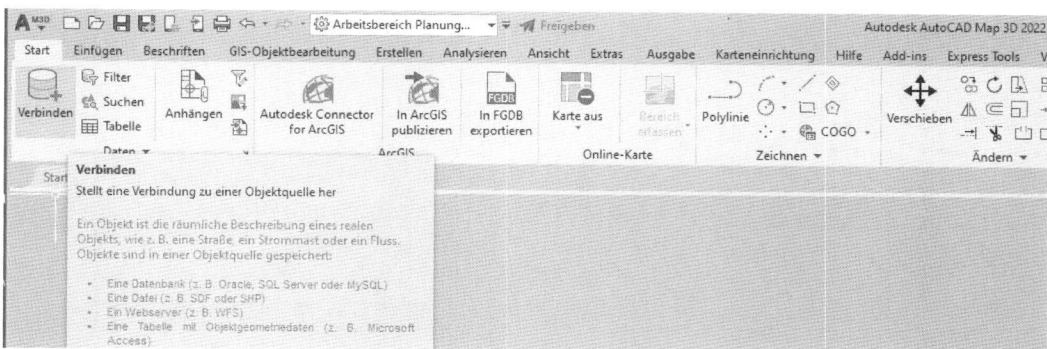

Empfehlenswerter ist die Funktion „mit Daten verbinden" innerhalb des geöffneten „Aufgabenfenster". Beide Male handelt es sich um die gleiche Funktion. In beiden Fällen wird das Fenster „Datenverbindung" geöffnet und der Datenaufruf ist möglich. Der Vorteil der zweiten Variante ist der, mit dem Verbinden der Daten werden die MAP Layer im Aufgabenfenster unmittelbar erkannt und es ergeben sich unmittelbar weitere Schritte der Bearbeitung. Ohne geöffnetes Aufgabenfenster wird vielfach der Zusammenhang MAP-Layer und den Daten nicht gesehen oder nicht erkannt.

Hinweis:
Datenverbinden ohne geöffnetes MAP-Aufgabenfenster führt teilweise zu Problemen bei der Funktion ZOOM-Grenzen.

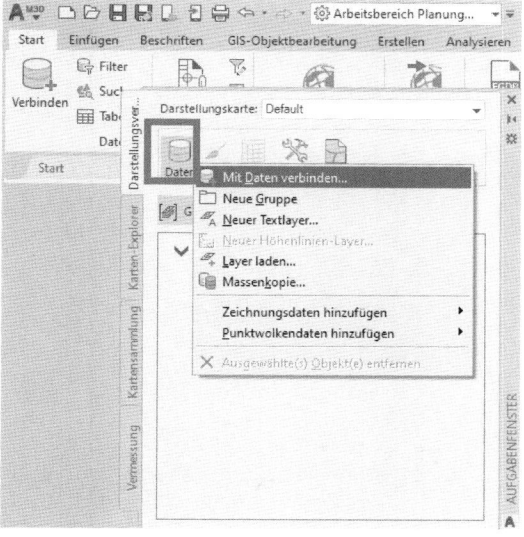
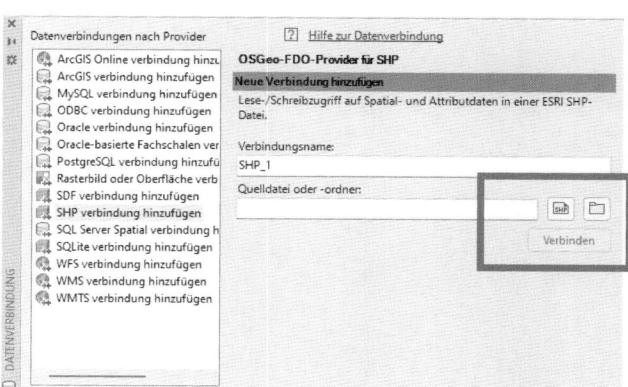

Die beschriebene Arbeitsweise gilt für alle Formate und Datenbanken, zu denen eine Verbindung hergestellt werden kann.

Die Zuordnung der Dateien kann anhand eines Ordners oder durch die Auswahl einzelner Dateien erfolgen. Im Fall der Ordnerauswahl werden alle *.shp- Dateien des gewählten Ordners mit der dazugehörigen Datenbank (*.dbf-Datei) gelesen und angezeigt.

Die Auswahl zeigt in diesem Fall nur den Ordner. Im Fall der Auswahl einer Datei wird nur die *.shp-Datei gezeigt. Alle dazugehörigen Dateien sind nicht zu sehen, werden jedoch anhand des gleichen Namens Bestandteil der Auswahl.

2 Datenverwaltung, Import von ESRI, *.shp (ArcView, GIS)

Zu einer *.shp Datei können mehrere Datei-Formate gehören. Das nächste Bild zeigt die Liste der Datei-Formate die einer *.shp Datei zugeordnet sein können (Angaben aus WIKIPEDIA)

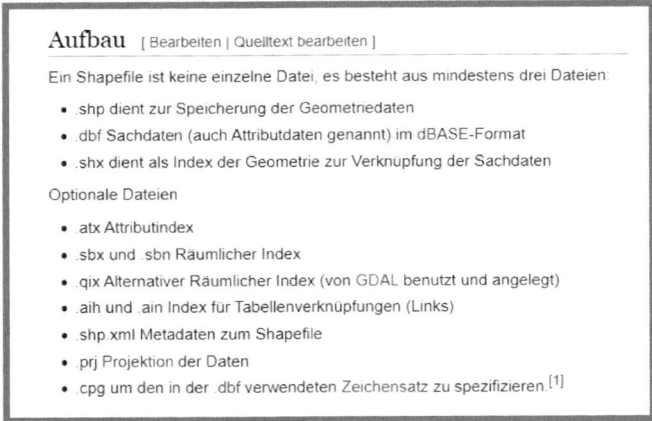

Zugeordnete Dateien einer einzelnen *.shp Datei (Bestandteil des ausgewählten Ordners)

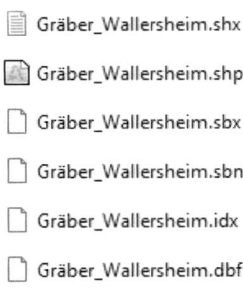

Für die Beschreibung wird ein Ordner ausgewählt.

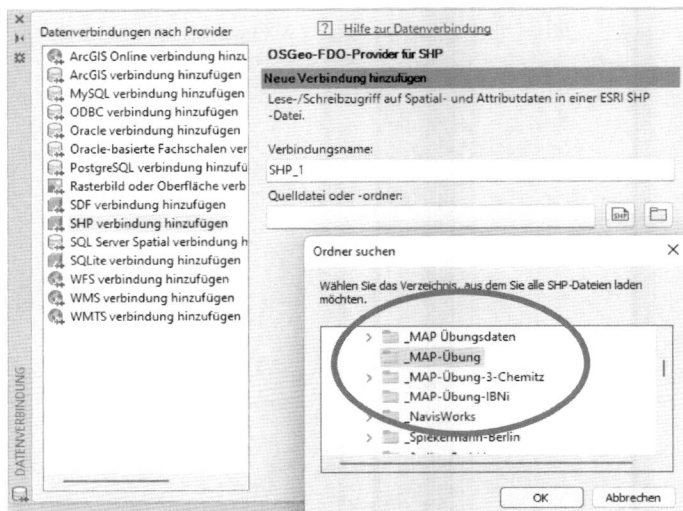

Hinweis:

Sonderzeichen hier deutsches „ä" wird beim *.shp- Import gelesen und führt zu keinem Fehler. Bei der späteren Funktion „Massenkopie" sind Sonderzeichen in den Ausgangsdaten problematisch. Es wird empfohlen Sonderzeichen zu ersetzen.

Anschließend wird die Verbindung hergestellt.

Hinweis:

Die ESRI *.shp Dateien werden mit dieser Funktion nicht importiert. Es wird eine Datenverbindung erstellt. Das heißt die *.shp Datei wird im Original gelesen, in der geöffneten Zeichnung nur dargestellt (View) und ggf. bei Änderungen in das Original gespeichert oder zurückgeschrieben.

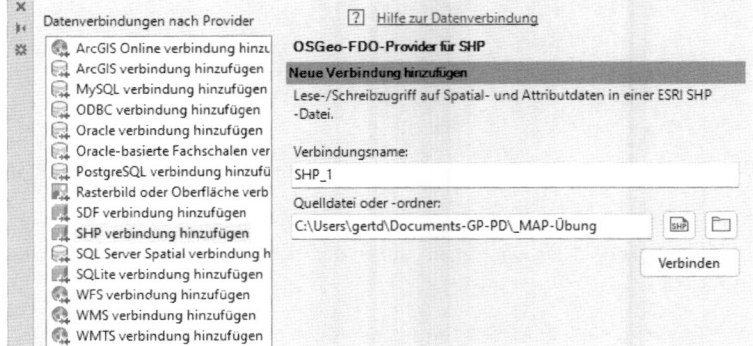

Aus den Importieren Daten kann optional eine AutoCAD DWG erstellt werden! Für das Eintragen der Daten in die *.dwg Datei ist „Speichern" allein nicht ausreichend!

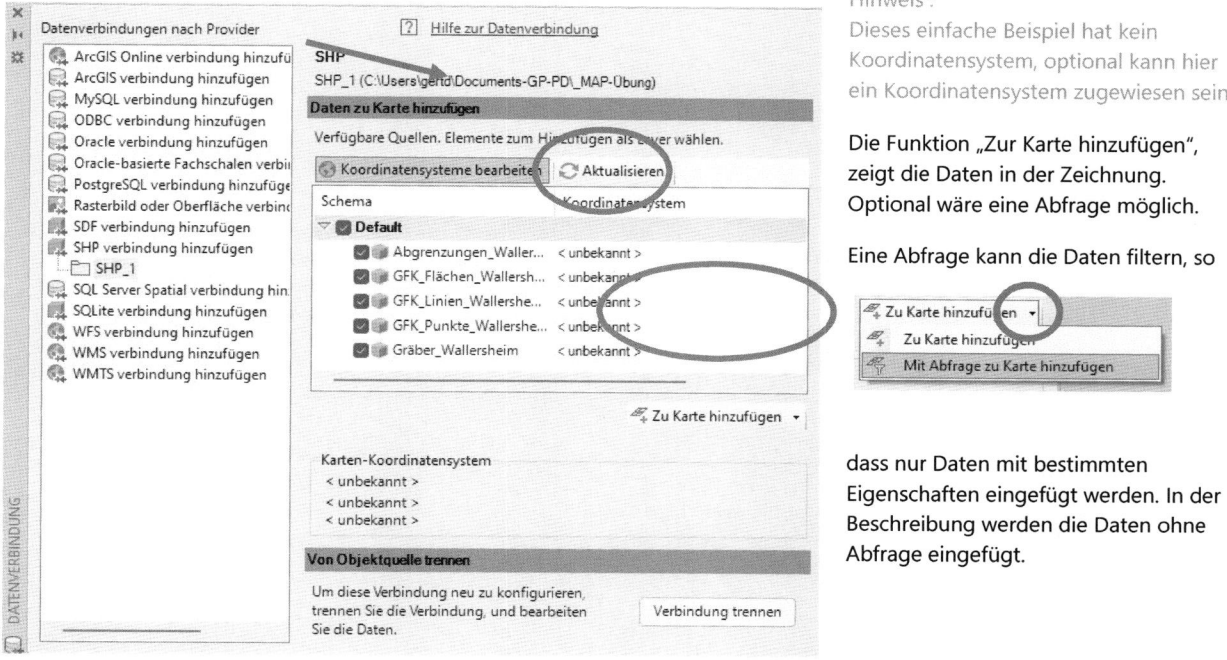

Hinweis:
Dieses einfache Beispiel hat kein Koordinatensystem, optional kann hier ein Koordinatensystem zugewiesen sein.

Die Funktion „Zur Karte hinzufügen", zeigt die Daten in der Zeichnung. Optional wäre eine Abfrage möglich.

Eine Abfrage kann die Daten filtern, so dass nur Daten mit bestimmten Eigenschaften eingefügt werden. In der Beschreibung werden die Daten ohne Abfrage eingefügt.

Für eine Auswahl des Koordinatensystems steht wiederum die gesamte Datenbank zur Verfügung.

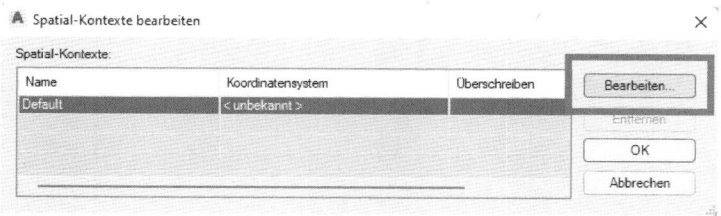

Die Daten sind in die Zeichnung eingefügt.

Zur Darstellung im Lageplan zeigt das „MAP-Aufgabenfenster" „MAP-Layer" an. Die vergebenen Farben sind zufällig und können beim erneuten Einlesen wechseln.

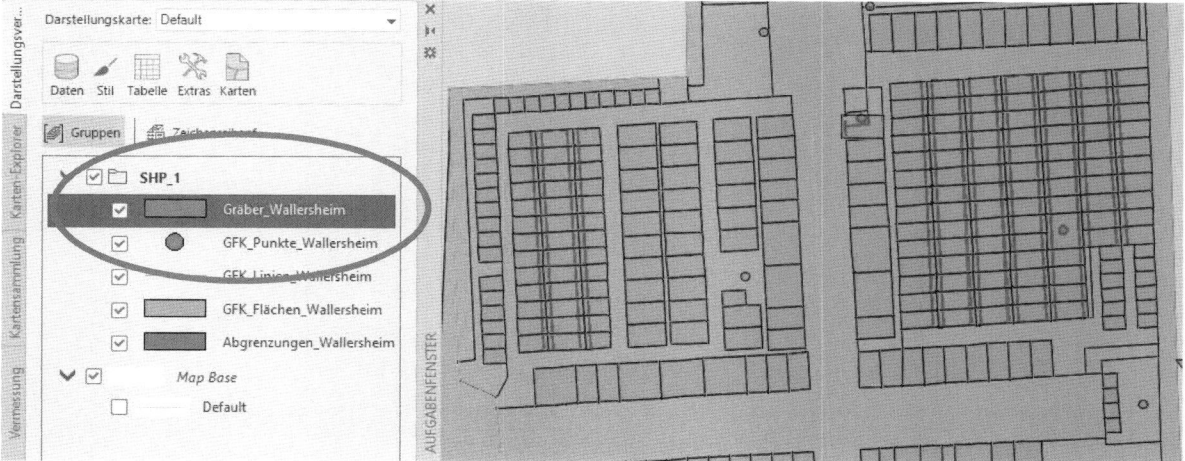

2.1 MAP-Layer Reihenfolge und Sichtbarkeit

Die Sichtbarkeit und Anzeigereihenfolge der MAP-Daten in der Zeichnung kann innerhalb des MAP-Aufgabenfensters erfolgen. Die Sichtbarkeit einzelner MAP-Layer wird hier durch das Ein- und Ausschalten der „Häkchen" vor der Layer-Bezeichnung gesteuert.

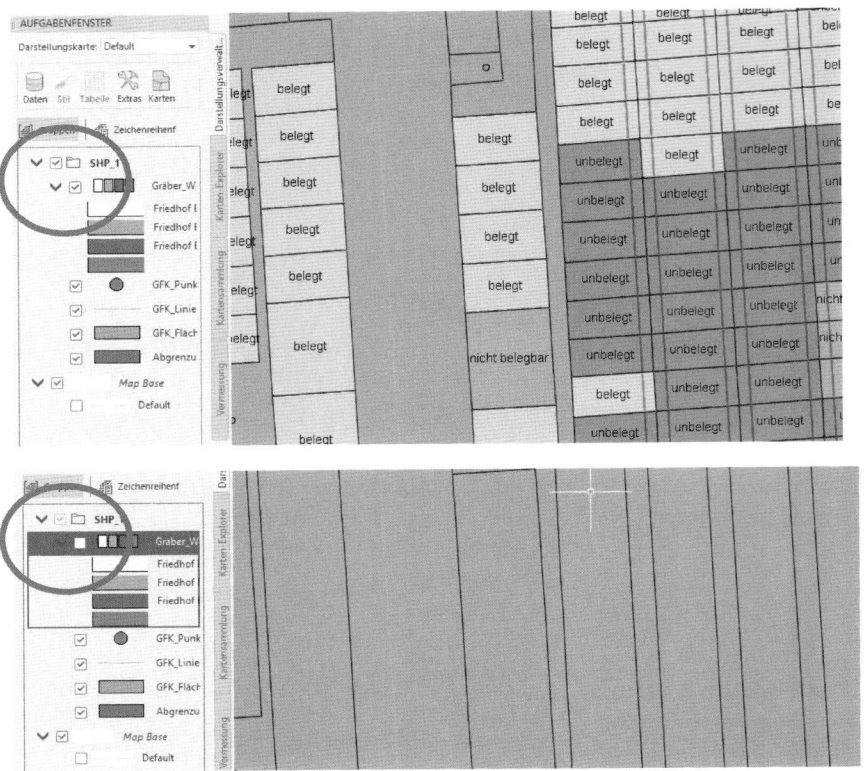

Die Reihenfolge der MAP Layer (Layerposition „Oben" oder „Unten") entspricht der Reihenfolge der Darstellung.

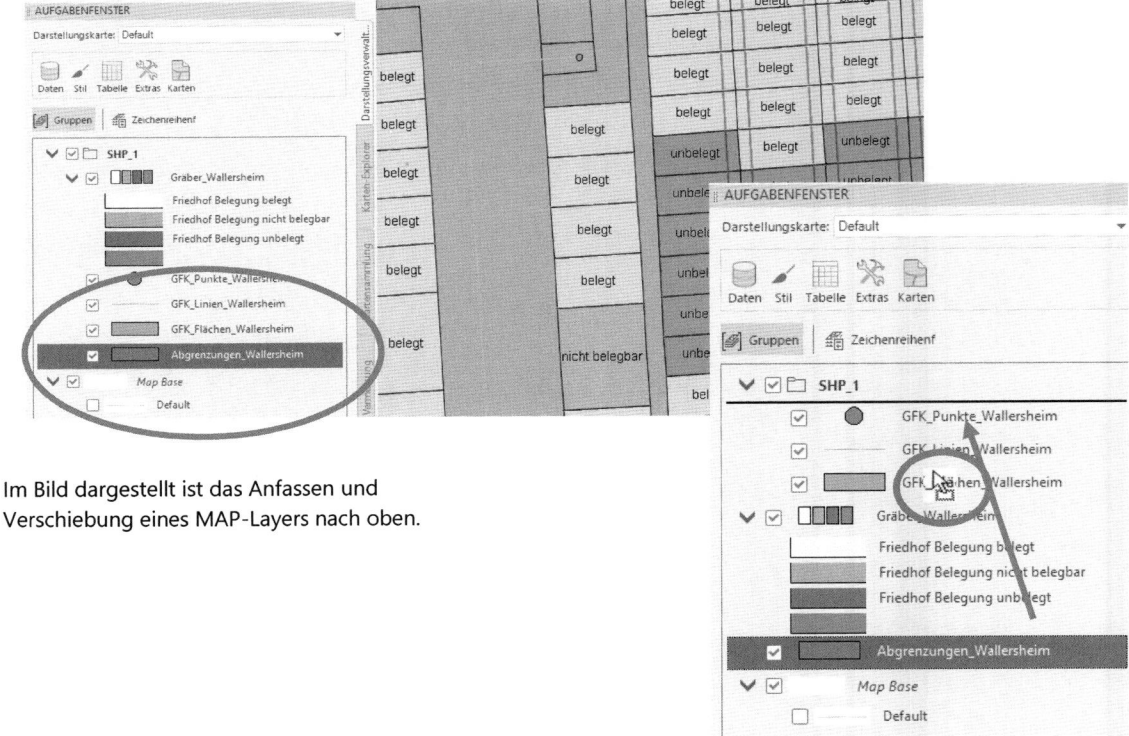

Im Bild dargestellt ist das Anfassen und Verschiebung eines MAP-Layers nach oben.

Der verschobene MAP-Layer überdeckt die unterhalb liegenden Layer.

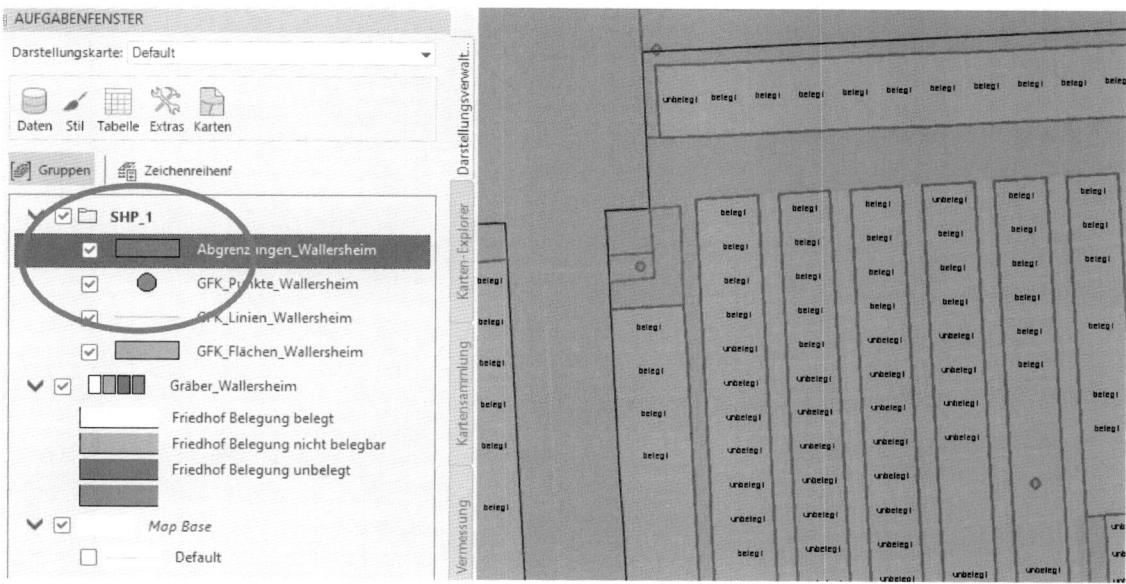

2.1 Datentabelle

Mit dem Einlesen wird gleichzeitig eine Datenbank geschrieben, insofern die Vektoren zugeordnete Daten haben (Tabelle mit Daten, *.dbf-Datei). Vektoren und Daten sind automatisch miteinander verknüpft.

Die Auswahl eines Datensatzes in der Tabelle führt zur Auswahl der Vektoren in der Zeichnung. Die Tabelle kann hinsichtlich der Spaltenanordnung bearbeitet werden.

Es können Flächen in der Zeichnung gewählt werden und es wird automatisch die Position in der Tabelle markiert.

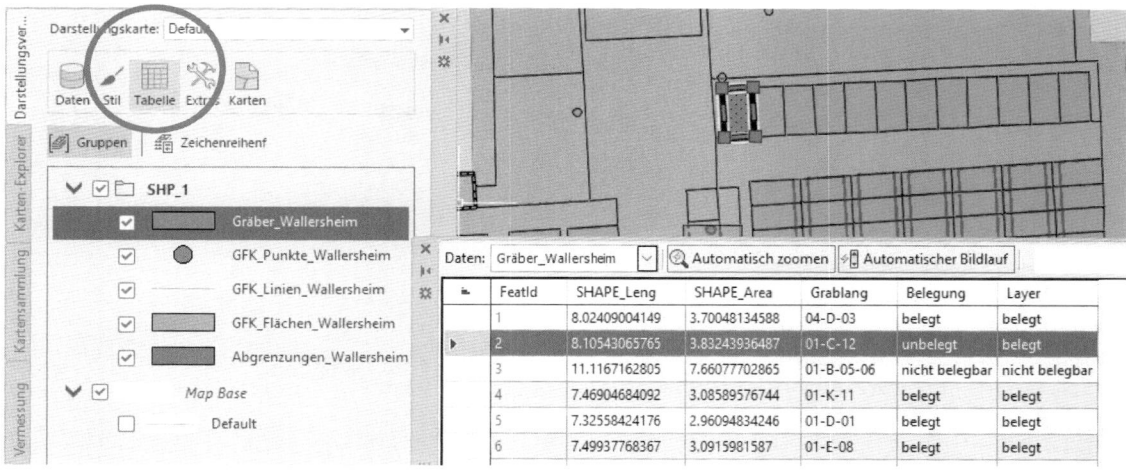

Umgekehrt ist die auch die Auswahl eine Datensatzes in der Tabelle möglich und es wird automatisch auf die Fläche in der Zeichnung gezoomt..

Das Reagieren der Daten in der Tabelle oder umgekehrt in der Zeichnung kann durch Steuerungsoptionen („Automatisch zoomen", Automatischer Bildlauf) am oberen Rand der Tabelle beeinflusst werden.

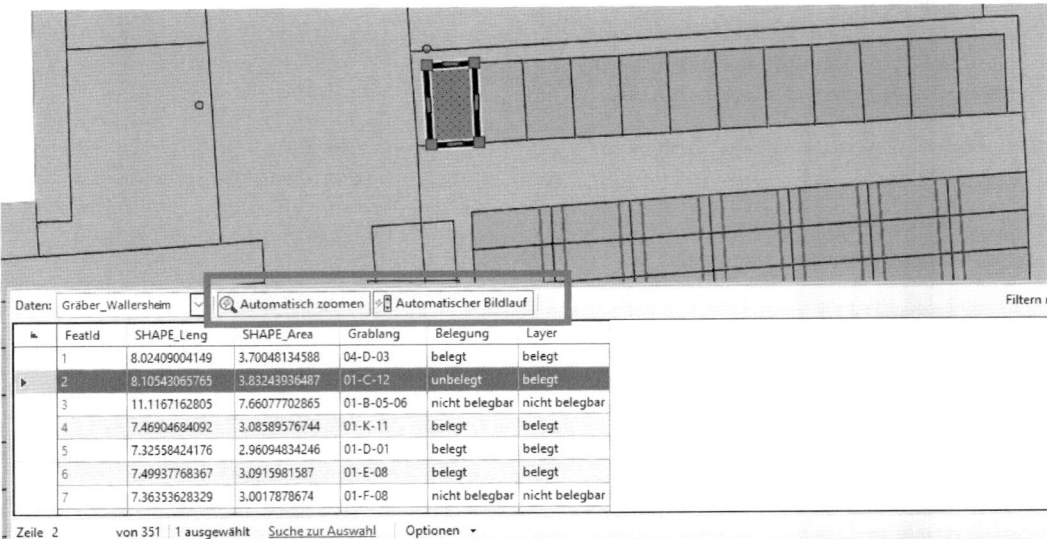

Im ersten Feld der Datentabelle ist unabhängig von der Layer-Auswahl im Aufgabenfenster ein Wechsel der angezeigten Daten in der Tabelle möglich.

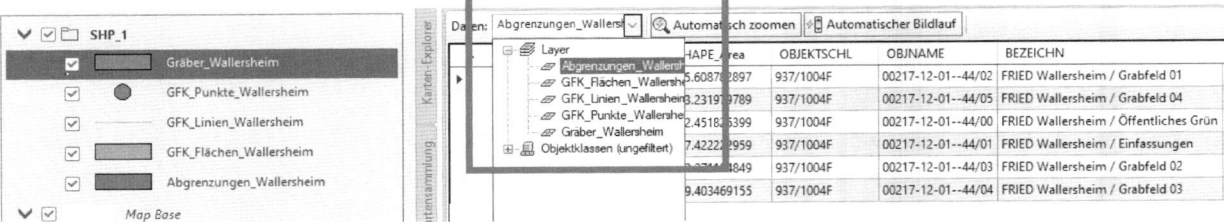

In letzen Feld (rechts außen) iat eine Suche (Filter) nach bestimmen Daten der Tabelle vorgesehen.

Nach der Auswahl der Spalte „Grablang" wird der Wert „01-K-11" im gleichen Eingabe-Feld gesucht. Das Bild zeigt den gefundenen Wert. Die ganz rechte, letzte Funktion bietet die Möglichkeit den eingetragenen Filter zu entfernen.

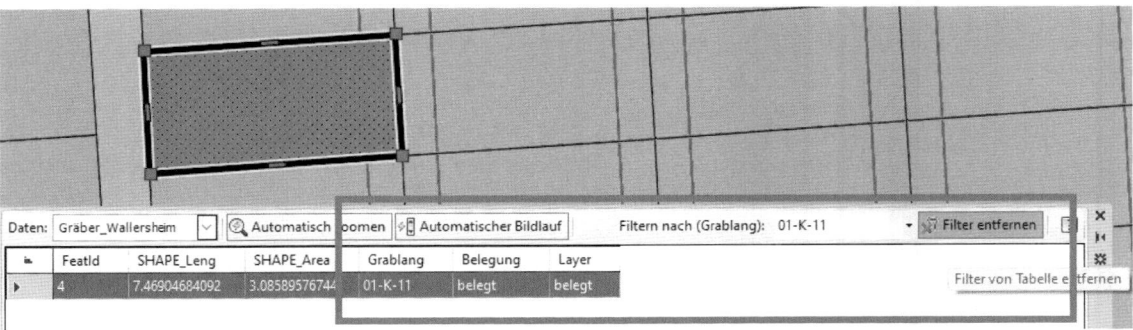

2.2 Bearbeitung der Darstellung / Stilisierung

Aus der Datentabelle geht hervor, dass die rechteckigen Flächen in der Zeichnung Gräber sind. Einige haben die Eigenschaft „belegt", andere „unbelegt" und es gibt eine dritte Eigenschaft „nicht belegbar".

Belegte, unbelegte oder nicht belegbare Gräber sind in der Zeichnung nicht zu erkennen. Mit einer „Stilbearbeitung" kann abhängig von der Daten-Eigenschaft eine Farbzuweisung erfolgen. Mit einer derartigen Bearbeitung wird die Belegung der Gräber sichtbar.

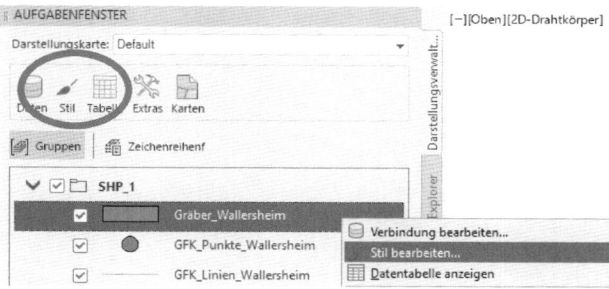

Hinweis:
Die Stilbearbeitung kann maßstabsabhängig erfolgen. Die Funktion der Maßstabsabhängigkeit sollte erst in einem zweiten Bearbeitungsschritt zur Anwendung kommen. (oberer Bereich der Maske).

Zuerst wird die Funktion „Neues Thema" gezeigt.

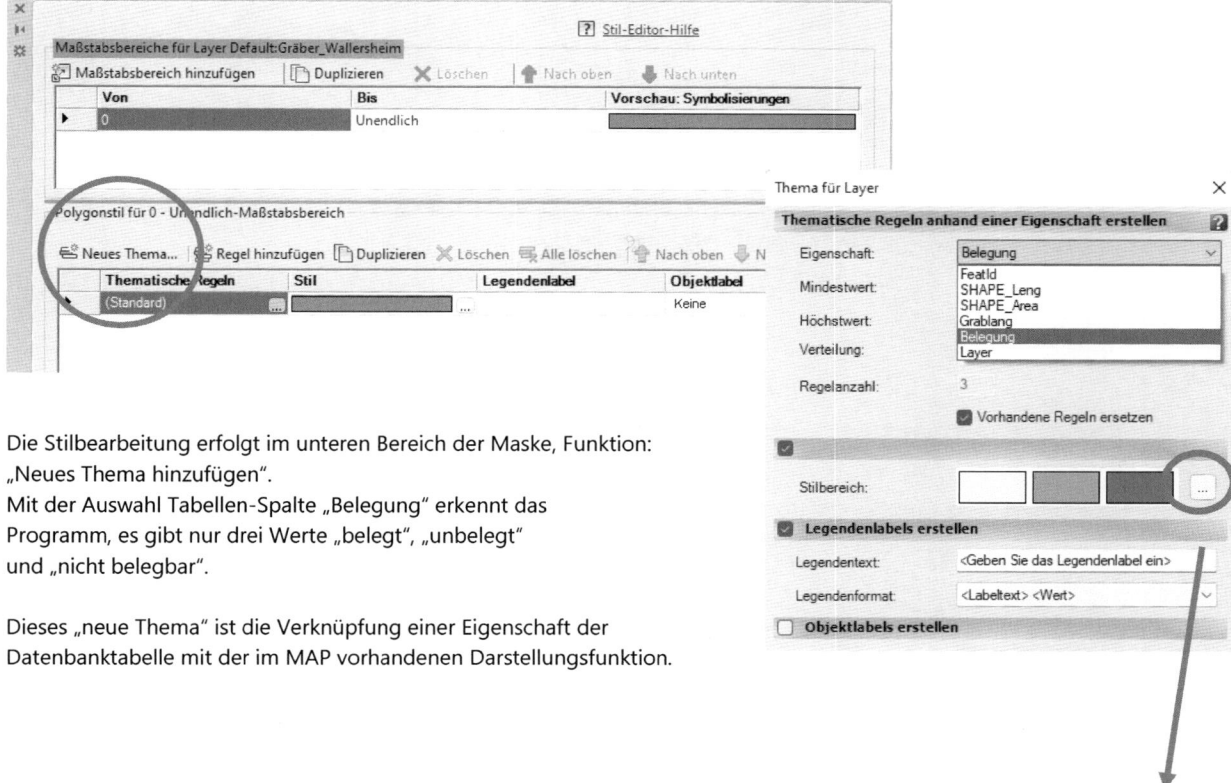

Die Stilbearbeitung erfolgt im unteren Bereich der Maske, Funktion: „Neues Thema hinzufügen".
Mit der Auswahl Tabellen-Spalte „Belegung" erkennt das Programm, es gibt nur drei Werte „belegt", „unbelegt" und „nicht belegbar".

Dieses „neue Thema" ist die Verknüpfung einer Eigenschaft der Datenbanktabelle mit der im MAP vorhandenen Darstellungsfunktion.

Die Vergabe der Farbe für „Mindest-" und „Maximalwert" sind zufällige Ergebnisse.
Der Stilbereich (Farbe) ist frei wählbar.

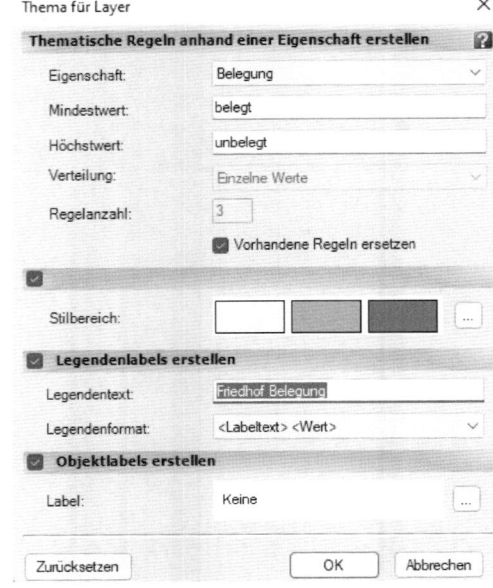

Hinweis1:
Die Optionen „Gerät" und „Karte" sind zu beachten.
Gerät bedeutet „Grafikkarte" und würde eine maßstababhängige Schraffur erstellen. Karte bedeutet Schriftgröße absolut und entsprechend der vorgegebenen Einheit.

Hinwei2:
Unterhalb der Begriffe „Symbol und Stil" sind zwei Felder zu sehen.
Im ersten Feld wird die Farbe des Randes gesteuert.
Mit der Auswahl des zweiten Feldes ist die Schraffur Farbe der Fläche bearbeitbar.

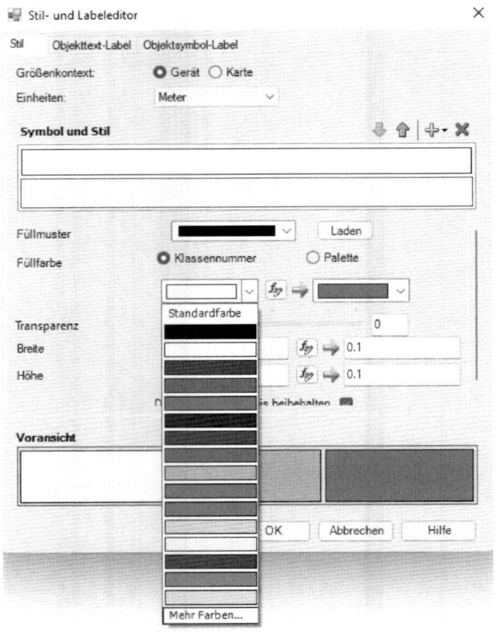

Die voreigestellten Farben der Fläche und des Randes werden für die Beschreibung nicht geändert.

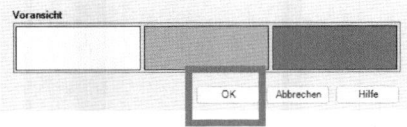

Im unteren Teil der Maske ist ein Feld für die Legendenbeschriftung „Legendenlabels erstellen" und die Objektbeschriftung „Ojektlabels erstellen" vorgesehen.

Im Feld „Legendenlabels erstellen" erstellen wird der Text „Friedhof-Belegung" eingetragen. Der Zusammenhang „Legendenlabels erstellen", Layout und Legende wird am Ende des Kapitels erläutert. Die Beschreibung wird an dieser Stelle mit der Option „Objektlabels erstellen" weitergeführt.

Die Option „Objektlabels erstellen" erzeugt Beschriftungen an den Objekten im Modellbereich. In vorliegenden Fall werden es die Beschriftungen der Grabfeldern sein, die aus der Spalte „Belegung" abgerufen sind. Die Beschriftungsfunktion ist mit dem Knopf links neben dem Feld „Objektlabels erstellen" zu aktivieren und führt zum optionalen Aufruf einer Beschriftung über das Feld rechts.

Hinweis:
Zu beachten sind wieder die Felder „Gerät", „Karte" und „Einheiten". Hier wird wiederum die Beschriftung hinsichtlich der Maßstab-Abhängigkeit gesteuert. „Gerät bedeutet abhängig von der ZOOM-Stufe (Grafikkarte), Karte bedeutet Schriftgröße absolut (abhängig von der Einheit).

Das folgende Bild zeigt, die Beschriftung wird erstellt mit der Einstellung „Gerät".

Es folgt der Aufruf der der Beschriftungs-Eigenschaft in der Zeile „Text" mit dem Funktionsaufruf rechts außen.

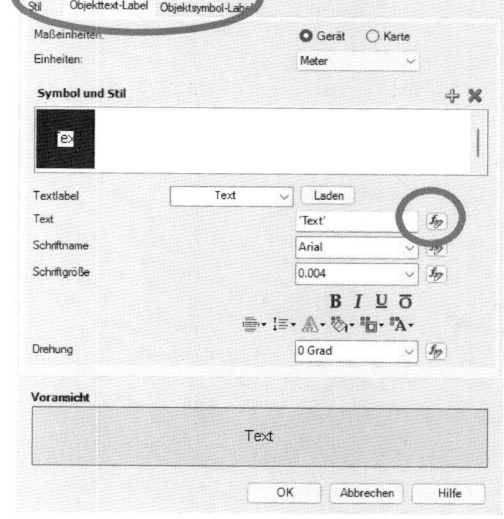

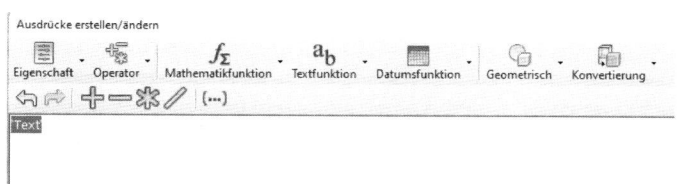

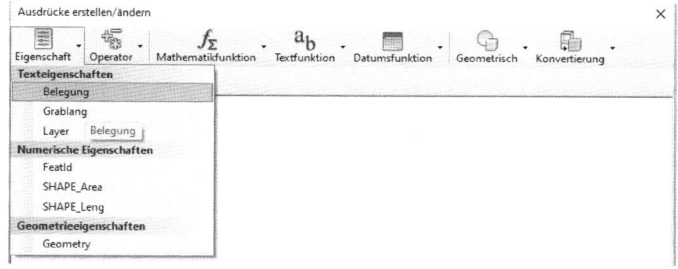

Der vorgegebene „Text" wird durch die Eigenschaft „Belegung" ersetzt.

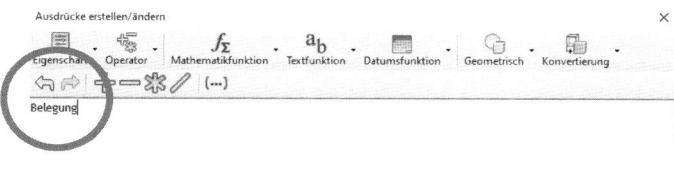

Mit Hilfe des Feldes „Auswerten" ist der Eintrag zu überprüfen. Erscheint der „grüne Text", „Der Ausdruck ist gültig" kann der Arbeitsschritt mit „OK" abgeschlossen werden.

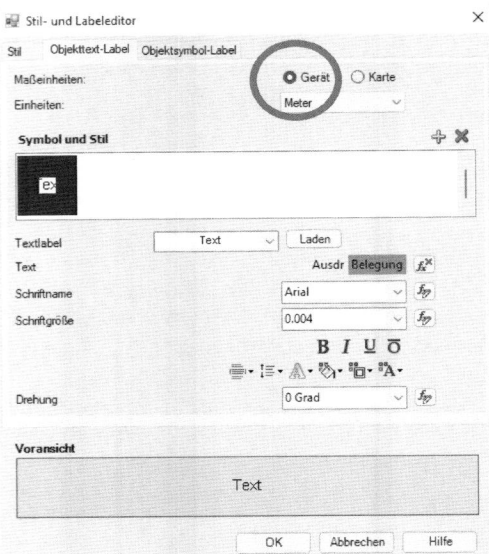

Hinweis:
In der folgenden Maske bleibt die Einstellung „Gerät" aktiviert.

Mit „OK" wird die Maske geschlossen.

Das Feld Maßstabsbereich besitzt nur eine Zeile mit der Eigenschaft „Unendlich".

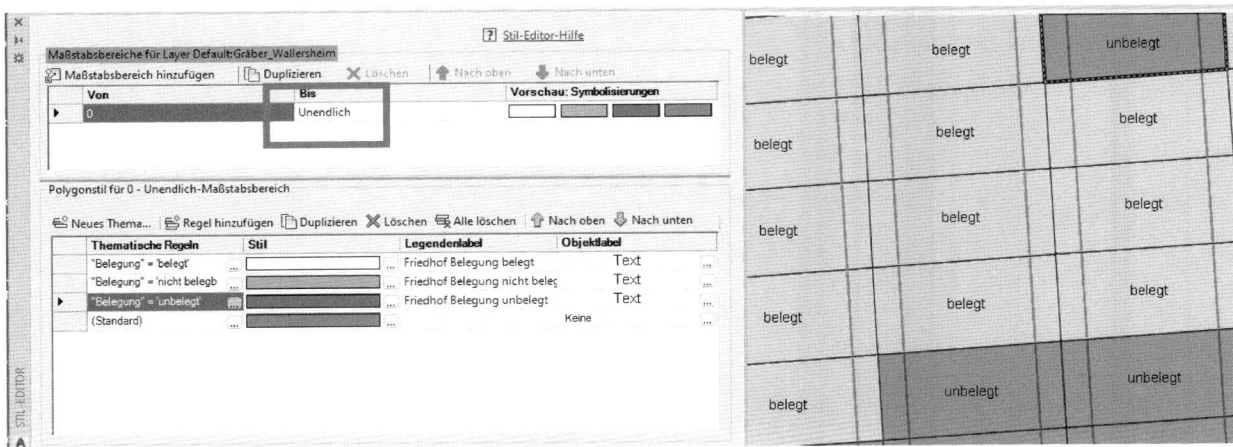

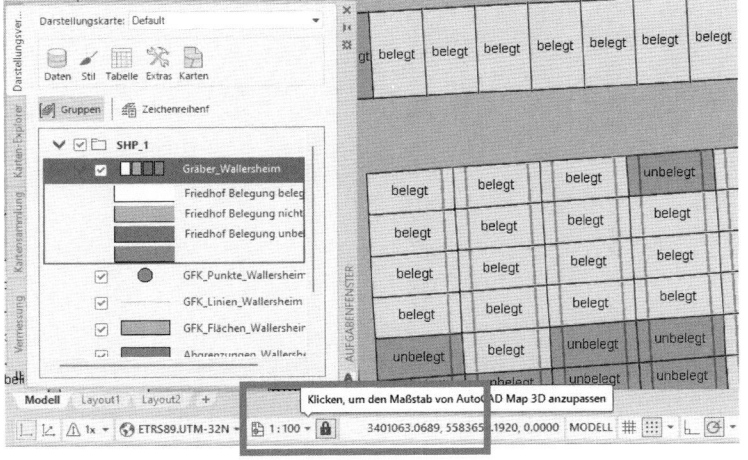

Mit der Einstellung „Gerät" ist die Darstellung der Beschriftung und Schraffur abhängig vom Maßstab. Im ersten Bild ist Maßstab 1:100 eingetragen (Statusleiste).

Im zweiten Bild wird innerhalb der Statusleiste auf 1:500 gewechselt.

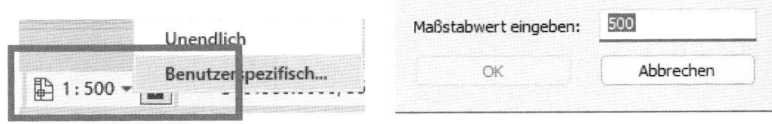

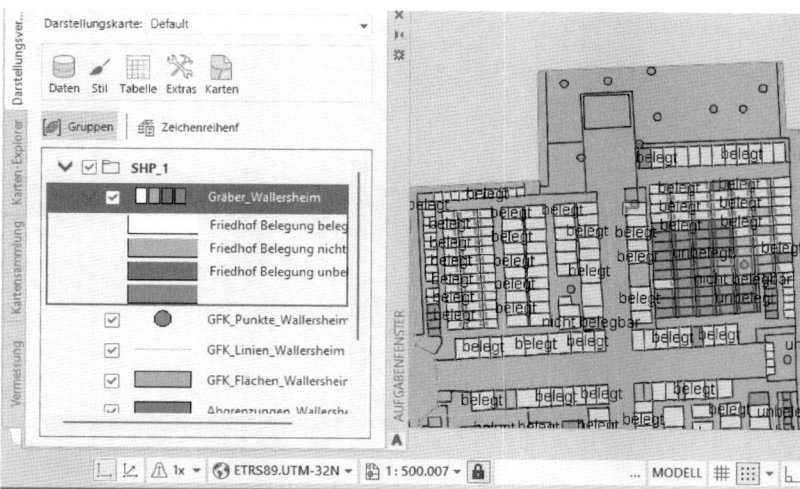

Wird eine Beschriftung mit der Einstellung „Karte" vorgenommen (das gilt optional auch für die Schraffur), so reagiert die Beschriftung nicht mehr auf den Maßstab (ZOOM-Stufe). Die Schrittgröße ist absolut eingestellt. Hier ist die Abhängigkeit der Schriftgröße von der Einheit zu beachten.

Der Zugang zur Darstellungs-Bearbeitung erfolgte im nächsten Bild über den MAP-Layer (Aufgabenfenster), Stil bearbeiten für jede einzelne Zeile.

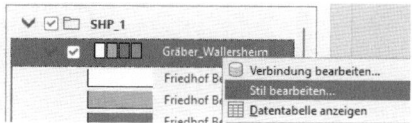

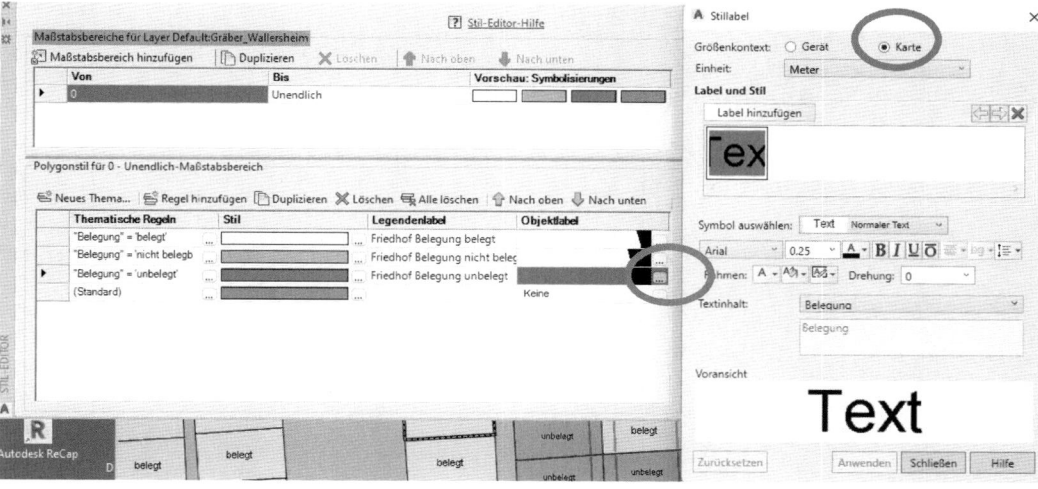

Die folgenden Bilder zeigen die Beschriftung einmal im Maßstab 1:100 und 1:500.

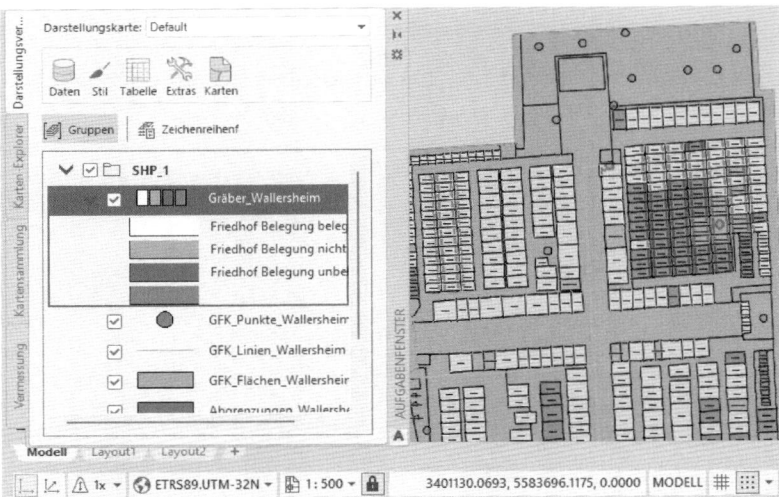

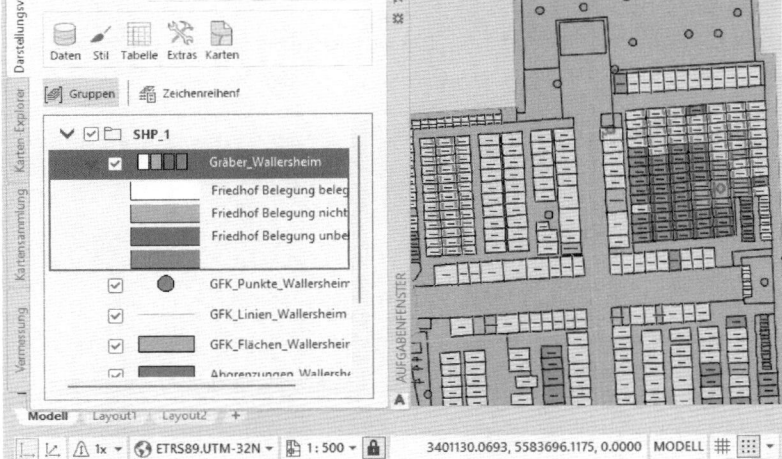

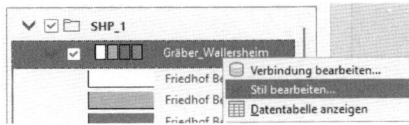

Für diesen Fall, Maßstab 1:500, macht eine Beschriftung keinen Sinn. Für diesen Fall könnte die Beschriftung, ab dem Maßstab 1:250 abgeschaltet sein, weil diese in größeren Maßstäben nicht lesbar ist.

Dazu wird in Bereich Stil-Bearbeitung ein neuer Maßstabsbereich hinzugefügt.

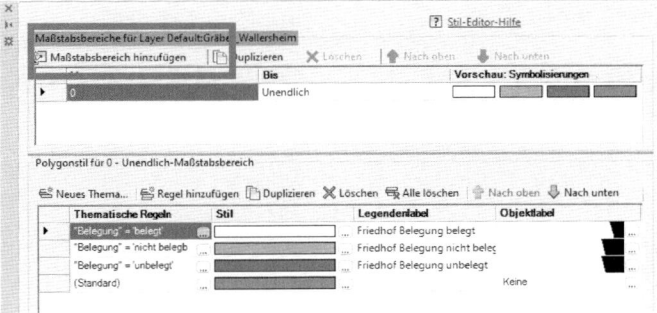

Die Gültigkeit für die Bereiche wird eingetragen 1. Zeile: „0-250", 2. Zeile „250-unendlich". Die Stil-Bearbeitung (Feld unterhalb) erfolgt jetzt abhängig von der Zeile „Maßstabsbereiche". Für die zweite Zeile werden alle Beschriftungen gelöscht.

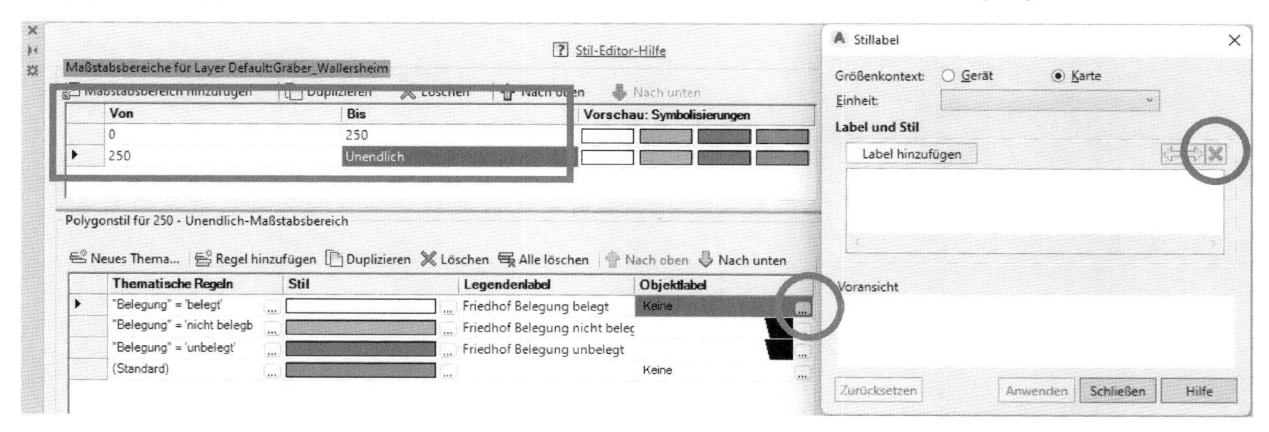

In der Zeichnung, Modellbereich, im Maßstab 1:200 ist eine Beschriftung sichtbar.

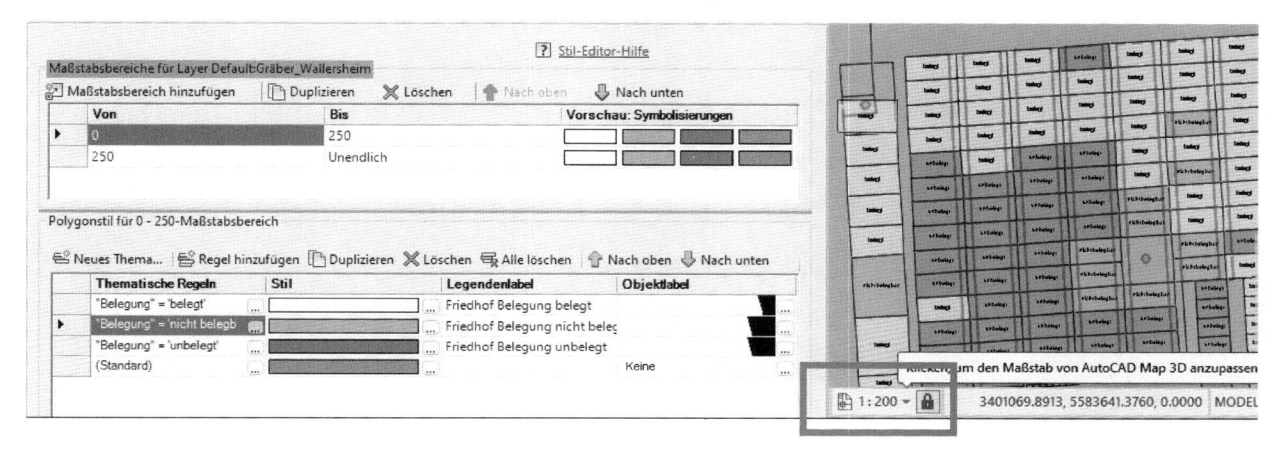

Im Maßstab 1:500 ist die Beschriftung aufgeblendet.

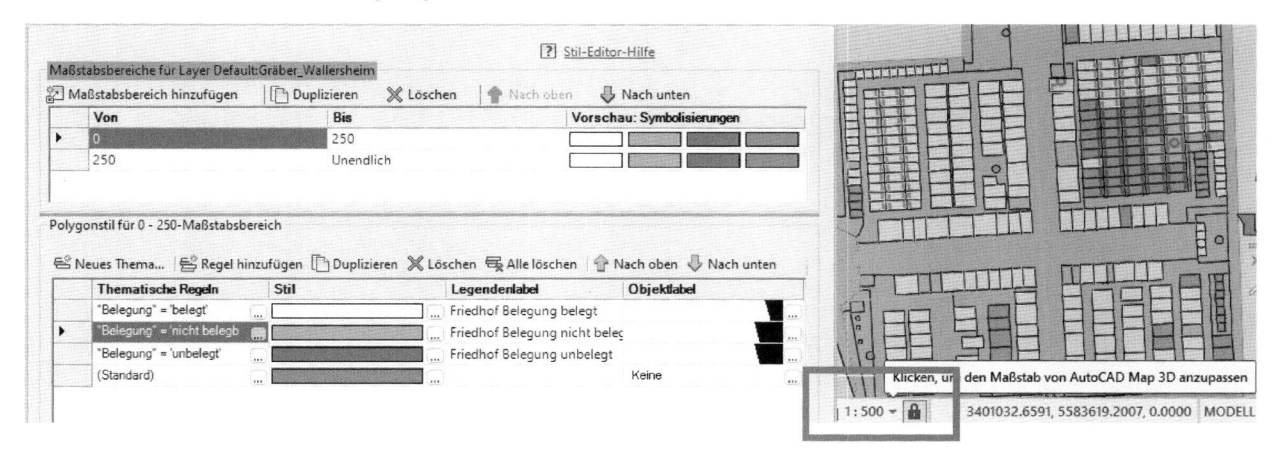

Die Zeichnung wird gespeichert. Diese Zeichnung dient im übernächsten Kapitel „Legende, Nordpfeil, Maßstabsleiste Referenzsystem" als Ausgangspunkt. Dieses Kapitel wird auf diesen Arbeitsstand zurückgreifen.

2.3 Datenbearbeitung

Die Beschreibung wird weitergeführt mit dem Arbeitsstand „beschriftete Grabfelder".

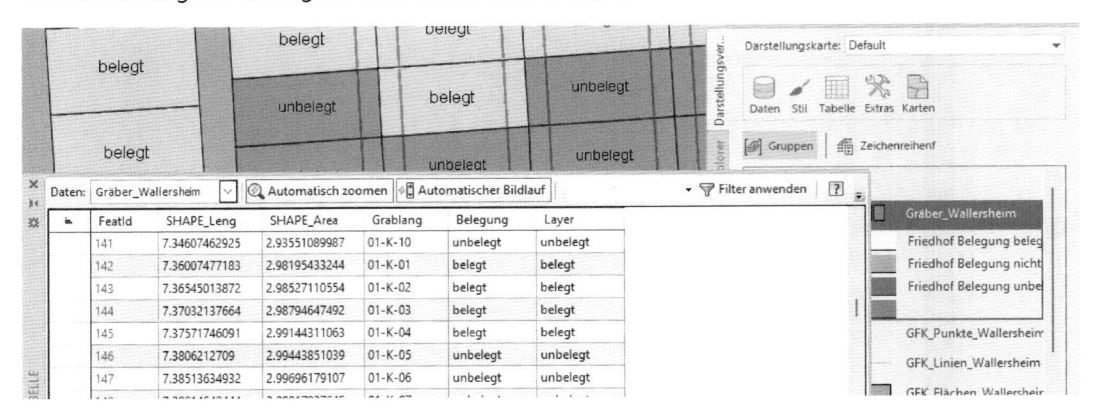

Die Eigenschaft „belegt „unbelegt" und „nicht belegbar" ist änderbar, Es findet auf dem Friedhof eine Beerdigung statt, ein bisher „unbelegtes" Grabfeld wird „belegt". Diese Eigenschaft lässt sich in der Tabelle in „belegt" ändern. Dabei wird auch die Farbe wechseln, auf die Eigenschaft, die für „belegt" vereinbart ist.

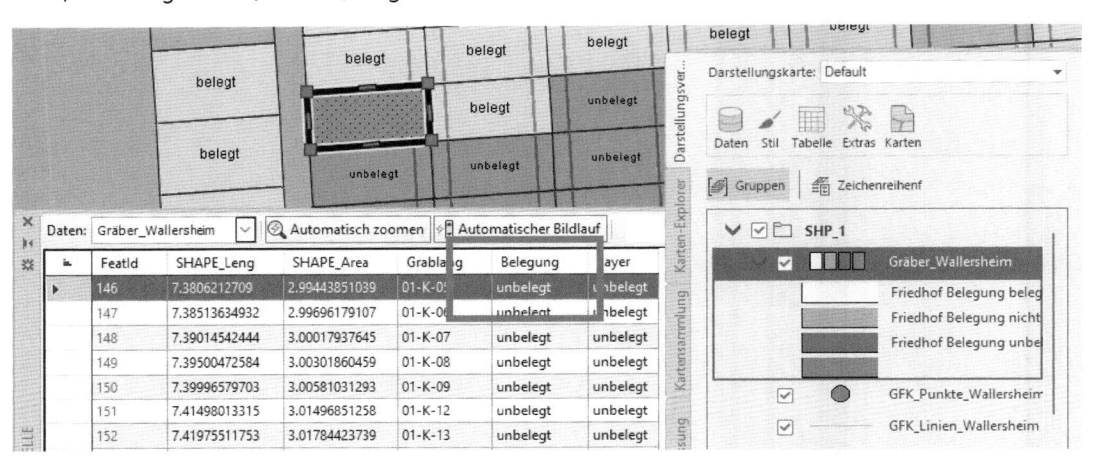

Die Funktion ist abhängig von den MAP-Optionen, auf die am Anfang der Beschreibung eingegangen wurde . Die MAP-Optionen bestimmen in großen Teilen, ob die Bearbeitung direkt erfolgen kann oder ob Zwischen-Schritte (Funktionen) zu berücksichtigen sind.

Hinweis:
Die MAP-Optionen (Bild) bestimmen die Art der Reaktion.

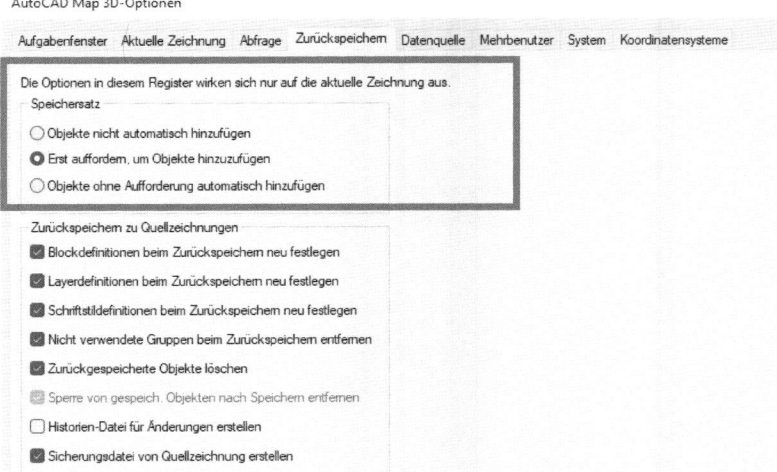

Unabhängig von den Einstellungen wird in der Beschreibung auf die Funktionen der Register-Karte "Auschecken" und „Einchecken" verwiesen.

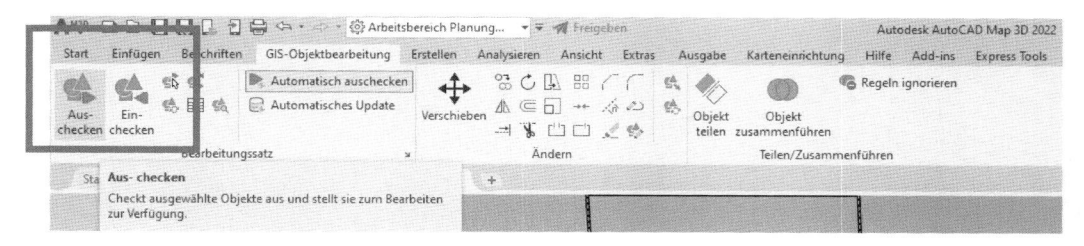

Die Funktion „Auschecken" überführt ein GIS-Objekt in den AutoCAD-Bearbeitungsmodus und die Funktion „Einchecken" speichert das bearbeitete Objekt in die GIS-Datei zurück. Gleichzeitig wird der AutoCAD-Bearbeitungsmodus aufgehoben.

Hinweis:
Vor allem das „Einchecken" ist wichtig. Das Einchecken speichert gleichzeitig die *.shp Datei. Ohne Einchecken ist die Bearbeitung nicht dokumentiert und das „Stift-Symbol nicht entfernt (links in der Tabelle).

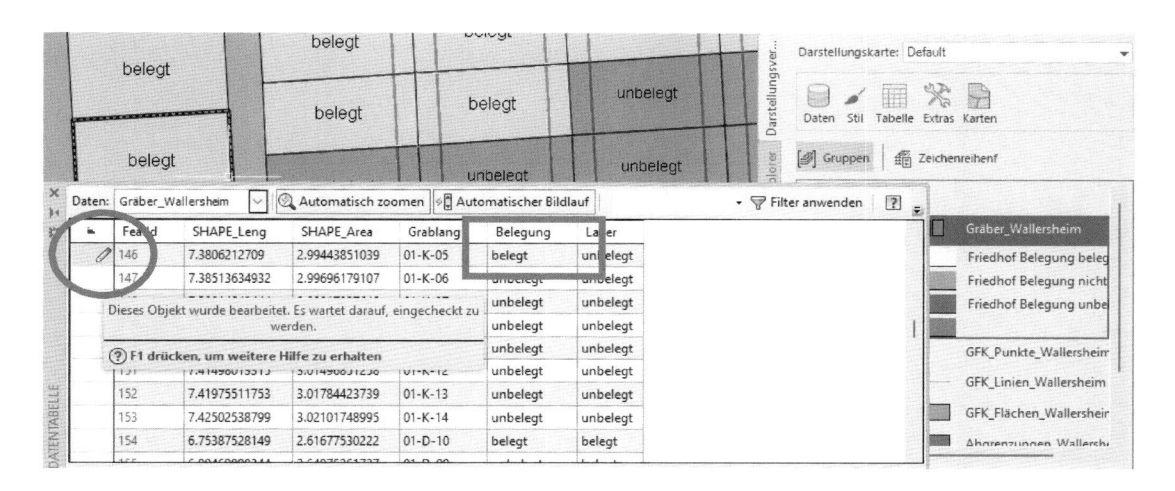

Der in der ersten Zeile des Datensatzes dargestellt „Stift" weist nochmals auf den „ausgecheckten" Datensatz hin. Die Bearbeitung ist mit der Funktion „Einchecken" zu beenden. Gleichzeitig wird die *.shp-Datei gespeichert.

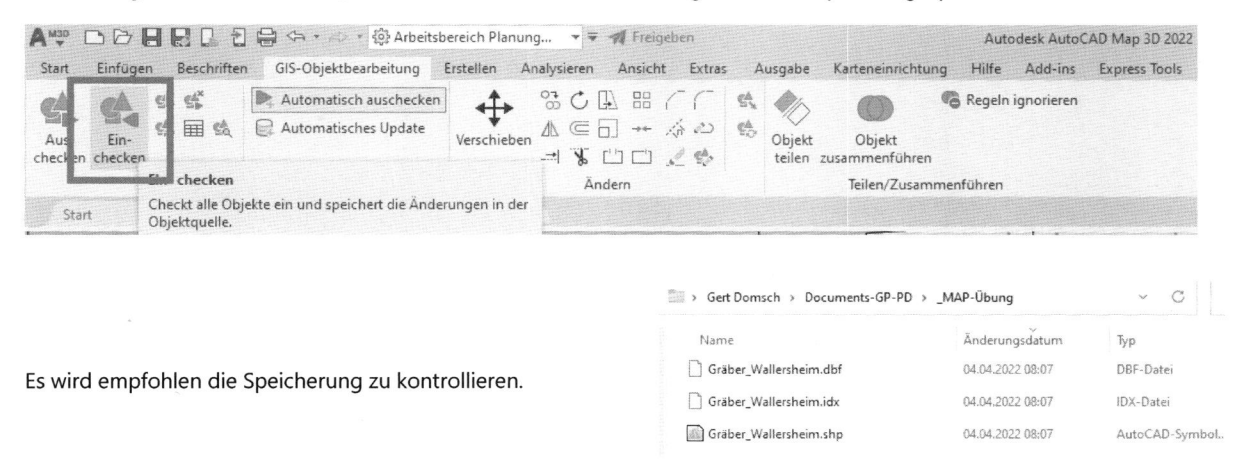

Es wird empfohlen die Speicherung zu kontrollieren.

In einem zweiten Schritt wird angenommen der Friedhof ist komplett belegt und es wird nach Platz gesucht, neue Grabfelder anzulegen.

2 Datenverwaltung, Import von ESRI, *.shp (ArcView, GIS)

Am unteren Rand des Friedhofes „Wallersheim" besteht eventuell eine Möglichkeit.

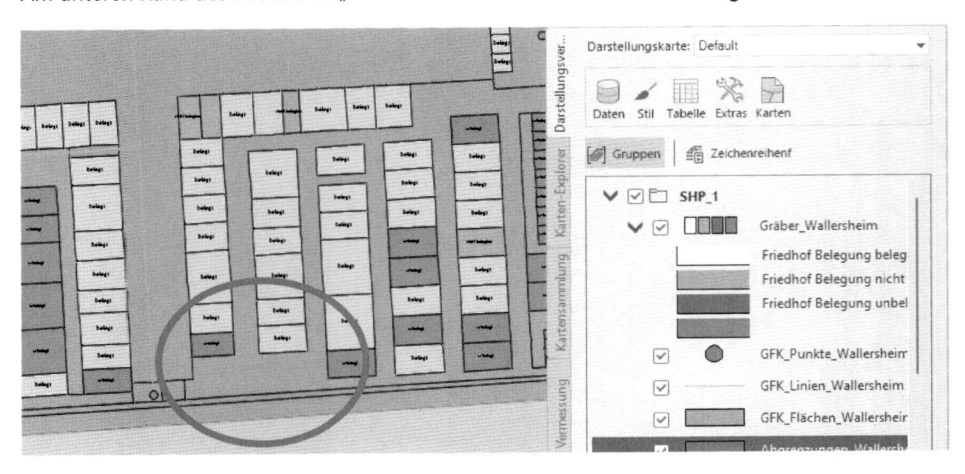

Im Zusammenhang mit dem Koordinatenursprung und der Ausrichtung nach BKS (AutoCAD) ist ein schnelles Zeichnen neuer Grabfelder möglich, mit einer anschließenden Datenzuordnung. Die Funktion steht klassisch im „Arbeitsbereich 2D Zeichnen" zur Verfügung.

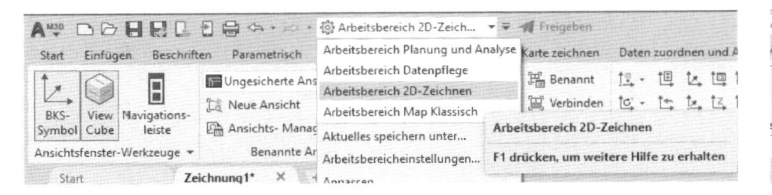

Eventuell ist hier die Gruppe „Koordinaten" noch einzublenden, um die BKS-Befehle in der Multifunktionsleiste zu sehen.

Viele der Funktionen sind auch am BKS-Symbol verfügbar.

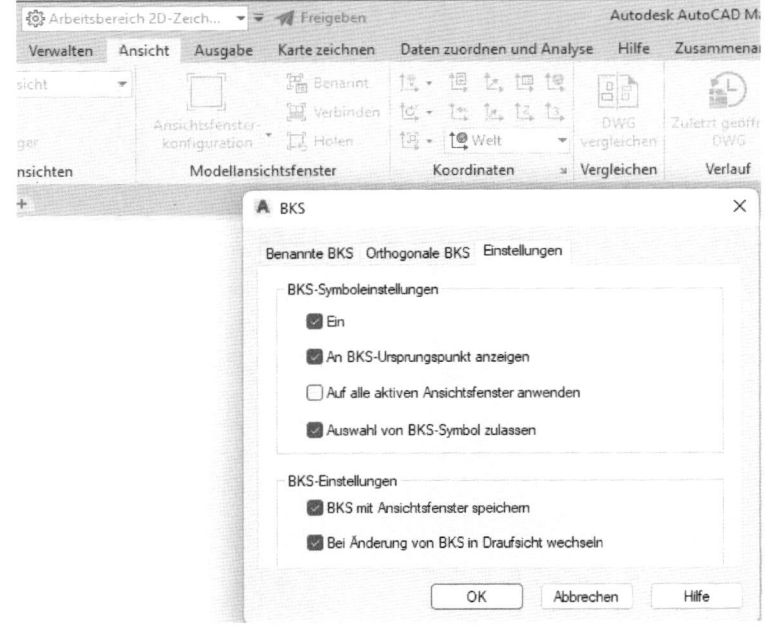

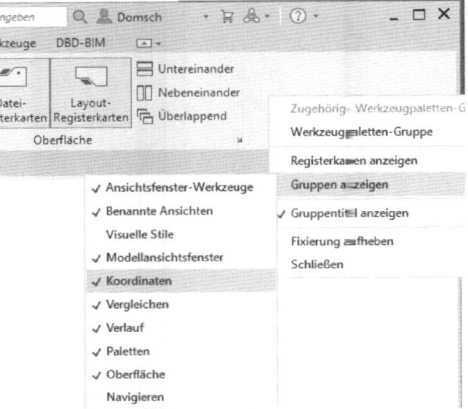

Gert Domsch, CAD-Dienstleistung

2 Datenverwaltung, Import von ESRI, *.shp (ArcView, GIS)

Es wird ein „Rechteck" gezeichnet. Der Befehl steht im Arbeitsbereich 2D Zeichnen und „- Planung und Analyse" zur Verfügung. Die Multifunktionsleiste ist in diesen beiden Bereichen unterschiedlich sortiert.

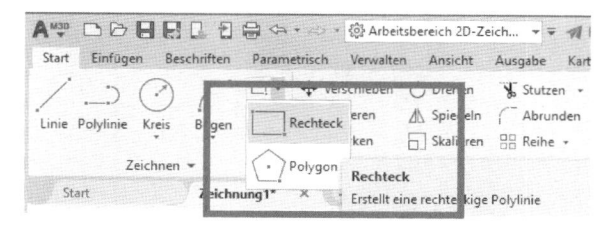

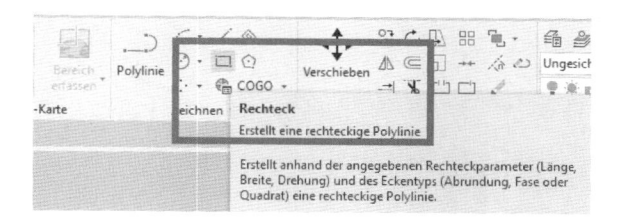

Das Beherrschen der gesamten AutoCAD-Funktionalität „BKS", „dynamische Eingabe", „Objektfang-Spur", „Objekt-Fänge" und Kopieren ist hier von Vorteil. Auf die AutoCAD-Funktionalität wird hier nicht näher eingegangen.

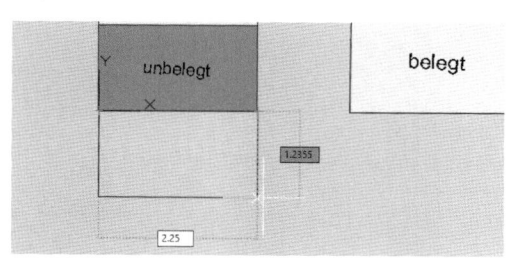

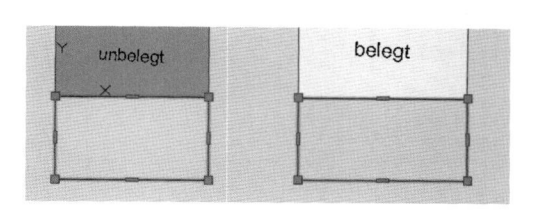

Das Hinzufügen neuer Grabfelder ist so mit AutoCAD-Funktionen zeichnerisch möglich. Das AutoCAD Zeichnungselement ist jedoch noch kein GIS-Objekt. Der zweite Schritt ist das Umwandeln oder Zuordnen der Zeichnungs-Elemente zu den GIS-Objekten.

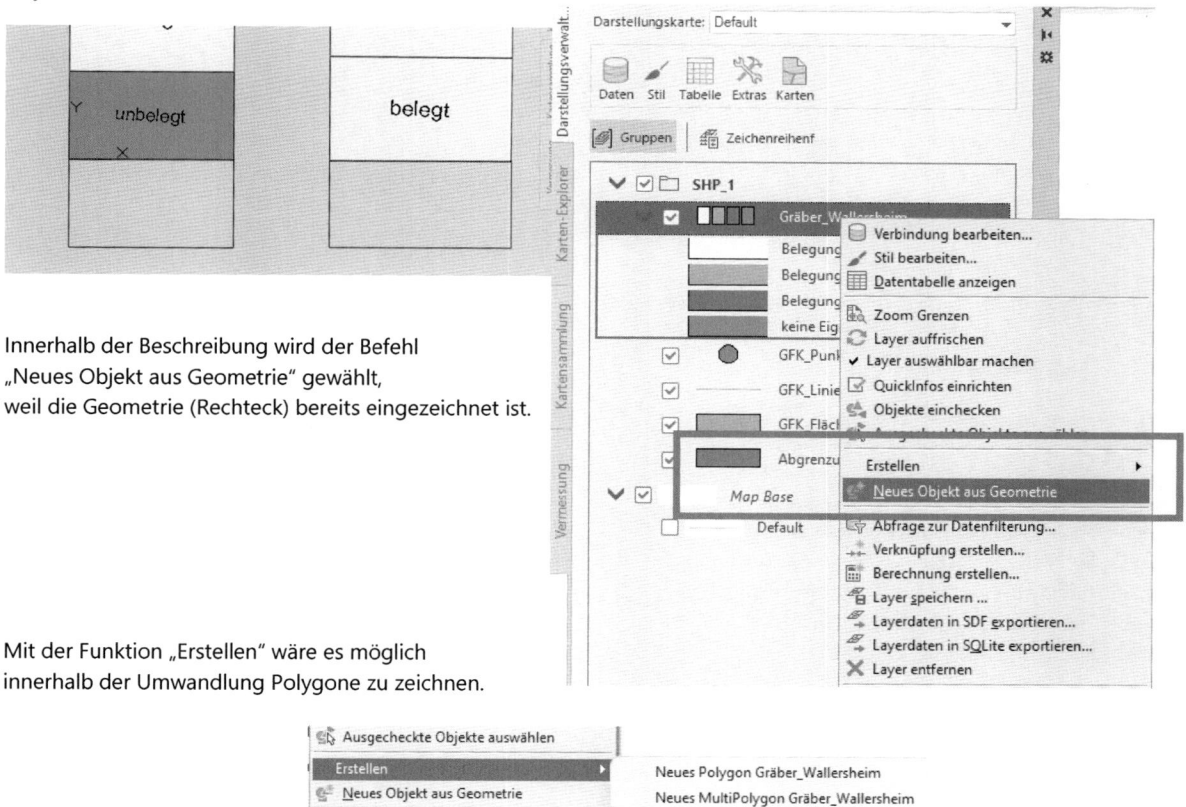

Innerhalb der Beschreibung wird der Befehl
„Neues Objekt aus Geometrie" gewählt,
weil die Geometrie (Rechteck) bereits eingezeichnet ist.

Mit der Funktion „Erstellen" wäre es möglich
innerhalb der Umwandlung Polygone zu zeichnen.

Das Objekt (Rechteck) wird gewählt und die Option „ausgewählte Objekt nach Vorgang löschen" wird mit „Ja" bestätigt.
Das Objekt wird zum GIS-Objekt, gelichzeitig öffnet sich die Tabelle und zeigt optionale Eigenschaften.
Es ist möglich bereits zu diesem Zeitpunkt die Tabelle zu ergänzen.

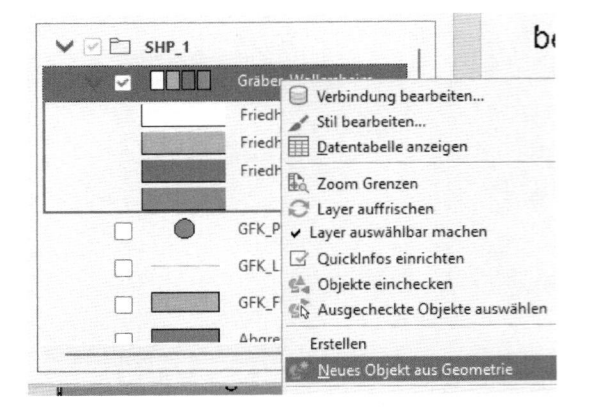

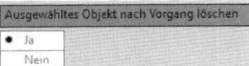

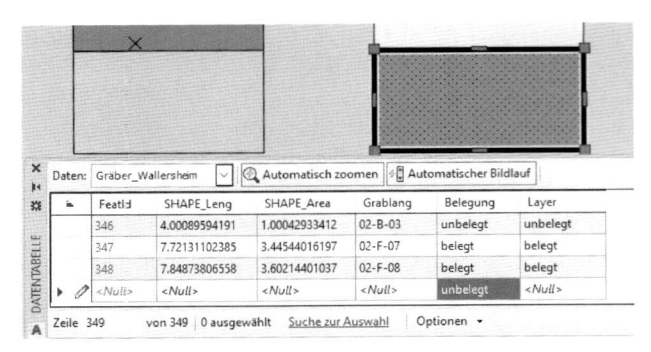

Innerhalb der Beschreibung werden die Eigenschaften „unbelegt" und „nicht belegbar" eingetragen.

Farbgebung und Beschriftung setzen mit der Vergabe der Eigenschaften ein. Werden die Objekte „Eingecheckt" so wird die ID automatisch vergeben („FeatId", -wird an anderer Stelle auch „Schlüsselfeld" genannt).

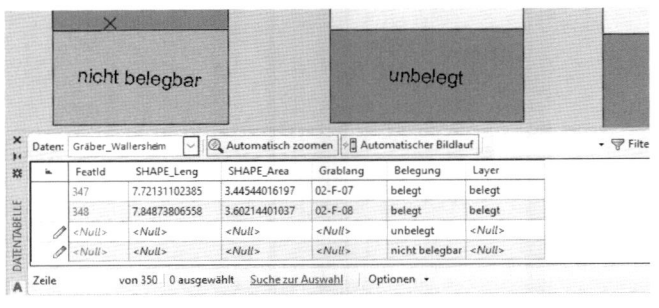

Eine Besonderheit bei diesen speziellen Daten stellen die drei Spalten „SHAPE_Leng", SHAPE_Area" und „Layer" dar. Alle drei Spalten stellen Werte dar, die als „Text" eingetragen sind. In allen drei Spalten liegt keine Verknüpfung des Wertes mit dem Vektor in der Zeichnung vor. Das heißt, wenn ein Grabfeld in der Größe geändert wird, wäre der Text in der Spalte „SHAPE_Leng", SHAPE_Area" NICHT automatisch angepasst.

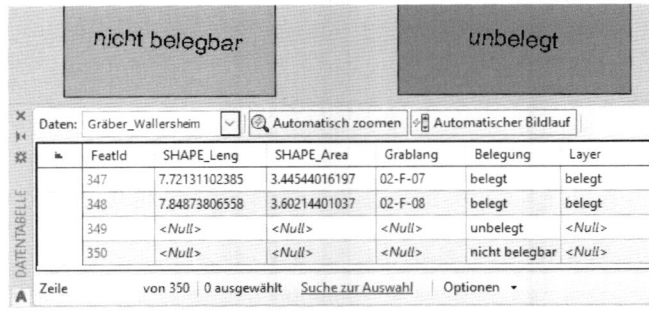

Um hier verknüpfte Daten zu erhalten, können oder sollten die Spalten „SHAPE_Leng", SHAPE_Area" innerhalb des MAP 3D Toolset neu berechnet werden.

Hinweis:
Die Ursache für die nicht vorhandenen Verknüpfung der Daten (Spalten „SHAPE_Leng", SHAPE_Area") könnte in der Erstellung der Daten durch ein anderes Programm sein.

2.4 Berechnung und Schreiben einer neuen *.*.shp-Datei (Massenkopie)

Hinweis:

Sonderzeichen hier deutsches „ä" wird beim *.shp- Import gelesen und führt zu keinem Fehler. Bei der späteren Funktion „Massenkopie" sind Sonderzeichen in den Ausgangsdaten problematisch.

Um die Funktion „Massenkopie" mit den Daten der Grabfelder zu zeigen, wurde die *.shp-Datei und alle dazugehörigen Daten umbenannt und damit das Sonderzeichen „ä" aus dem Namen genommen. Anschließend wurden die Daten neu geladen.

Innerhalb der Spalten ist eine nachträgliche Berechnung nicht möglich. Die Berechnung wird als neue Spalte eingefügt und anschießend wird eine neue *.SHP Datei erstellt.

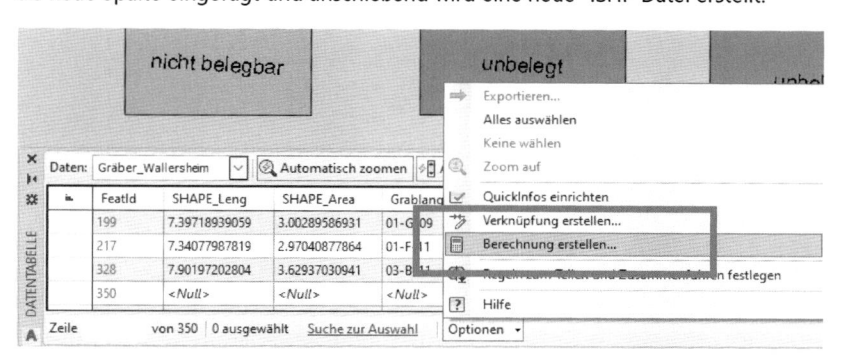

Es wird ein Name für die erste Berechnung vergeben „Grab-Flaeche".

Anschließend wir die Funktion „Geometrisch", „Area2D" aufgerufen.

Der Wert „geometry propertry" wird ersetzt durch die Eigenschaft „Geometry".

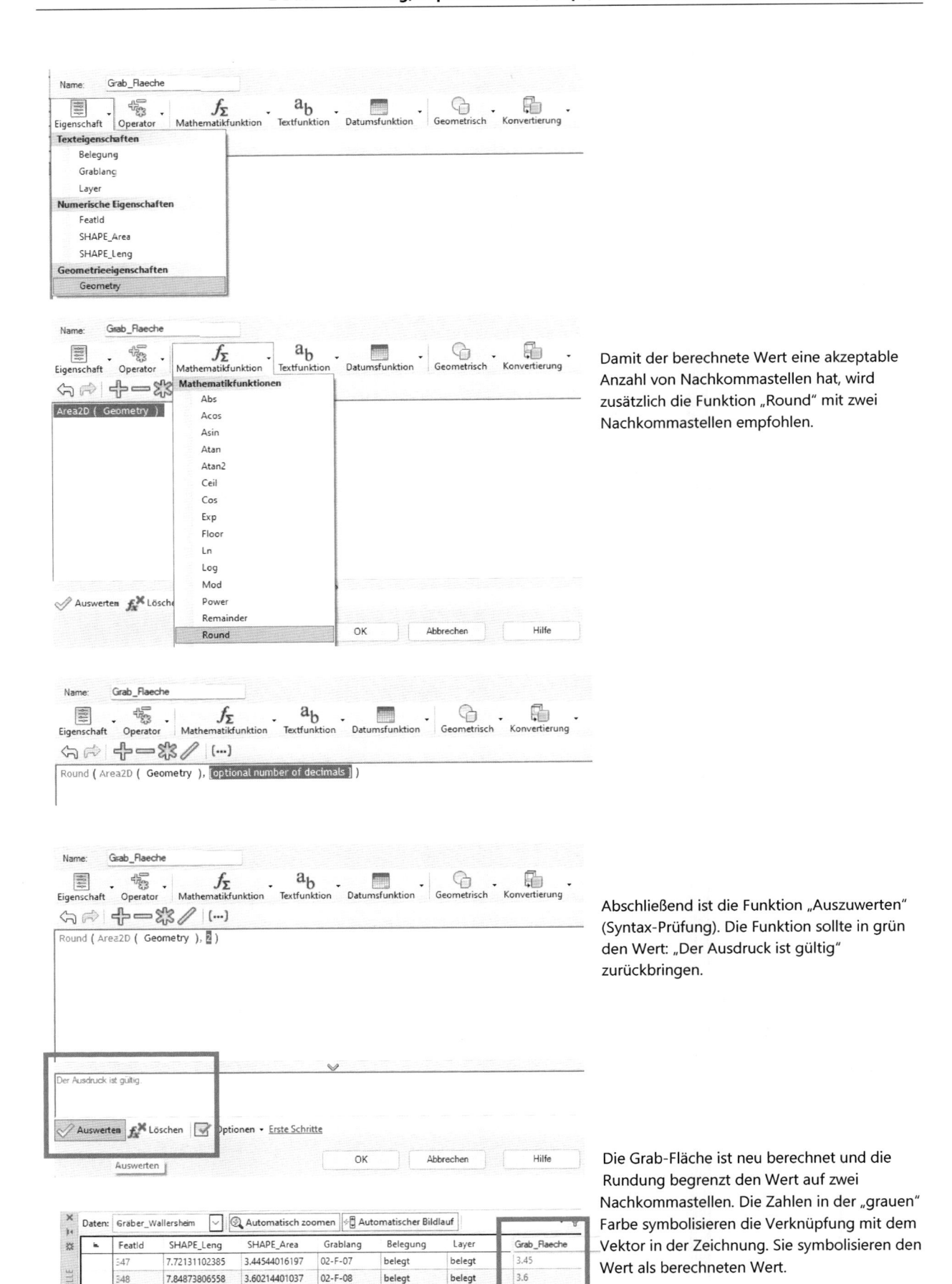

Damit der berechnete Wert eine akzeptable Anzahl von Nachkommastellen hat, wird zusätzlich die Funktion „Round" mit zwei Nachkommastellen empfohlen.

Abschließend ist die Funktion „Auszuwerten" (Syntax-Prüfung). Die Funktion sollte in grün den Wert: „Der Ausdruck ist gültig" zurückbringen.

Die Grab-Fläche ist neu berechnet und die Rundung begrenzt den Wert auf zwei Nachkommastellen. Die Zahlen in der „grauen" Farbe symbolisieren die Verknüpfung mit dem Vektor in der Zeichnung. Sie symbolisieren den Wert als berechneten Wert.

FeatId	SHAPE_Leng	SHAPE_Area	Grablang	Belegung	Layer	Grab_Flaeche
347	7.72131102385	3.44544016197	02-F-07	belegt	belegt	3.45
348	7.84873806558	3.60214401037	02-F-08	belegt	belegt	3.6
349	<Null>	<Null>	<Null>	unbelegt	unbelegt	3.01
350	<Null>	<Null>	<Null>	nicht belegbar	nicht belegbar	2.75

Gert Domsch, CAD-Dienstleistung

2 Datenverwaltung, Import von ESRI, *.shp (ArcView, GIS)

Mit dem gleichen funktionalen Ablauf wird der Umfang der Grabfläche berechnet. Der Wert wird später den bisherigen Wert „Shape_Leng" ersetzen. Der jetzt im Kontextmenü lautende Aufruf der Funktion „Berechnungen verwalten" bietet die Option vorhandene Berechnungen zu bearbeiten.

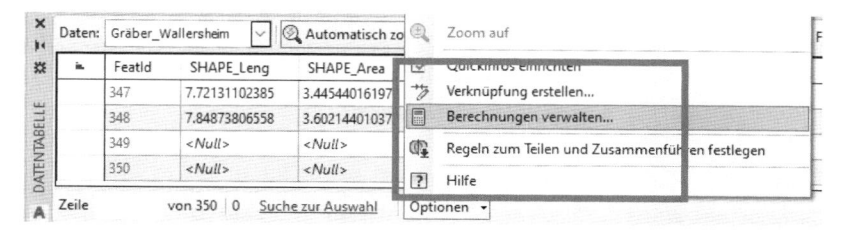

Es wird die Funktion „Neu" gewählt.

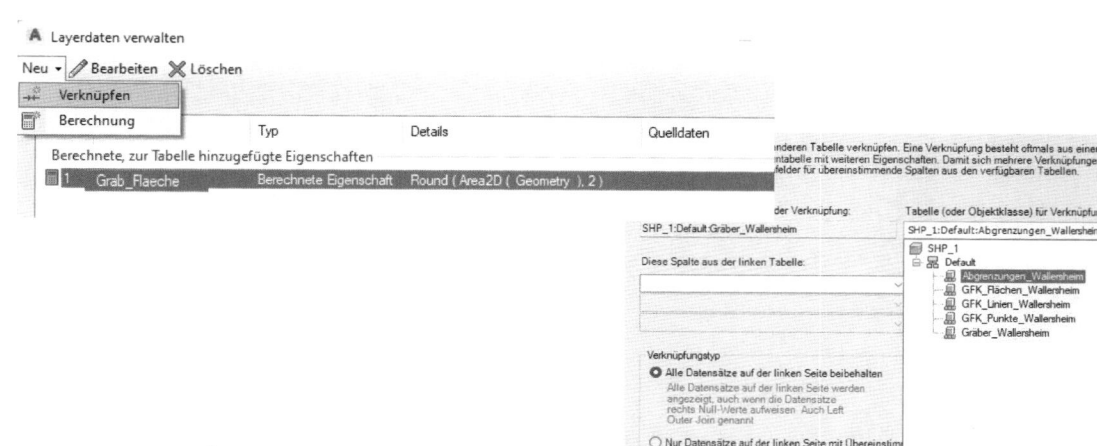

„Verknüpfung" bedeutet hier verschiedene Tabellen geladener *.shp Dateien miteinander verknüpfen zu können, zum Beispiel mit Daten anderer MAP-Layer.

„Bearbeitung" ermöglicht die Bearbeitung bereits erstellter Berechnungen (z.B. nachträglich „runden") und Löschen (löscht erstellte Berechnungen).

Die hier angesprochenen Funktionen werden innerhalb der Beschreibung nicht genutzt.

Es bleibt bei der Auswahl „Berechnung".

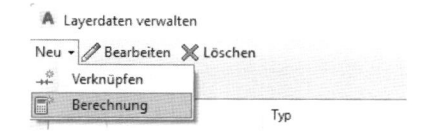

Die neue Berechnung bekommt den Namen „Grab_Umfang" und es wird der Geometrische" Wert „Length2D" mit der Eigenschaft „Geometry" verknüpft.

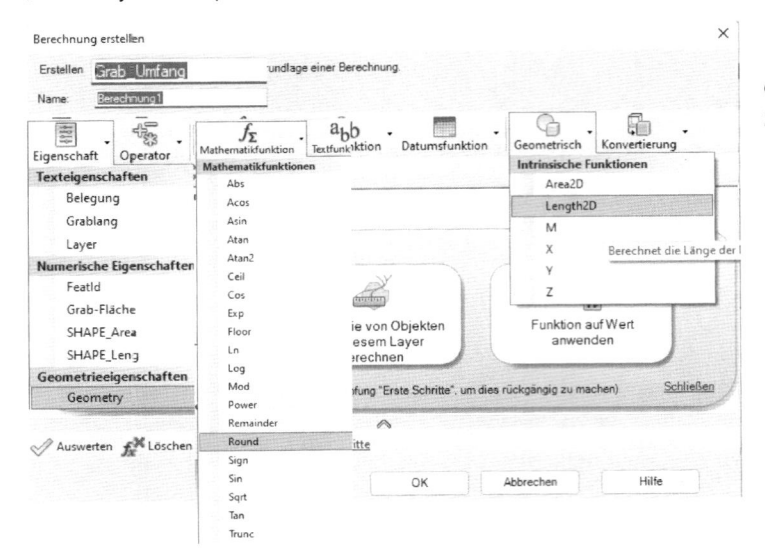

Optional ist es auch hier von Vorteil den Wert auf 2-Stellen nach dem Komma zu runden.

Abschließend sollte der Eintrag immer mit „Auswerten" geprüft sein.

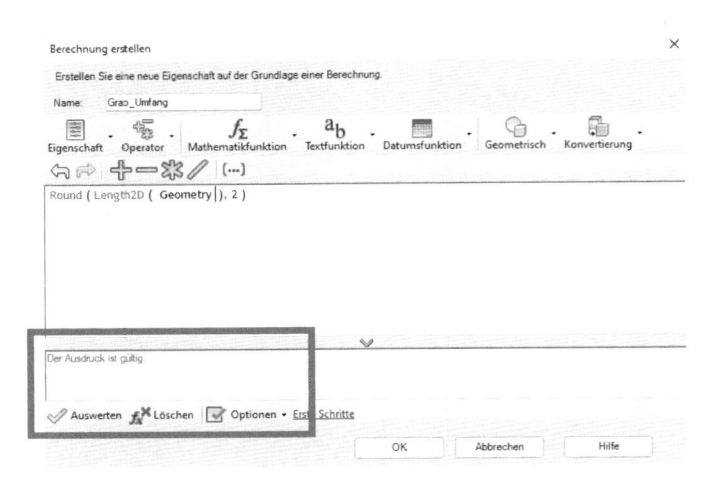

Die Eigenschaften der Grabfelder sind neu berechnet und damit auch für die neuen Grab-Felder nachgereicht. Es sind zwei neue Spalten eingerichtet, die die Eigenschaften in einer ansprechbareren Form zeigen (Rundung). Die Spalten „Shape_Leng" und Shape_Area" eventuell auch „Layer" werden nicht mehr benötigt.

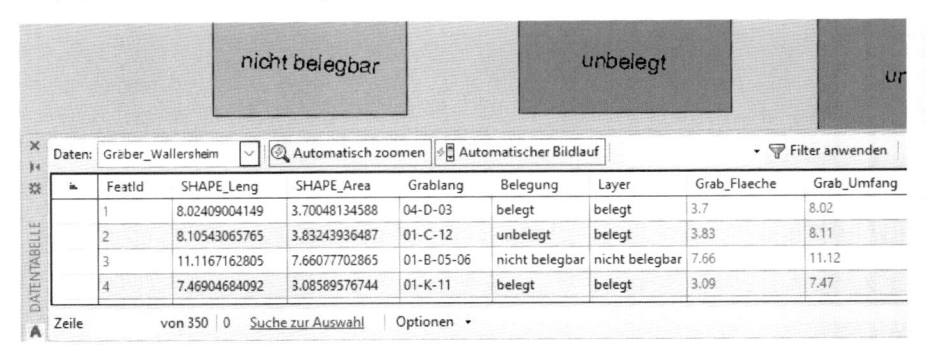

FeatId	SHAPE_Leng	SHAPE_Area	Grablang	Belegung	Layer	Grab_Flaeche	Grab_Umfang
1	8.02409004149	3.70048134588	04-D-03	belegt	belegt	3.7	8.02
2	8.10543065765	3.83243936487	01-C-12	unbelegt	belegt	3.83	8.11
3	11.1167162805	7.66077702865	01-B-05-06	nicht belegbar	nicht belegbar	7.66	11.12
4	7.46904684092	3.08589576744	01-K-11	belegt	belegt	3.09	7.47

Vorhandenen Spalten einer *.shp-Datei löschen ist hier nicht möglich. Es wird das Schreiben einer neuen *.shp Datei gezeigt. Es wird die Funktion „Massenkopie" vorgestellt. Die Funktion „Massenkopie" kann aus Daten unterschiedlicher „GIS-Formate" neue GIS-Dateien schreiben oder erstellen, unter anderem auch *.shp-Dateien.

2 Datenverwaltung, Import von ESRI, *.shp (ArcView, GIS)

Um den Befehl „Massenkopie" für die Ausgabe einer neuen *.shp-Datei zu nutzen, muss ein (leerer) Ordner angelegt und als „*.shp-Verbindung" existieren.

Hintergrund für das Anlegen eines neuen Ordners ist folgender, zu einer *.shp-Datei gehören weitere Datei-Formate, die die Vektor-Informationen mit Datenbank-informationen verbinden.

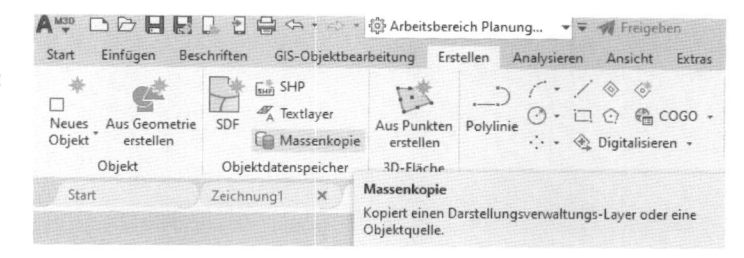

Durch die Ausgabe in einen Ordner ist das Verständnis für diese Zusammenhänge besser gegeben.

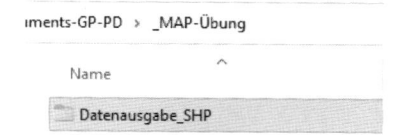

Im Projektordner wird ein leerer Ordner (MS-Daten-Explorer) angelegt. Zu diesem noch leeren Ordner wird eine Daten-Verbindung hergestellt.

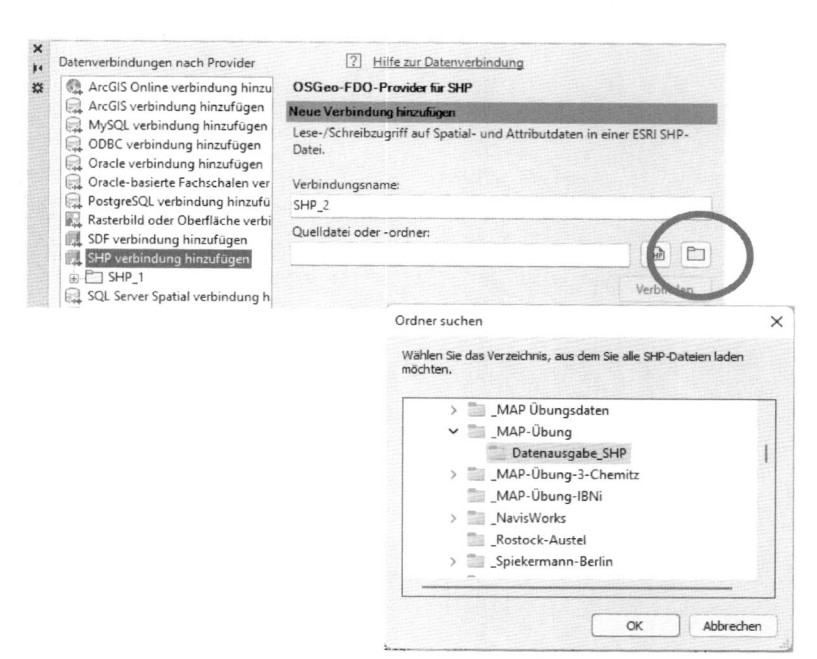

Die Funktion ist mit „Verbinden" abzuschließen.

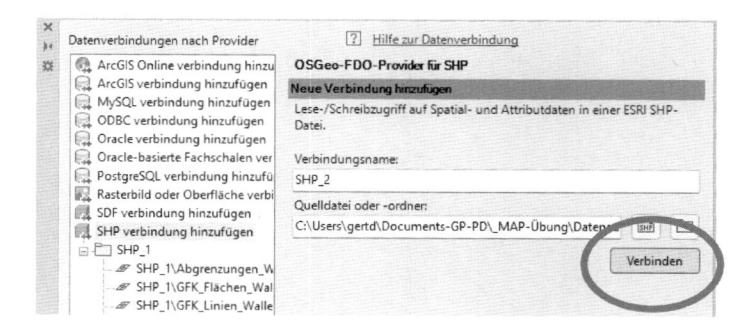

2 Datenverwaltung, Import von ESRI, *.shp (ArcView, GIS)

Die neue Verbindung ist als „SHP_2" eingetragen.

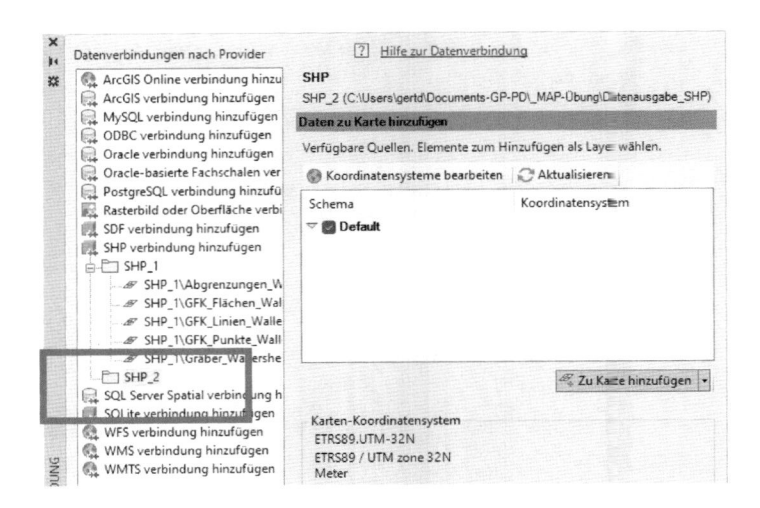

Für den nächsten Schritt wird der Befehl „Massenkopie" aufgerufen (Register „Erstellen").

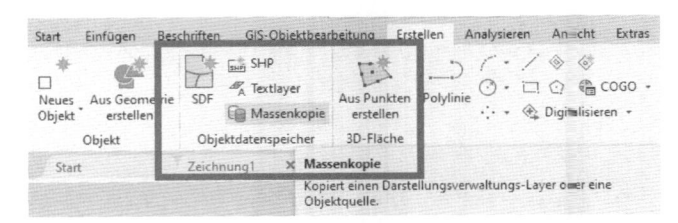

Der Befehl Massenkopie kann aus einer „Quelle" Dateien in eine neue Datei „Ziel" schreiben. Es wird der Layer „Gräber _Wallersheim" als Quelle und der noch Leere neue Ordner hier als „SHP_2" Verbindung zu erkennen, aufgerufen.

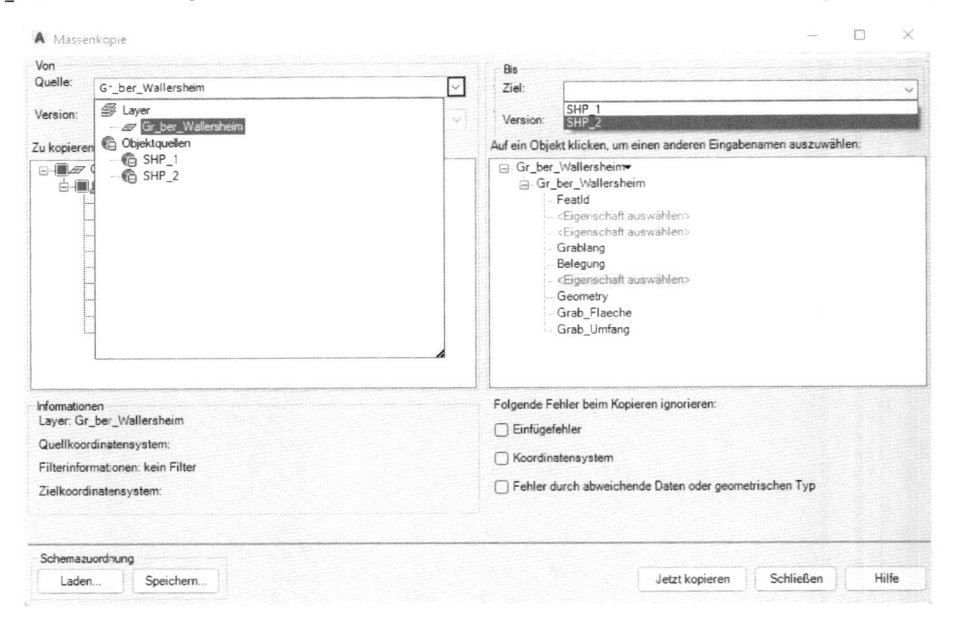

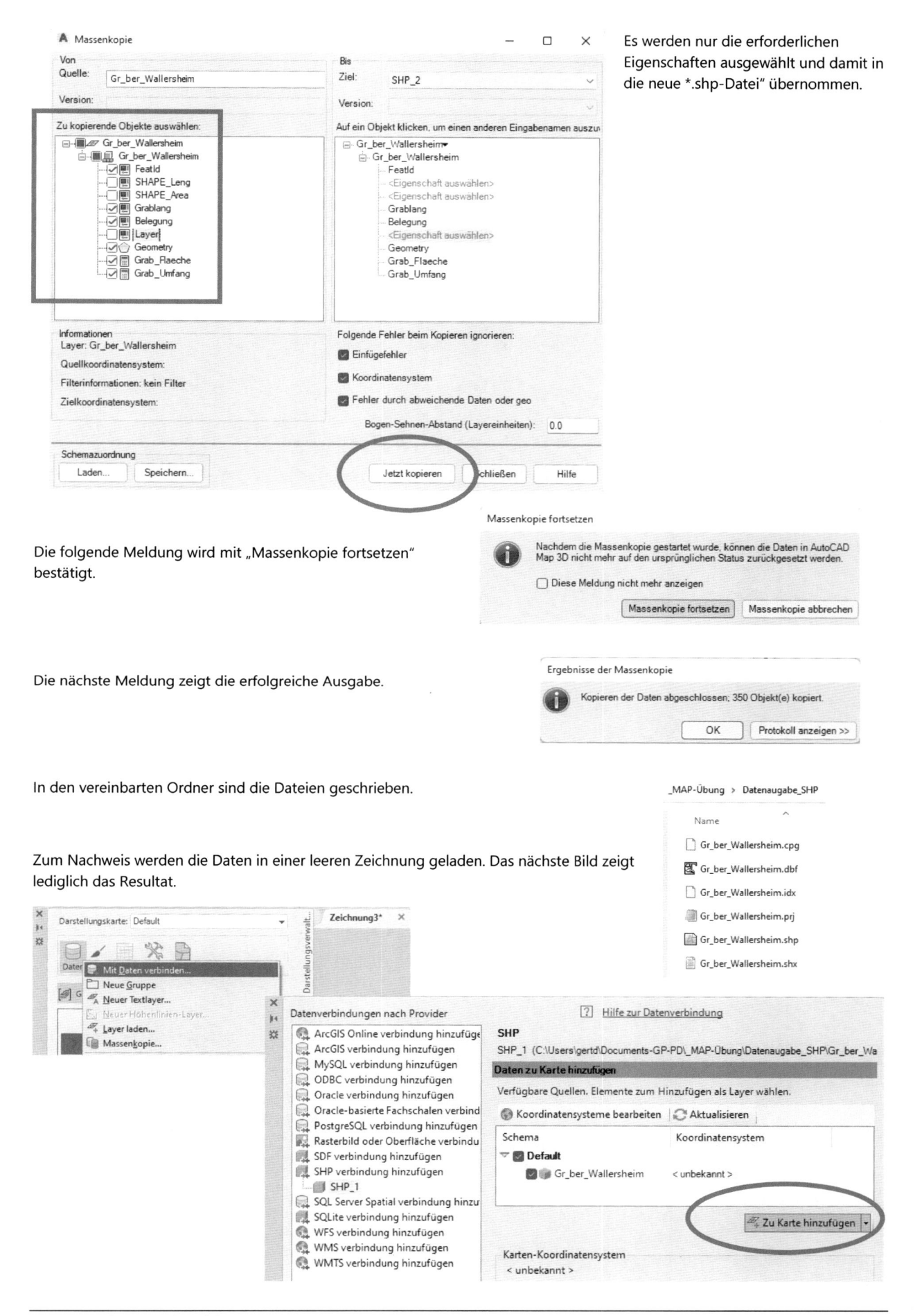

2 Datenverwaltung, Import von ESRI, *.shp (ArcView, GIS)

Es werden nur die erforderlichen Eigenschaften ausgewählt und damit in die neue *.shp-Datei" übernommen.

Die folgende Meldung wird mit „Massenkopie fortsetzen" bestätigt.

Die nächste Meldung zeigt die erfolgreiche Ausgabe.

In den vereinbarten Ordner sind die Dateien geschrieben.

Zum Nachweis werden die Daten in einer leeren Zeichnung geladen. Das nächste Bild zeigt lediglich das Resultat.

Gert Domsch, CAD-Dienstleistung

Das Bild zeigt die importierte *.shp-Datei. ohne Stil-Bearbeitung und mit einfacher Beschriftung (Label). Die in der Tabelle dargestellten Spalten entsprechen der Ausgabe.

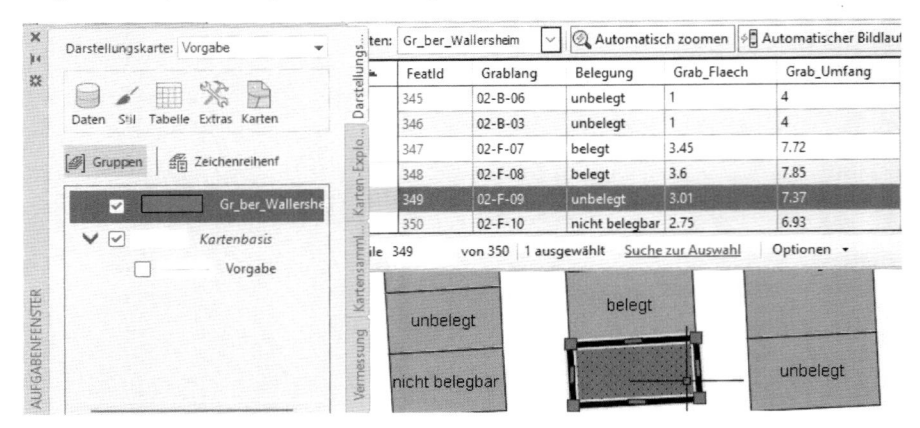

Die Zeichnung wird gespeichert „Massenkopie.dwg". Diese Zeichnung dient im übernächsten Kapitel „Ausgabe/Export" als Ausgangspunkt. Das Kapitel „„„Ausgabe/Export" wird auf diesen Arbeitsstand zurückgreifen.

Hinweis:

Die Farben der Flächen (Grabfelder) werden durch die Funktion zufällig vergeben. Bei jedem Import ein- und derselben Daten werden immer andere Farben aufgerufen.

Der nächste Abschnitt der Beschreibung wird mit der Zeichnung weitergeführt am Ende des Kapitels **„Bearbeitung der Darstellung / Stilisierung"** gespeichert wurde.

2.5 Legende, Nordpfeil, Maßstabsleiste, Referenzsystem

Wechsel Model-Layout

Für das folgende Kapitel wird die Zeichnung erneut geöffnet, die im Kapitel Bearbeitung der Darstellung / Stilisierung gespeichert wurde.

Aus der Layer-Liste des MAP-Aufgabenfenster kann eine Legendentabelle erzeugt werden. Durch Ausschalten einzelner MAP-Layer ist die Legende steuerbar. Um das zu zeigen, wird im Beispiel der Layer „Kartenbasis" ab geschalten.

Anschließend wird vom Modellbereich zum Layout gewechselt.

Die Funktion zeigt das Layout 1.

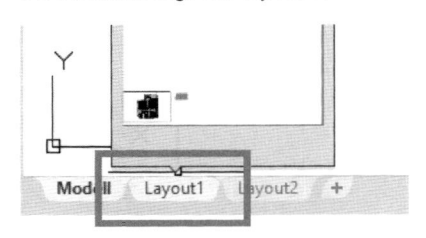

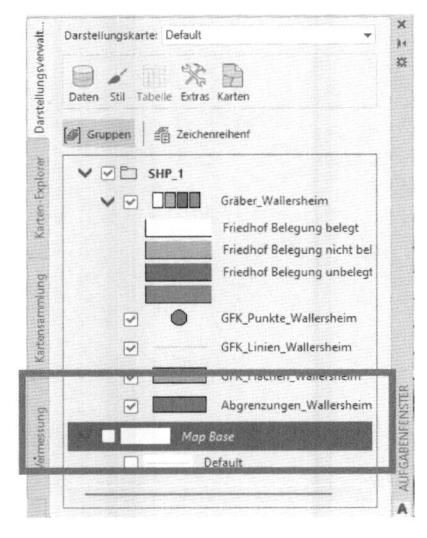

Legenden

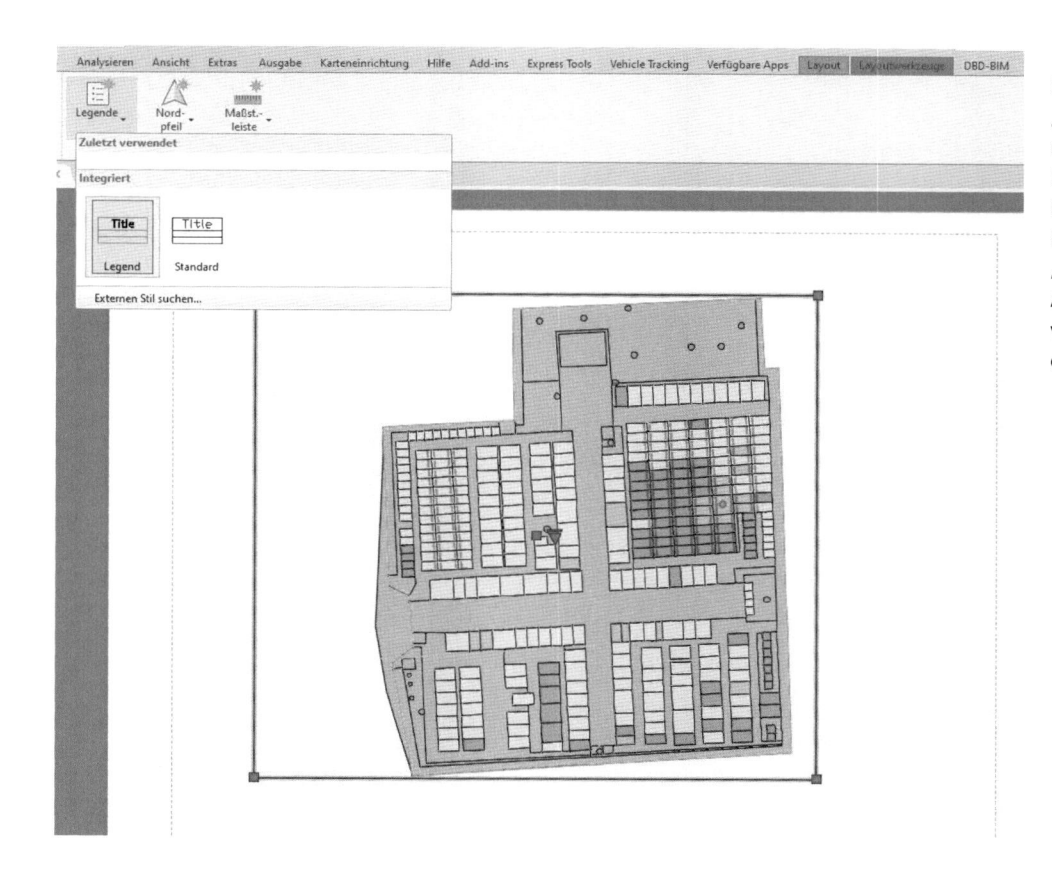

Der Aufruf der Funktion „Legenden-Tabelle" ist nach dem Wechsel vom Modellbereich zum Layout Bestandteil der Registerkarte „Layoutwerkzeuge". Das Aufrufen der Funktion verlangt die Auswahl des Ansichtsfensters.

Eine Legenden-Tabelle ist außerhalb des Ansichtsfensters eingefügt. Die Legende ist mit der Auswahl des Ansichtsfensters dynamisch mit dem Aufgabenfenster verknüpft.

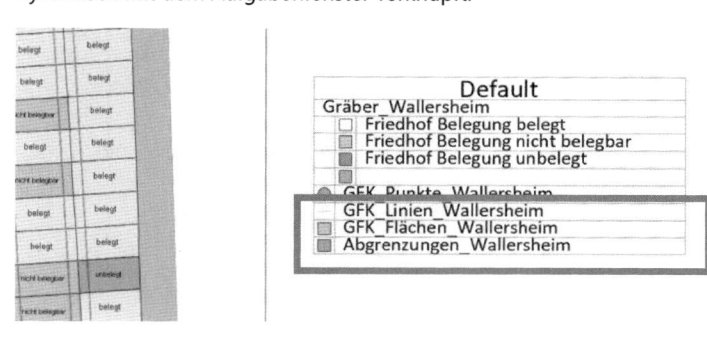

Werden MAP-Layer im MAP-Aufgabenfenster (Darstellungsverwaltung) aktiviert oder deaktiviert, so kann die Legenden-Tabelle die Änderung übernehmen. Um das zu zeigen, wird im Modellbereich der MAP-Layer „MAP Base" zugeschalten und der MAP-Layer „Abgrenzung_Wallersheim" abgeschälten.

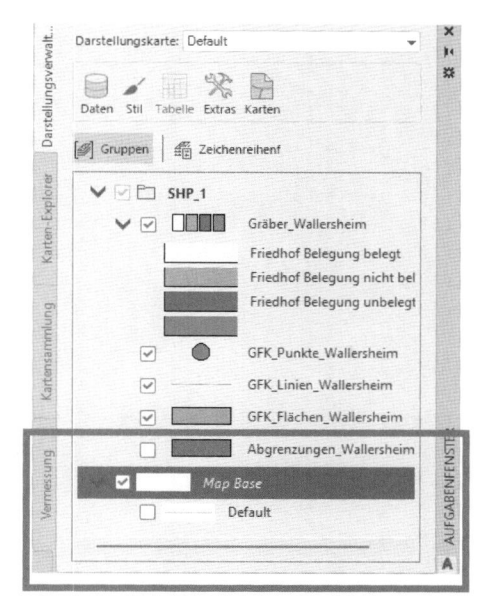

Die Legence ist zu aktualisieren.

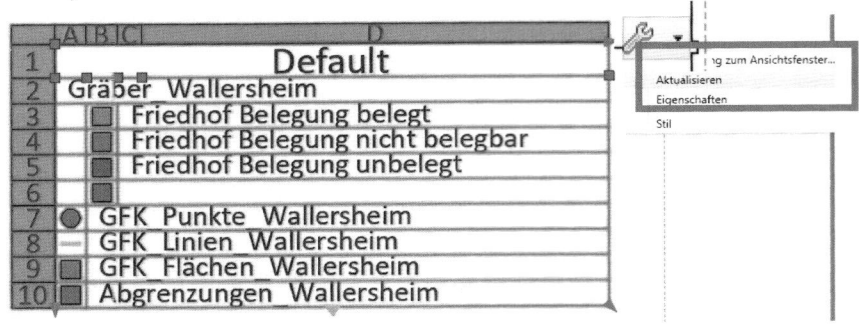

	A	B	C	D
1				Default
2	Gräber_Wallersheim
3		☐	Friedhof Belegung belegt
4		☐	Friedhof Belegung nicht belegbar
5		■	Friedhof Belegung unbelegt
6		■		
7	●	GFK_Punkte_Wallersheim
8	—	GFK_Linien_Wallersheim
9	■	GFK_Flächen_Wallersheim
10	■	Abgrenzungen_Wallersheim

Die Änderungen werden entsprechend übernommen.

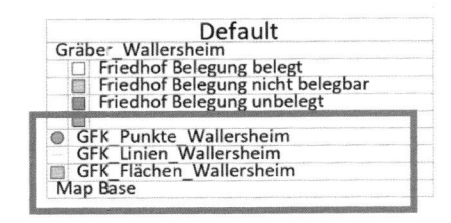

Default
Gräber_Wallersheim
☐ Friedhof Belegung belegt
☐ Friedhof Belegung nicht belegbar
■ Friedhof Belegung unbelegt

● GFK_Punkte_Wallersheim
— GFK_Linien_Wallersheim
■ GFK_Flächen_Wallersheim
Map Base

Bei der „Legenden-Tabelle" handelt es sich um keine reine Tabelle (AutoCAD), sondern um eine mit dem Modellbereich, dem Aufgabenfenster verknüpfte Tabelle.

Diese Verknüpfung ist zu beachten, weil einzelne Zeilen (Texte) der Tabelle bearbeitbar sind. Eine Text-Bearbeitung wird jedoch durch eine „Tabellen-Aktualisierung" überschrieben.

Innerhalb der Beschreibung wird die erste Zeile „Default" in „Legende" geändert und der Text der Zeilen 2 bis 5 gekürzt. Die Bearbeitung entspricht der allgemeinen Bearbeitungs-Option für AutoCAD-Tabellen.

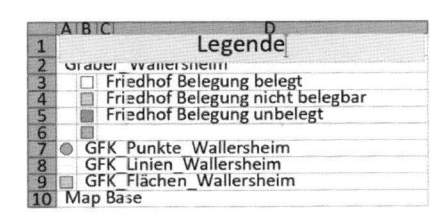

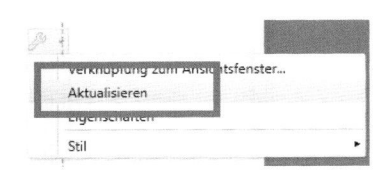

Im Fall einer „Aktualisierung" werden die bearbeiteten Felder zurückgesetzt.

Eine Bearbeitung ist möglich sollte jedoch an anderer Stelle erfolgen.

Innerhalb der Eigenschaften-Funktion sind Legenden-Kopf und Layer-Bezeichnung dauerhaft änderbar.

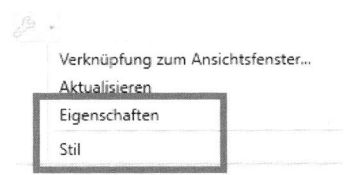

Die Reihenfolge der Layer kann rechts neu festgelegt werden. Der Layer „Gräber _Wallersheim" wird umbenannt und nach unten verschoben. Die Legende übernimmt die Änderungen und wird diese auch bei einer „Aktualisierung" behalten.

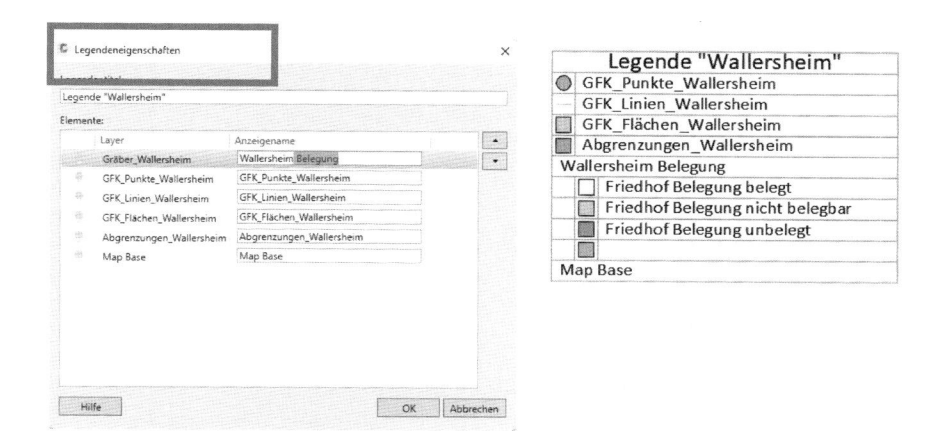

Ist ein MAP-Layer durch eine „Stil" Bearbeitung (hinzufügen einer „neuen Regel") ergänzt worden, so werden Einträge in der Spalte Legendenlabel in die Legende übernommen.

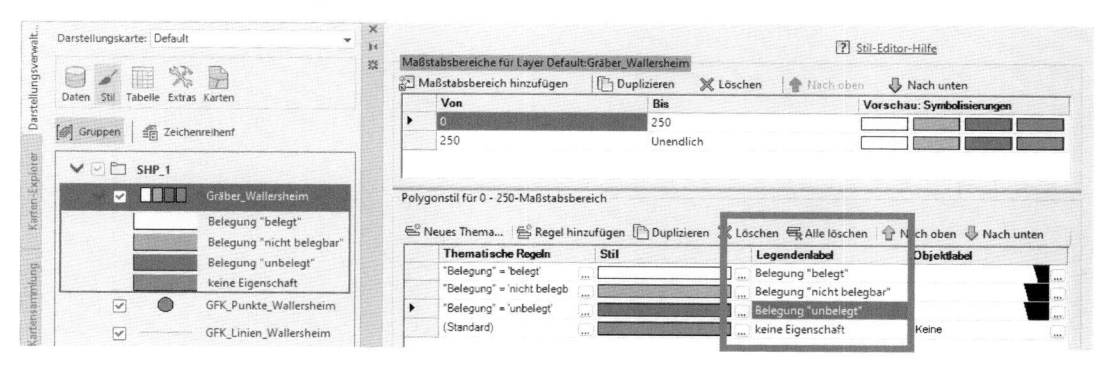

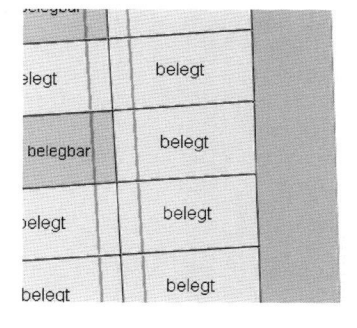

Nordpfeil

Neben der verfügbaren Legendenfunktion gibt es einen Nordpfeil und eine Maßstabsleiste. Das Bild zeigt nur einige der zur Verfügung gestellten Nordpfeile.

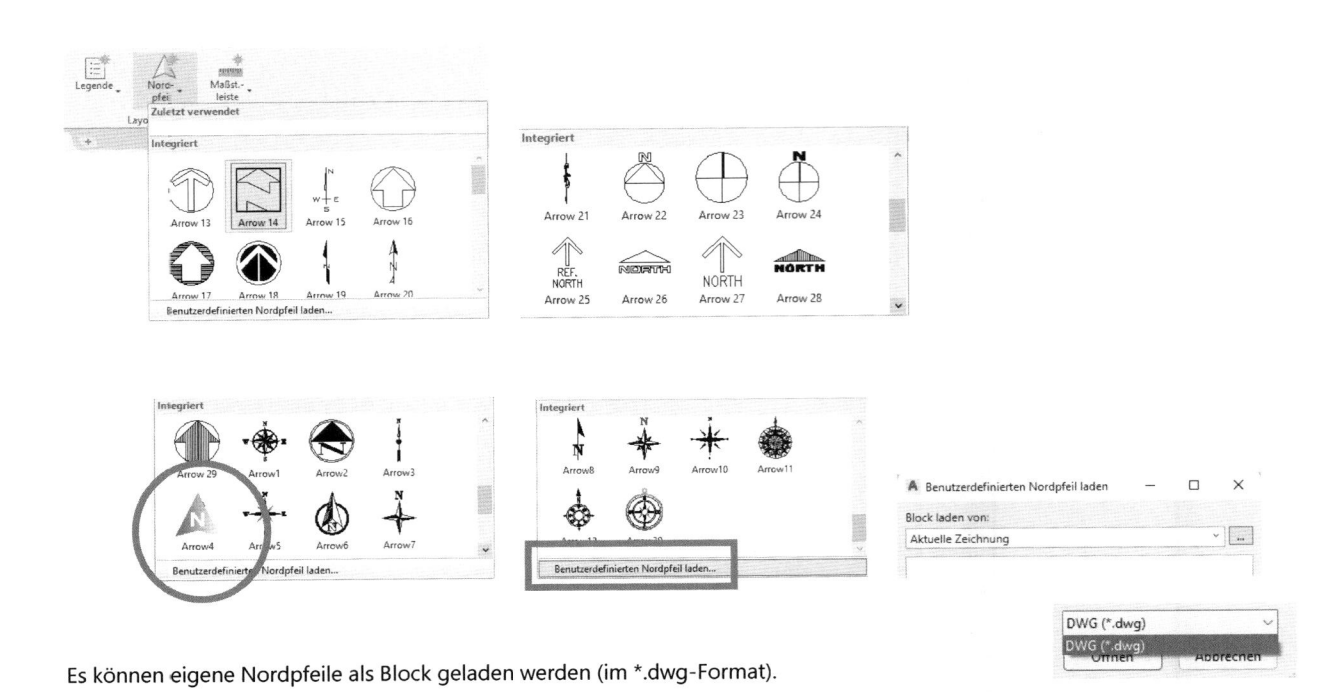

2 Datenverwaltung, Import von ESRI, *.shp (ArcView, GIS)

Es können eigene Nordpfeile als Block geladen werden (im *.dwg-Format).

Der Nordpfeil ist mit dem Ansichtsfenster verknüpft (runder Knopf rechts) und kann die Ansicht drehen bzw. reagiert auf eine Drehung der Ansicht (Drehung des Ansichtsfensters).

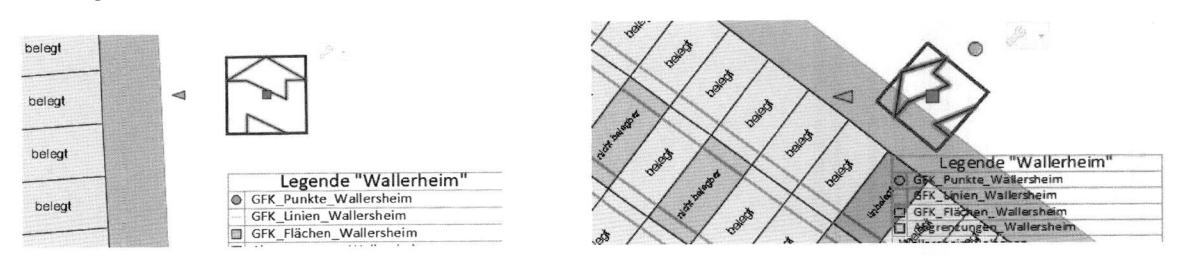

Hinweis:
Der Nordpfeil ist in „mm" programmiert und ist nach dem Einfügen in Zeichnungen mit der Einheit „Meter" (Modellbereich) eventuell zu skalieren (Pfeil rechts). Sollte der „Pfeil" nicht erreichbar sein ist eventuell die Eigenschaftspalette zu benutzen.

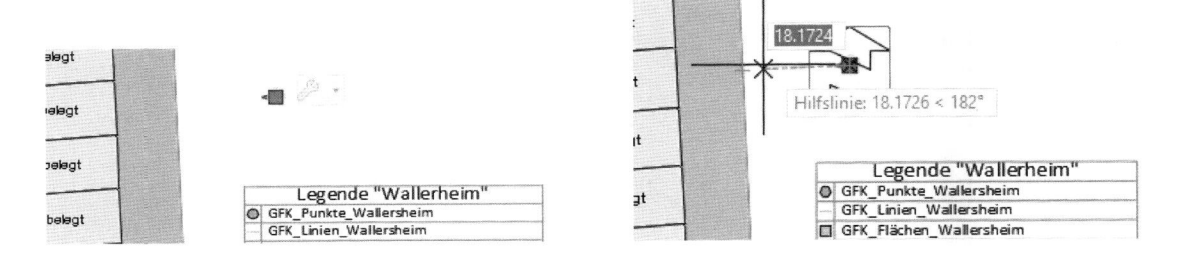

Maßstabsleisten

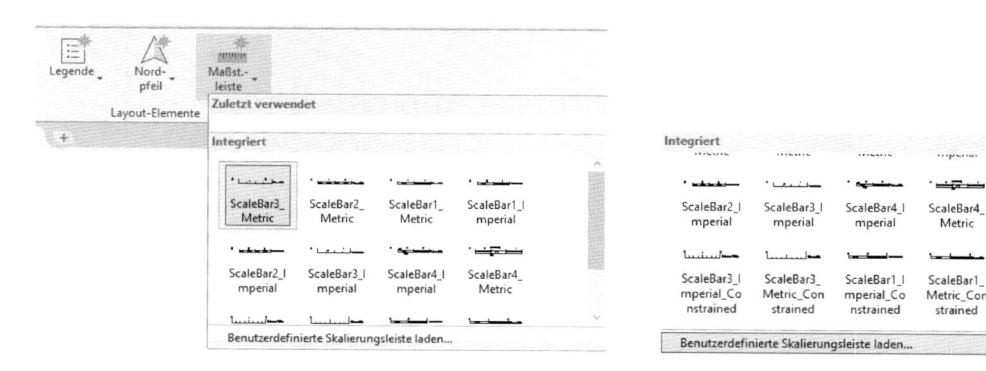

Es können eigene Maßstabsleisten als Block geladen werden (im *.dwg-Format).
Die Maßstabsleiste wird dem Ansichtsfenster und damit dessen
Maßstab (Skalierungs-Verhältnis) zugeordnet.

Referenzsystem

Die Funktion „Referenzsystem" ermöglicht das Anschreiben von Koordinaten am Ansichtsfenster. Die Koordinaten ermöglichen eine bessere leicht verständliche Einordnung der Ansicht in ein übergeordnetes Lagesystem oder Zeichnungsarchiv.

Hinweis:
Um ein Ergebnis mit der Funktion „Referenzsystem" zu erreichen, wurde der Zeichnung ein Koordinatensystem zugewiesen.

Die Funktion „Referenzsystem" wird ausgewählt. Es ist das Ansichtsfenster zu wählen.

Die Beschriftung des Referenz System kann auf unterschiedlicher technischer Basis erfolgen. Es wird „Koordinatensystem der aktuellen Karte" (Im vorliegenden Fall: ETRS 89.UTM 32N) gewählt.

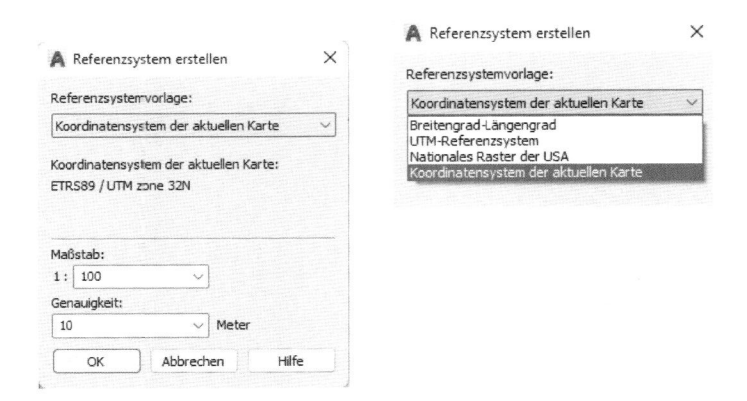

Hinweis:
Mit dem Einführen eines Koordinatensystems kann die räumliche Orientierung eine Änderung erfahren. Im vorliegenden Fall ändert sich die Nordrichtung. Das ist hier eine Besonderheit, weil die Daten des Friedhofes ohne Koordinatensystem übergeben wurden und es ein System zugewiesen bekommt, welches technisch durchaus falsch sein kann.

2.6 Export/Ausgabe

GIS-Daten dienen zur Datenanalyse, Datenauswertung, zum Darstellen von Zusammenhängen von Daten mit geographischem Bezug. Die Ausgabe von Ergebnissen einer solchen Auswertung ist über die Datentabelle möglich.

Für eine Datenausgabe werden neue Daten geladen: Die Autodesk Beispieldaten bieten von Ingolstadt eine *.shp-Datei an, die eine „Flächen-Nutzung" enthält.

Im Beispiel interessieren die Flächen, die der D-Bahn gehören.

Die *.shp-Datei „Flächennutz" wird geladen oder verbunden.

Die Daten werden jetzt mit einer Anfrage hinzugefügt.

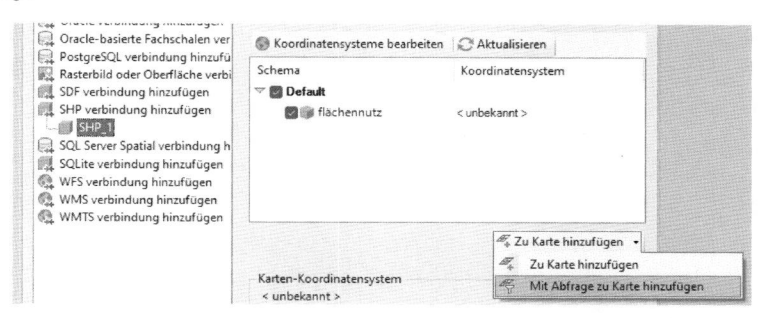

In der Liste der „Eigenschaften" sind die Spalten der Datentabelle zu sehen. Die Spalte „First_Nutz" enthält die Nutzungsarten.

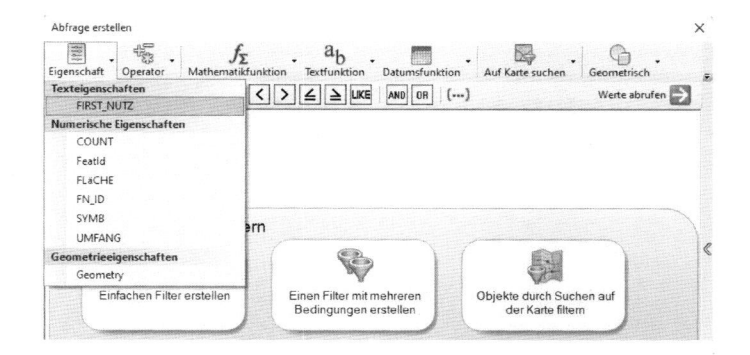

Die Funktion soll alle eingetragenen Nutzungsarten suchen die „gleich" Deutsche Bahn sind („Bahnanlage").

Das Abrufen der Werte lässt ein Lesen zu, um herauszufinden, ob Eigenschaften eingetragen sind, die als Eigentümer die D-Bahn vermuten lassen.

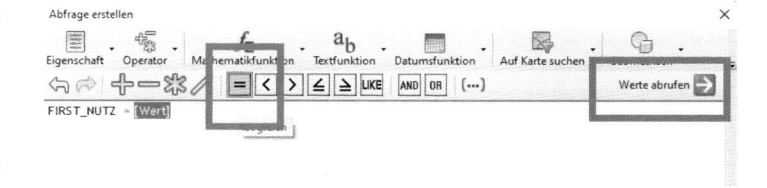

Hinweis:
Eventuell ist doppelt auf den grünen Pfeil zu klicken (Wert einfügen).

Am unteren Rand ist nochmals die Funktion „Wert einfügen" zu wählen.

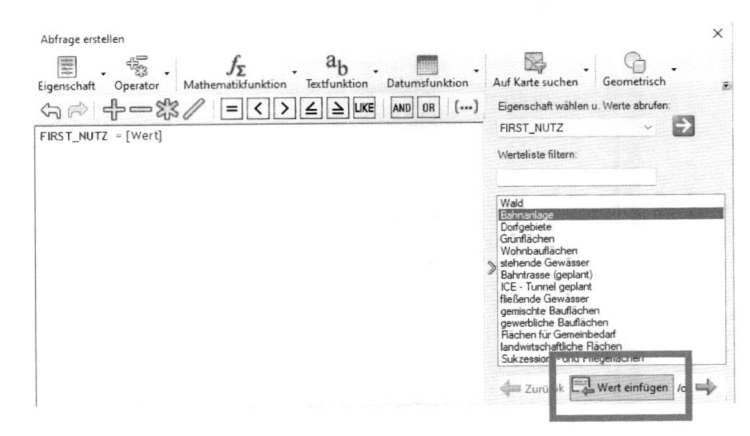

Abschließend ist mit „Auswerten" die Gültigkeit der Syntax zu überprüfen. Wenn in Grün der Satz erscheint „Der Ausdruck ist gültig", kann mit OK der Wert übernommen werden.

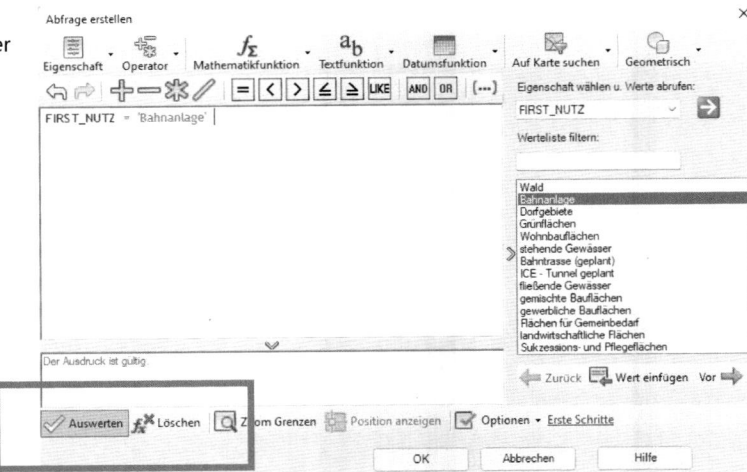

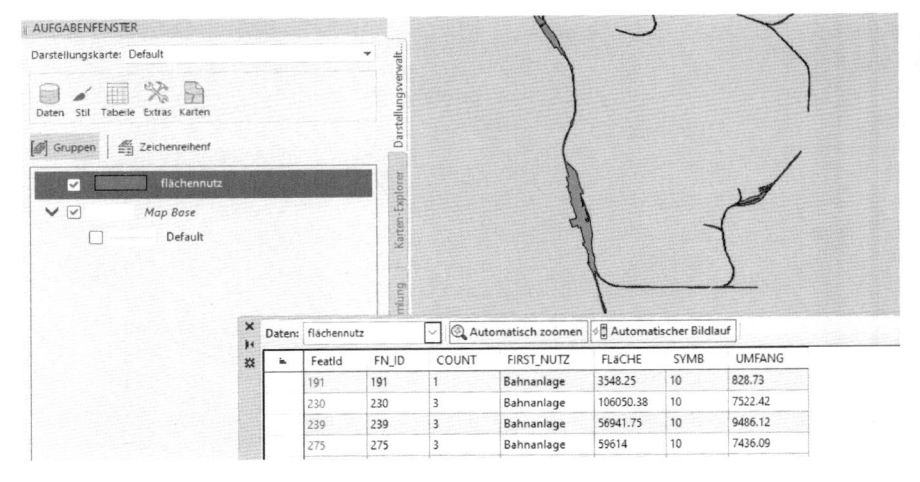

*.shp-Datei und Datentabelle enthalten ausschließlich die Daten „Bahnanlage" (Flächen der D-Bahn).

Wird ein Teil der Daten oder „Alles ..." ausgewählt, bietet die Datentabelle unter „Optionen" ein „Exportieren" an.

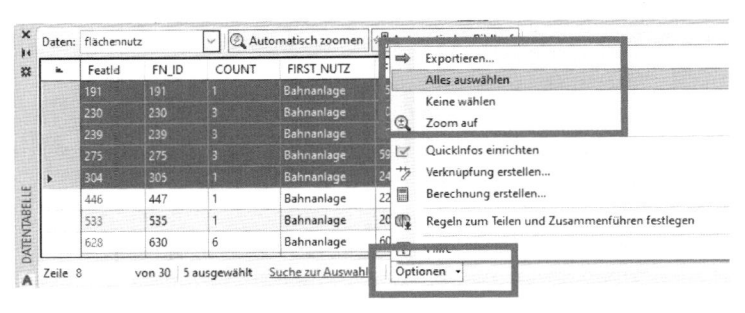

2 Datenverwaltung, Import von ESRI, *.shp (ArcView, GIS)

Die Funktion „Exportieren kann nur im Format nur *.csv ausgeben. Damit ist die Weiterbearbeitung in EXCEL möglich.

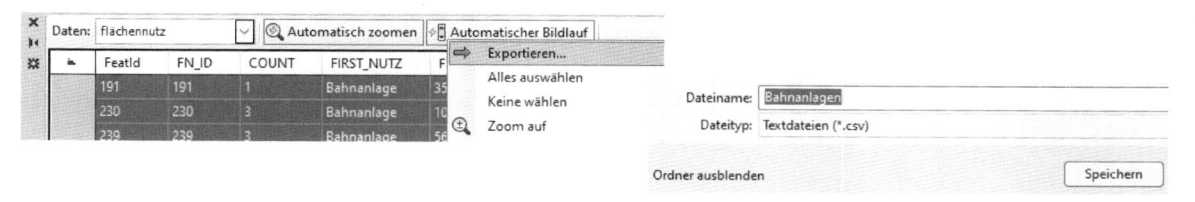

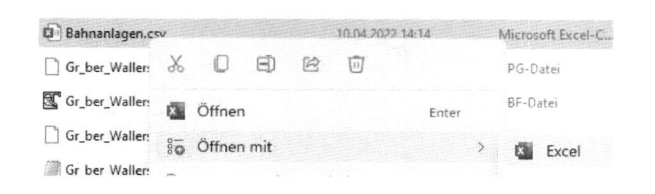

Hinweis:
Ein direktes „Öffnen" berücksichtigt nicht die „Komma-Trennung der Werte (CSV).
Vor dem Öffnen der Daten im EXCEL ist zu beachten, dass die Trennzeichen „Amerika-Punkt" und „Deutschland-Komma", zu falschen Darstellungen führen können.
Vor dem Import in Excel ist die Bearbeitung in einem geeigneten Editor (MS-Editor) empfehlenswert. Die Funktion „Suchen" und „Ersetzen" (Komma in Semikolon und Punkt in Komma) ist empfehlenswert.

Es macht Sinn auch alle Funktion des Excel zu beherrschen, um die speziellen Formate öffnen zu können.

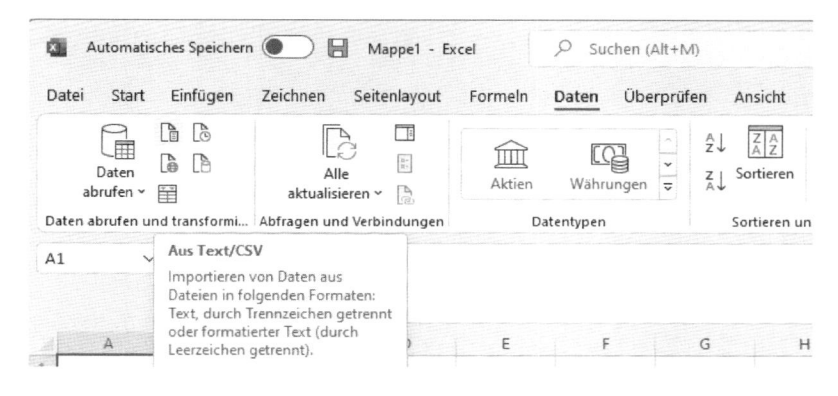

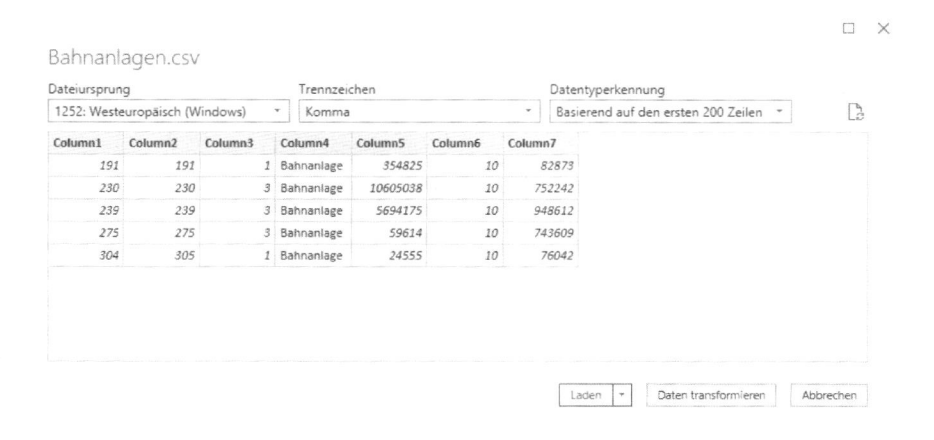

2 Datenverwaltung, Import von ESRI, *.shp (ArcView, GIS)

Hinweis:
Die Trennzeichen sind ggf. durch einen Zwischenschritt (*.txt , Editor) auszutauschen.

Variante 1: Editor „Suchen und Ersetzen"

Variante 2: WINDOWS-Ländereinstellung, Komma gegen Punkt tauschen.

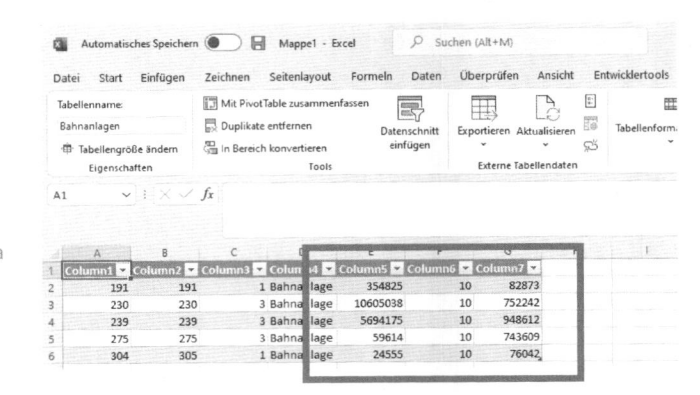

Autodesk /MAP 3D Toolset) bietet parallel die Möglichkeit einzelne Zahlen oder Bereiche über die MICROSOFT-Zwischenablage zu kopieren.

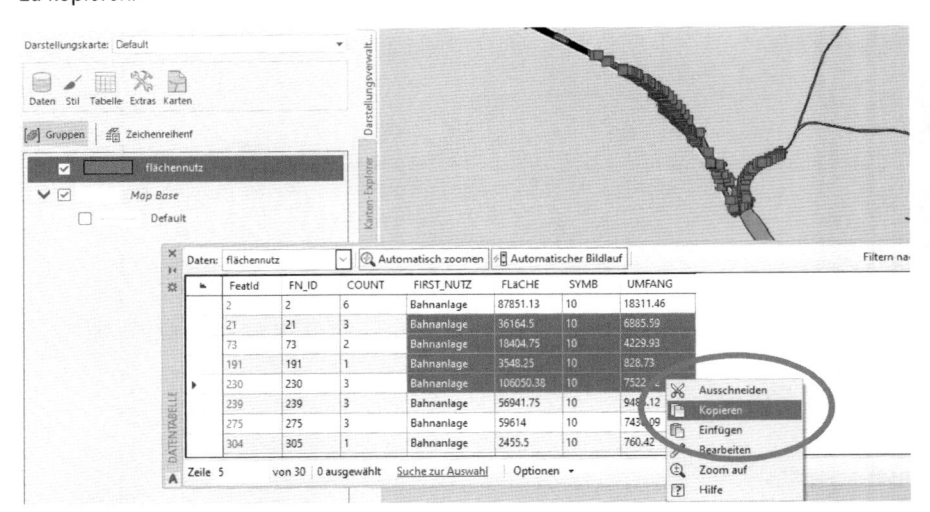

Wird bei einem Export oder einer Kopie als Zwischenschritt der „Editor" benutzt,
kann der Punkt durch ein Komma ersetzt sein.

In diesem Fall ist das Öffnen im deutschen Excel problemlos möglich.

Die Zeichnung wird gespeichert und im nächsten Kapitel „einfügen von Bildern" verwendet.

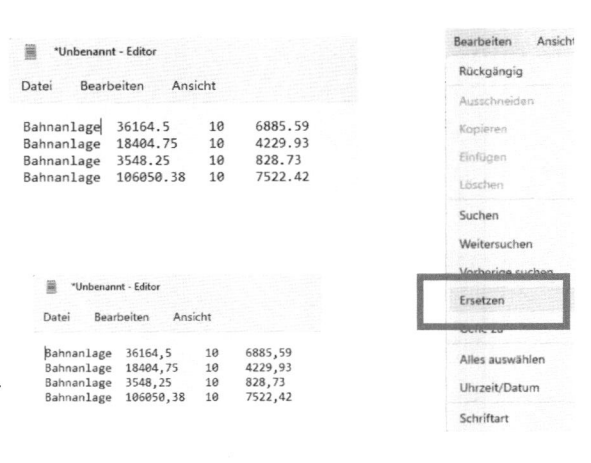

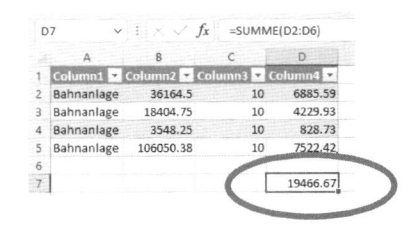

Gert Domsch, CAD-Dienstleistung

2.7 DWG Ausgabe

Die in den Bildern gezeigte Zeichnung hat die Daten (Deutsche Bahn) nur geladen. Wird nur die Zeichnung als DWG weitergegeben, so sind die Daten darin nicht automatisch enthalten.

Hinweis:
Die über eine FDO-Datenverknüpfung angezeigten Zeichnungselemente sind nicht Bestandteil der *.DWG (Zeichnung) Die Vektoren werden nur angezeigt, fehlt die Datenverknüpfung so fehlen die Vektoren!

Aus der erstellten Zeichnung kann jederzeit eine DWG ausgegeben werden. Die Funktion ist Bestandteil der Registerkarte „Ausgabe".

Die Funktion lautet „Aktuelle Karte als DWG speichern".

Die Funktion steht einmal im Bereich „Ausgabe"
und als Bestandteil des „Aufgabenfensters"
zur Verfügung.

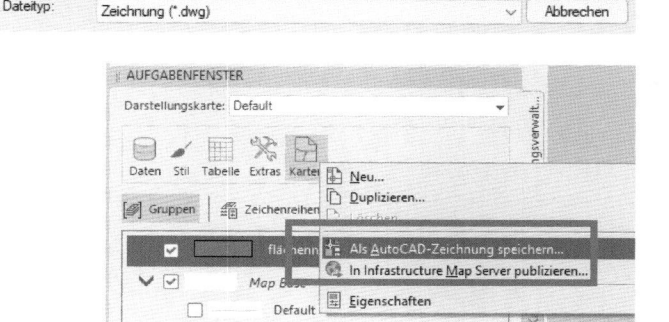

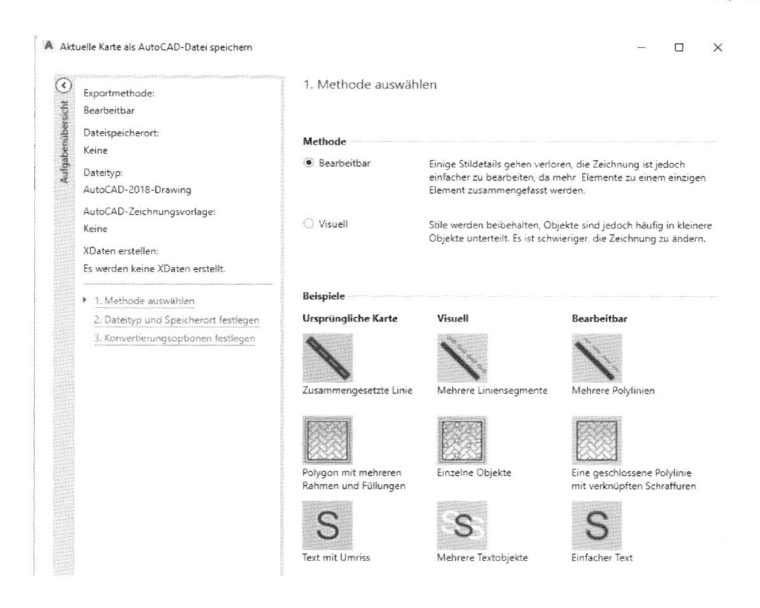

Bei der Umwandlung in eine *.dwg sind einige Besonderheiten zu beachten.

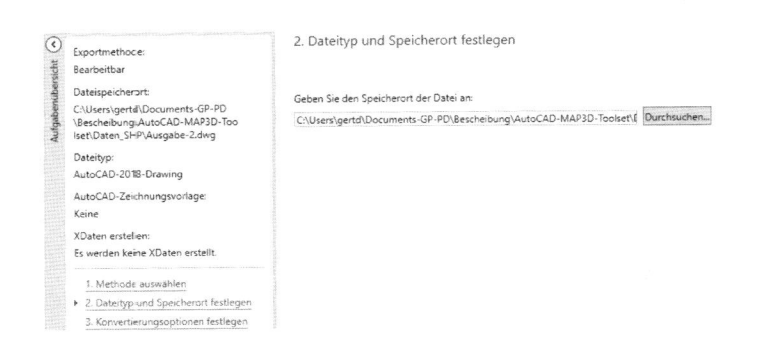

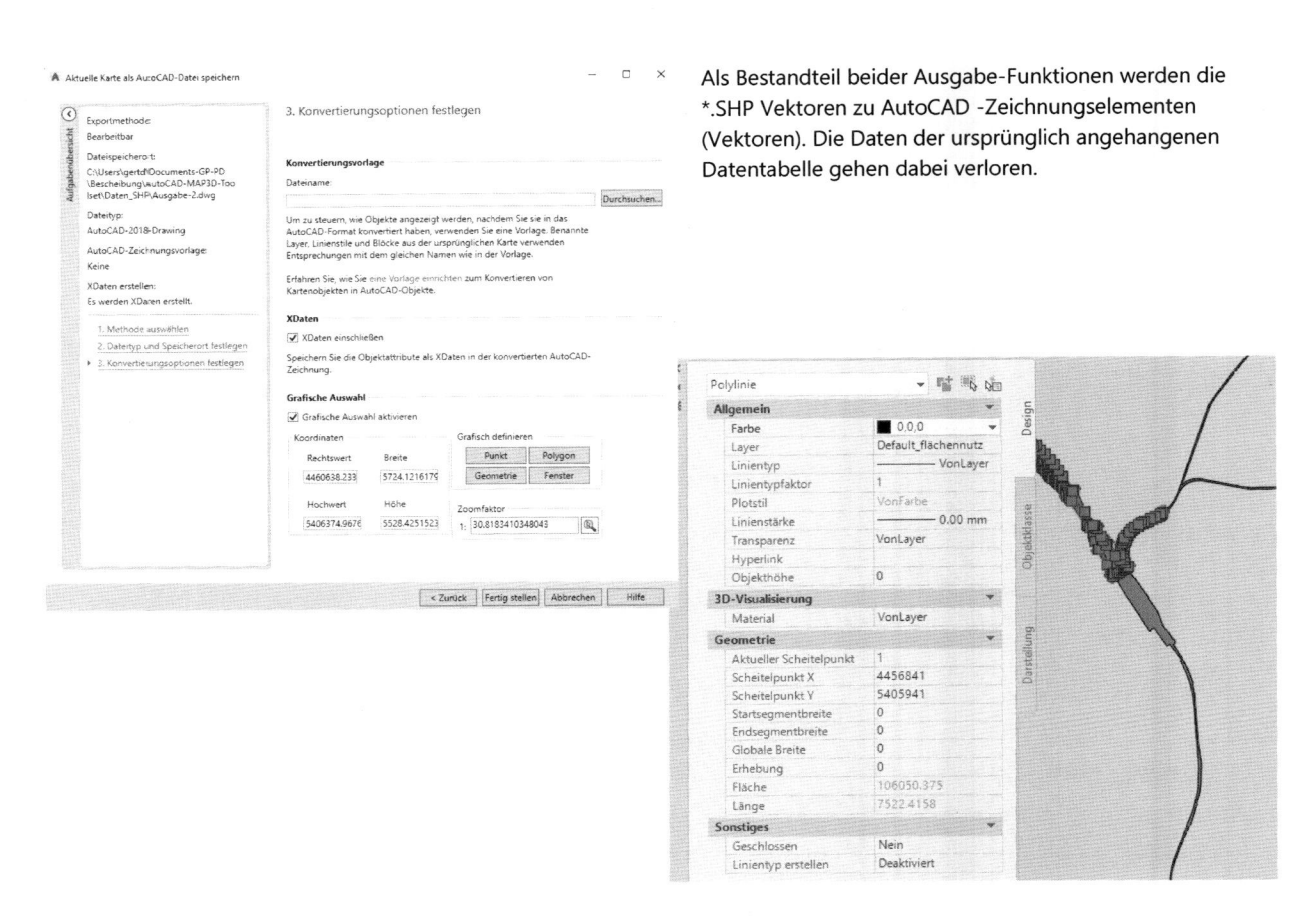

Als Bestandteil beider Ausgabe-Funktionen werden die *.SHP Vektoren zu AutoCAD -Zeichnungselementen (Vektoren). Die Daten der ursprünglich angehangenen Datentabelle gehen dabei verloren.

2.8 „Rasterbild" (1.Variante), Einfügen von Bildern (Orthofoto, mit Koordinaten)

Das Einfügen von Bildern (Vermessungsamt, Bilder mit Koordinaten, Orthofotos) ähnelt dem Zuordnen von Daten und sollte als koordinatenabhängige Bild-Zuordnung verstanden sein.

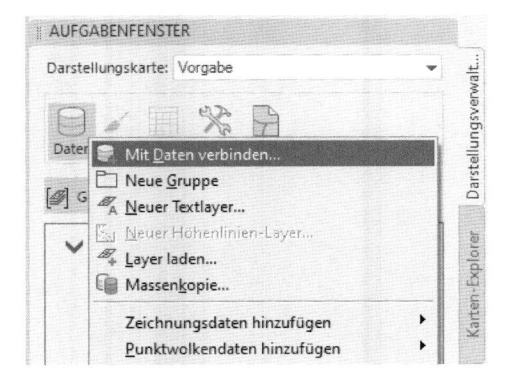

Hinweis:
Die Funktion ist in keinem Fall mit der AutoCAD-Bild-Einfüge-Funktion zu verwechseln. Die AutoCAD-Bildeinfüge-Funktion verlang eine Eingabe-Funktion für den Einfüge-Punkt und die Skalierung. Die Rasterbild-Funktion benötigt das nicht, weil Einfügepunkt und Skalierung Bestandteil der Bildinformation sind!

Das Bild wird ausgewählt.

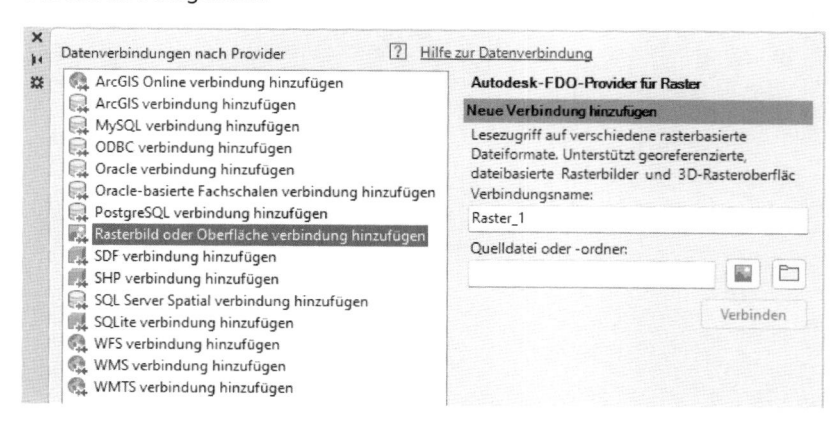

Zur Verfügung stehen alle üblichen Bildformate.

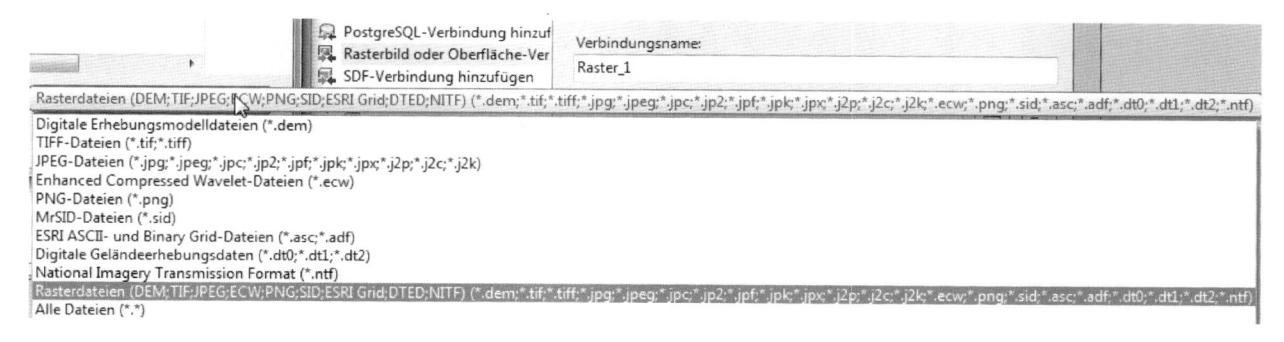

Im Pfad des Bildes muss bei dieser Funktion, eine Koordinaten-Informations-Datei mit gleichem Namen vorhanden sein. Diese Datei wird nachfolgend „Korrelationsdatei" genannt. Die Korrelationsdatei enthält die Einfüge-Koordinaten und den Skalier-Faktor.

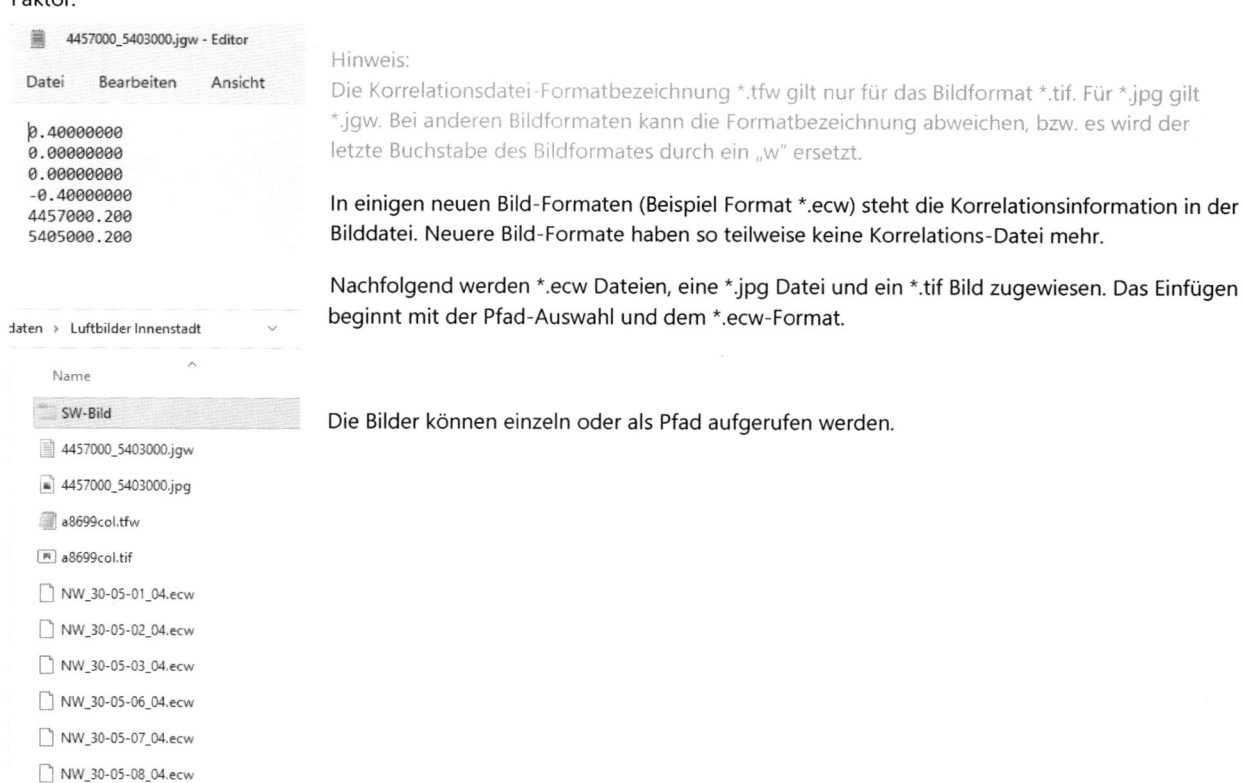

Hinweis:
Die Korrelationsdatei-Formatbezeichnung *.tfw gilt nur für das Bildformat *.tif. Für *.jpg gilt *.jgw. Bei anderen Bildformaten kann die Formatbezeichnung abweichen, bzw. es wird der letzte Buchstabe des Bildformates durch ein „w" ersetzt.

In einigen neuen Bild-Formaten (Beispiel Format *.ecw) steht die Korrelationsinformation in der Bilddatei. Neuere Bild-Formate haben so teilweise keine Korrelations-Datei mehr.

Nachfolgend werden *.ecw Dateien, eine *.jpg Datei und ein *.tif Bild zugewiesen. Das Einfügen beginnt mit der Pfad-Auswahl und dem *.ecw-Format.

Die Bilder können einzeln oder als Pfad aufgerufen werden.

2 Datenverwaltung, Import von ESRI, *.shp (ArcView, GIS)

Nach der Zuordnung des Pfades folgt die Funktion „Verbinden".

Danach werden die Bilder in der Karte (Zeichnung) dargestellt. Es ist kein Einfügen.
Daten (Korrelations-Koordinaten, Skalierungs-Werte) und Bilder stellen eine Einheit dar.

Das nachfolgende Bild enthält bereits MAP-Layer mit Bahnanlagen (flächennutz.shp).

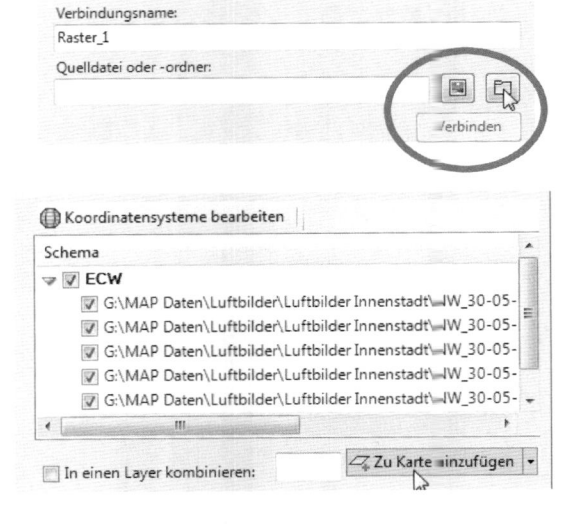

Die *.ecw-Bilder habe eine hohe Qualität liegen jedoch nicht im Bereich einer Bahnanlage.

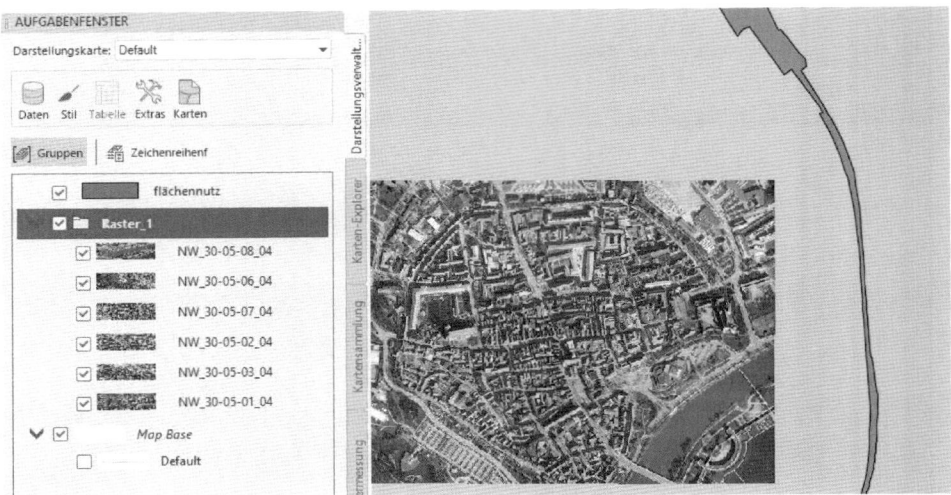

Es wird zusätzlich zu den *.ecw-Bildern das *.tif Format aufgerufen. Das Bild deckt den Bereich der Bahnanlage mit ab und zeigt die Übereinstimmung der Daten.

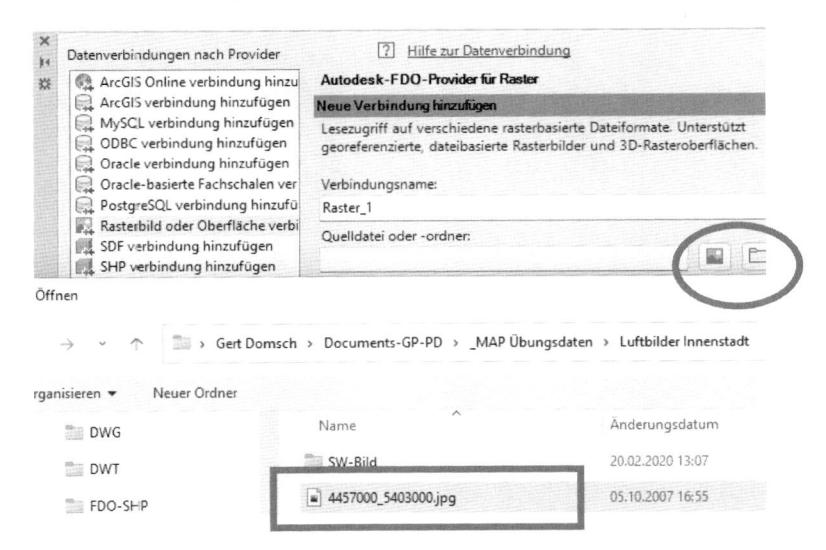

Gert Domsch, CAD-Dienstleistung

Die Bilder sind im „MAP-Aufgabenfenster" unten angeordnet und damit auch unter den Bahnanlagen dargestellt.

2.9 Alternative zum „Bild einfügen" der Microsoft bing-Kartendienst.

Eine Alternative zu den Orthofotos der Landesvermessungsämter stellt der „Microsoft bing -Kartendienst" dar. Im Fall einer Anmeldung auf der Autodesk-Cloud (Autodesk 360°) wird der Zugang zum „Microsoft bing -Kartendienst" frei gegeben und es kann ein blattschnittfreies Luftbild eingeblendet werden. Für diese Funktion muss als Voraussetzung der Zeichnung ein Koordinatensystem zugewiesen sein. Für das Beispiel wird ETRS 89. UTM -32N gewählt.

Gleichzeitig werden Daten geladen, die auf der gleichen Basis erstellt sind oder entsprechend auf ein Koordinatensystem reagieren können. Diese Voraussetzung ist gegeben, wenn ein Koordinatensystem als Bestandteil der Daten vorliegt.

Als Voraussetzung muss nicht das gleiche Koordinatensystem geladen sein. Die Funktion kann Daten während der Importfunktion umrechnen. Als Beispieldaten wird das Autodesk GIS-Format *.sdf gewählt und hier die Datei „Hauptstraßen.sdf".

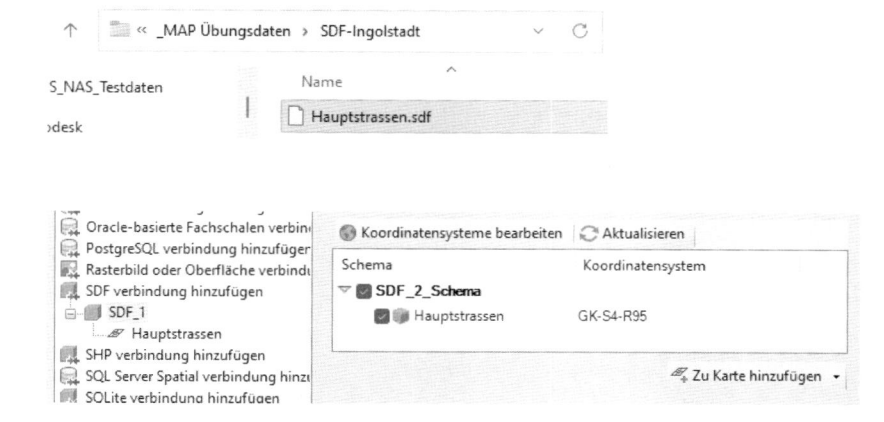

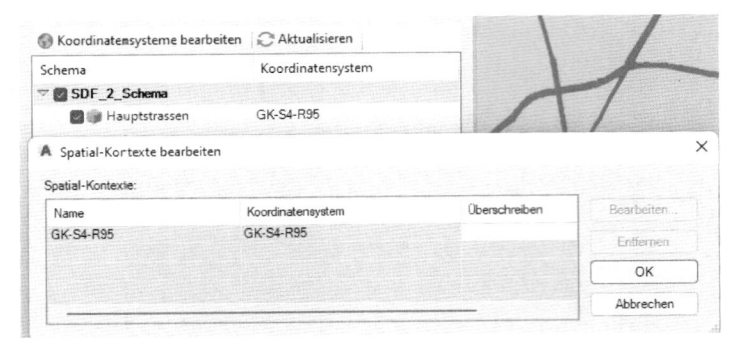

2 Datenverwaltung, Import von ESRI, *.shp (ArcView, GIS)

Die Darstellung und damit der Darstellungs-Stil wird zur besseren Erkennung bewusst auf die Farbe „rot" und die Linienstärke auf „1" gesetzt.

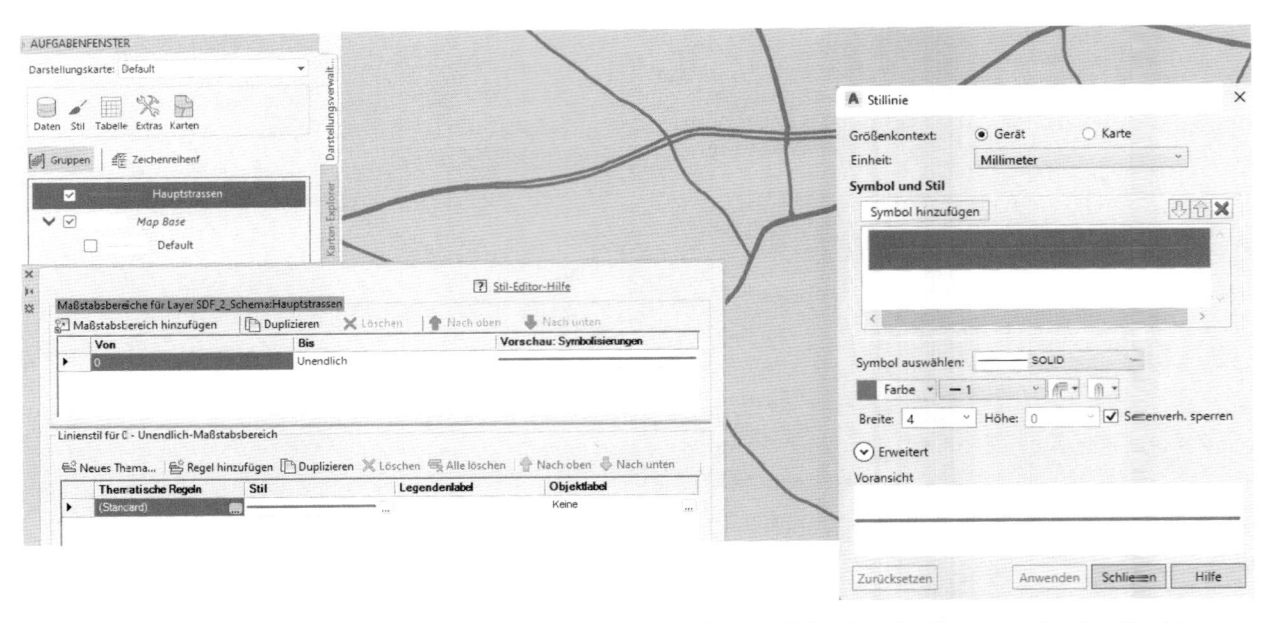

Die Befehle des bing-Kartendienstes ist im Arbeitsbereich „Planung und Analyse", Bereich „Start" geladen. Die Funktion ist nur zu starten und ein blattschnittfreies Bild wird geladen.

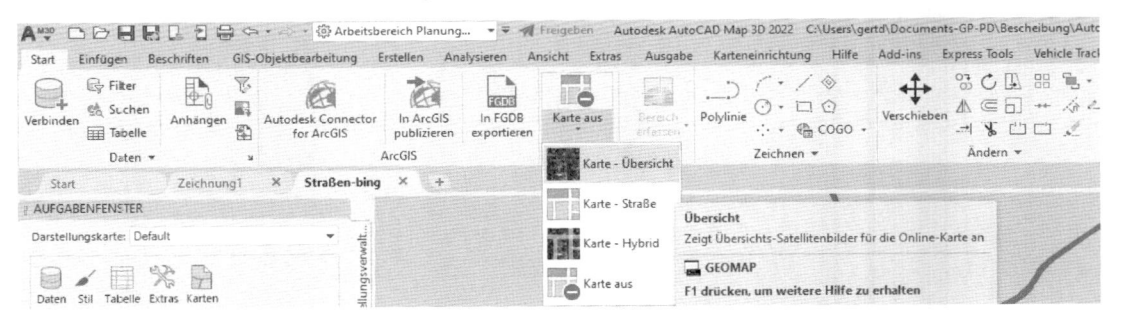

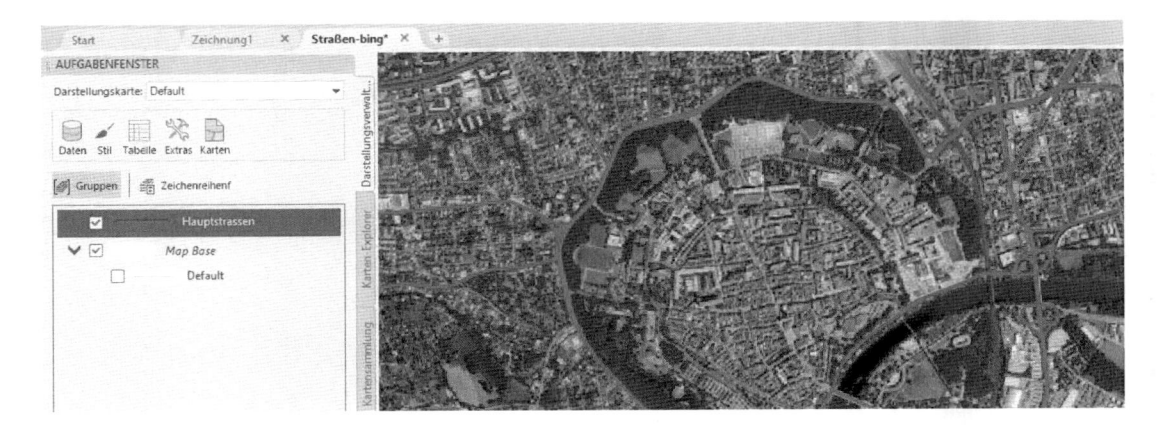

Gert Domsch, CAD-Dienstleistung

Der Vorteil dieser Funktion ist die optionale Kombination der Daten mit Straßen und Straßennamen.

Mit der Kombination oder dem Wechsel der Anzeige zwischen Luftbild (Karte – Übersicht), Straße (Karte – Straße) und Karte-Hybrid besteht eine Möglichkeit Daten und deren Angaben einschließlich des Koordinatensystems zu überprüfen oder zu testen.

Stimmen die Daten (Vermessungsdaten) mit dem bing-Kartendienst überein, so sind die Daten und das angegebene Koordinatensystem mit großer Wahrscheinlichkeit richtig.

Hinweis:
Soll das geladenen Luftbild des „Bing-Kartendienstes" gedruckt werden. So ist der zu druckende Bereich mit der Funktion „Bereich erfassen" festzulegen.

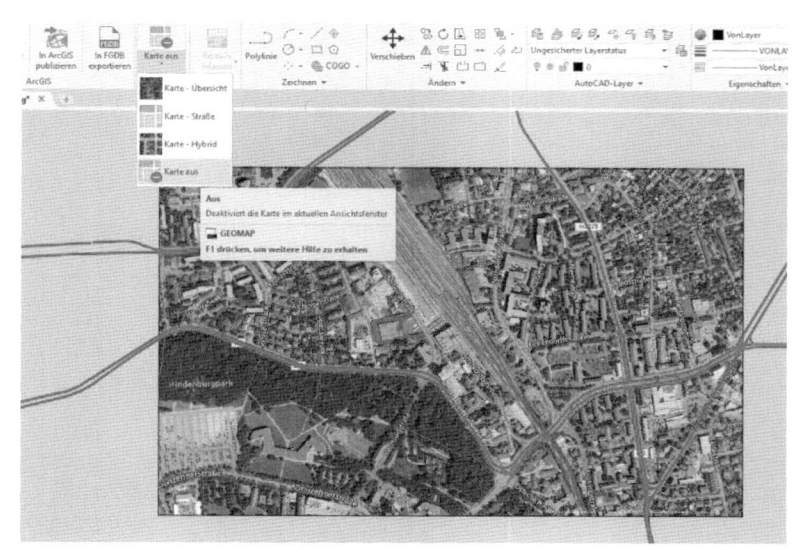

Wird anschließend der „bing- Kartendienst" deaktiviert, so bliebt der zugeschnittene Bereich in der Zeichnung.

2 Datenverwaltung, Import von ESRI, *.shp (ArcView, GIS)

Das folgende Bild zeigt die Voransicht zum Drucken.

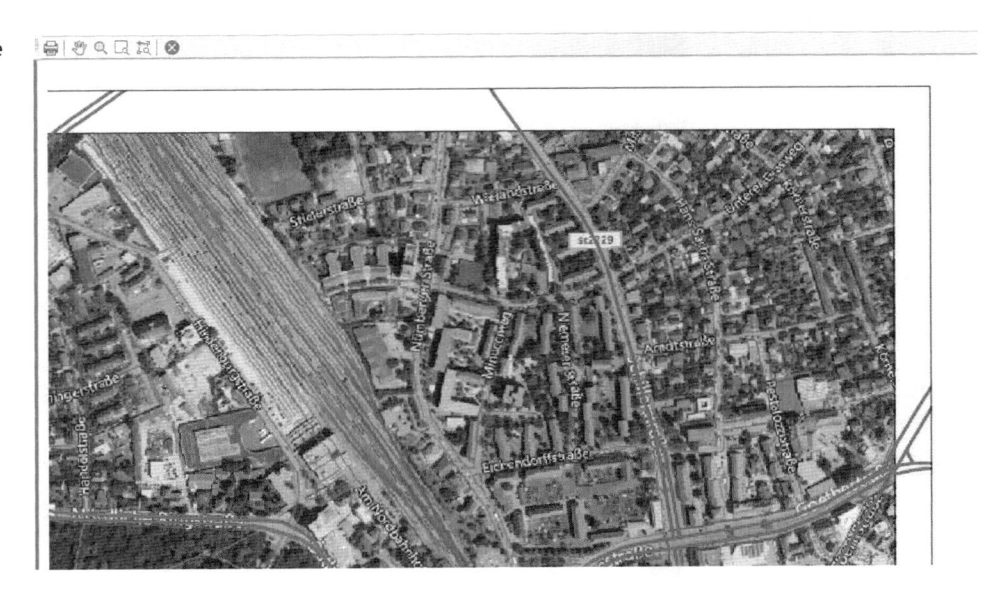

Für das nächste Kapitel wird das zugeschnittene Bild (bing-Kartendienst) gelöscht (AutoCAD löschen). Die geladenen Daten „HauptstraOßen.sdf" bleiben in der Zeichnung.

Im nächsten Kapitel wird ein Bild geladen (Orthofoto mit Korrelationsdatei) welches eine reduzierten Farbauflösung besitzt.

2.10 Funktion „Transparenz", Option bei geringer Farbtiefe (evntuell Schwarz/Weiß)

Das nachfolgende Bild besitzt eine geringe Farbtiefe. Die Bildinformation besteht nur aus 8 verschiedenen Farben. Bei besonderen Projektanforderungen ist es eventuell wichtig, eine der
Farben (Weiß) transparent zu schalten, um
andere - z.B. konstruktive Besonderheiten oder Daten nicht zu verdecken.
Eine Steuerung über die Anzeige-Reihenfolge ist nicht immer möglich.

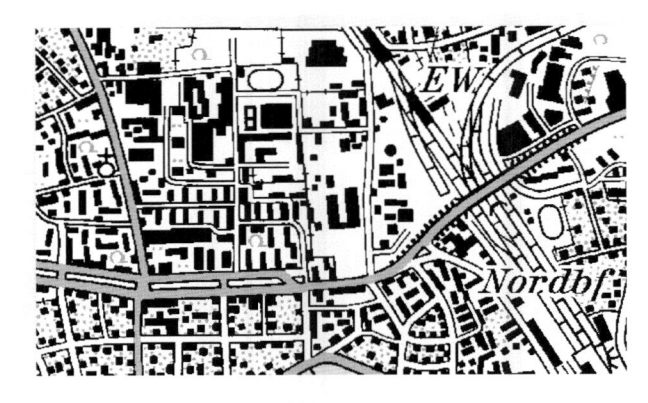

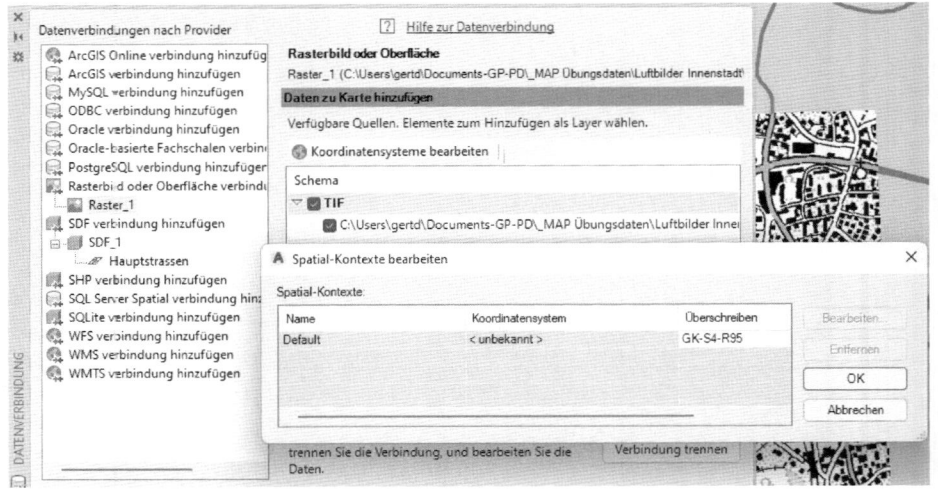

Hinweis:
Das Bild passt zu den Daten unter der Voraussetzung, beim Einfügen des Bildes ist das Koordinatensystem „GK-S4-R95" zugewiesen.

Die gelbe Farbe der Straßen im Bild verdeckt die GIS-Daten. Eine einzelne Farbe kann mit der Bearbeitung des Darstellungs-Stils transparent geschalten sein.

Gert Domsch, CAD-Dienstleistung

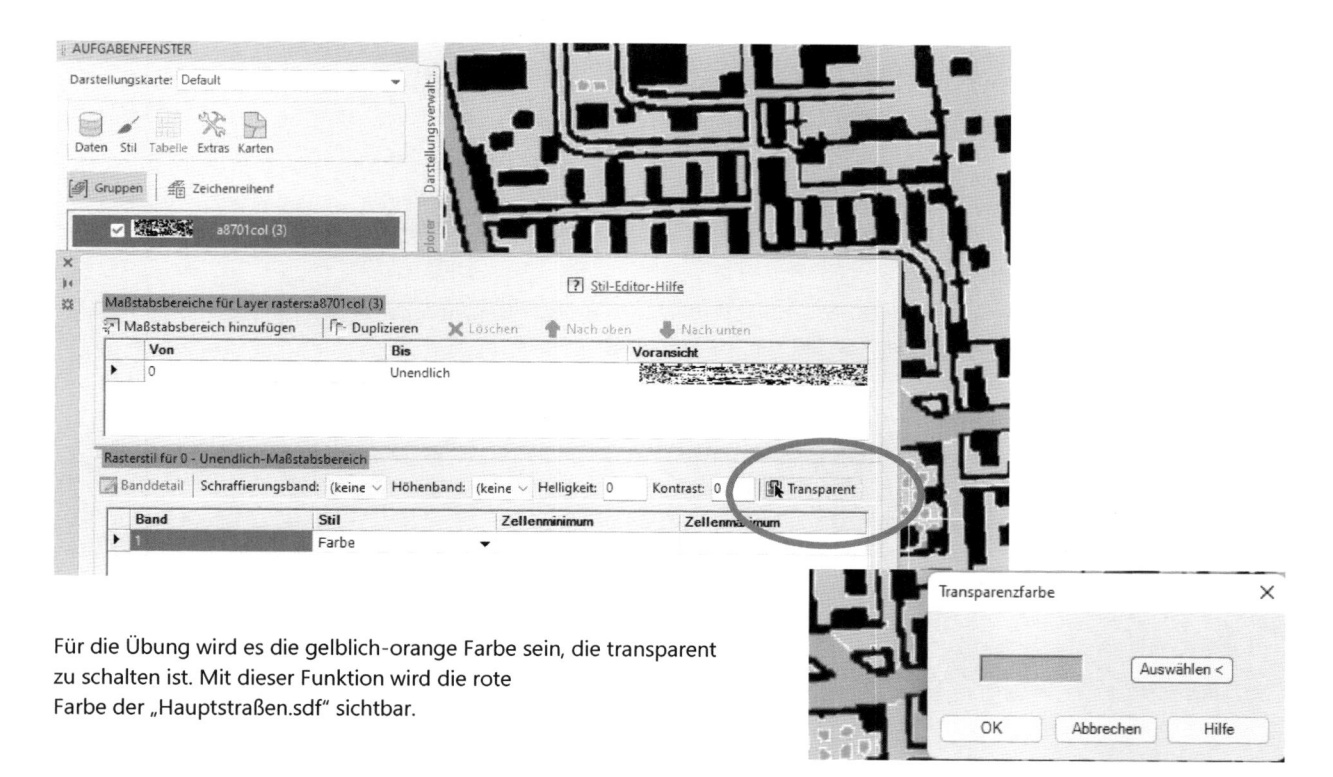

Für die Übung wird es die gelblich-orange Farbe sein, die transparent zu schalten ist. Mit dieser Funktion wird die rote Farbe der „Hauptstraßen.sdf" sichtbar.

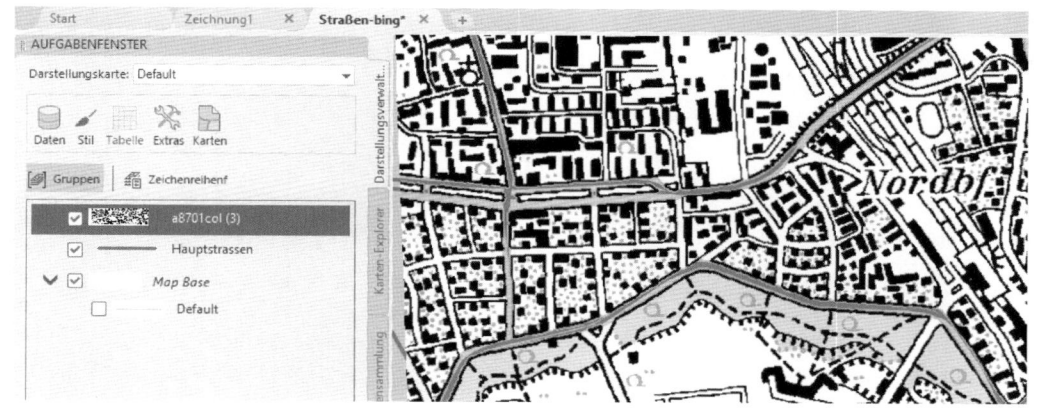

Hinweis:
In vielen praktischen Anwendungen wird es die weiße Farbe sein, die transparent zu schalten ist, um große Bereiche des Bildes durchsichtig zu gestalten.
Als Voraussetzung für die Funktion sollten die Bilder wenig Farben besitzen. Am vorteilhaftesten sind Bilder mit nur 2 Farben (bitonale Bilder, schwarz und weiß).

2.11 Alternative Funktion „Bild-Transparenz"

Für eine transparente Darstellung von Bildern im MAP 3D Toolset gibt es weitere Optionen. Im folgenden Text ist das optionale transparente Darstellen eines ganzen Bildes beschrieben. Bei dem nummerierten Text (Blau) handelt es sich um den originalen Text der AutoCAD-Hilfe.

Um diese Funktion in Bildern zu zeigen, wird ein Teil des Themas „Geodaten" vorgezogen bzw. benutzt, um diese Funktion zu beschreiben und Transparenz zu zeigen. Auf das Thema Geodaten wird im Kapitel „Geodaten-Dienste der Bundesrepublik Deutschland" nochmals eingegangen.

Als Voraussetzung wird die „map2diso.dwt" Vorlage geladen und das Koordinatensystem „Etrs89. UTM 32N" aufgerufen.

2 Datenverwaltung, Import von ESRI, *.shp (ArcView, GIS)

So stellen Sie ein Rasterbild transparent dar

1. Fügen Sie das Raster zu AutoCAD Map 3D toolset hinzu.

    Sie können ein beliebiges Raster verwenden, darunter auch ein WMS-Bild. Das Bild muss nicht transparent sein oder bereits über eine Opazitätseinstellung verfügen.

Um die Transparenz zu zeigen, wird in der Beschreibung ein WMS-Dienst benutzt und transparent gestellt. Der Dienst wird als Bestandteil der Open-GIS Daten der Bundesrepublik Deutschland angeboten.

Übergeordneter Link „GEO-Dienste Deutschland":

Open Data Deutschland - freie Geodaten von Bund und Ländern - Digital Geography (digital-geography.com)

Links für „OpenData":

Geodatenzentrum des Bundesamtes für Kartographie und Geodäsie

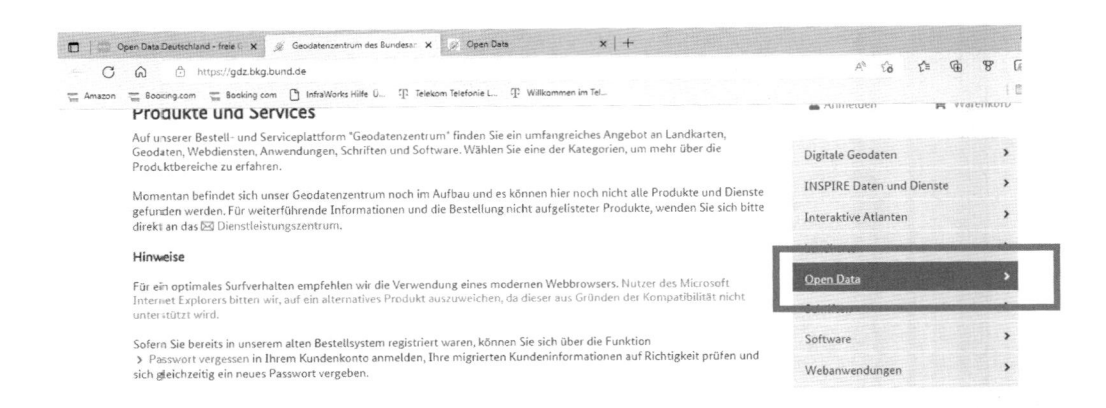

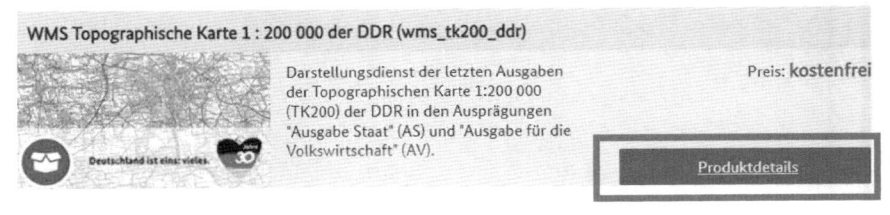

Es wird für dieses Beispiel die Topographische Karte der DDR (TK 200) verwendet. Diese Karte wird, wenn sie eingefügt ist, „Bild"-Eigenschaften haben. Das bedeutet diese Karte kann mit der beschriebenen Vorgehensweise transparent gestellt werden.

Link für den WMS-Dienst, der in der Beschreibung verwendet wird:

Die nachfolgende URL des freien Webdienstes können Sie direkt, z.B. in Ihrem Geo-Informationssystem (GIS), verwenden:

https://sgx.geodatenzentrum.de/wms_tk200_ddr

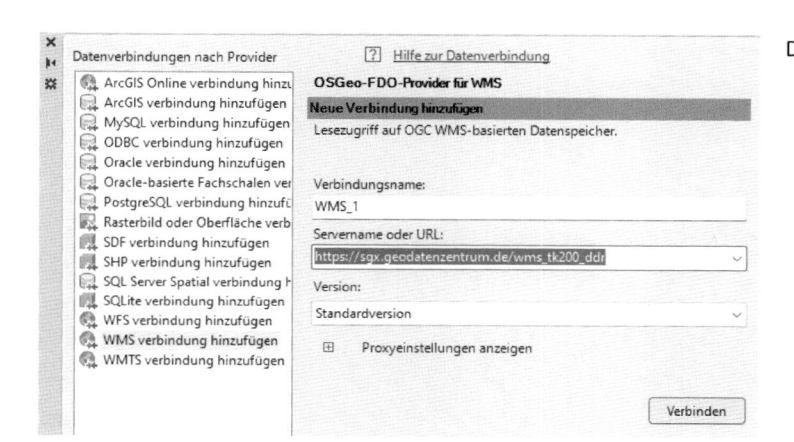

2 Datenverwaltung, Import von ESRI, *.shp (ArcView, GIS)

Der Dienst wird mit „Daten verbinden" eingefügt.

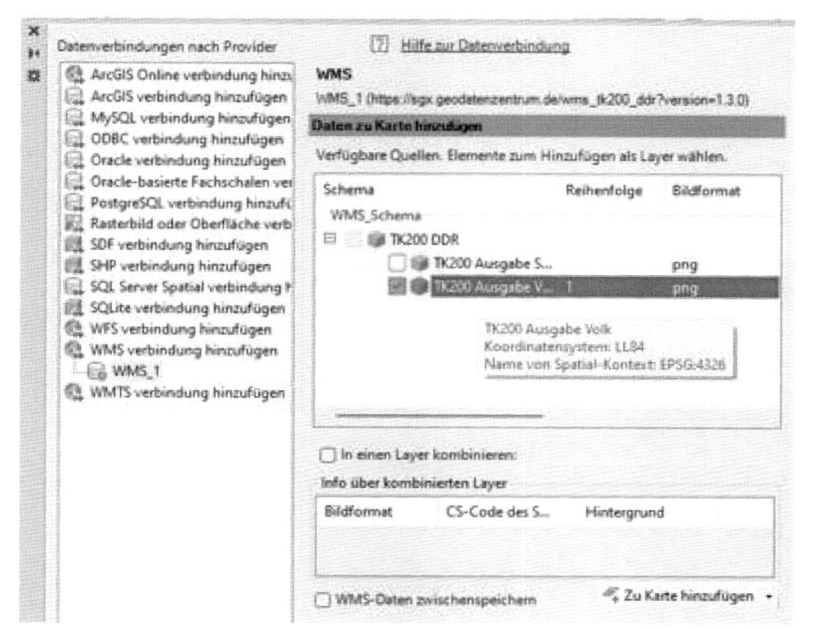

Der Dienst bietet zwei Layer. In die Zeichnung wird nur der Layer „Volk" geladen.

In Kombination mit dem Microsoft bing-Kartendienst wird deutlich die Karte TK 200 verdeckt den bing-Kartendienst. Zur Orientierung wäre eine Transparent-Funktion hilfreich. Das Bild zeigt einen Teil der Autobahn A7 bei Göttingen. Die neuen A38 Göttingen-Halle-Leipzig wird durch dem WMS-dienst TK 200 verdeckt..

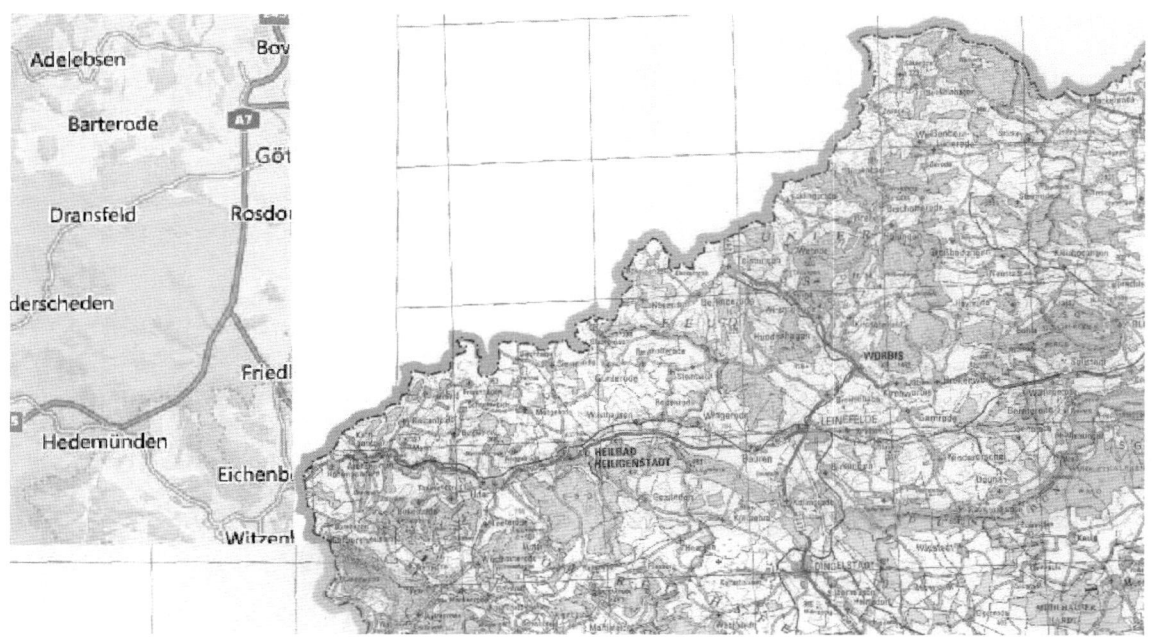

2. Klicken Sie mit der rechten Maustaste auf den Layer mit dem Bild, und wählen Sie Layer speichern. Speichern Sie den Layer in einer .layer-Datei.

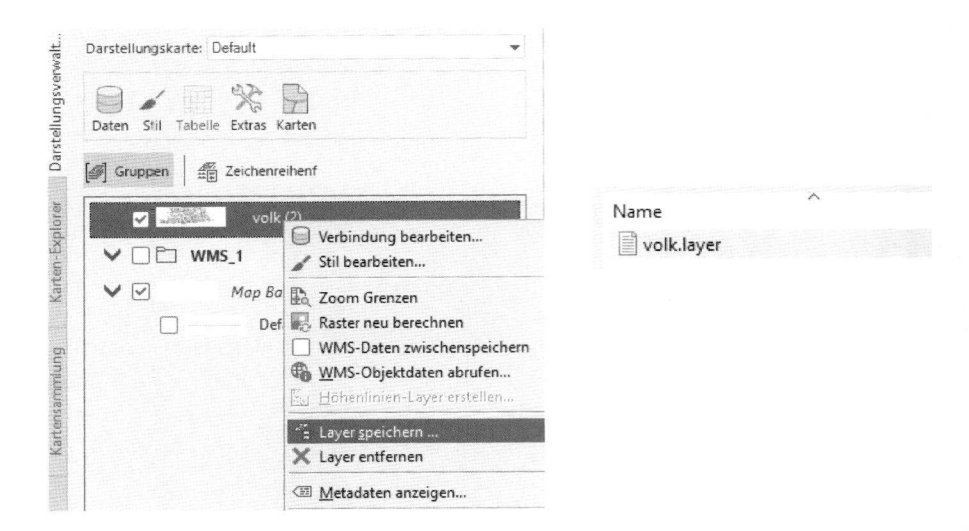

2 Datenverwaltung, Import von ESRI, *.shp (ArcView, GIS)

3. Öffnen Sie die .layer-Datei in einem Texteditor, z. B. dem Windows-Editor, und suchen Sie nach dem Eintrag <FeatureName>.
4. Fügen Sie direkt unter dem Eintrag <FeatureName> die Opazitätseinstellung mit der folgenden Syntax hinzu:

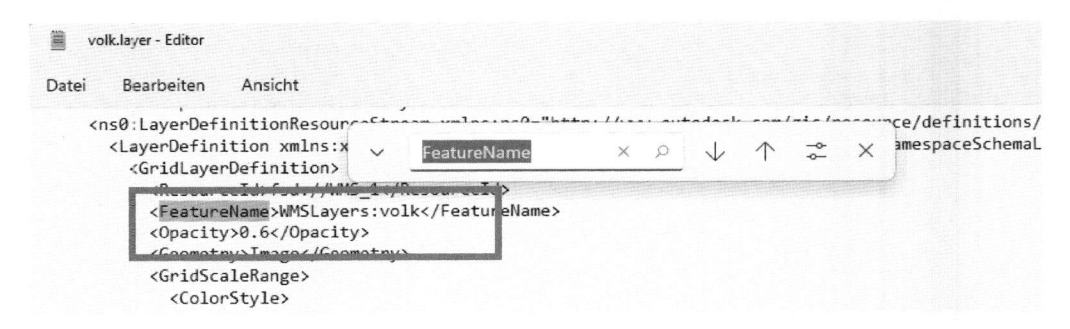

   ```
   <Opacity>0.6</Opacity>
   ```

   Der Wert 1 für die Opazität legt fest, dass der Layer vollständig undurchsichtig ist. Der Wert 0.1 legt fest, dass der Layer transparent ist.

Ein nachträgliches Ändern oder Anpassen des Wertes ist möglich.

```
<GridLayerDefinition>
  <ResourceId>fsd://WMS_1</ResourceId>
  <FeatureName>WMSLayers:volk</FeatureName>
  <Opacity>0.4</Opacity>
  <Geometry>Image</Geometry>
  <GridScaleRange>
```

5. Speichern Sie die .layer-Datei.
6. Wechseln Sie in AutoCAD Map 3D toolset im Aufgabenfenster zur Darstellungsverwaltung, und entfernen Sie den ursprünglichen Rasterlayer.

Neben dem Layer sollte auf keinen Fall der Dienst entfernt sein. Layer und Dienst müssen zueinander passen.

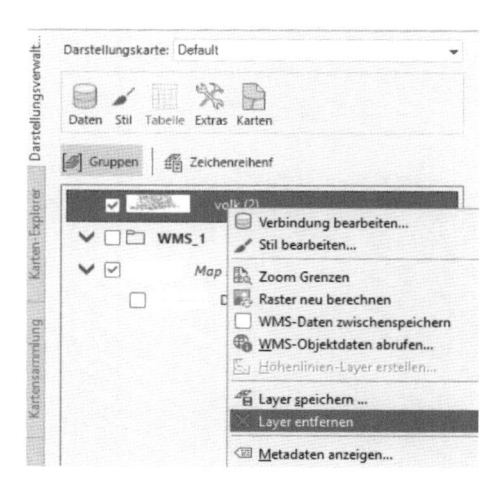

2 Datenverwaltung, Import von ESRI, *.shp (ArcView, GIS)

7. Fügen Sie alle weiteren Objekte zur Karte hinzu, die auf Layern unter dem durchsichtigen Bild erscheinen sollen, und wenden Sie Themen oder Stile auf diese Layer an.

Für das Beispiel wird der bing-Kartendienst benutz und „Karte-Straße" aktiviert.

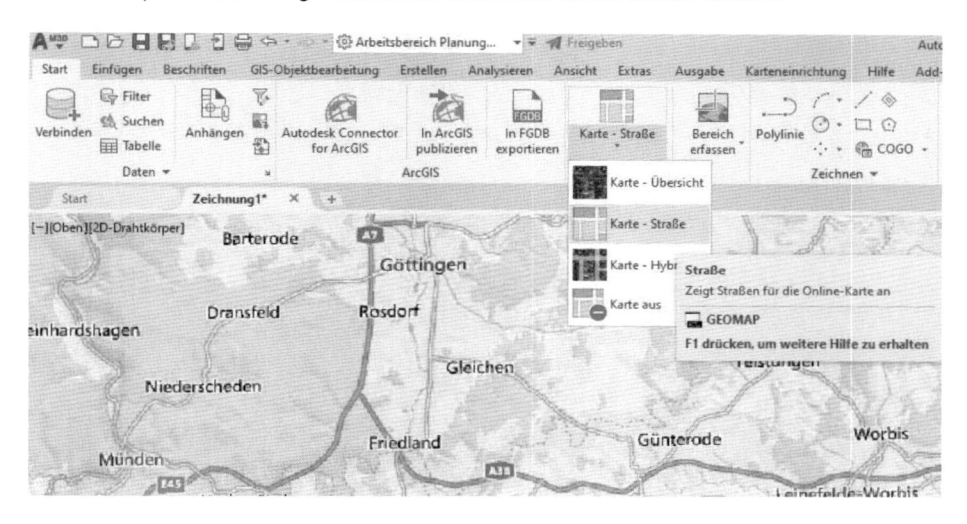

8. Klicken Sie auf Daten ▶ Layer laden, und wählen Sie die bearbeitete .layer-Datei.

Das durchsichtige Rasterbild überlagert die undurchsichtigen Layer, so dass diese unter dem Bild sichtbar sind.

Der WMS Dienst „TK 200" ist transparent und zeigt die Lage der A38 Göttingen – Halle – Leipzig des bing-Kartendienst.

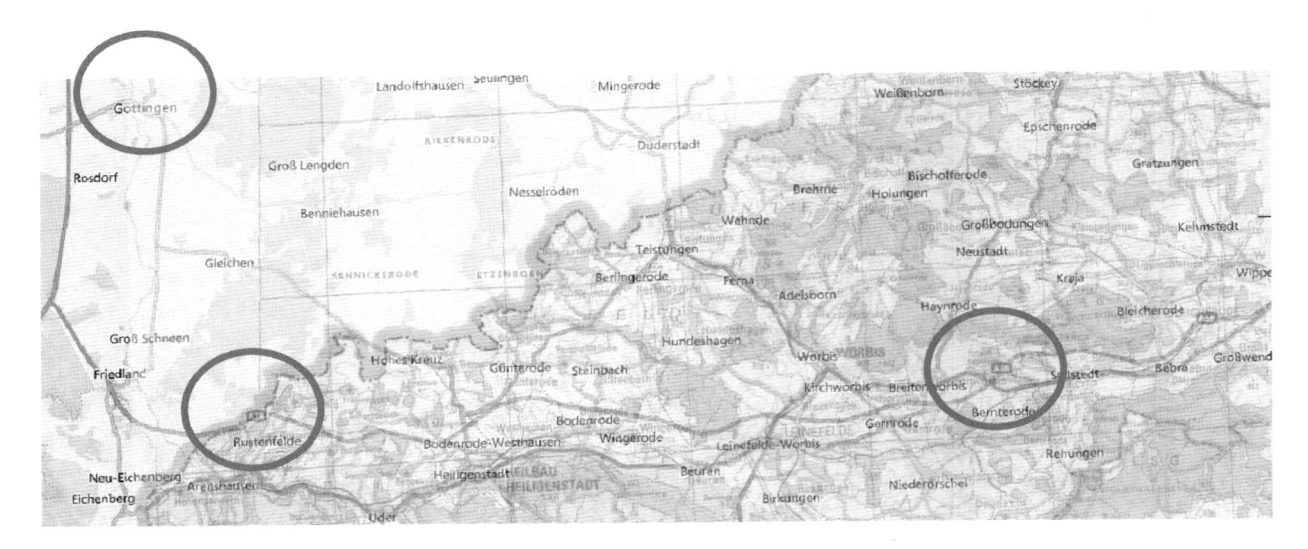

2.12 Erstellen einer Korrelationsdatei

Für das Einfügen von Bildern als Bestandteil der AutoCAD Erweiterung „MAP 3D Toolset" ist die „Korrelationsdatei", eine Datei, die den Einfüge-Punkt und die Skalierung der Pixel beinhaltet. Für die Verwendung von Orthofotos ein wichtiger Bestandteil.

Diese Datei wird durch den Hersteller der Orthofotos mitgeliefert oder bereitgestellt. Das MAP 3D Toolset bietet keine Möglichkeit eine solche Datei zu erstellen. Eine AutoCAD Erweiterung, die Erweiterung „Raster Design Toolset" bietet die Möglichkeit anhand eines eingefügten Bildes eine Korrelationsdatei zu schreiben.

„Raster Design Toolset"
Toolset-Bild und Bezeichnung, Produkt-Präsentation

Bezeichnung im Downloadbereich, verfügbare Produkte nach Erwerb

Mit installiertem Raster-Design Toolset wird das Menü um die Registerkarte „Rasterwerkzeuge" erweitert. Die Rasterwerkzeuge bieten den entsprechenden Befehl „World-Datei" Die Bezeichnung „World-Datei ist eine ältere Bezeichnung für die Korrelationsdatei. Die Bezeichnung stammt aus den 90er Jahren als das AutoCAD MAP 3D Toolset noch AutoCAD World bezeichnet wurde.

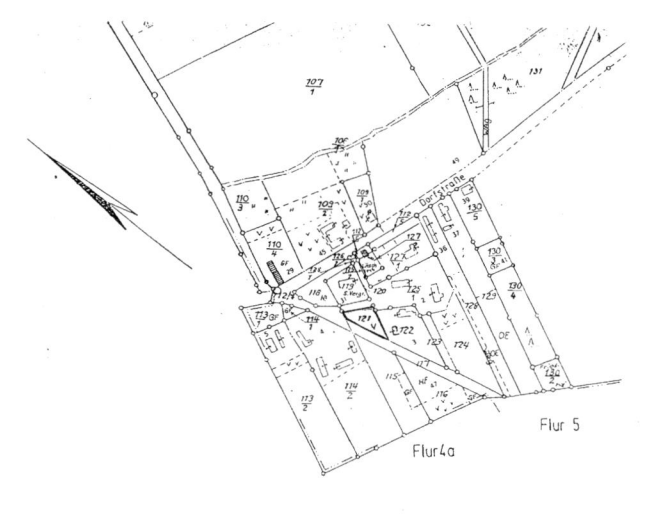

2 Datenverwaltung, Import von ESRI, *.shp (ArcView, GIS)

Um diese Problemstellung zu erläutern, entwickle ich ein Beispiel, welches die Option praxisnah erscheinen lassen soll.

Nehmen wir an, es liegt eine ältere Liegenschaftskarte oder ein Dokument vor, welches innerhalb einer modernen Planung zu verwenden ist.

Die Lage des Grundstücks „121" ist territorial bekannt und die veraltete Liegenschaftskarte ist mehrfach innerhalb verschiedener Planungsunterlagen zu verwenden.

Es ist von Vorteil, wenn die „Rasterbild-Funktion" (Daten verbinden, „Planung und Analyse") zur Verfügung steht, damit dieses Bild (Liegenschaftskarte) nicht immer wieder manuell einzupassen ist.

Um die Funktion zu nutzen ist eine „Korrelationsdatei" zu erstellen.

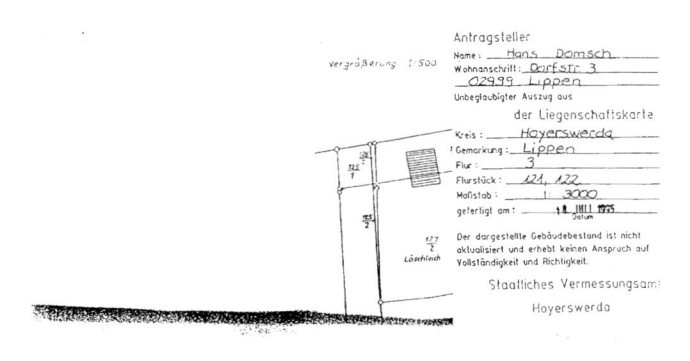

Zusätzlich wird die Qualität des „Scan" weitere Möglichkeiten eröffnen. Hier ist es von Vorteil, als Eigenschaft „Schwarz/Weiß" zu wählen.
Es besteht dann die Möglichkeit die weiße Farbe transparent zu schalten.

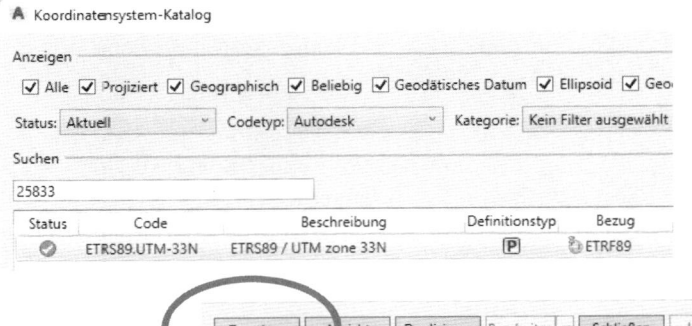

2 Datenverwaltung, Import von ESRI, *.shp (ArcView, GIS)

Einer noch leeren Zeichnung wird das, für die Aufgabe aktuelle Koordinatensystem zugewiesen.

Die Zuweisung des Koordinatensystems bietet im Arbeitsbereich „Planung und Analyse" das Hinterlegen eines Luftbildes, blattschnittfrei mit Hilfe des „Microsoft bing Kartendienst".

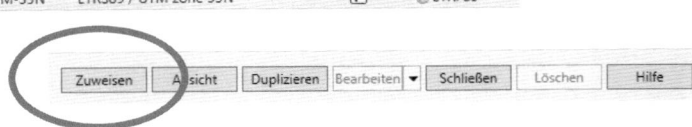

Zur ersten räumlichen Orientierung kann es hilfreich sein, die Eigenschaft „Karte-Straße" zu wählen,

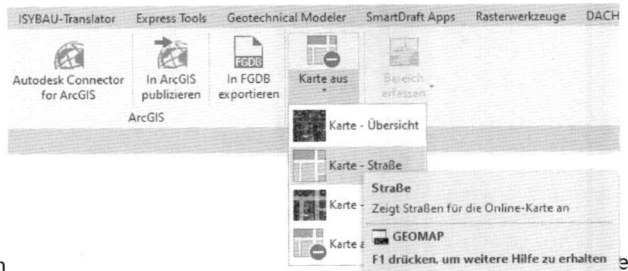

Die Funktion importiert den gesamten Meridianstreifen Orientierung im Raum leichter.

Die Funktionen bietet die Möglichkeit beliebig oft zwischen den verschiedenen Darstellungen umzuschalten.

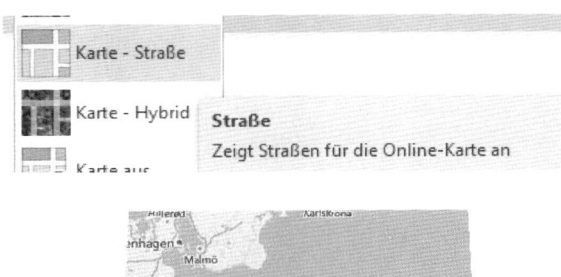

Gert Domsch, CAD-Dienstleistung

2 Datenverwaltung, Import von ESRI, *.shp (ArcView, GIS)

Mit der Kenntnis der Ortslage ist eine Orientierung in der Darstellung „Karte-Straße" besser möglich.

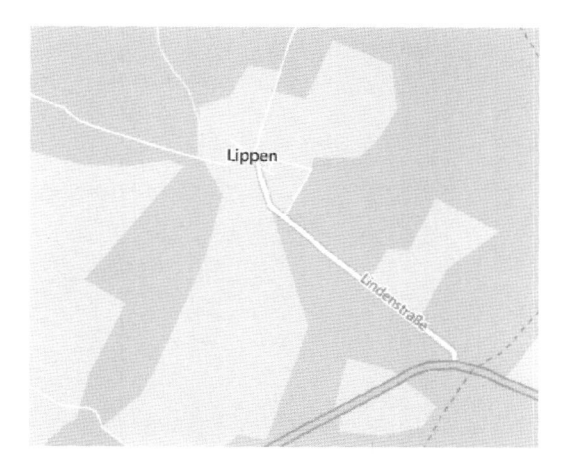

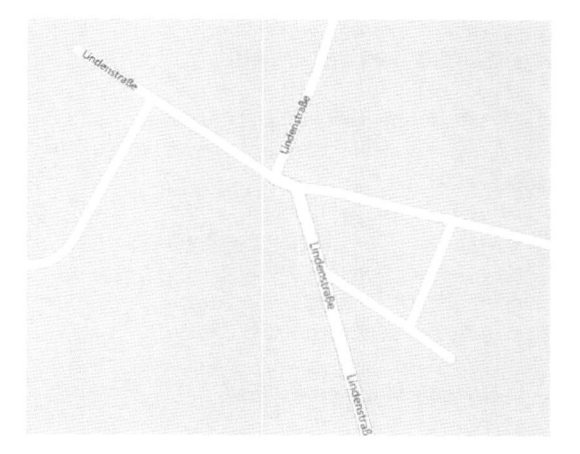

Mit der Aktivierung der Funktion „Hybrid" ist eine kombinierte Darstellung möglich.

Mit dieser Orientierungshilfe kann die Liegenschaftskarte eingefügt, gedreht und skaliert werden. Sind Orientierungspunkte gegeben, so ist die im letzten Kapitel beschriebene „Affine-Transformation möglich. Die Funktion ist auch auf Bilder anwendbar. Innerhalb dieses Kapitels wird nur das Einfügen als X-Ref gezeigt. Die ACAD-Funktionen Verschieben, Drehen, Skalieren oder die „Affine-Transformation" werden nicht angesprochen.

2 Datenverwaltung, Import von ESRI, *.shp (ArcView, GIS)

Ein Einfügen, Bearbeiten, Anpassen sind bei Bildern, die mit der X-Ref Funktion eingefügt sind möglich.

Hierbei ist zu beachten, der „Microsoft bing Kartendienst" ist funktional etwas anderes als ein mit der X-Ref Funktion eingefügtes Bild.

Für das Einfügen von Bildern innerhalb der Beschreibung werden die X-Ref Funktionen genutzt. Die X-Ref-Funktionen gehören für mich zum AutoCAD und entsprechen dem Verschieben, Skalieren und Drehen.

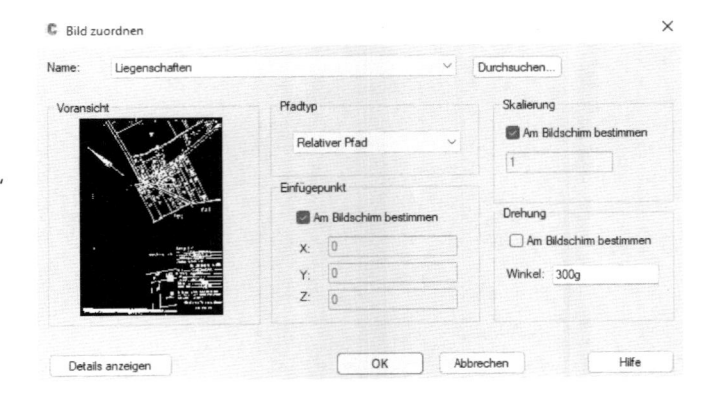

Funktionen des Microsoft bing Kartendienst

Der jeweils „erfasste Bereich" ist bearbeitbar.

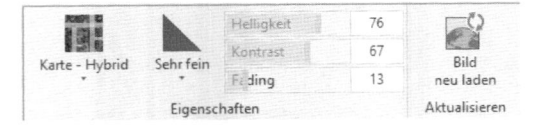

Funktionen der X-Ref, Bild-Bearbeitung

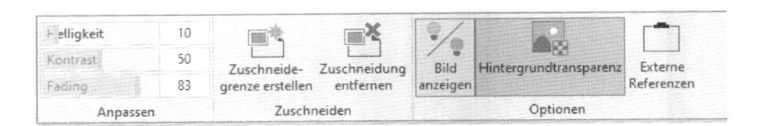

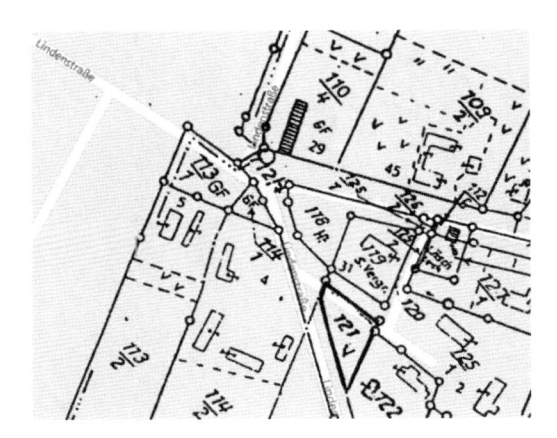

Unter der Voraussetzung „Raster Design Toolset" ist installiert, kann für manuell eingefügte und angepasste Bilder (Liegenschaftsinformation, gescanntes Bild) eine Korrelationsdatei geschrieben werden, die dem in der Zeichnung vereinbarten Koordinatensystem entspricht.

Gert Domsch, CAD-Dienstleistung

2 Datenverwaltung, Import von ESRI, *.shp (ArcView, GIS)

Es ist der Pfad für die Ausgabe der Datei anzugeben.

Die Datei ist geschrieben.

```
0.12408108457617
-0.13858426486138
-0.13858426486138
-0.12408108457617
462725.47578448982676
5692471.68437294848263
```

Die neu geschriebenen Daten werden mit der Funktion „Planung und Analyse, Daten verbinden" in eine zweite leere Zeichnung eingefügt. Im zweiten Schritt erfolgt die Kontrolle mit Hilfe des „Microsoft bing Kartendienst".

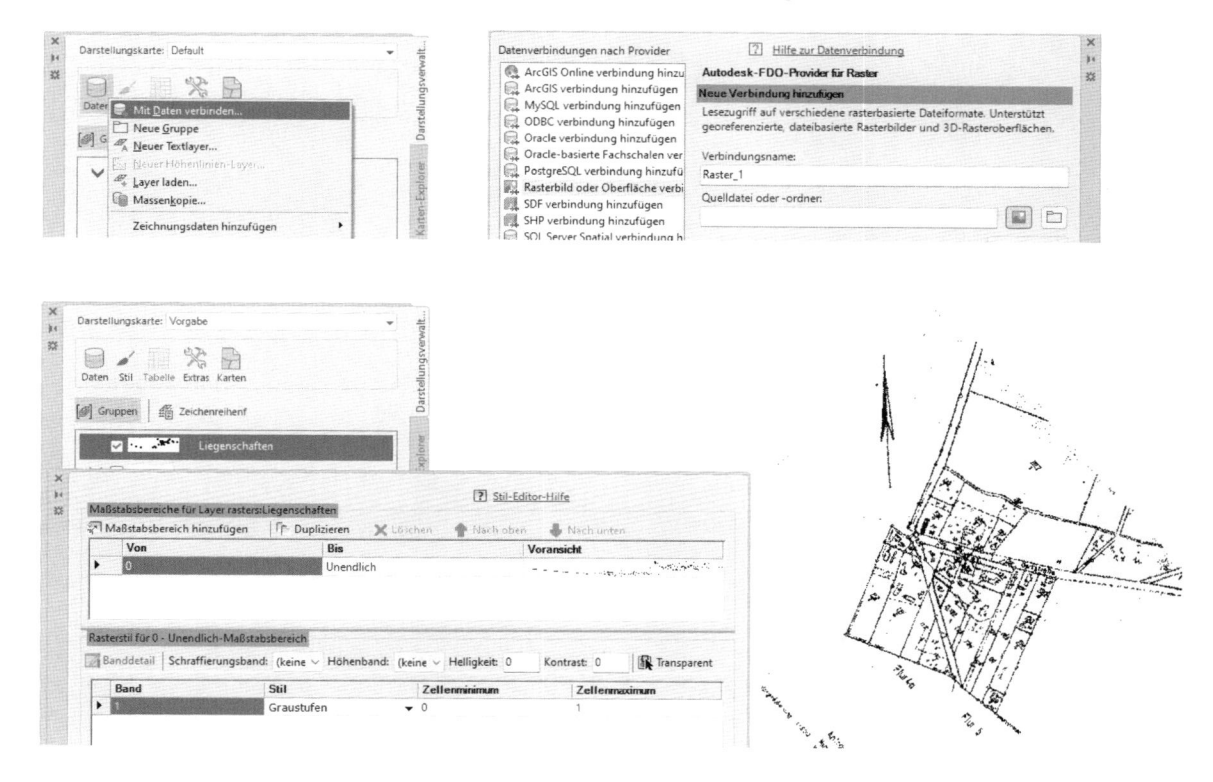

Mit geschriebener Korrelationsdatei ist die alte Liegenschaftsinformation wiederholt – und in mehreren Unterlagen exakt an der gleichen Position verwendbar.

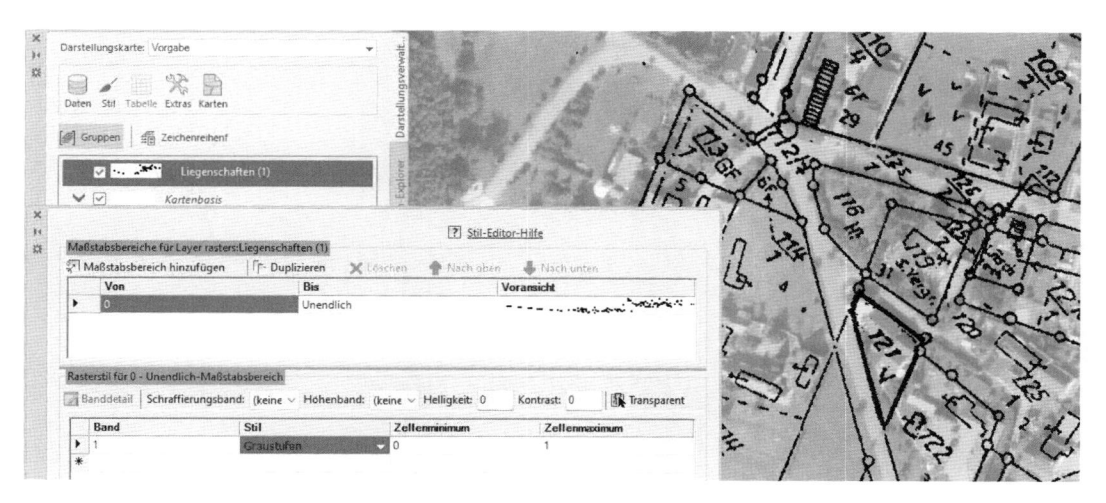

2.13 „Rasterbild" (2.Variante) Daten (3D-Funktion)

Unter dem Begriff Rasterbild versteht Autodesk auch Rasterdaten. Die Funktion ist um den Begriff „Oberflächen" (3D Daten) ergänzt.

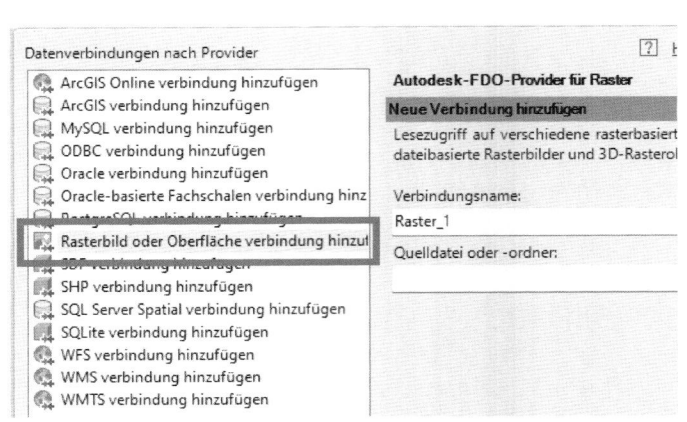

Als Bestandteil der Formatbezeichnungen ist auch der Begriff *.dem, *.tiff, *.xyz oder *.asc vorgesehen. Diese Formate sind keine Bildformate.

Diese Formate werden eher in Zusammenhang mit LASER-Daten verwendet und beschreiben eher Punktkoordinaten in einer Anordnung oder Formatierung, die ein schnelleres Einlesen ermöglichen. Im ESRI-Umfeld wird dieses Format auch GEO-TIFF bezeichnet.

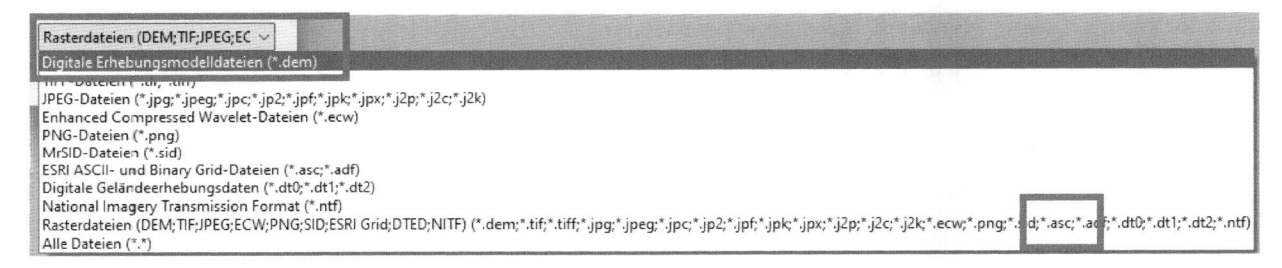

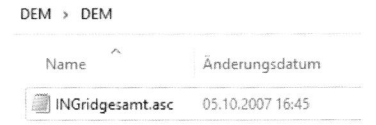

Folgende Datei, im Ordner DEM, bietet Autodesk als Übungsdatei an. Die Datei trägt das Format *.asc. Im ESRI-Umfeld werden solche Dateien auch als „Geo-TIFF" bezeichnet. Autodesk bezeichnet das Format als *.dem.

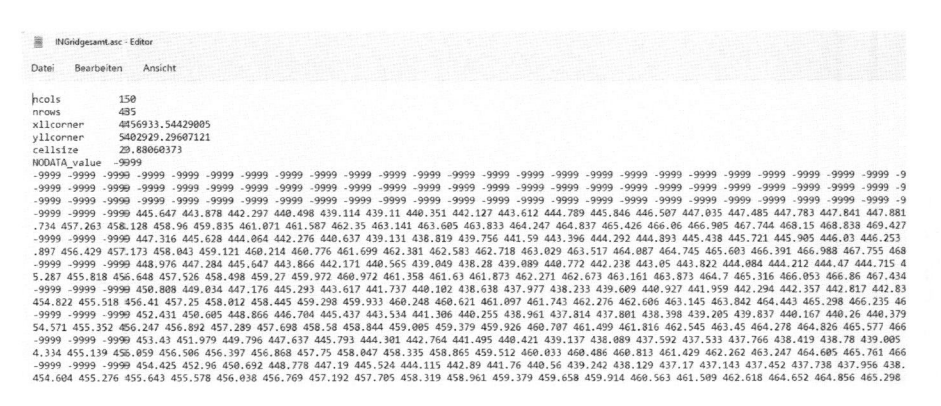

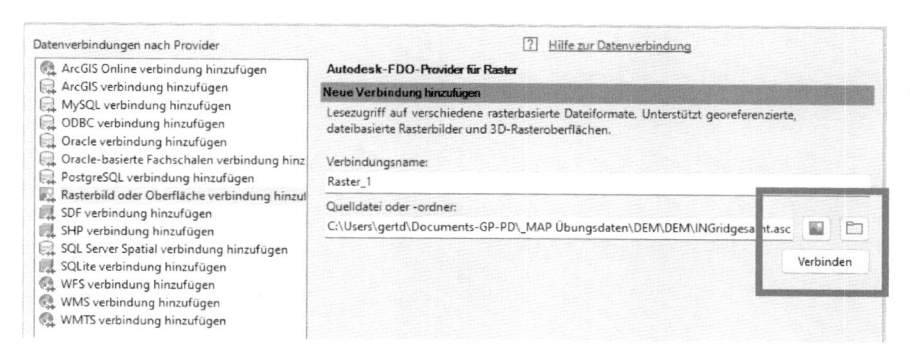

2 Datenverwaltung, Import von ESRI, *.shp (ArcView, GIS)

Die Datei wird aufgerufen und es wird eine Verbindung hergestellt.

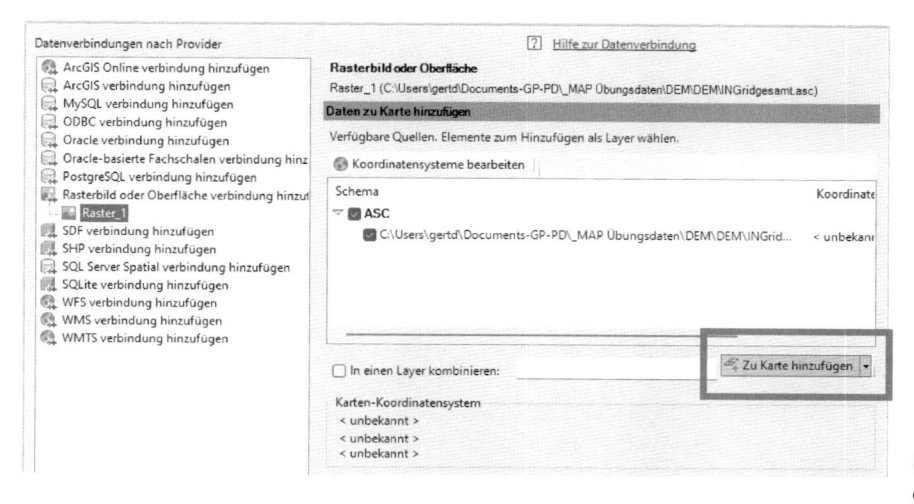

Die Daten werden „Zur Karte hinzugefügt".

Die Daten sind erstellt und haben eine „relief-artige" Darstellung.

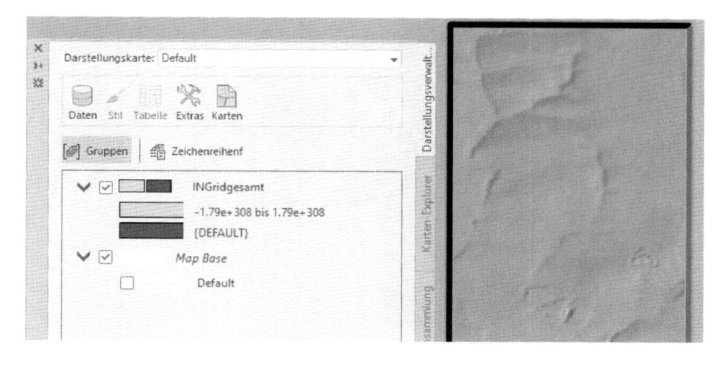

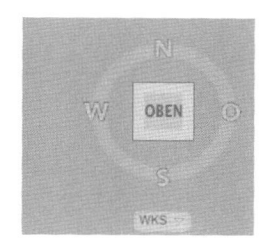

Innerhalb der Statuszeile kann die Darstellung des Reliefs „1:1" oder eine Überhöhung besitzen.

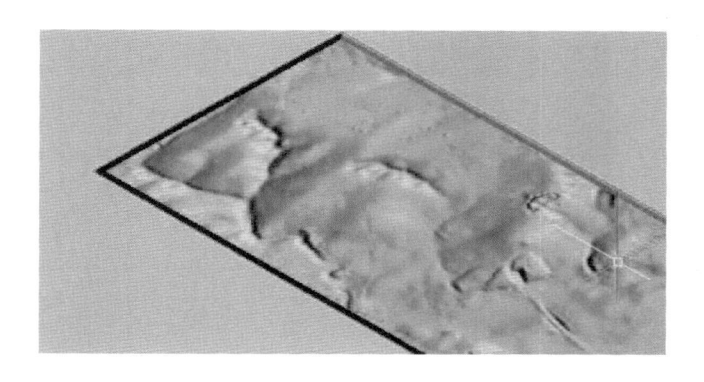

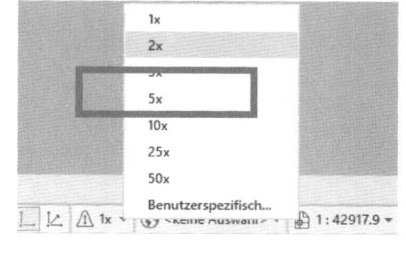

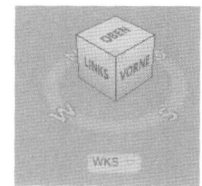

Gert Domsch, CAD-Dienstleistung

Im Zusammenhang mit dem Import von Rasterdaten ist eine 3D Darstellung möglich. 3D Daten werden durch die Funktionen des MAP 3D Toolset unterstützt.

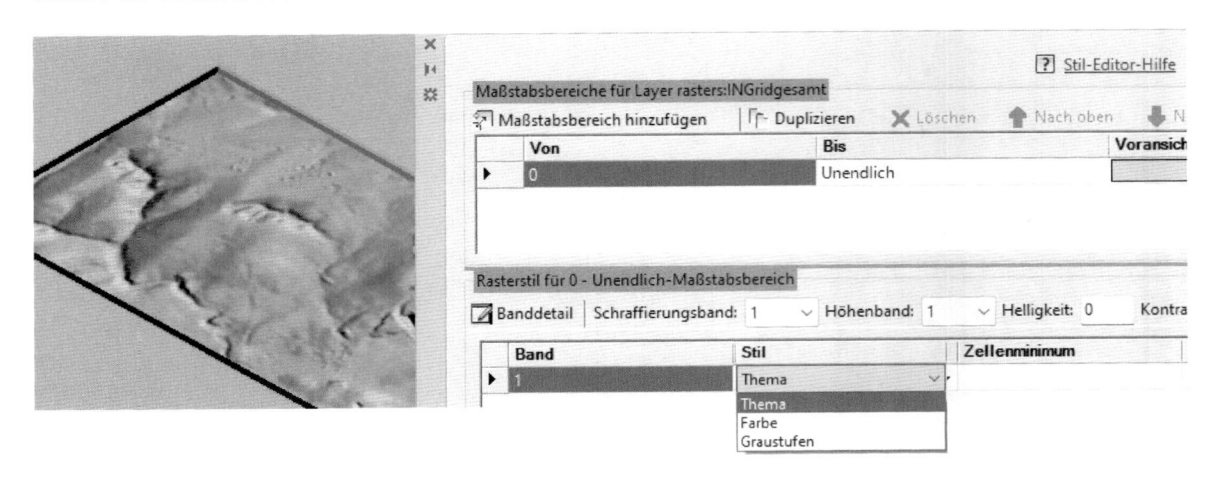

Die in der Basis-Einstellung aufgerufene grüne Farbe kann durch eine „Stil-Bearbeitung", durch den Aufruf eines Stils, der dem Thema gerecht wird, geändert sein.

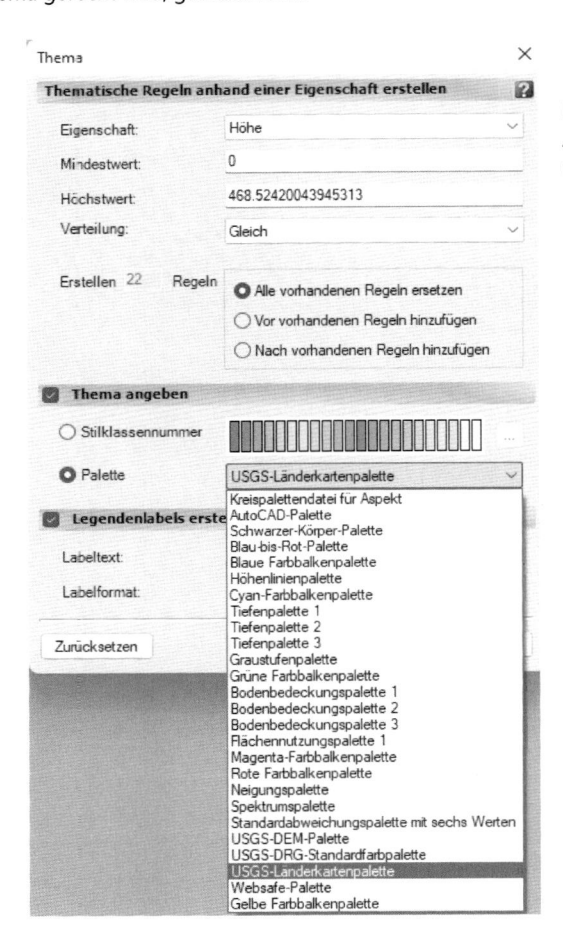

In der Kategorie „Tema angeben" sind unter „Paletten" Farb-Abstufungen vorbereitet.
Es wird „USGS Länderkartenpalette" geladen.

Das nachfolgende Bild zeigt die daten in einer ISO-Ansicht schräg von oben.

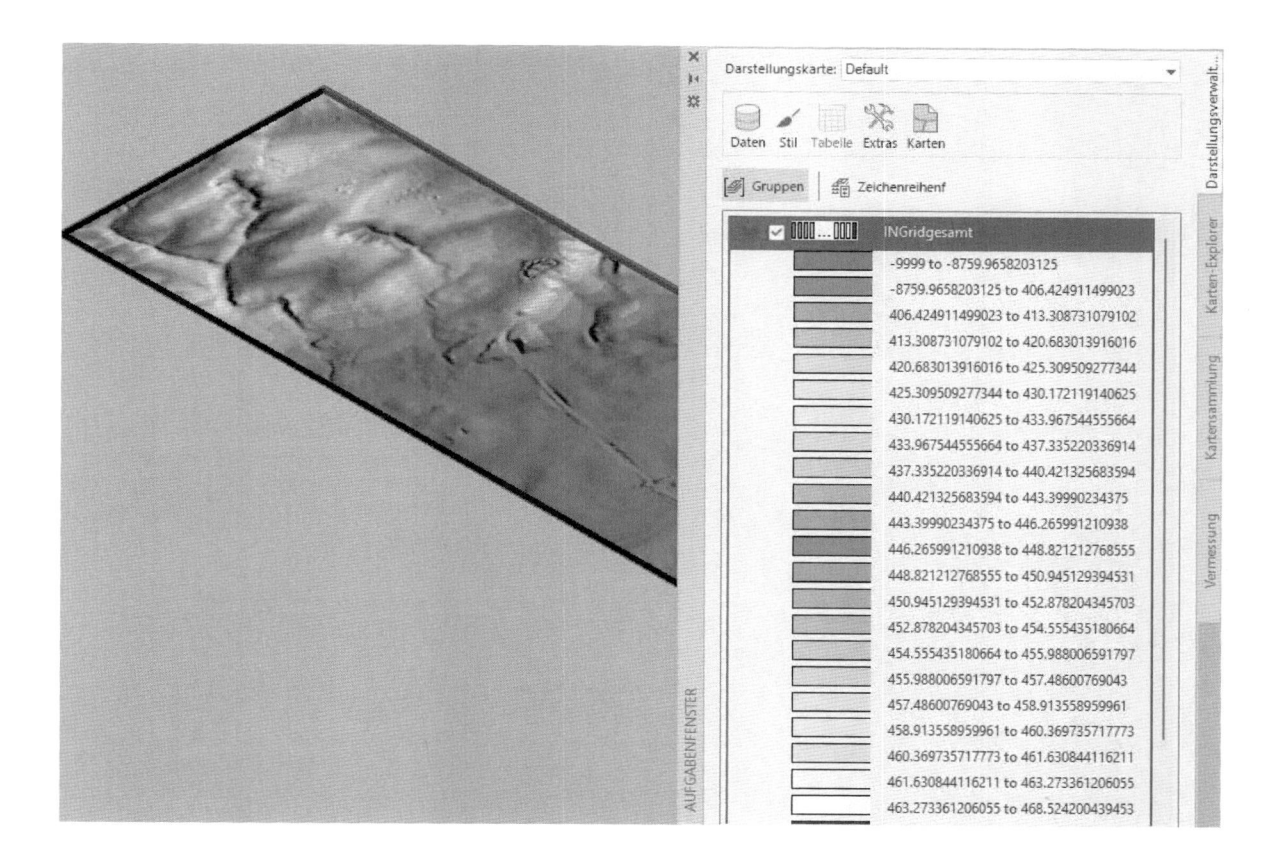

2 Datenverwaltung, Import von ESRI, *.shp (ArcView, GIS)

Zusätzlich zur Farbanpassung ist das Erstellen von Höhenlinien mit eigenem Höhenlinienabstand möglich. Für die Darstellung und Beschriftung der Höhenlinien wurde die Farbe des 3D-Modells zurück auf Grau gesetzt.

Die Darstellung von Höhenlinien kann in zwei Kategorien erfolgen (Höhenlinien und Haupthöhenlinien). Eine Beschriftung ist optional möglich.

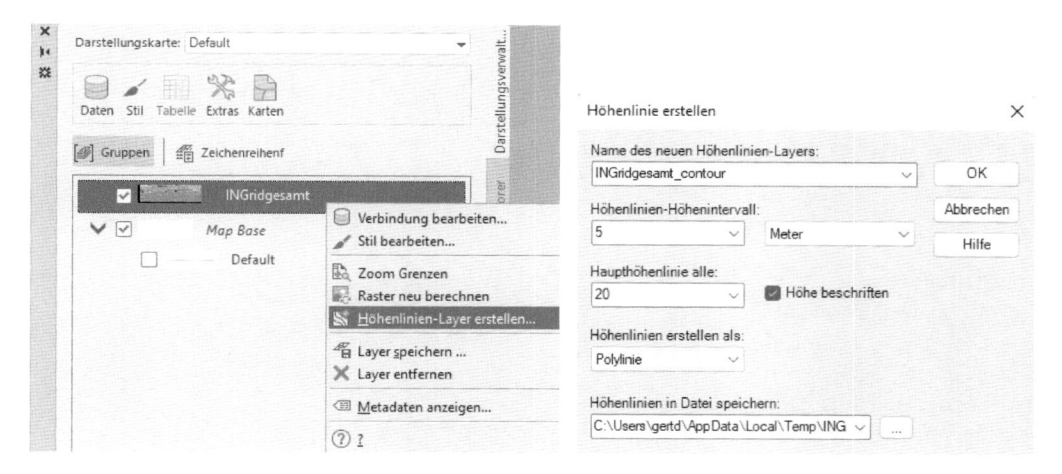

Das Bild zeigt die Höhenlinien in der Ansicht von „Oben".

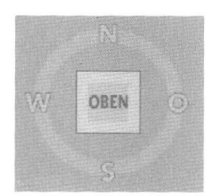

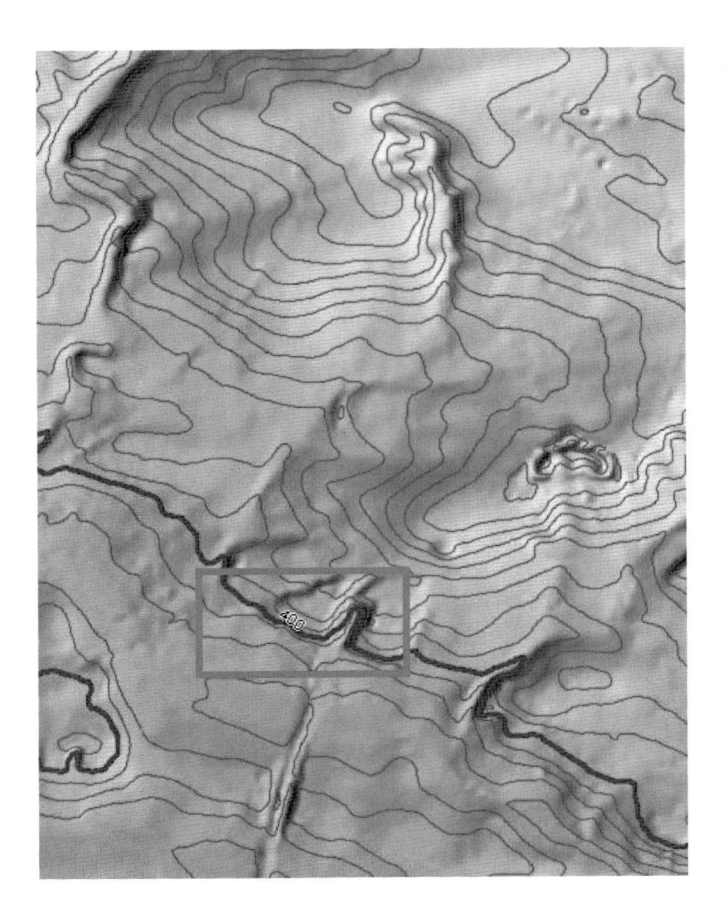

Die Beschriftung der Höhenlinien ist aktiviert.

2.14 Analysieren (Datenauswertung)

Um Funktionen der Registerkarte Analyse zu zeigen, wird ein einfaches Beispiel, mit einer theoretisch angenommenen Windkraftanlage erstellt. Es wird angenommen, das für das Genehmigungsverfahren im Umkreis von 500m, um den Standort des Windrades, jeder Eigentümer zu informieren - oder zu entschädigen ist.

Es sind also die Eigentümer und deren Anteil der Flächen zu ermitteln, die im Einflussbereich von angenommen 500m liegen.

Die Flurstücke eines größeren Bereiches liegen im *.shp Format für die Übung vor. Grundlage sind Autodesk Beispiele des MAP-Handbuches „Einblicke in die Welt der Geodaten, Leitfaden und Übungsbeispiele".

Im Leitfaden wird als Bestandteil des Ordners „*.sdf-Ingolstadt" eine *.sdf-Datei (Autodesk-GIS-Format) „Flurstücke"-Ingolstadt angeboten. Weil das *.shp-Format in diesem Zusammenhang geläufiger ist wird mit Hilfe der „Massenkopie" aus der Flurstücke.*.sdf- eine Grundstücke.shp Datei geschrieben.

Diese neue Datei wird im Beispiel verwendet.

Hinweis:
In der Praxis wäre die Umwandlung in das *.shp-Format nicht erforderlich. Die hier beschriebene Analyse-Funktion ist für *.sdf- oder *.shp-Dateien, das heißt für alle GIS-Formate gültig.

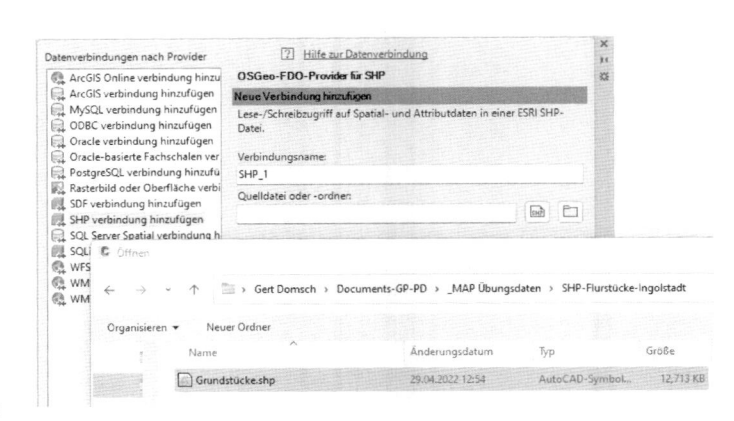

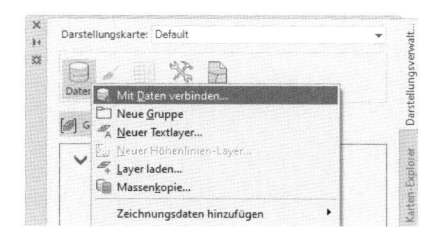

2 Datenverwaltung, Import von ESRI, *.shp (ArcView, GIS)

Hinweis:
Die Daten sind bereits etwas älter und sind aus diesem Grund auf der Basis eines älteren Koordinatensystems verfügbar. Das verwendete Koordinatensystem ist innerhalb des weiteren Verlaufes zu beachten.

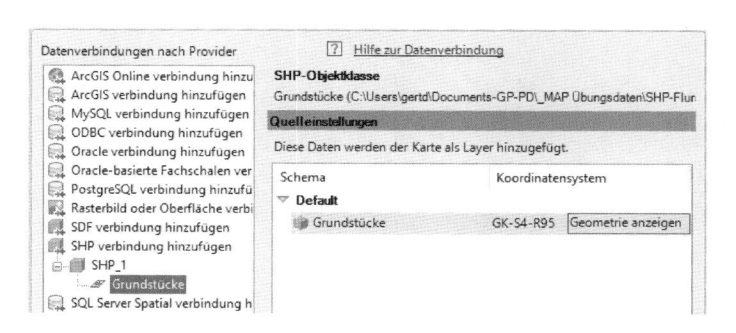

Die Daten sind eingelesen und enthalten Informationen zum Eigentümer (Tabelle).

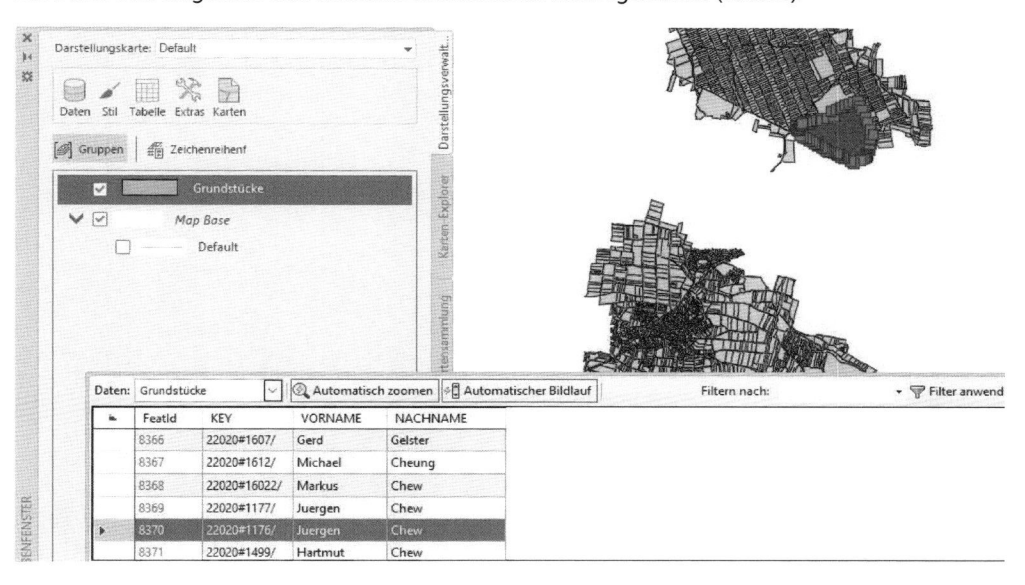

Der erste Schritt zur Ermittlung der Eigentümer gehört zur Karte „Analysieren", der Befehl lautet „GIS-Pufferzone".

Um alle Eigentümer im Einflussbereich der Windkraftanlage zu ermitteln, wird der Standort als MAP-Layer, GIS-Layer benötigt (*.shp „ESRI-GIS-Format" oder *.sdf „Autodesk-GIS-Format").

Nur MAP- oder GIS-Layer lassen sich untereinander in Beziehung setzen (verschneiden).

MAP-Layer können nur auf Basis des *.shp oder *.sdf-Formates erstellt werden. Die Funktion ist Bestandteil der Karte „Erstellen". Für das Beispiel wird *.shp Format gewählt.

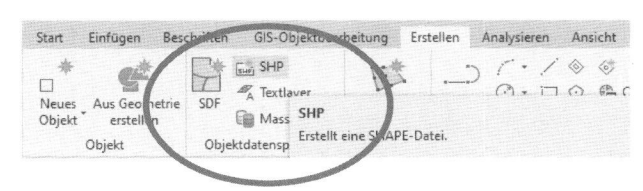

Gert Domsch, CAD-Dienstleistung

2 Datenverwaltung, Import von ESRI, *.shp (ArcView, GIS)

Die Datei bekommt einen Namen.

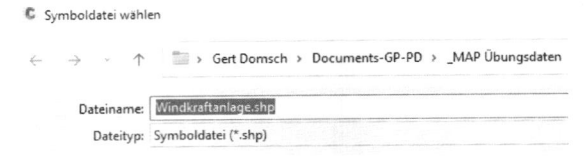

Die Datei braucht ein Koordinatensystem. Der Rechner schlägt das Koordinatensystem der Ausgangs-Daten vor.

Optional kann die *.shp Datei eine Datenbank mit benutzerspezifischen Einträgen besitzen. Im Beispiel wird nur für den Namen eine Eigenschaft hinzugefügt „Funktion: Neue Eigenschaft".

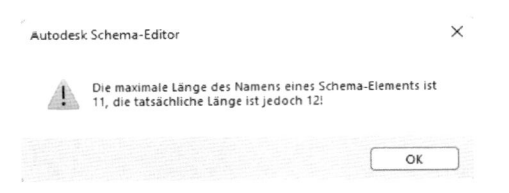

Hinweis:
Die aufpoppende Meldung besagt, der automatisch erstellte Name „Eigenschaft1" ist für das ESRI-SHP Format zu lang, zu groß. Der Begriff wird in „Anlage" geändert.

Die neue Eigenschaft heißt: „Anlage" und wird als Zeichenfolge definiert.

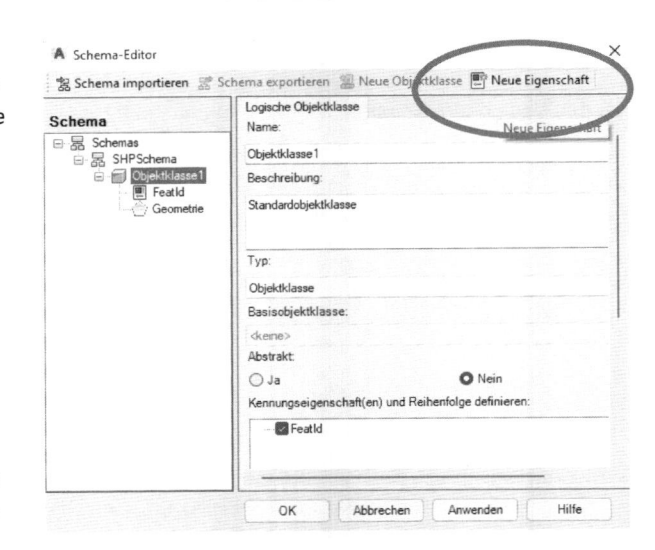

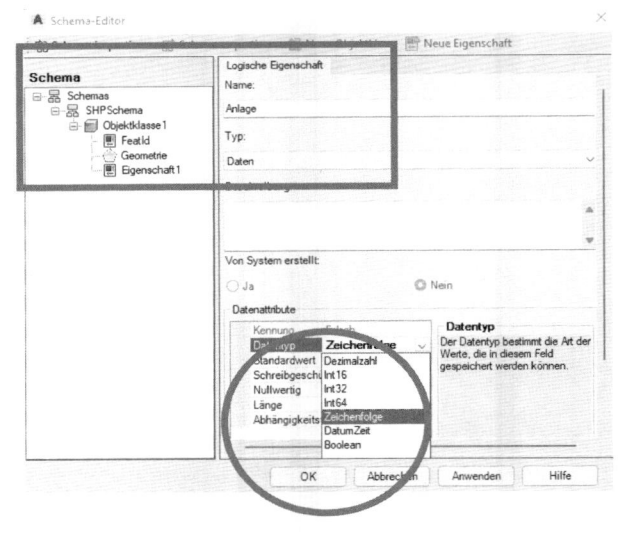

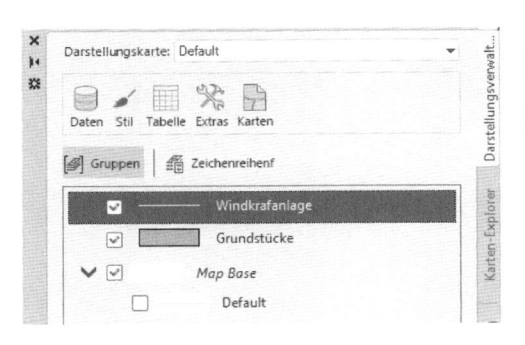

Das Format ist vorbereitet.

Der MAP-Layer ist erstellt.

2 Datenverwaltung, Import von ESRI, *.shp (ArcView, GIS)

Jetzt ist der Standort, das heiß die Geometrie zu zuordnen. Als Geometrie wird ein Zeichnungselement ein „Kreis" (Radius 10m) mit AutoCAD gezeichnet und anschließend dem MAP-Layer zugeordnet.

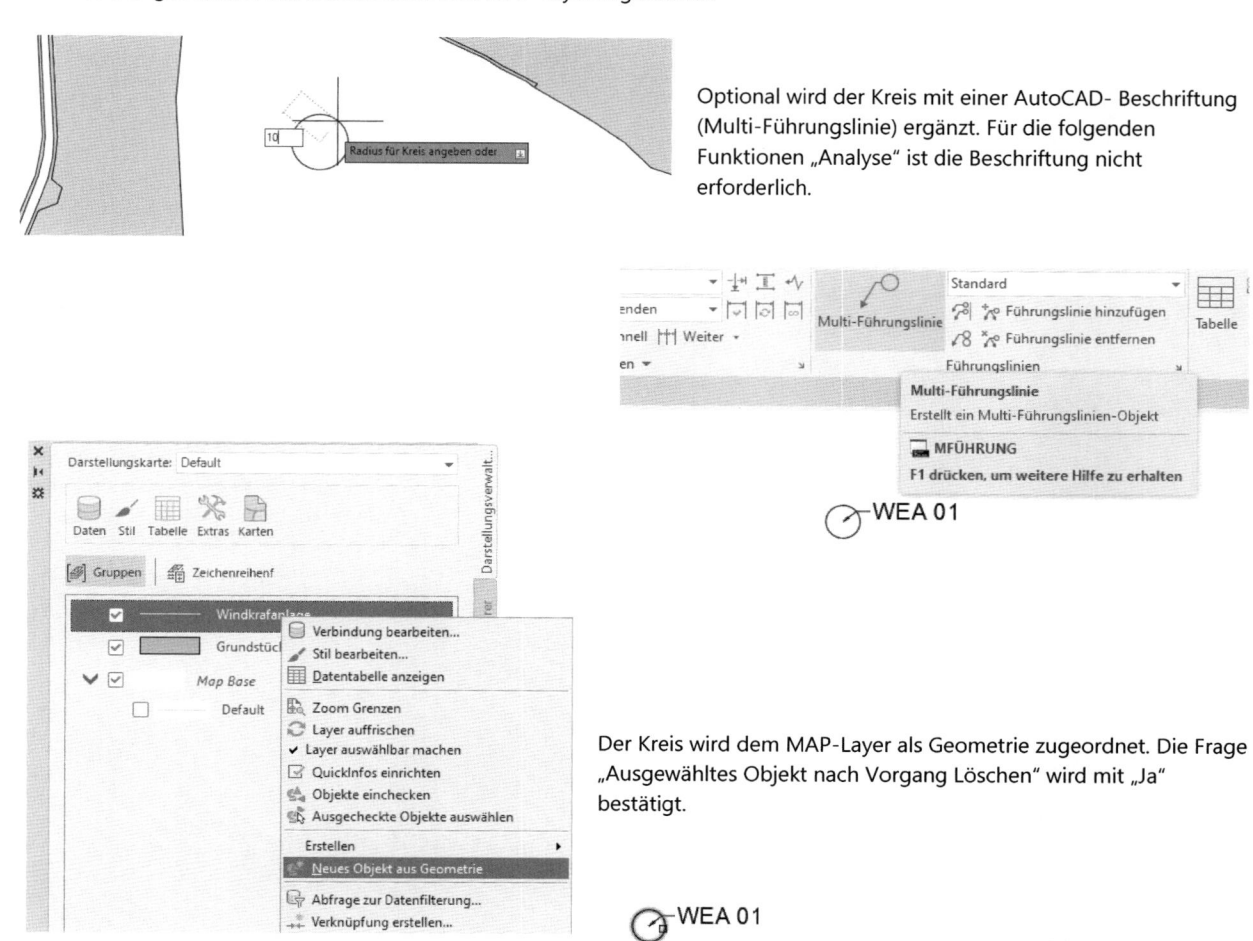

Optional wird der Kreis mit einer AutoCAD- Beschriftung (Multi-Führungslinie) ergänzt. Für die folgenden Funktionen „Analyse" ist die Beschriftung nicht erforderlich.

Der Kreis wird dem MAP-Layer als Geometrie zugeordnet. Die Frage „Ausgewähltes Objekt nach Vorgang Löschen" wird mit „Ja" bestätigt.

Die Datentabelle poppt auf und das neue Objekt kann auch als Bestandteil der GIS-Daten eine Bezeichnung bekommen beziehungsweise auch beschriftet sein. Die Spalte „Anlage" wird angeboten. Der Eintrag „WEA01" ist möglich.

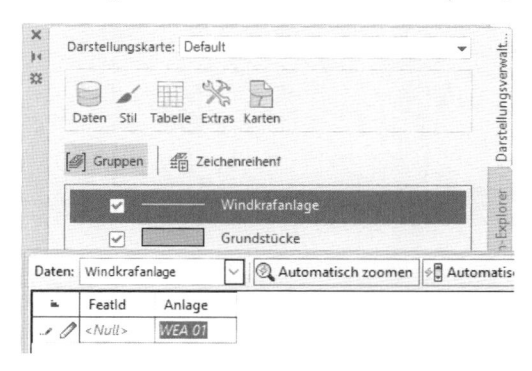

Hinweis:
Zwischen AutoCAD-Daten und GIS-Daten gibt es keine automatische Beziehung. Die Beschriftung kann oder muss über eine Stil-Bearbeitung unabhängig von der AutoCAD-Beschriftung erfolgen.

Zwischen beiden MAP-Layer (Windkraftanlage und Grundstücke) ist jetzt eine Analyse „GIS-Objekt-Pufferzone" möglich.

Das GIS-Objekt für die Pufferzone ist auszuwählen und die Pufferzonen-Parameter anzugeben.

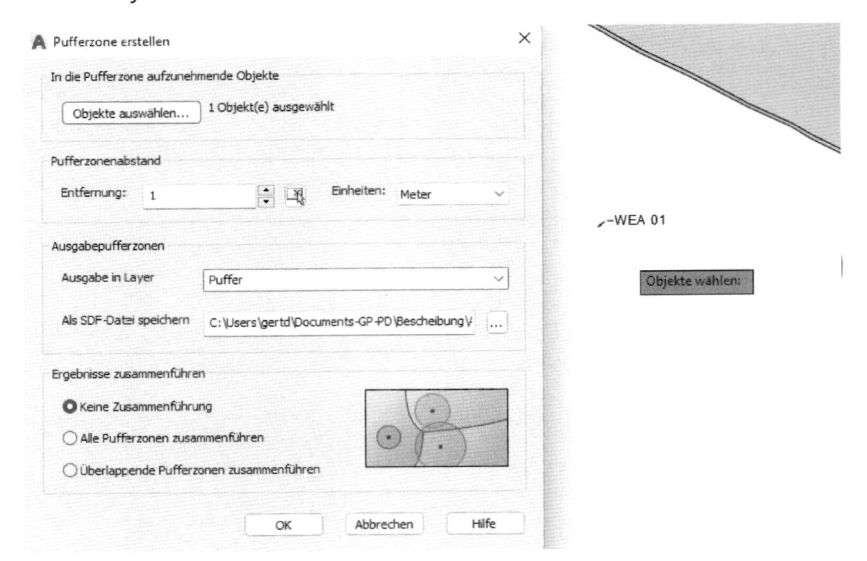

Die Funktion erstellt mit den Parametern (Entfernung 500m) einen neuen MAP-Layer, der die Eigenschaften „Pufferzone-Umkreis 500m" darstellt.

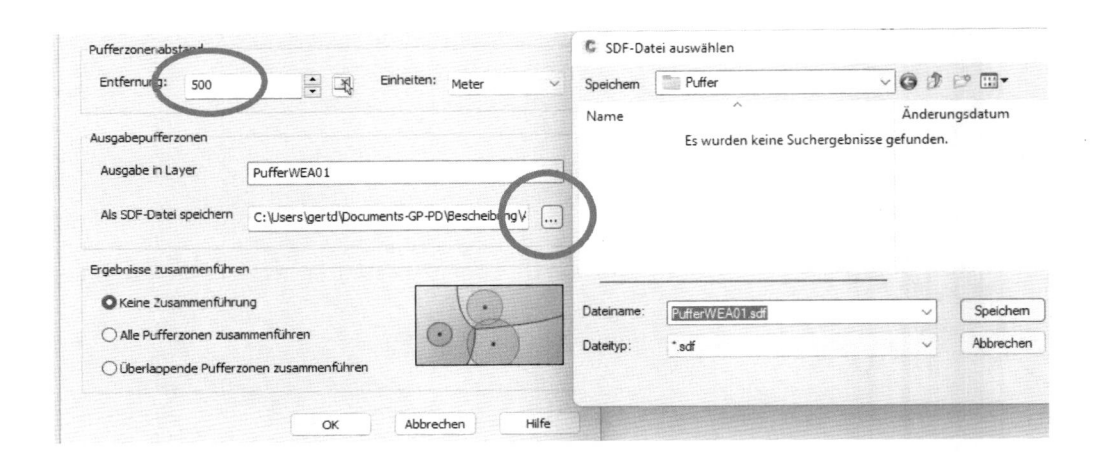

Der neue „MAP-Layer" ist erstellt. Der Puffer ist berechnet und beschreibt den Einflussbereich, der mit 500m festgelegt wurde.

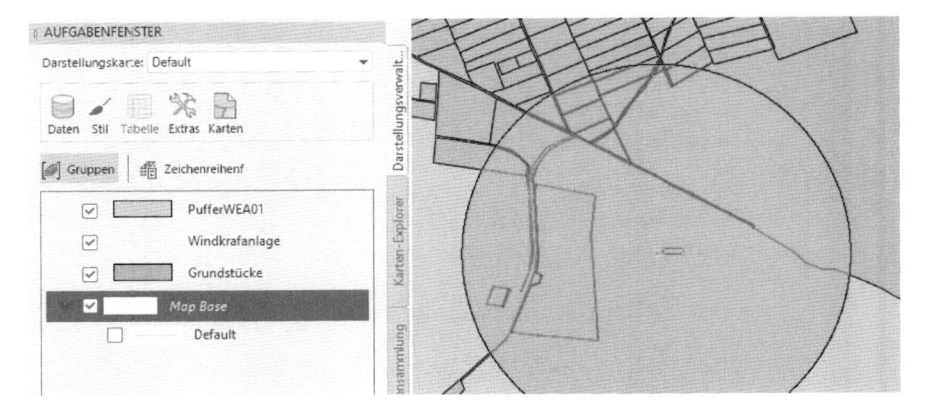

Dieser MAP-Layer kann jetzt in Beziehung gesetzt werden mit dem Layer „Grundstücke".

Gert Domsch, CAD-Dienstleistung

2 Datenverwaltung, Import von ESRI, *.shp (ArcView, GIS)

Die Funktion lautet „GIS-Objekt-Überlagerung".

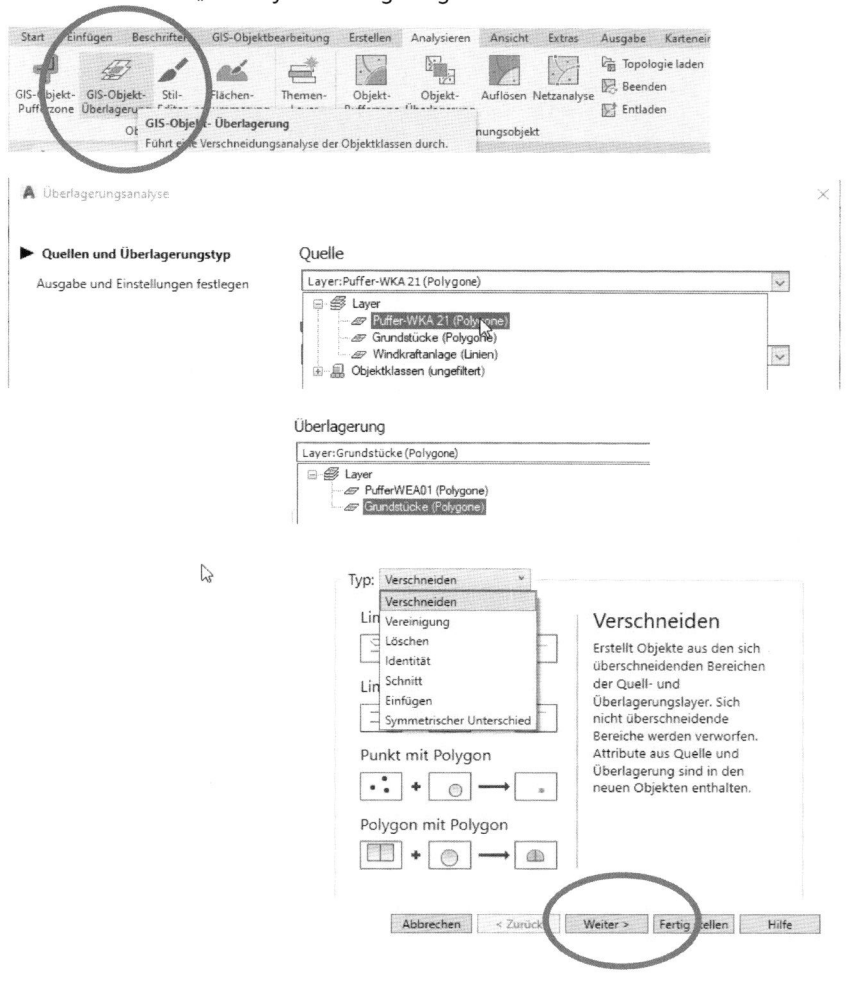

Als Resultat der Funktion entsteht nochmals ein neuer MAP-Layer, der die Funktion als Namens-Konvention trägt „Puffer-WKA21_Verschneidung.sdf".

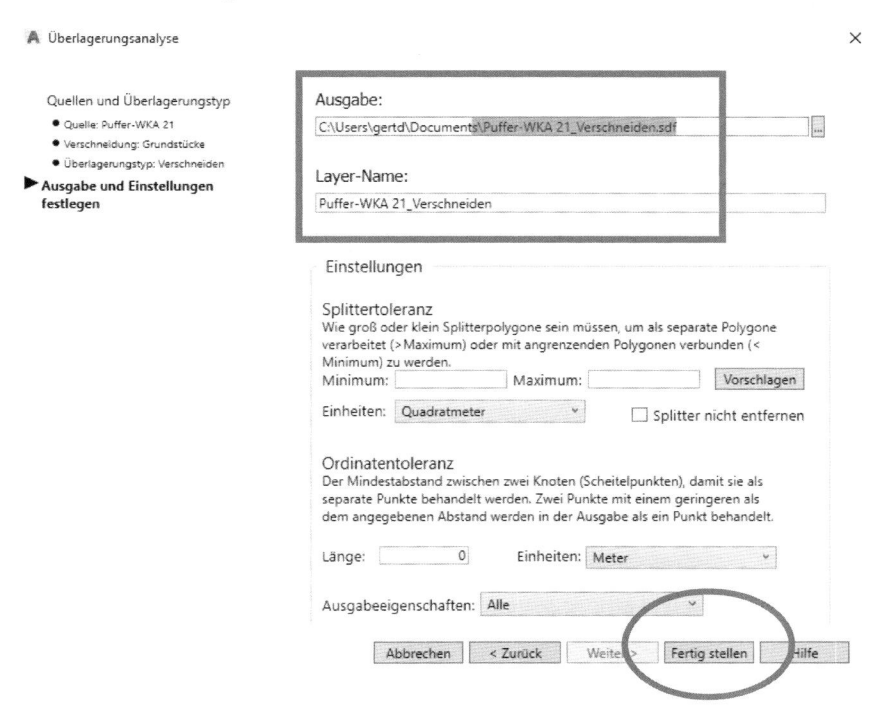

Für die Durchführung der Funktion benötigt der Rechner ein wenig Zeit. Es werden auch die anteilig belasteten Flächen ermittelt.

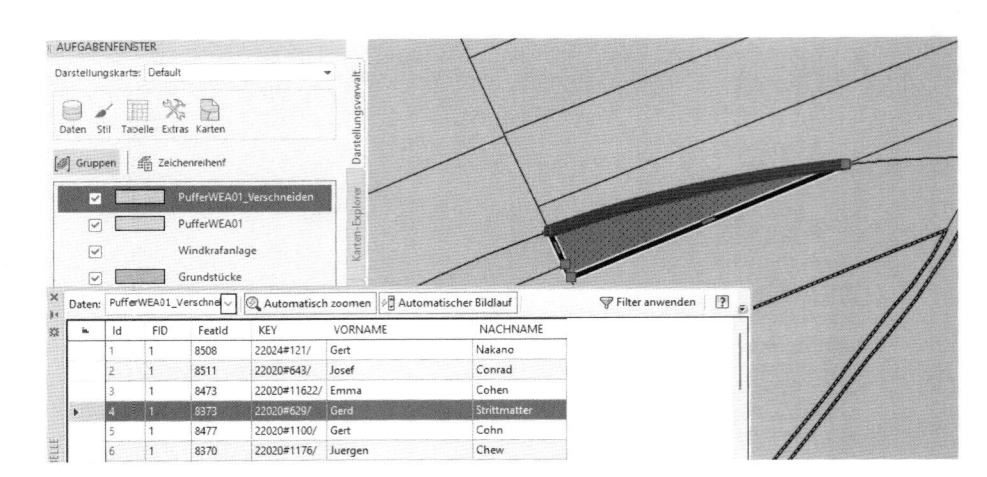

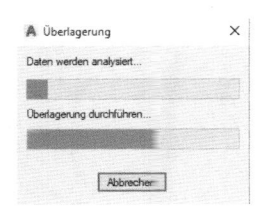

Die Flächen-Größe ist nicht automatisch ermittelt. Diese kann jedoch vor einem Export zusätzlich berechnet und ang=passt werden (Rundung). Damit wird auch die Flächen-Größe Bestandteil des Exportes.

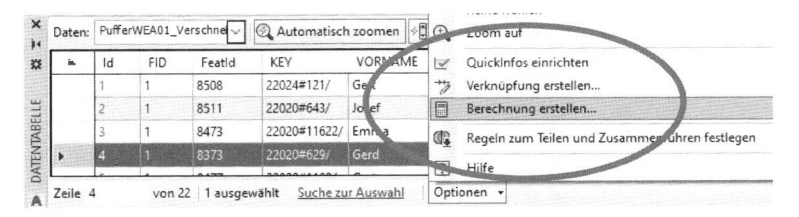

Die Berechnung erfolgt mit „Area 2D" (Geometrisch).

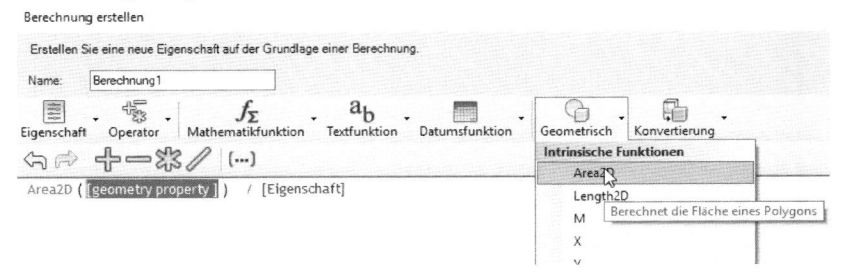

Die Fläche „Area2D" wird auf der Grundlage der „Geometry" (Eigenschaft) ermittelt. Optional ist eine Rundung des berechneten werte empfehlenswert.

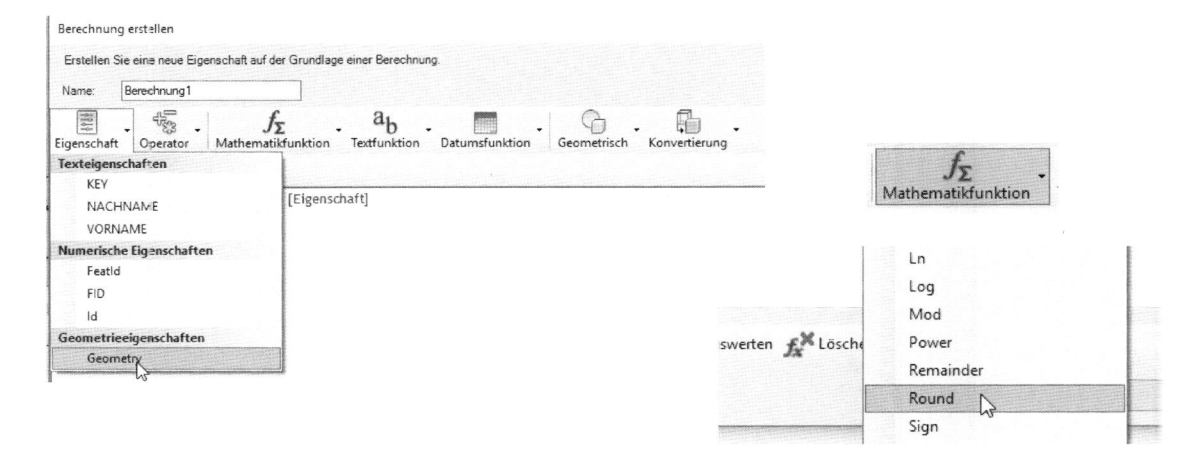

2 Datenverwaltung, Import von ESRI, *.shp (ArcView, GIS)

Für die Rundung wird der Wert „2" angegeben (zwei Stellen nach dem Komma).

Der Eintrag (Formel) sollte als gültiger Ausdruck ausgewertet sein.

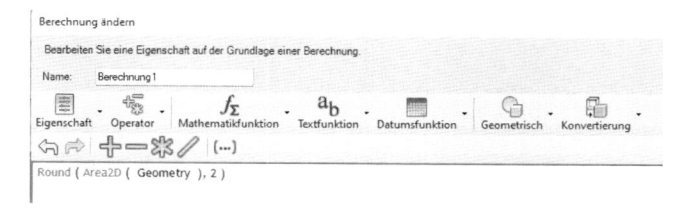

Die gleiche Berechnung ausgeführt mit den Grundstücksdaten zeigt das Grundstück des Herrn Strittmatter besitzt eine Größe von 5602m².

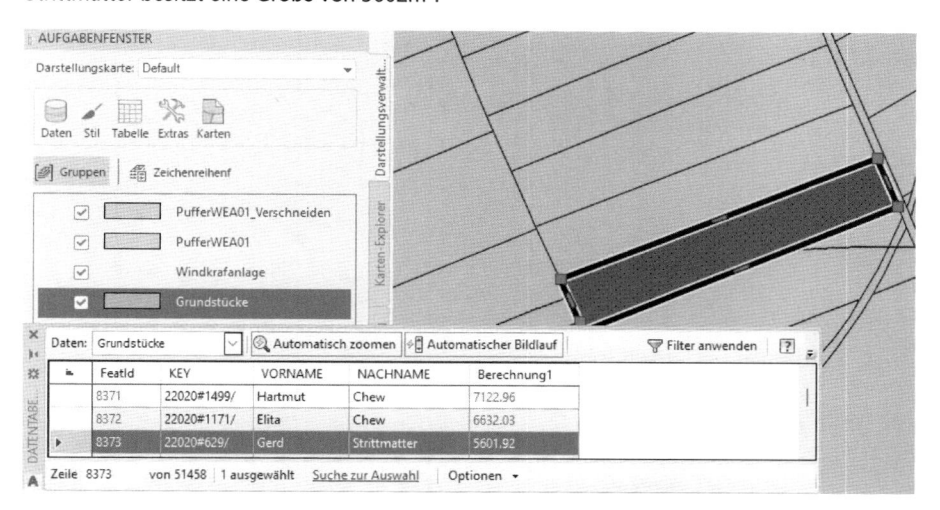

Durch die Windkraftanlage beeinfluss werden davon 1513m³.

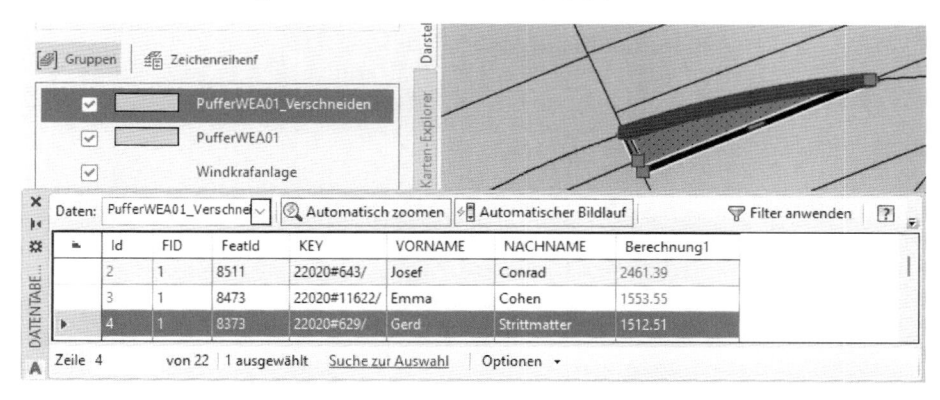

Die erstellten Daten können ausgegeben sein. Für die Ausgabe gibt es zwei Wege. Das ist einmal das Windows-Kopieren und -Einfügen. Optional ist eine einzelne Ausgabe - oder Ausgabe aller Werte möglich.

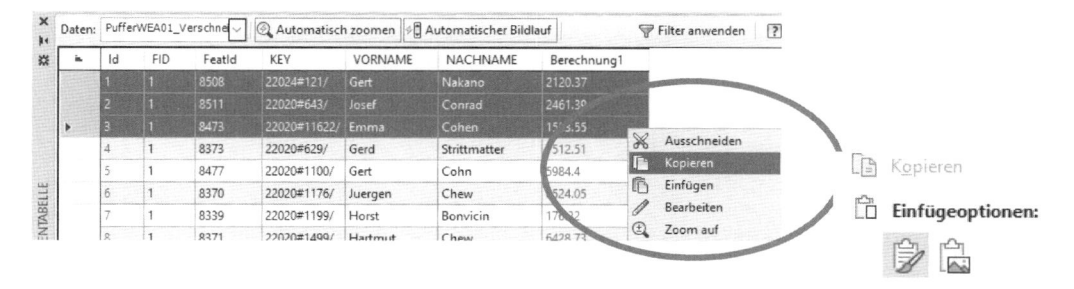

Gert Domsch, CAD-Dienstleistung

Optionale Ausgabe einzelner Werte in den Text der Beschreibung:

1 1 8508 22024#121/   Gert   Nakano 2120.37

2 1 8511 22020#643/   Josef   Conrad 2461.39

3 1 8473 22020#11622/ Emma   Cohen   1553.55

Und zum Zweiten wird das Exportieren im *.csv Format angeboten. Der *.csv Export ermöglicht eine optionale Übernahme im Excel. Hier ist eventuell die Besonderheit zwischen deutschen und amerikanischen Einstellungen zu beachten (Dezimaltrennzeichen Komma oder Punkt).

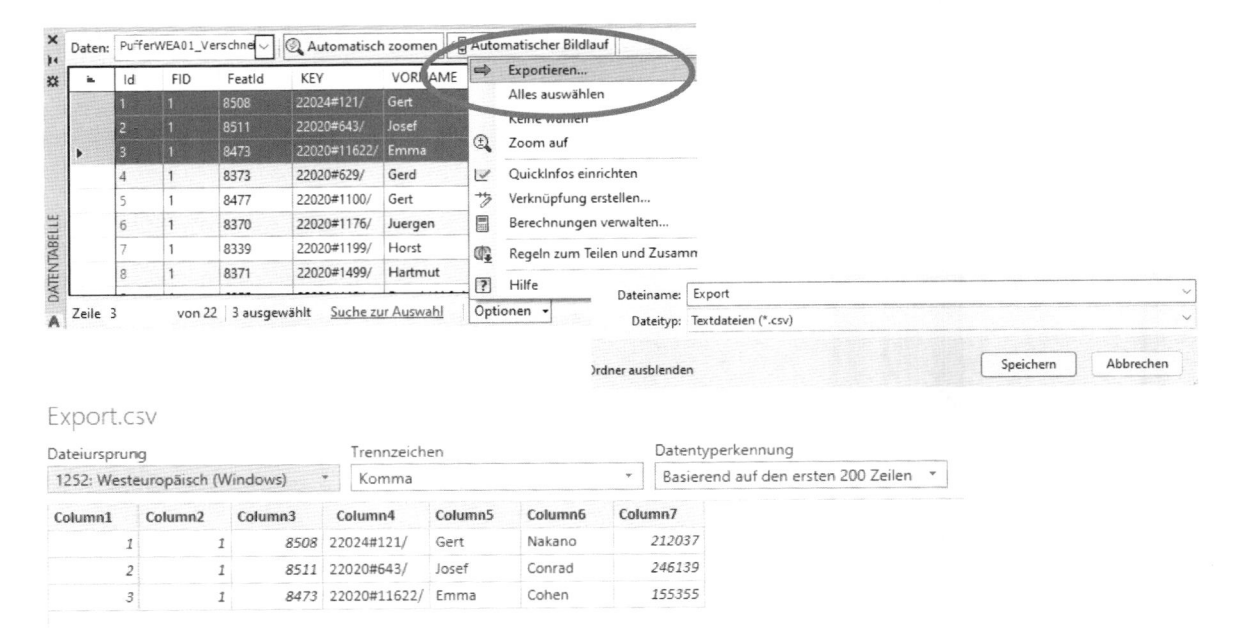

2.15 Besonderheit, ALKIS-Daten (Liegenschaftsdaten)

2.15.1 Erläuterung

Die Vermessungsämter der Bundesländer bieten Liegenschaftsinformationen in verschiedenen Formaten an. Seit einigen Jahren ist neu das ALKIS-Format im Gespräch.

Hinweis:
Das Format wird umgangssprachlich „ALKIS" oder auch „NAS" bezeichnet. Achtung: Die Datei wiederum hat das Format *.xml! Format, Herkunft und Inhalt der Daten sind vielfach mit nur dem Öffnen der Daten im Editor zu erkennen. Sollte hier der Begriff „NAS" auftauchen, handelt es sich um AKIS-Daten.

Das ALKIS Format verknüpft die Vektoren (Zeichnungselement) nicht mehr nur mit einer einfachen Tabelle.

2 Datenverwaltung, Import von ESRI, *.shp (ArcView, GIS)

Die mit dem ALKIS-Format gelieferten Daten sind eher als mehrstufige Tabelle oder Tabelle mit Querverweisen zu verstehen.
Neu taucht hier der Begriff der „Fachschale" auf.
Mit dem Import der ALKIS-Daten (Liegenschaftsdaten) in eine Fachschale wird nicht nur die fachlich richtige Darstellung garantiert, es wird auch eine Datenstruktur (Datenbank) erzeugt, die der fachlichen Zuständigkeit oder den einzelnen Fachbereichen entspricht.
Für eine komplette Umsetzung Lesen (Importieren) und eventuell auch Exportiren (Schreiben) dieser daten reicht der Arbeitsbereich „Planung und Analyse" des Civil 3D oder des MAP 3D Toolsets nicht mehr aus.

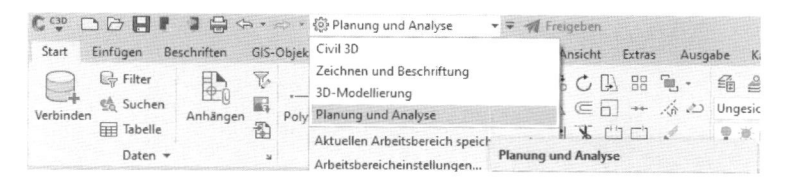

Während das MAP 3D Toolset erweitert ist und den Arbeitsbereich „Datenpflege" besitzt, kann das Civil 3D um diese Funktionalität nicht erweitert werden. Das heißt, das ALKIS-Datenformat kann nur mit dem MAP 3D Toolset importiert werden. Im Civil 3D steht diese Funktionalität nicht zur Verfügung.

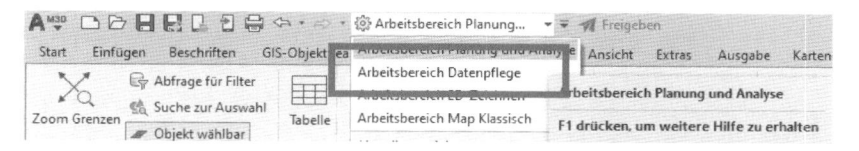

Im Arbeitsbereich „Datenpflege" ist das wichtigste Element der „Fachschalenexplorer". Der Fachschalenexplorer und das MAP 3D Toolset mit dem Arbeitsbereich „Datenpflege" sind Eine, hier die Erste - von drei Voraussetzungen zum Import von ALKIS-Daten.

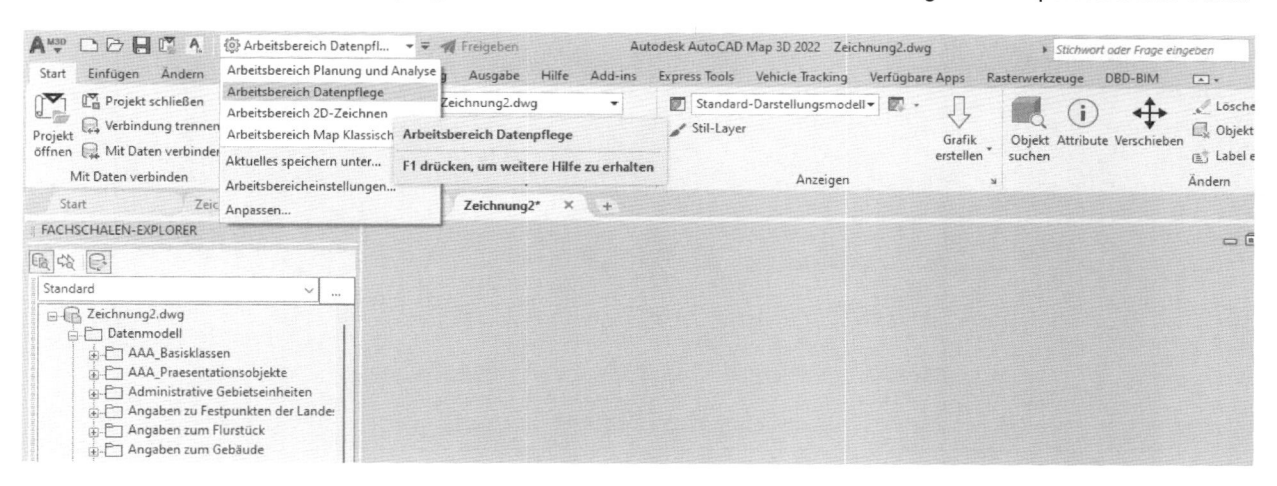

Die zweite Voraussetzung ist der „Infrastructure Admin", der als Bestandteil des MAP 3D Toolset installiert sein muss und in der Schnellzugriffleiste gestartet werden kann. Der aber auch als eigenes Programm auf dem Desktop abgelegt ist.

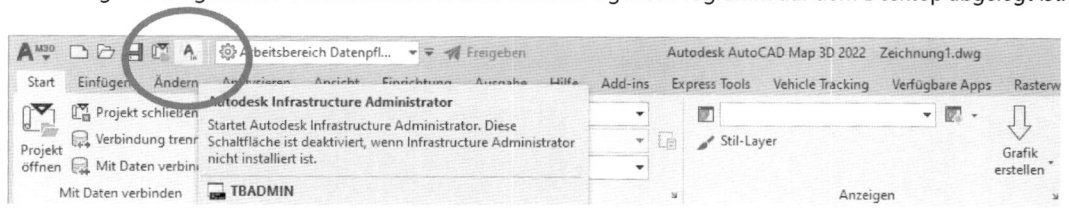

Die dritte Voraussetzung ist der Download der „Germany Land Management Extension 20xx" (Versionsabhängig).

In der Liste der Autodesk Apps wird diese Erweiterung kostenlos zur Verfügung gestellt.

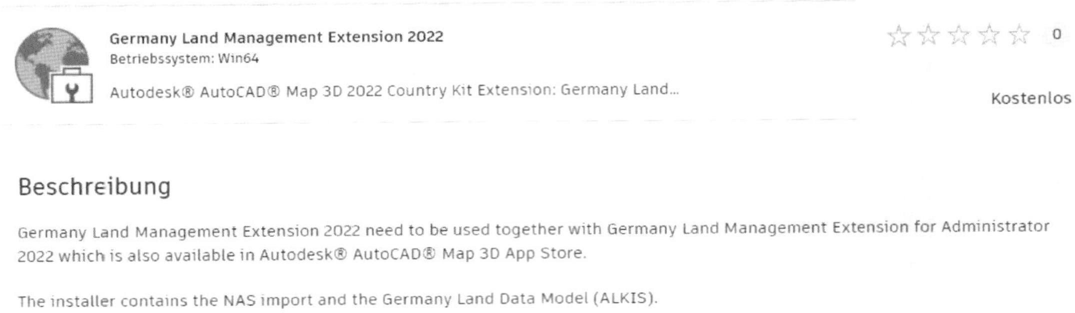

Germany Land Management Extension 2022
Betriebssystem: Win64
Autodesk® AutoCAD® Map 3D 2022 Country Kit Extension: Germany Land...

☆☆☆☆☆ 0

Kostenlos

Beschreibung

Germany Land Management Extension 2022 need to be used together with Germany Land Management Extension for Administrator 2022 which is also available in Autodesk® AutoCAD® Map 3D App Store.

The installer contains the NAS import and the Germany Land Data Model (ALKIS).

Die Installation erweitert den Infrastructure Admin um das Datenmodell „Land Germany Data Model (ALKIS)" und erstellt eine Vorlage (*.dwt, Datenbank- und Darstellungs-Option) für den Import der Daten.

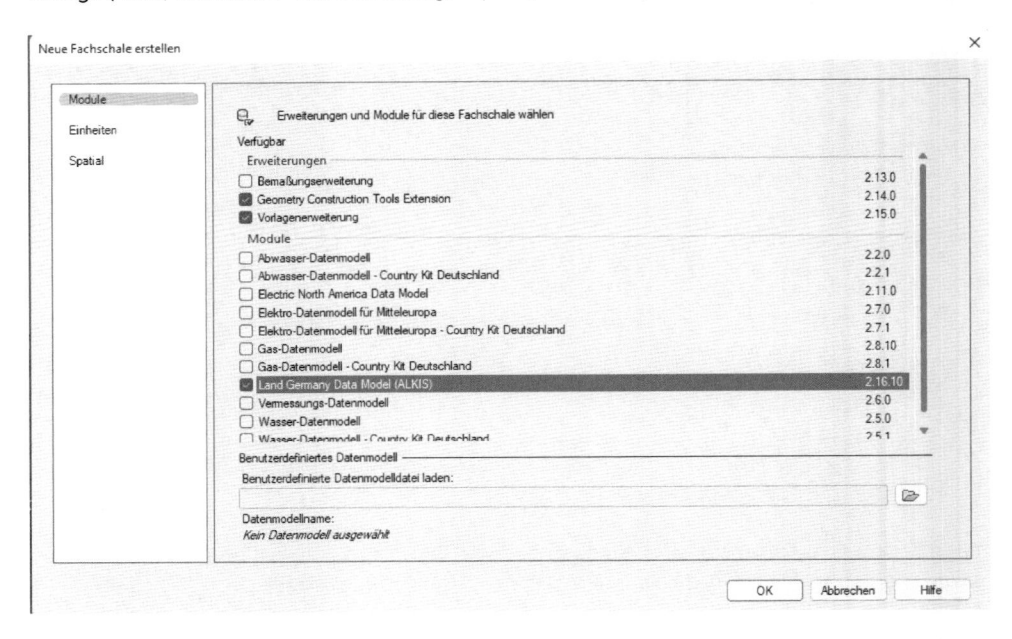

2.15.2 Hinweis zum Bezug von Testdaten

Mit der Veröffentlichung dieses Buches werde ich auf meiner Internetseite www.gert-domsch.de diese ALKIS-Datei „Bestandsdaten_Ostritz_oETmBs.xml" zum freien Download bereitstellen (Autodesk ALKIS-Beispiel-Daten).

Hinweis zu Download von Autodesk-Testdaten.

Zum Testen der Funktion können Beispieldaten heruntergeladen sein. Der Zugangs-LINK zu den Daten ist Bestandteil der Hilfe.

AutoCAD Map 3D - Ressourcen
Neue Funktionen
Toolset-Funktionen
Toolset-Konzepte
Beispieldaten und Vorlagen
Glossar

So verwenden Sie die Beispieldaten

1. Laden Sie die ZIP-Datei mit der Daten für die gewünschten Übungslektionen aus http://www.autodesk.com/map3d-documentation herunter.

http://www.autodesk.com/map3d-documentation

Online-Tutorials

AutoCAD-Karte 3D 2023
AutoCAD-Karte 3D 2022
AutoCAD-Karte 3D 2021

Hinweis:
Der Download und die Installation gelingen nicht so, wie beschrieben (Stand 01.05.2022)? Die Beschreibung bezieht sich auf Daten, die zu einem früheren Zeitpunkt heruntergeladen wurden.

2.15.3 Erstellen der „Fachschale" (Vorlage) für den Import von ALKIS Daten

Das Programm (App) „Infrastructure Admin" muss als Software zur Verfügung stehen. Für die Beschreibung erfolgt der Start vom Desktop.

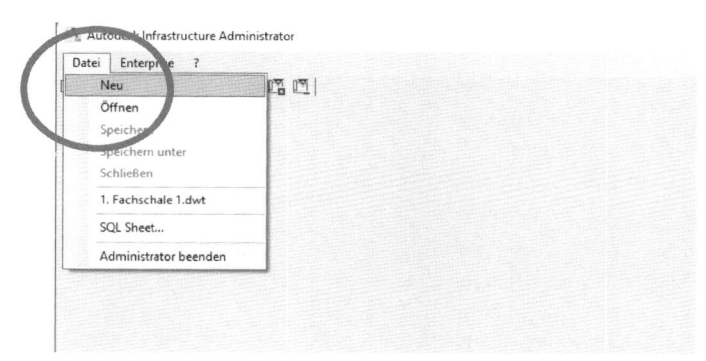

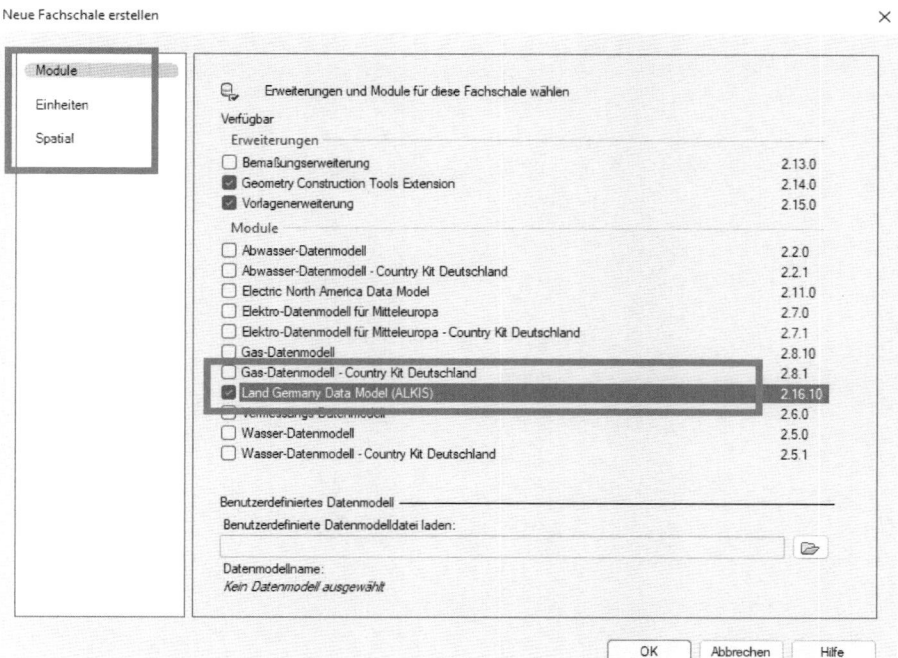

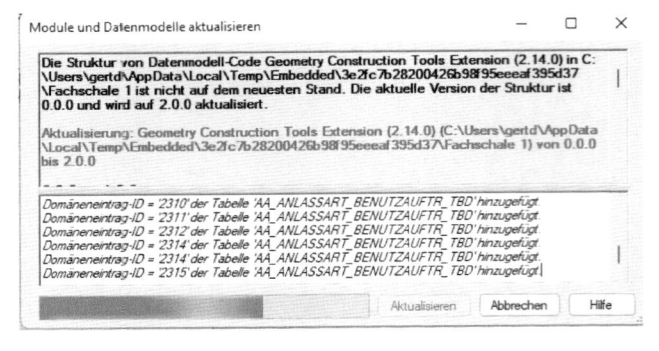

Mit der Auswahl des Datenmodells aktualisiert der Rechner die Struktur, weil es zu dem Modell Aktualisierungen gibt. Die Modelle werden kontinuierlich weiterentwickelt.

Die Daten werden als Vermessungsdaten angeboten, das heißt der Winkel wird in „Gon im Uhrzeigersinn" gemessen bzw. ist so Bestandteil der Daten. Die Einstellung ist entsprechend zu wählen.

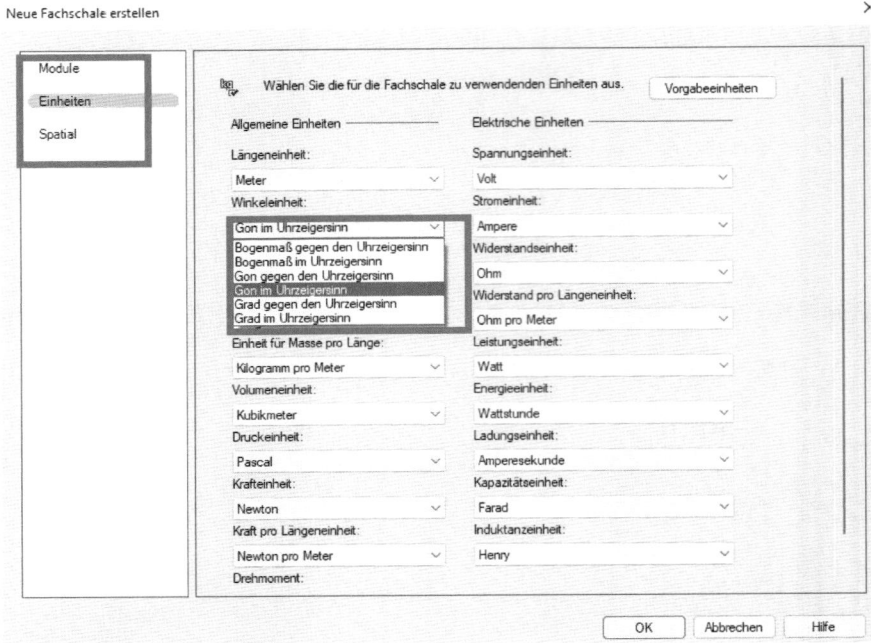

Unter „Spatial" ist das gültige Koordinatensystem aufzurufen. Die Liste der Koordinatensysteme ist lang, weil sich Autodesk bemüht ist, weltweit alle Koordinatensysteme anzubieten.
Die Autodesk Beispieldaten, die im Zusammenhang mit dem Buch angeboten werden, liegen unmittelbar an der Grenze zu Polen und sind auf der Basis von ETRS 89 UTM 33N erstellt (EPSG-Code 25833).

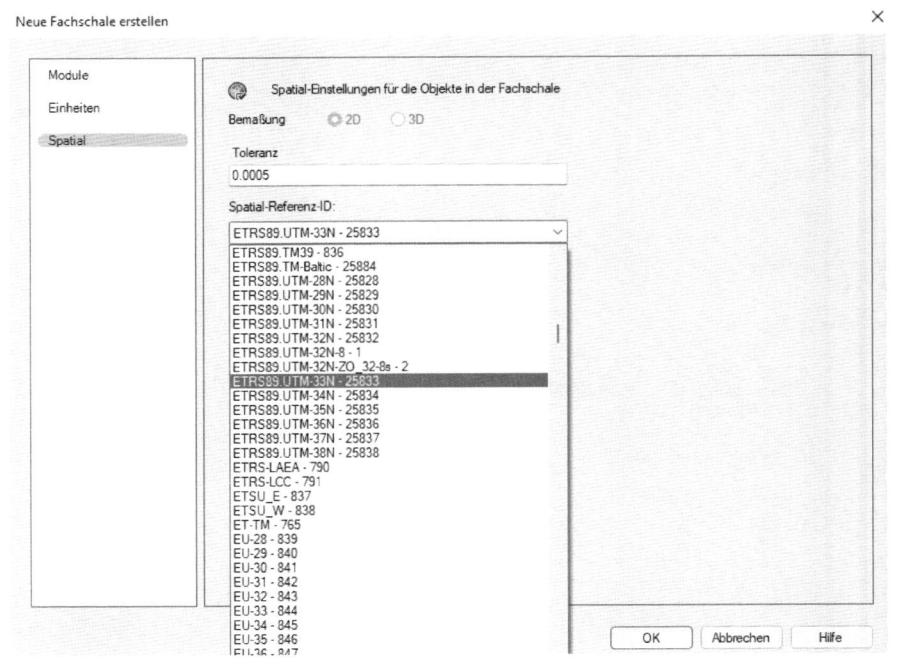

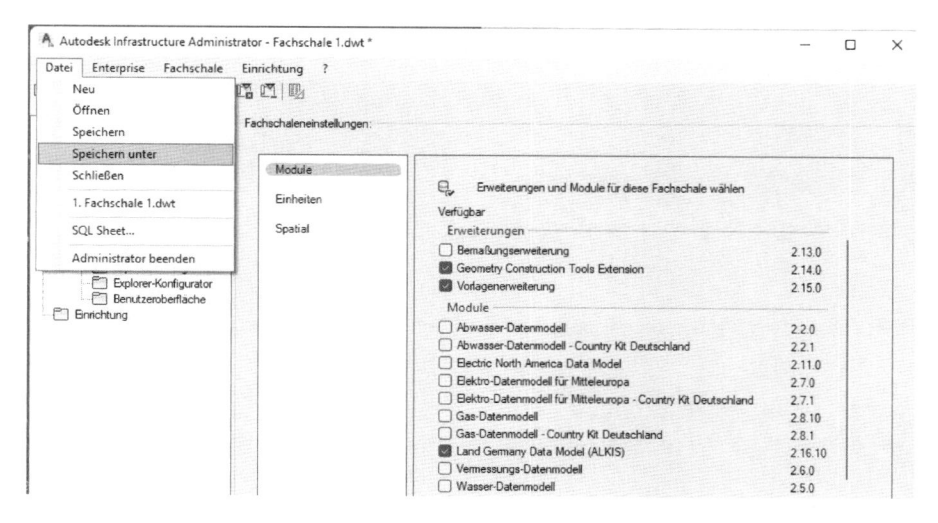

Die mit diesen Einstellungen erstellte „Fachschale" (Fachschale-1.dwt) wird als Vorlage in einem definierten Ordner gespeichert (MAP „Templates, „Industry Templates").

Auf der Basis dieser „Fachschale" (Fachschale-1.dwt) erfolgt der Import der ALKIS-Daten.

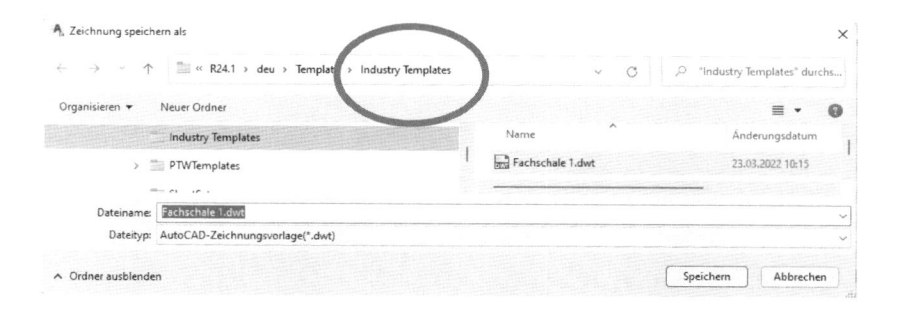

2.15.4 Import von ALKIS Daten

Der Import der ALKIS-Daten wird im MAP 3D Toolset ausgeführt. AutoCAD MAP 3D ist zu starten und es ist in den Arbeitsbereich „Datenpflege" zu wechseln.

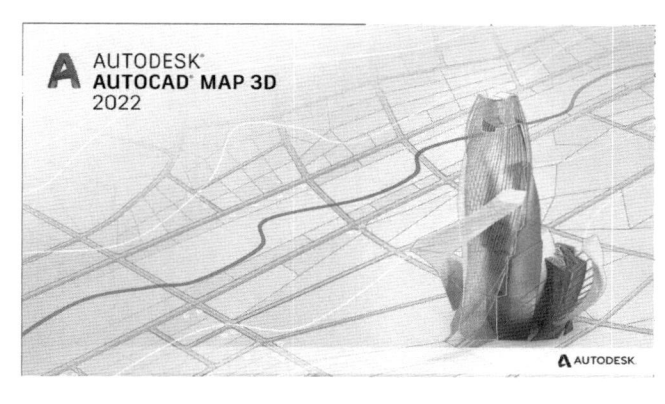

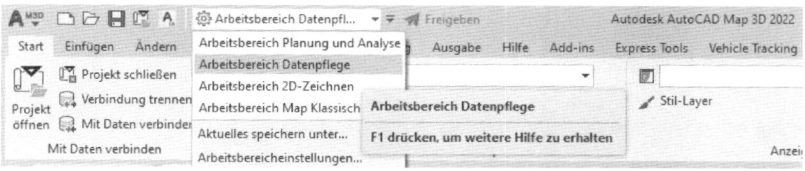

Basis des Importes ist zuerst der Aufruf der „Fachschale" (zuvor erstellten Vorlage mit dem Infrastructure Admin). Die nächsten Bilder zeigen das Öffnen der Vorlage.

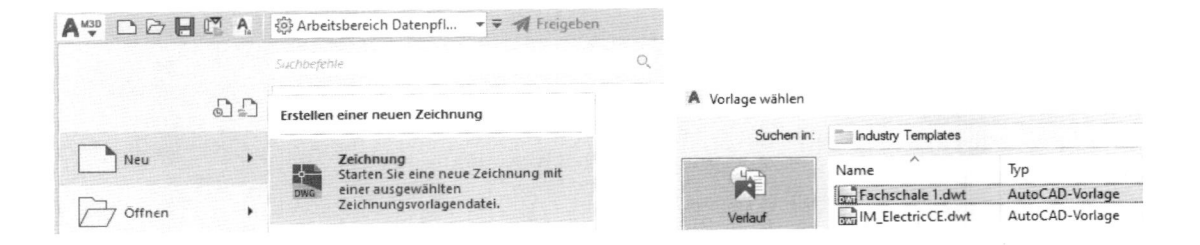

2 Datenverwaltung, Import von ESRI, *.shp (ArcView, GIS)

Innerhalb der geöffneten Vorlage und im Fenster des „Fachschalenexplorers" erfolgt der Import (Rechtsklick auf den Zeichnungs-Namen).

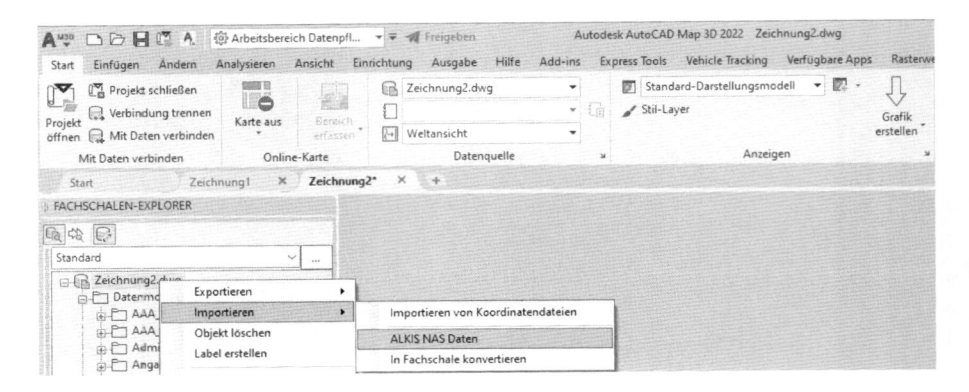

Die Beispieldatei ist im Bereich „Import eines Bestandsdatenauszuges" auszuwählen.

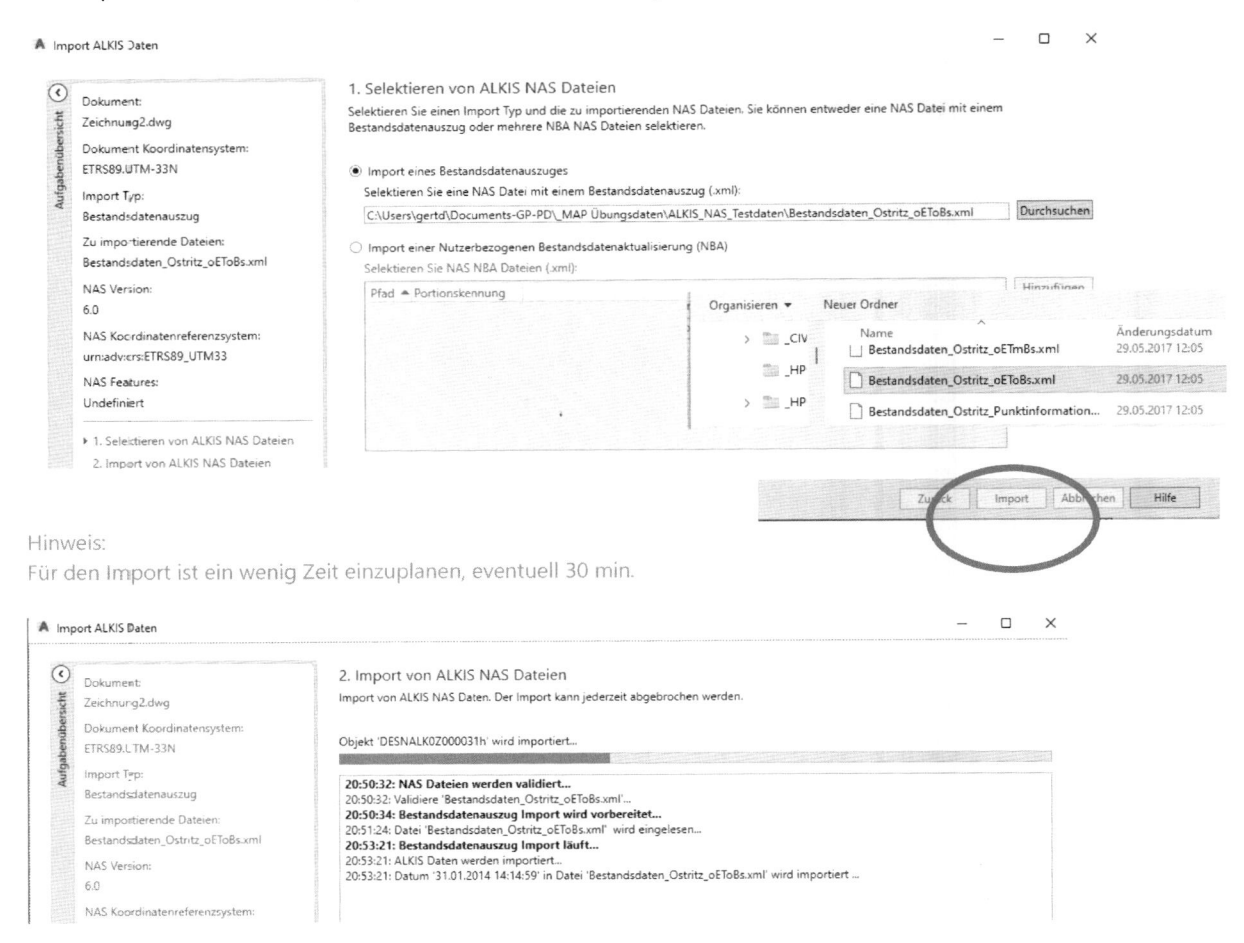

Hinweis:
Für den Import ist ein wenig Zeit einzuplanen, eventuell 30 min.

Gert Domsch, CAD-Dienstleistung

2 Datenverwaltung, Import von ESRI, *.shp (ArcView, GIS)

Nach erfolgtem Import werden die Daten nicht unmittelbar gezeigt. Es wurde nur eine Datenbank aufgebaut. Anschießend ist die Funktion „Grafik erstellen" zu starten, um die Daten in der Zeichnung zu sehen.

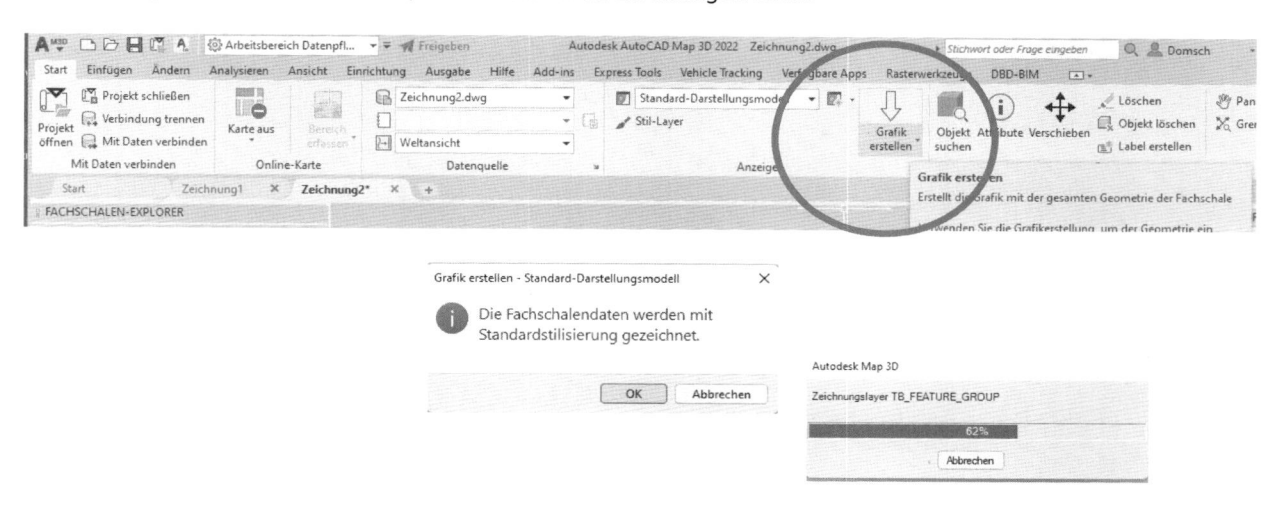

Bestandteil der Daten sind eine Vielzahl von MAP-Layern.

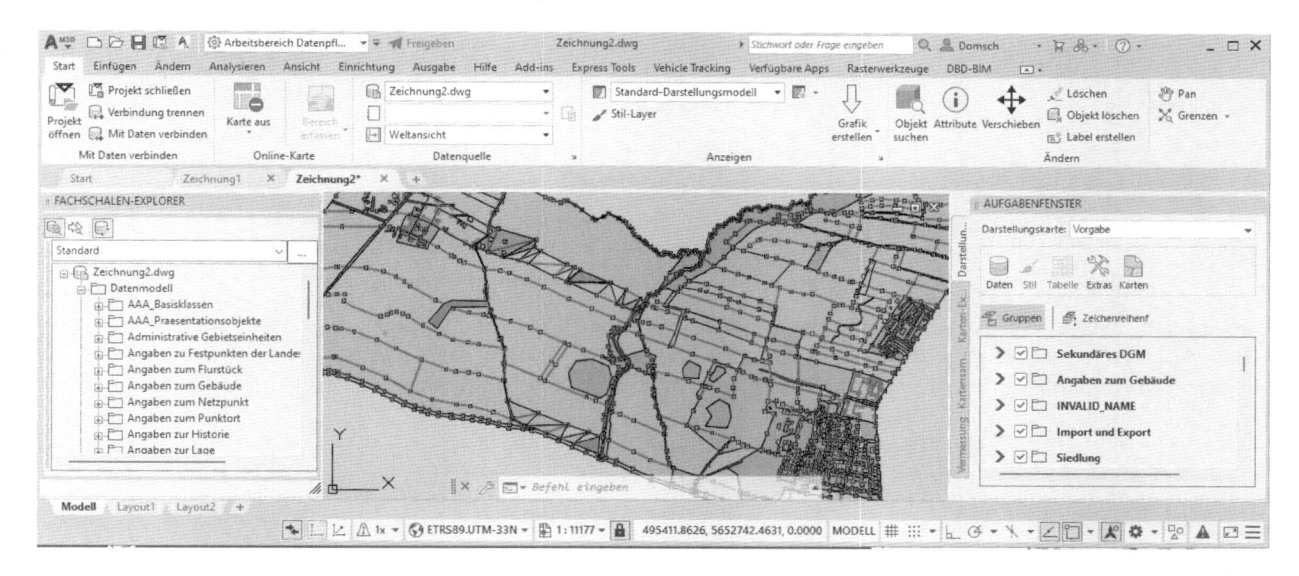

Das folgende Bild zeigt den Layer AX-Flurstück und die dazugehörige Datentabelle. Meine bisherige Erfahrung zu dem Thema zeigt, man muss sich mit dem Amt verständigen und eventuell Rückfragen. Es ist nicht unbedingt gegeben, das mit der erwarteten Datenbezeichnung die erwarteten Daten geliefert werden.

Als Bestandteil des Layers AX-Flurstück und der dazugehörigen Tabelle müssen nicht unbedingt auch die Eigentümer (Namen) geliefert sein. Das Amt beruft sich teilweise auf einzuhaltenden Datenschutz und liefert durchaus nur das absolute Minimum.

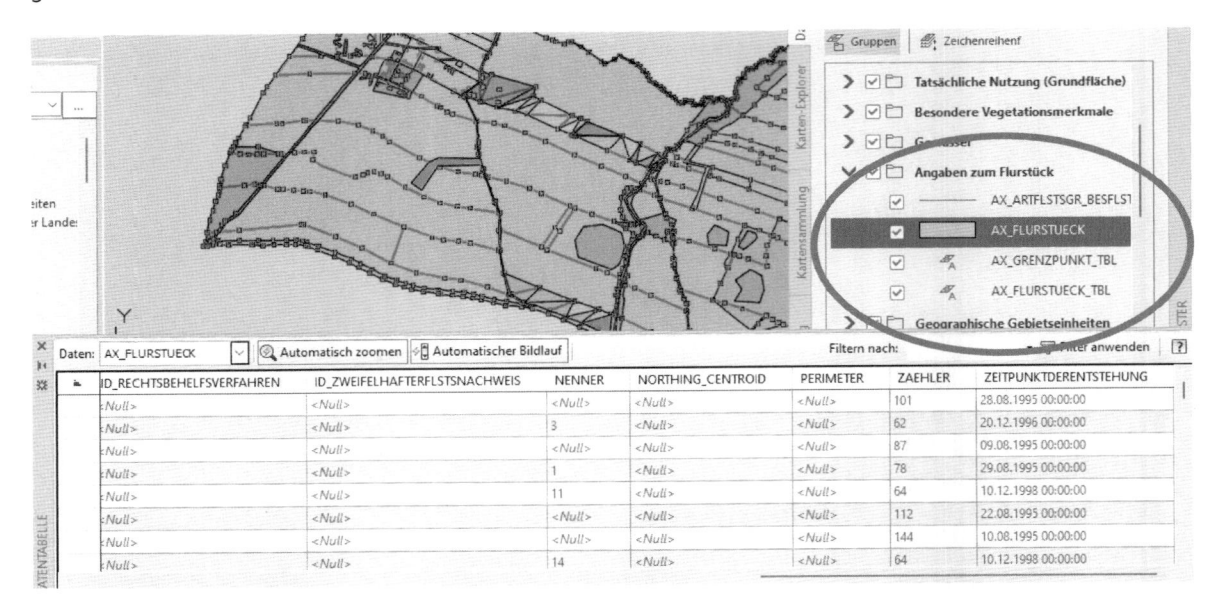

2.16 Besonderheit, C3D Addins (Civil 3D) Grundstücksdaten

Im Civil 3D gibt es im Zusammenhang mit dem installierten „Country Kit Deutschland 20xx" auf der Registerkarte „C3D Add-Ins" die Funktion Grunderwerb.

Hinweis:
Der Befehl „Grunderwerb" im Civil 3D greift in erheblichem Umfang auf Funktionen des „MAP 3D Toolset" zu. Weil Grunderwerb jedoch nicht zum MAP 3D Toolset gehört, wird diese Funktion nur in Auszügen nachfolgend vorgestellt, um dem Civil 3D Nutzer Tipps zu geben.
Diese Funktionsauszüge sollen zeigen, weder Civil 3D noch das MAP 3D Toolset können in der Praxis allein und ausschließlich verwendet werden. Es gibt zwischen den Programmen (Apps) fließende Übergänge, die es zu beherrschen gilt.

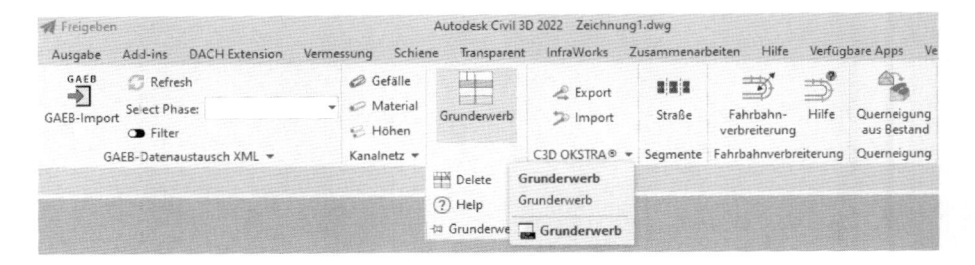

Die Funktion „Grunderwerb" setzt den ALKIS-Datenimport voraus (beschrieben im vorherigen Kapitel). Weiterhin ist es erforderlich Civil 3D Funktionen insbesondere die Konstruktion des 3D-Profilkörper zu beherrschen, um eine Straße oder entsprechende Baukörper (3D-Profilkörper) zu konstruieren und den damit verbundenen notwendigen Grunderwerb anzeigen zu können.

Anschließen werden Funktionen des Arbeitsbereiches „Planung und Analyse" im Civil 3D benötigt die das Importiren und Bearbeiten eines GIS-Layers ermöglichen.

Hinweis:
Unbedingt zu beachten ist die Hilfe zur Funktion „Grunderwerb" (Civil 3D, C3D Add-Ins): Als Bestandteil der Berechnung muss die neu berechnete Fläche (Spalte) den Namen „GE_Teilflaeche" haben. Die Funktion benötigt Einstellungen und Daten die zusätzlich bereitzustellen sind.

2 Datenverwaltung, Import von ESRI, *.shp (ArcView, GIS)

Hilfe (Original-Text):

8.0 Vorlagedaten

Die Vorlagedateien für die Grunderwerbsflächen GEW_2020.SDF und GEW_2020.LAYER befinden sich im Verzeichnis

C:\ProgramData\Autodesk\ApplicationPlugins\C3D OkstraGrunderwerb.bundle\Contents\Resources

Zur Nutzung dieser Daten sind die beiden Dateien in das betreffende Projektverzeichnis zu kopieren. Danach ist in der Datei GEW_2020.LAYER das Verzeichnis für die SDF-Datei anzupassen.

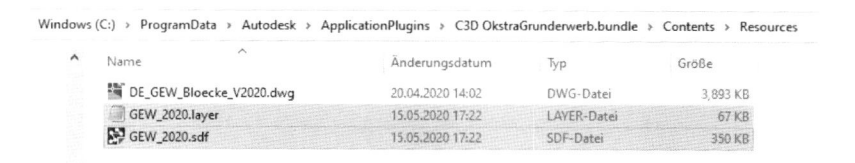

Name	Änderungsdatum	Typ	Größe
DE_GEW_Bloecke_V2020.dwg	20.04.2020 14:02	DWG-Datei	3.893 KB
GEW_2020.layer	15.05.2020 17:22	LAYER-Datei	67 KB
GEW_2020.sdf	15.05.2020 17:22	SDF-Datei	350 KB

Der zu korrigierende Eintrag befindet sich in der Zeile 1158.

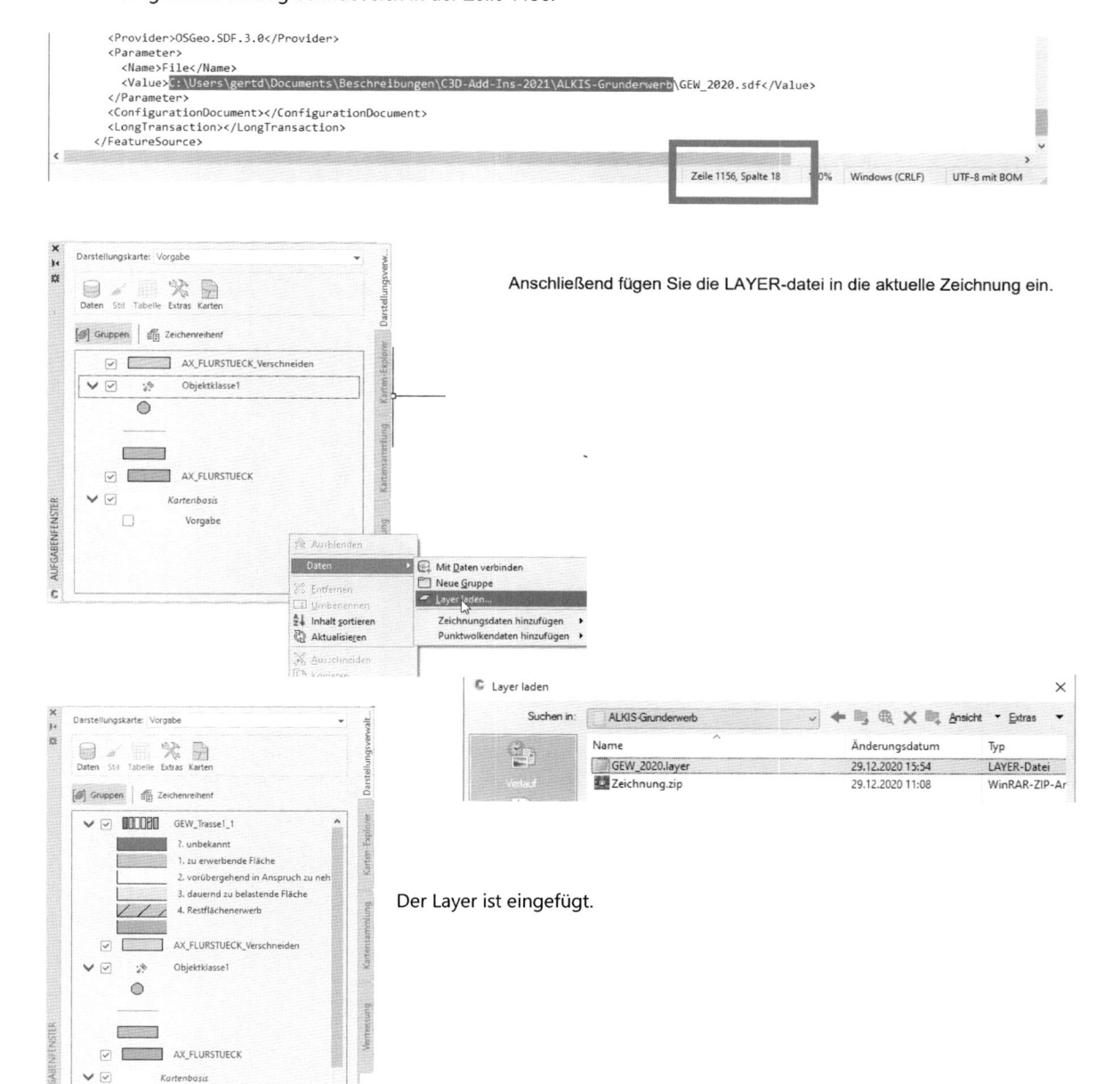

```
<Provider>OSGeo.SDF.3.0</Provider>
<Parameter>
    <Name>File</Name>
    <Value>C:\Users\gertd\Documents\Beschreibungen\C3D-Add-Ins-2021\ALKIS-Grunderwerb\GEW_2020.sdf</Value>
</Parameter>
<ConfigurationDocument></ConfigurationDocument>
<LongTransaction></LongTransaction>
</FeatureSource>
```

Zeile 1156, Spalte 18

Anschließend fügen Sie die LAYER-datei in die aktuelle Zeichnung ein.

Der Layer ist eingefügt.

Gert Domsch, CAD-Dienstleistung

2 Datenverwaltung, Import von ESRI, *.shp (ArcView, GIS)

Im nächsten Schritt sind die zu erwerbenden Fläche einzeln der Erwerbskategorie zu zuweisen, um in der angeschlossenen Tabelle die Eigenschaft festzulegen.

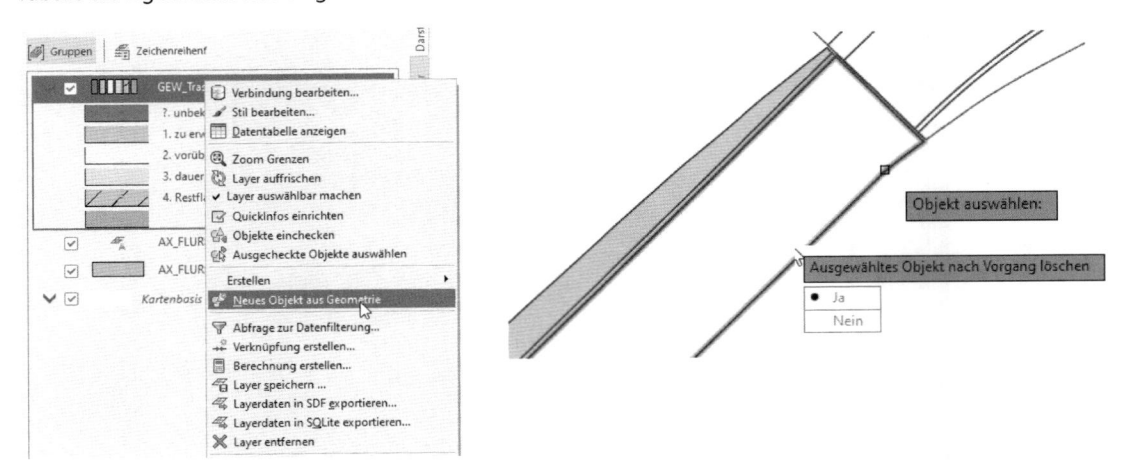

Die Funktion schlägt vor, die ausgewählte Polylinie nach der Auswahl zu löschen. Es wird „JA" empfohlen, so ist keine Mehrfachauswahl möglich. In der nachfolgenden Tabelle werden die Erwerbsart und der Erwerbszweck festgelegt.

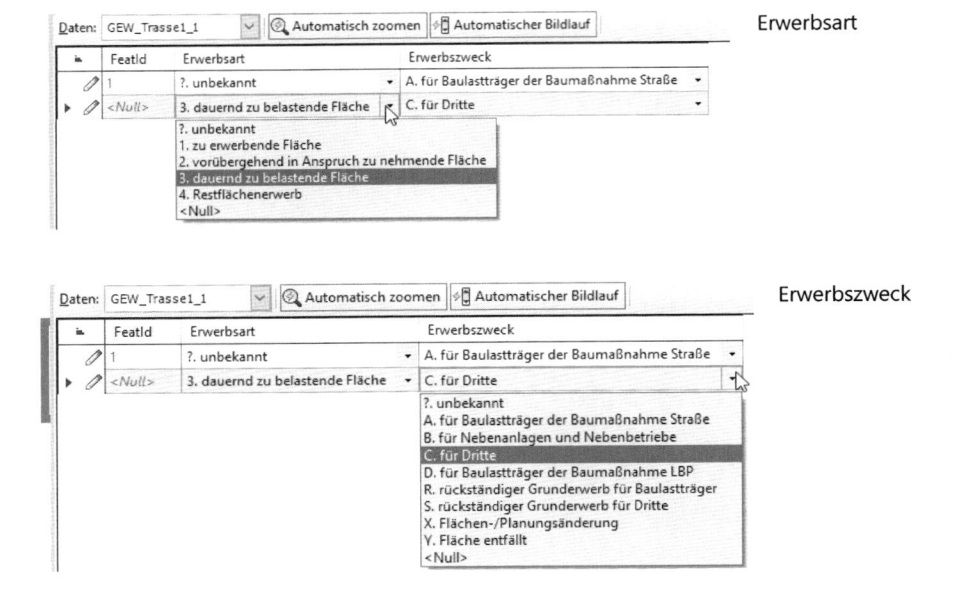

Erwerbsart

Erwerbszweck

Die thematisch festgelegten- und zu erwerbenden Flächen sind im nächsten Schritt mit den vorhandenen Grundstücken des ALKIS-Importes zu verschneiden. Das heißt es wird mit der GIS-Funktionen (Planung und Analyse, Analysieren) „Überlagerung" der Grundstückseigentümer- und der Anteil- oder die Flächen-Größe ermittelt, die vom Eigentümer zu erwerben ist.
Es ist der Befehl GIS-Objekt-Überlagerung auszuführen.

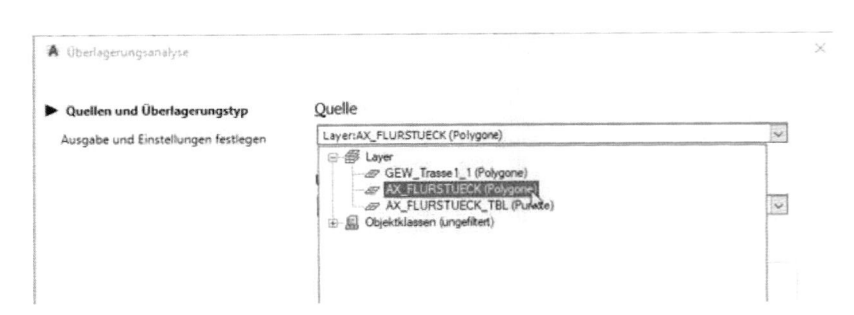

2 Datenverwaltung, Import von ESRI, *.shp (ArcView, GIS)

Die Bilder auf der rechten Seite zeigen die Datenzuweisung zur Funktion „Quelle" und „Überlagerung".

Als Funktions-„Typ" wird „Verschneiden" ausgewählt.

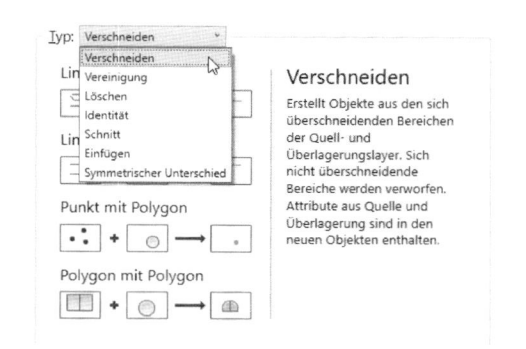

Im Beispiel (Buch, C3D Add-Ins) wird ein Grundstückseigentümer mit einer Fläche hervorgehoben.
Die Daten weisen für das Flurstück 1256/1 einen zu erwerbenden Anteil von 141 m² aus (dauernd zu belastende Fläche).
Durch die Grunderwerbsfunktion werden die Daten in der amtlichen Form angeschrieben.

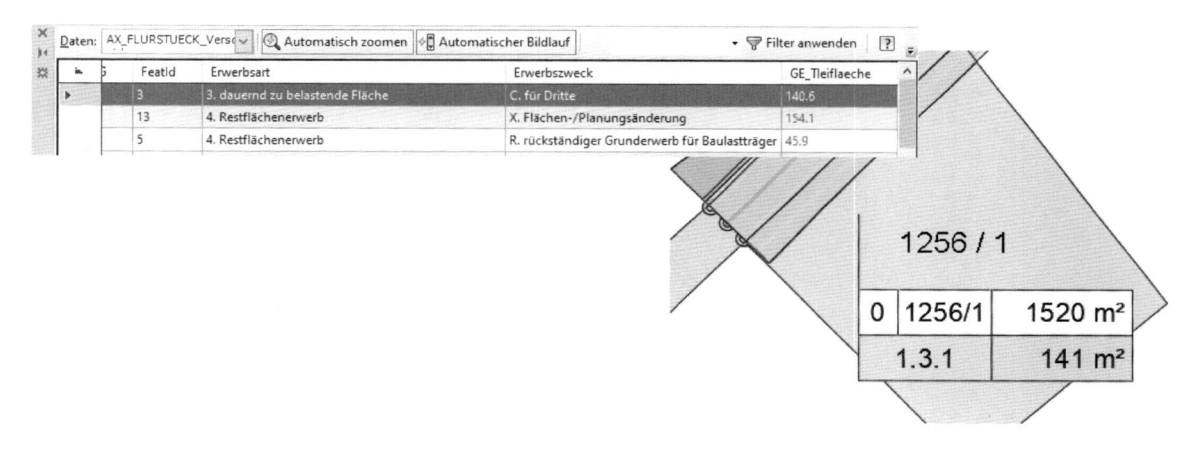

2.16.1 C3D Add-Ins, Funktionen zum Thema

Wird die Funktion an dieser Stelle ausgeführt, so entsteht der Eindruck, es handelt sich bei der Funktion nur um eine „OKSTRA-Ausgabe", um das Schreiben von Dateien?
Es sind der Ausgabe-Ort und der Dateiname anzugeben.
Es können Angaben zum Vorhaben und eine Blatt-Nummer eingegeben werden.

GRUNDERWERB Grunderwerb Hauptachse auswählen:

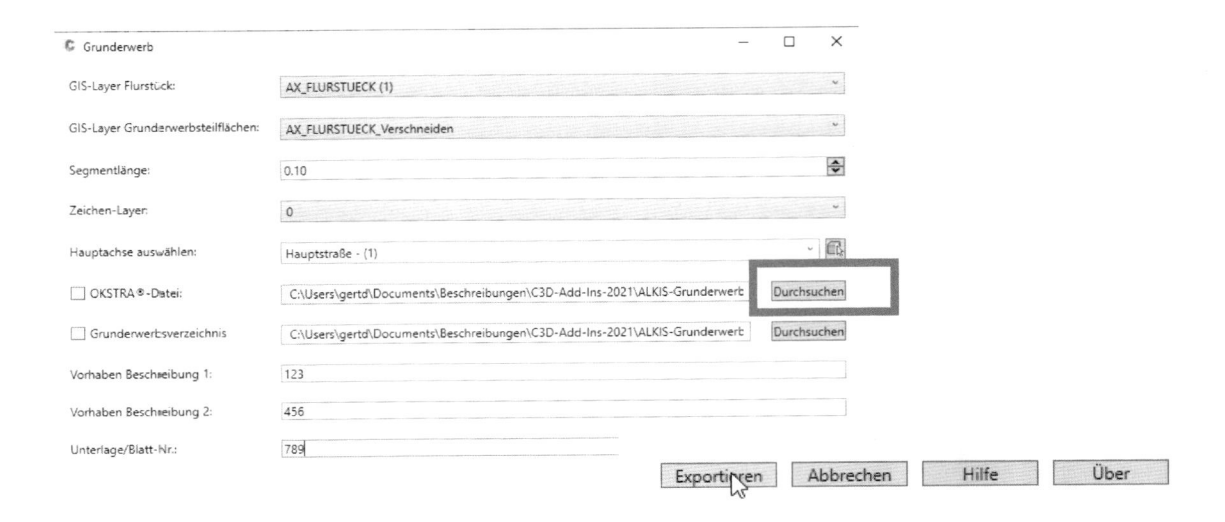

2 Datenverwaltung, Import von ESRI, *.shp (ArcView, GIS)

Die Funktion erstellt eine OKSTRA-Ausgabe (*.xml-Datei) und eine Grunderwerbs-Tabelle (*.html).

| | | | | | | zu Unterlage / Blatt-Nr.: 123 | | | | |
| | | | | | | Datum: 04.07.2021 | | | | |
lfd. Nr.	Bau-Km	Eigentümer: Name, Vorname Straße Wohnort	Grundbuch von Band Blatt	Gemarkung Flur Flurstück	Nutzungsart	Größe des Flurstückes m²	Zu erwerbende Fläche m²	Vorübergeh. in Anspruch zu nehm. Fl. m²	Dauernd zu belastende Fläche m²	Bemerkungen
1	2	3	4	5	6	7	8	9	10	11
1.1.1	0+073.076		7896	7896 000 1253		2408	217			
1.1.2	0+073.076							46		
1.1.3	0+073.076								12	
1.2.1	0+111.969		7896	7896 000 1249/1		1050			32	
1.3.1	0+017.659		7896	7896 000 1256		1520			141	
1.4.1	0+072.845		7896	7896 000 1252/2		1916	7			
1.4.2	0+072.845								476	
1.5.1	0+118.332		7896	7896 000 1252/1		800		45		
1.5.2	0+118.332								38	
1.6.1	0+000.000		7896	7896 000 12/2		3978	8			
1.6.2	0+000.000								668	
1.7.1	0+000.000		7896	7896 000 1231/2		1447			99	

Gleichzeitig werden mit der Funktion Beschriftungselemente in die Zeichnung gesetzt, die entsprechend der Konstruktion die Liegenschaftsflächen mit den in Anspruch genommenen Flächen beschriftet.

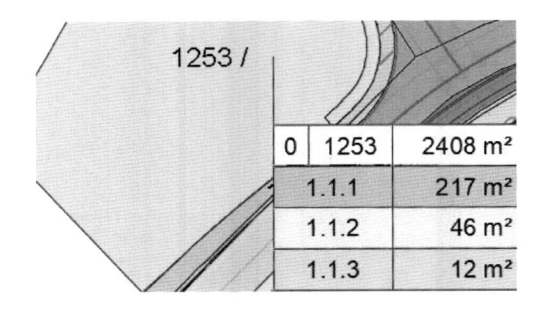

3 *.shp-Datei erstellen (GIS-Format, alternativ *.sdf)

AutoCAD-Zeichnungselemente in einem GIS-Format auszugeben, ist für Vermesser vielfach eine wichtige Funktion. GIS-Daten erstellen, komplettieren oder aktualisieren ist ein wichtiger Bestandteil, wenn Behörden aktuelle Informationen weitergeben wollen. Die Funktion GIS-Daten zu erstellen, wird als Bestandteil des Exportumfangs zur Verfügung gestellt wird.

Das Autodesk GIS-Format *.sdf ist hier als eigene Funktion sofort zu sehen. Das ESRI-*.shp-Format kann als Bestandteil des Funktionsumfangs „Andere GIS-Formate" ausgewählt werden.

AutoCAD MAP 3D Toolset, Export:

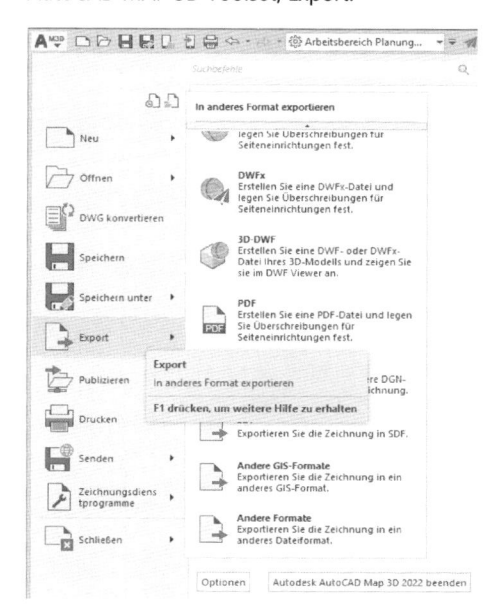

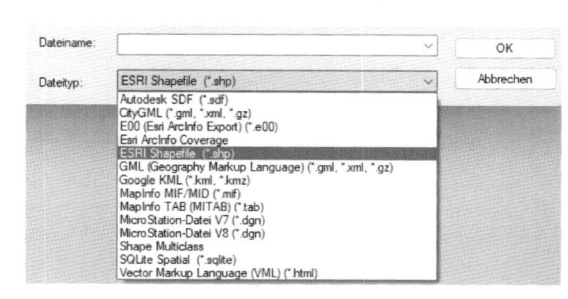

Hinweis:
Civil 3D stellt diese Funktion nicht direkt zugänglich zur Verfügung, alternativ kann hier die Funktion „MAPEXPORT" in die Befehlszeile eingegeben werden.

Civil 3D:

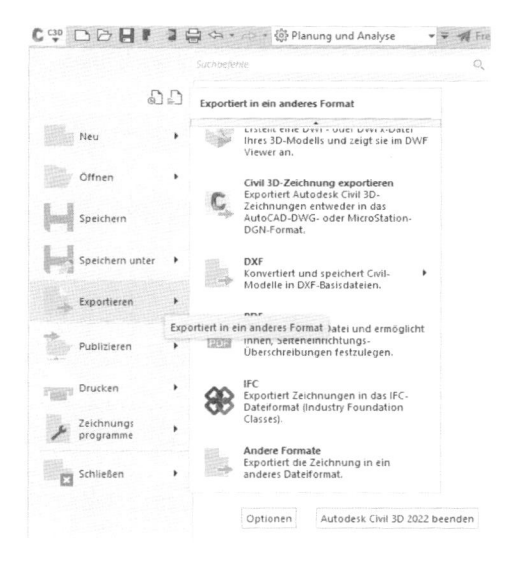

Die Ausgabe allein ist vielfach nicht die technische Anforderung. Vielfach sind die gezeichneten Vektoren (Zeichnungs-Elemente) mit Daten zu vervollständigen, die AutoCAD nur als Text oder Block mit Attributen anschreiben kann. Die Daten sind jedoch nicht mit den Zeichnungselementen kombinierbar oder koppelbar.

Beispiel:

Es werden Linien gezeichnet, die eigentlich Rohre, Abwasserrohre darstellen. Diese Rohre sind aus einem bestimmten Material gefertigt (Beton, Steinzeug, PVC) und haben einen Durchmesser (DN 300, 400, 500, 600). Im AutoCAD können diese Eigenschaften nur am Rohr als unabhängiger Text angeschrieben sein. Eine Verbindung zwischen Text und Zeichnungselement (Linie) ist nicht möglich. Damit sind die automatischen Analysen nur begrenzt verfügbar. Es ist kaum möglich einen Zusammenhang zwischen Rohrlänge (Linieneigenschaft), Material oder Durchmesser (Beschriftungseigenschaft) herzustellen.

3 *.shp-Datei erstellen (GIS-Format, alternativ *.sdf)

Im Buch wird als Beispiel eine Zeichnung benutzt, die geschlossene Polylinien enthält. Diese Linien sind als Flächen mit Angabe der Flächen-Größe in m² und einer Neigungsklasse im *.shp Format weiterzugeben (exportieren). Neigungsklassen werden benötigt, um den Regenwasserzufluss zu berechnen (Dimensionierung von Regenwassersammlern).

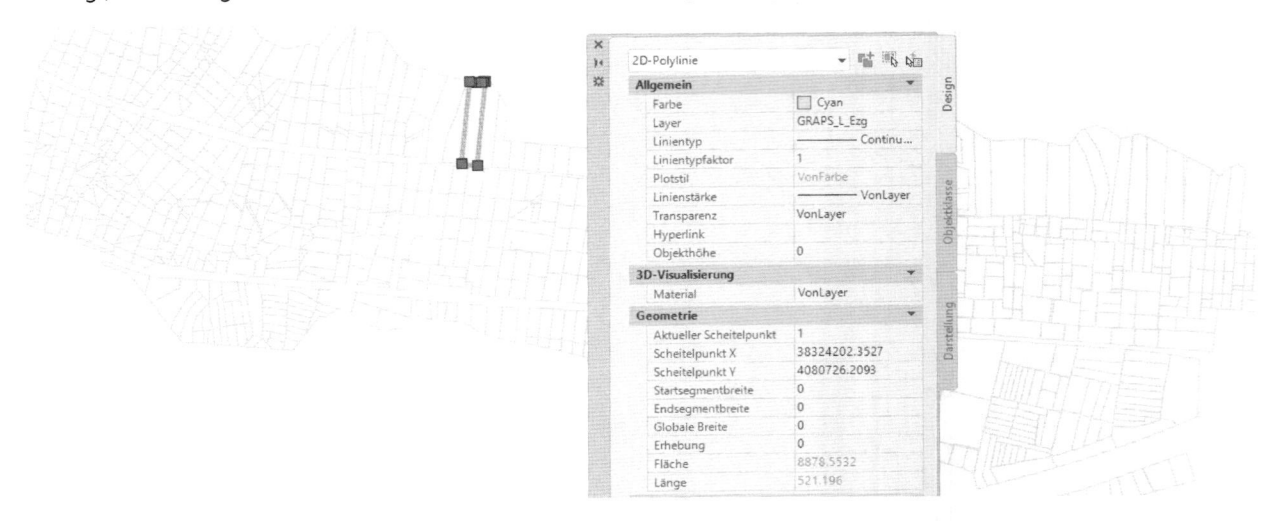

Im Beispiel wird die Fläche aus der Polylinien-Eigenschaft übernommen. Für die Neigung oder Neigungsklasse (Werte 0-4) liegen keine 3D Daten vor. Im Beispiel wird die manuelle Zuordnung gezeigt.

3.1 Objektklassen, Objekte klassifizieren

Mit der Funktion Objektklassen, Objekte klassifizieren wird eine Funktion zu Verfügung gestellt, die AutoCAD Zeichnungselemente um Eigenschaften erweitern kann. Diese Funktion sucht man im AutoCAD vergeblich. Eine solche Funktion existiert nicht im AutoCAD.

Am Ende der Funktion werden die AutoCAD Eigenschaften der Zeichnungselemente um weitere Werte erweitert sein (benutzerdefinierte Werte).

3.1.1 Aufgabenfenster (MAP-Fenster)

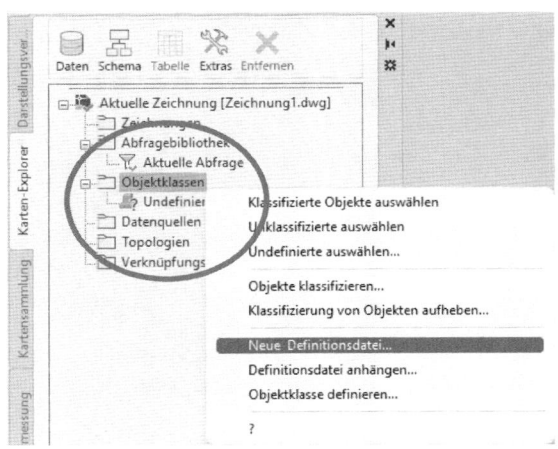

Mit der Auswahl der Funktion „Objektklassen" im MAP Aufgabenfenster (Register Karten-Explorer) wird gleichzeitig ein Kontext-Menü gezeigt, dass die gleichen Funktionen beinhaltet, die mit „Rechts-Klick" im Aufgabenfenster zur Verfügung stehen (Register: „Klassifizierung").

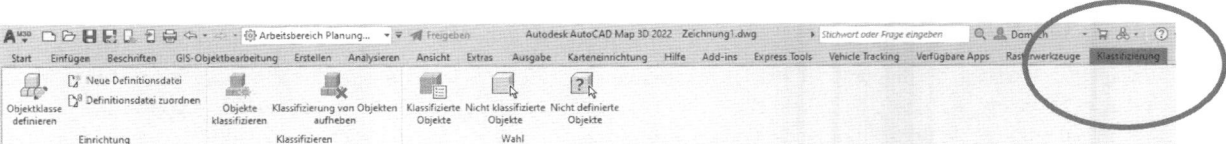

3.1.2 Objektklassen-Definitionsdatei

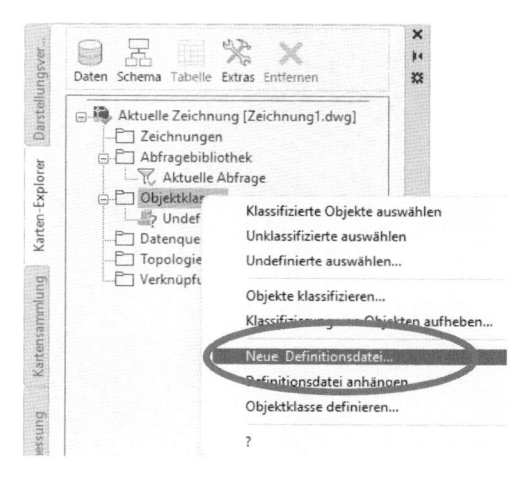

Als Bestandteil der Beschreibung werden die Funktionen im Aufgabenfenster aufgerufen und ausgeführt. Die Funktion startet mit „Neue Definitionsdatei".

Hinweis:
Erscheint hier eine Meldung: „Sie verfügen nicht über die erforderlichen Berechtigungen...." so ist die im Kapitel „Grundlagen, MAP Anmeldung" erforderliche Anmeldung nachzuholen.

Eine Datei „Neigungsklassen.xml" wird erstellt. Die Speicherung der Datei erfolgt vorzugsweise im Projektpfad.

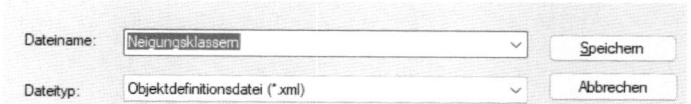

Hinweis:
Der Vorteil einer solchen Datei (Objektklassen-Definitionsdatei) lieg in der mehrfachen Verwendbarkeit. Gibt es mehrere Projekte oder Zeichnungen, die die exakt gleiche Klassifizierung (Eigenschaftenzuweisung) benötigen, kann die Datei mehrfach Verwendung finden.

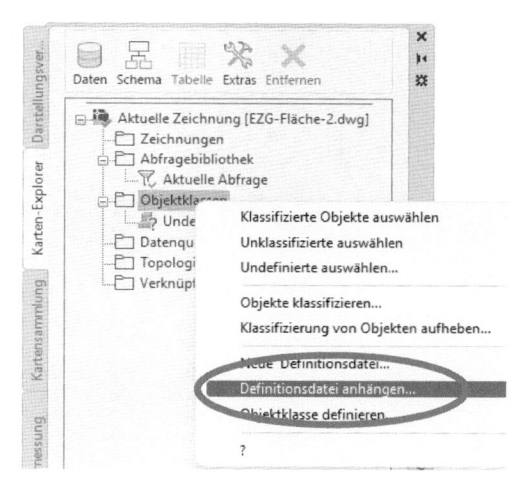

Die erstellte Datei ist anschließend der Zeichnung zu zuweisen.

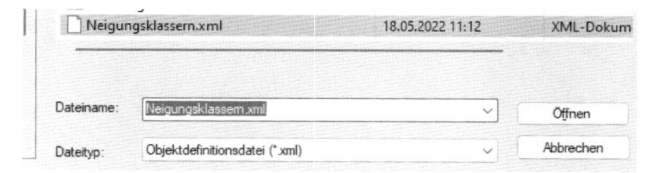

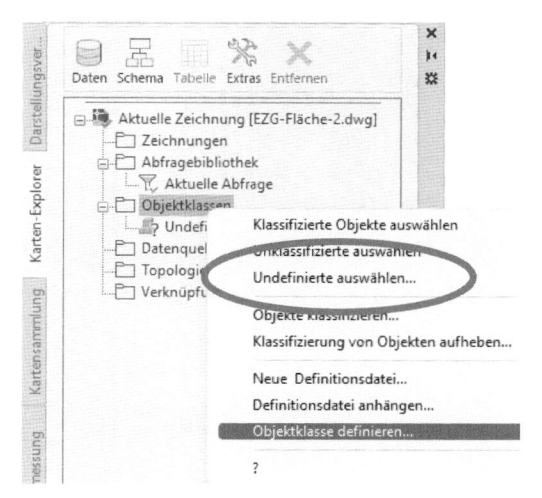

Im nächsten Schritt wird eine Objektklasse definiert, erstellt.

Für diese Funktion ist ein Beispiel-Objekt (Zeichnungselement) auszuwählen.

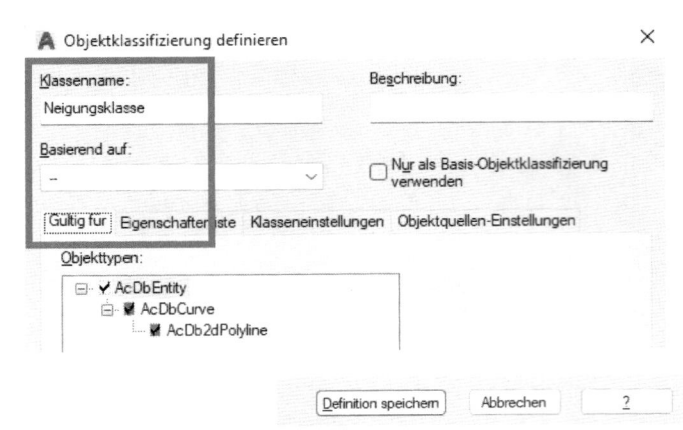

3 *.shp-Datei erstellen (GIS-Format, alternativ *.sdf)

Nachfolgend wird ein Klassenname vergeben und die „Gültigkeit für" festgelegt. In der Karte „Gültigkeit für" werden die Eigenschaften des angeklickten Elementes freigegeben.

Mit der Auswahl der Objekttypen bleibt diese Funktion auf 2D Polylinien-Eigenschaften beschränkt.

Die Beschreibung ist optional und bleibt in dem Beispiel offen.

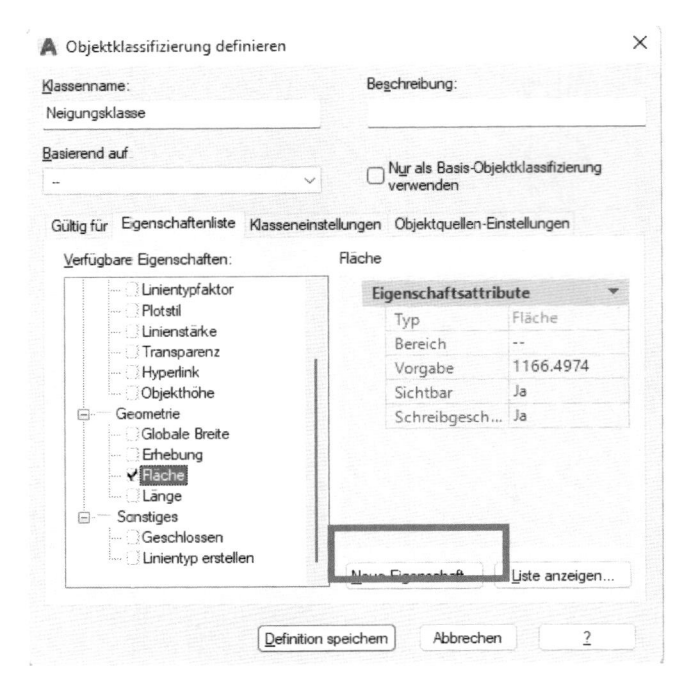

Auf der Karte „Eigenschaftenliste" wird nur „Fläche" angeklickt.

Mit der Funktion „Neue Eigenschaft" wird das Feld erstellt, in das die Neigungsklasse eingetragen sein kann. Mit dieser Funktion können beliebig viele Felder hinzugefügt werden.

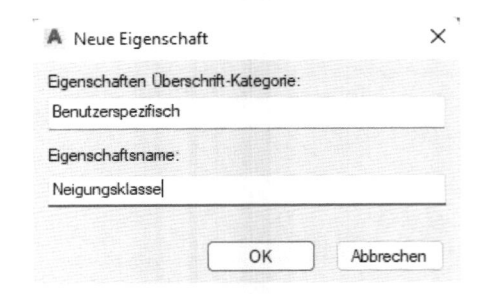

Für den Feldtyp stehen unterschiedliche Formate zur Verfügung.

Im vorliegenden Fall wird als Typ „Ganzzahl" vergeben.

Als Bereich wird [0,4] eingetragen, das heißt jede Polylinie kann nur einen dieser 5 Wert bekommen.

Für mögliche Optionen und Konventionen zur Schreibweise ist die Autodesk Hilfe zu beachten.

Als Vorgabe (Basiswert) wird „0" eingetragen.

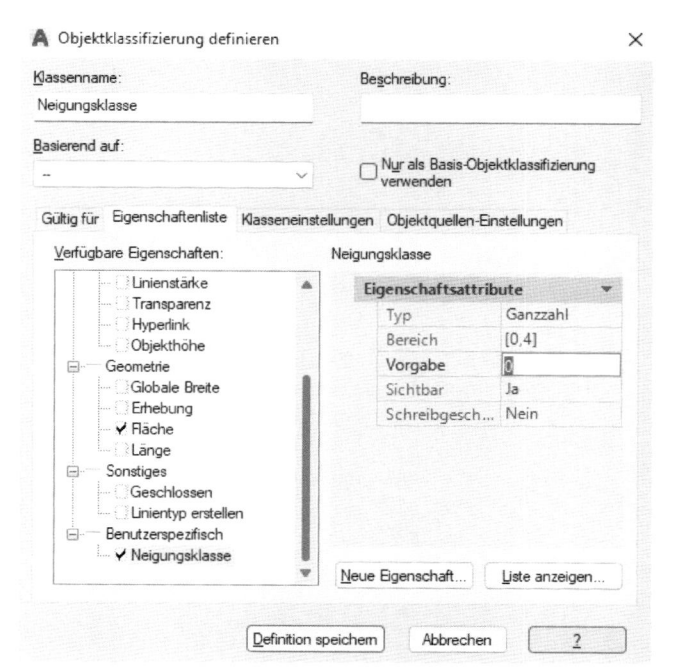

3 *.shp-Datei erstellen (GIS-Format, alternativ *.sdf)

Die Sichtbarkeit und ein optionaler Schreibschutz sind möglich. Diese Werte bleiben im Beispiel auf der Vorgabe.

Auf der Karte Klasseneinstellungen ist für die Erstellung von Flächen bei „Erstellungsmethode bevorzugt „Polygon" auszuwählen.

Mit dieser Einstellung (Linien-Typ) werden die Linien im GIS automatisch zum Polygon (Fläche) und erhalten eine Schraffur (Flächenfüllung).

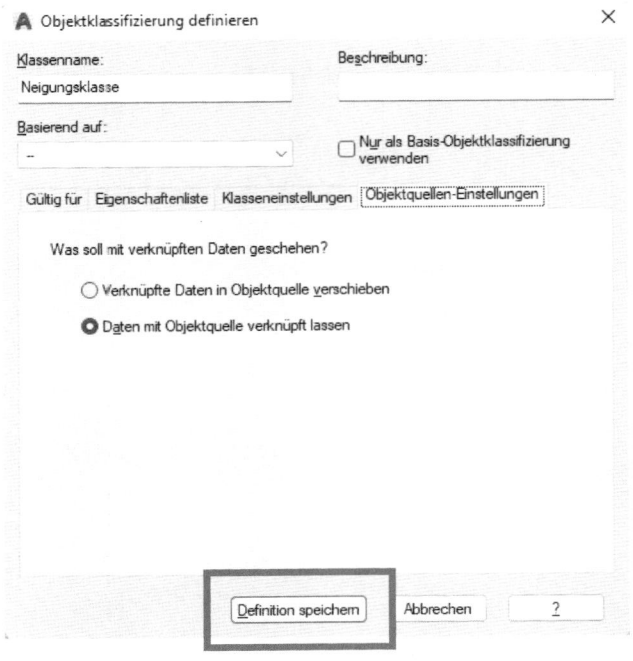

3 *.shp-Datei erstellen (GIS-Format, alternativ *.sdf)

Auf der letzten Registerkarte „Objektquellen-Einstellungen" bleibt es bei den Voreinstellungen.

Die Definition ist zu speichern. Die Liste der „Objektklassen" zeigt die definierte Objektklasse.

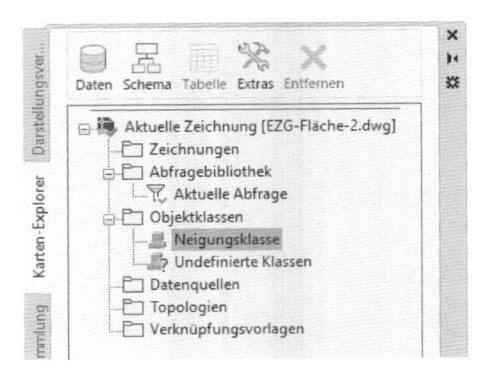

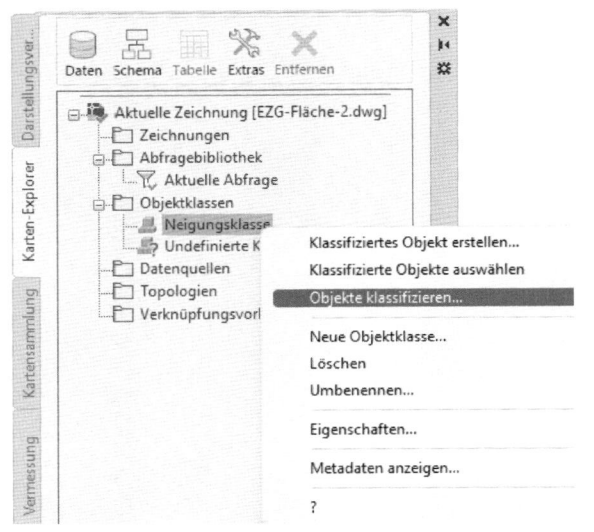

Anschließend sind alle nicht klassifizierten Polylinien zu klassifizieren. Das heißt die neue Eigenschaft „Neigungsklassen" wird allen 2D-Polylinien zugewiesen.

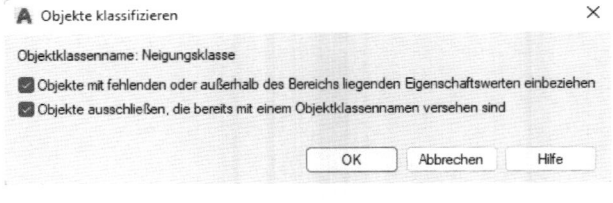

Es werden alle 2D-Polylinien ausgewählt.

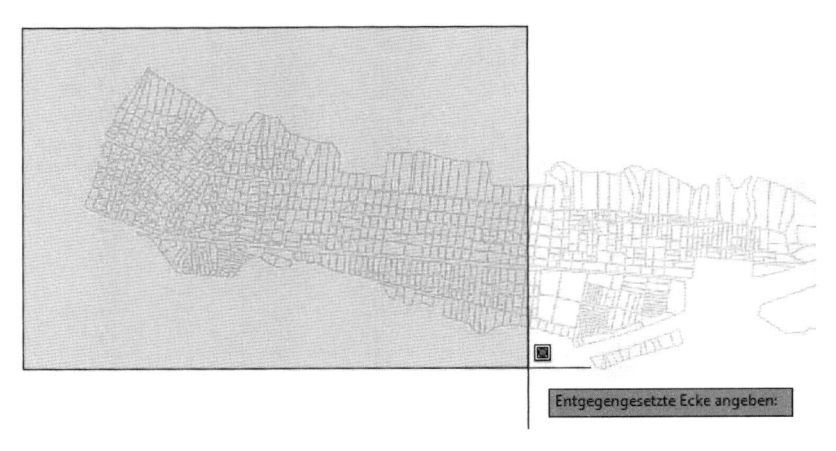

3 *.shp-Datei erstellen (GIS-Format, alternativ *.sdf)

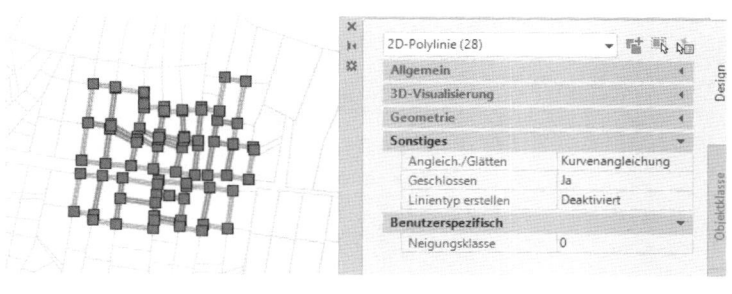

Anschließend besitzt jede der Polylinien in der Zeichnung neben den AutoCAD Eigenschaften, „Benutzerspezifische Eigenschaften" (im Beispiel nur eine), die mit der Klassifizierung angeschrieben wurden.

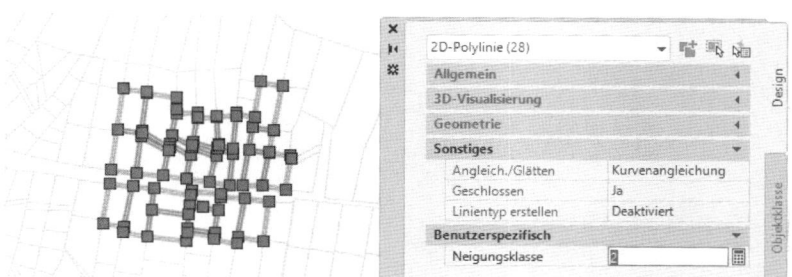

Je nach Erfordernis können diese Eigenschaften bereits im AutoCAD oder auch später im MAP bearbeitet werden.

Hinweis:
In der Zeichnung werden weitere Polylinien ausgewählt und Werte für die Eigenschaft „Neigungsklassen" eingetragen. In der Zeichnung wird es später Polylinien mit den Neigungsklassen von 0-4 geben. Auf der gesamten Fläche verteilt in unterschiedlichen Bereichen.

3.2 *.sdf-, *.shp-Datei ausgeben (exportieren)

Hinweis:
Die Aussagen zur Ausgabe der Daten (ausgeben, exportieren) sind natürlich auch ohne Objektklassifizierung gültig. Die Objektklassifizierung halte ich jedoch für einen wichtigen Hinweis, weil GIS Daten vielfacht Informationen enthalten müssen, die im AutoCAD den Daten nicht zuordenbar sind. AutoCAD kann technische Besonderheiten am Zeichnungselement nicht verwalten nicht führen. Die Objektklassifizierung bietet Möglichkeiten zusätzlich Eigenschaften den Zeichnungselementen zu zuordnen und anschließend einfach und übersichtlich bei der Ausgabe den GIS-Daten zuzuordnen.

Mit der Ausgabe der klassifizierten Daten in die *.sdf- oder *.shp- Datei können zielgerichteter die klassifizierten und damit wichtigen Daten in die Ausgabe geschrieben werden. Das heißt eine Reduzierung der Datenmenge ist damit innerhalb der Zeichnung oder Datei möglich. Innerhalb der Beschreibung wird nachfolgende die Funktion „Andere GIS-Formate" mit der Option *.shp gewählt.

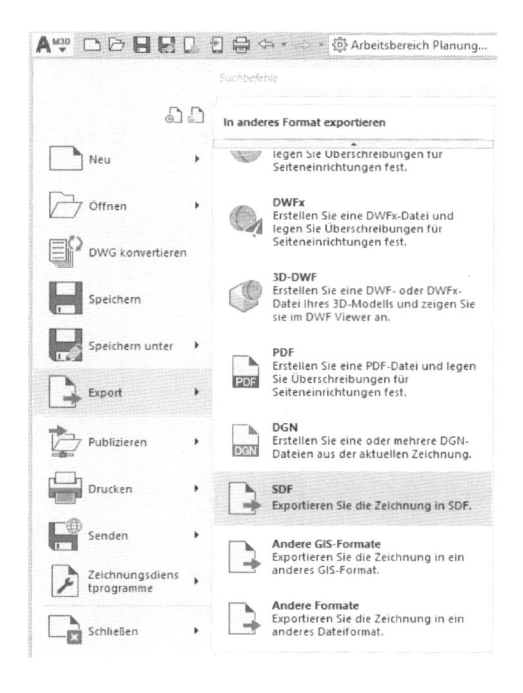

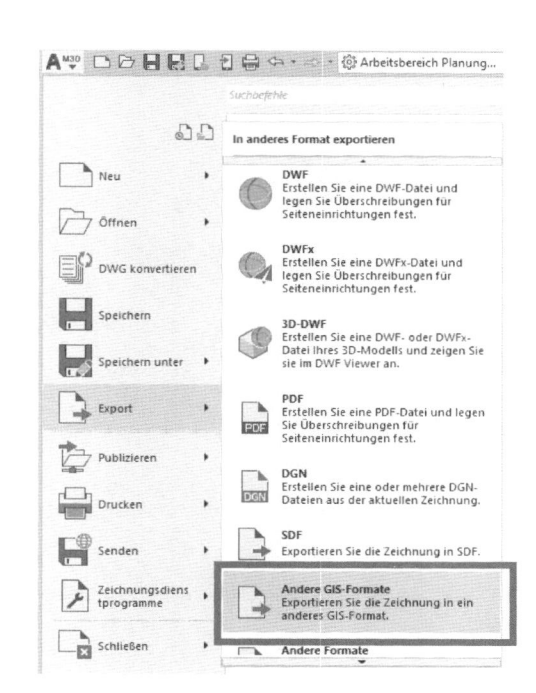

3 *.shp-Datei erstellen (GIS-Format, alternativ *.sdf)

Als Speicherort wird bevorzugt der Projektpfad ausgewählt.
Beim Export gibt es zwischen *.sdf- (Autodesk)
und *.shp-Format einige
Parallelen- aber auch Unterschiede.
.

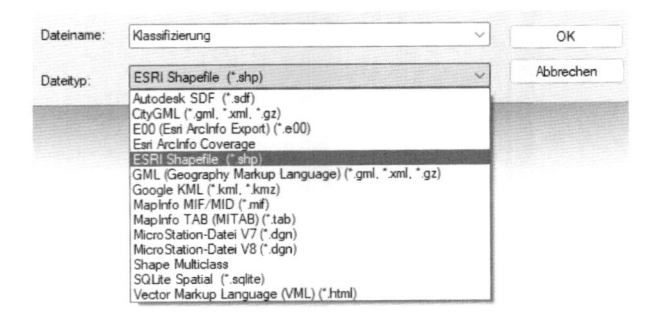

3.2.1 SHP ausgeben

Nach der Format-Festlegung ist der deutlichste Unterschied in der Ausgabe zwischen beiden Formaten zu sehen.

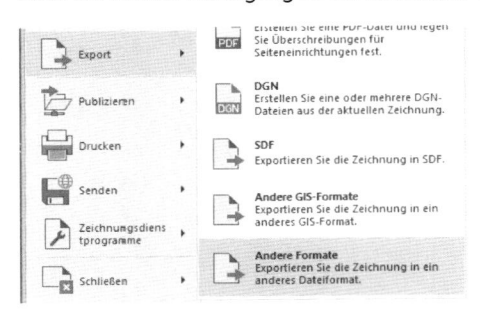

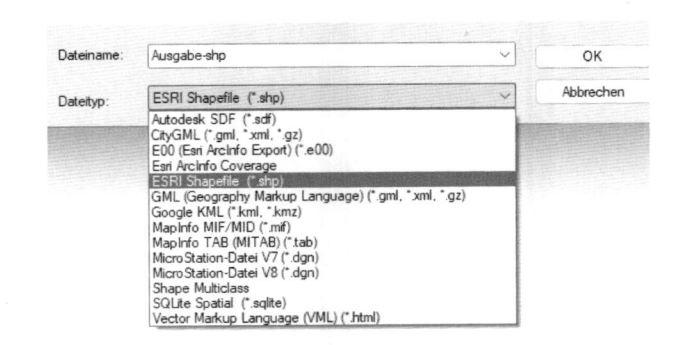

Register Auswahl:

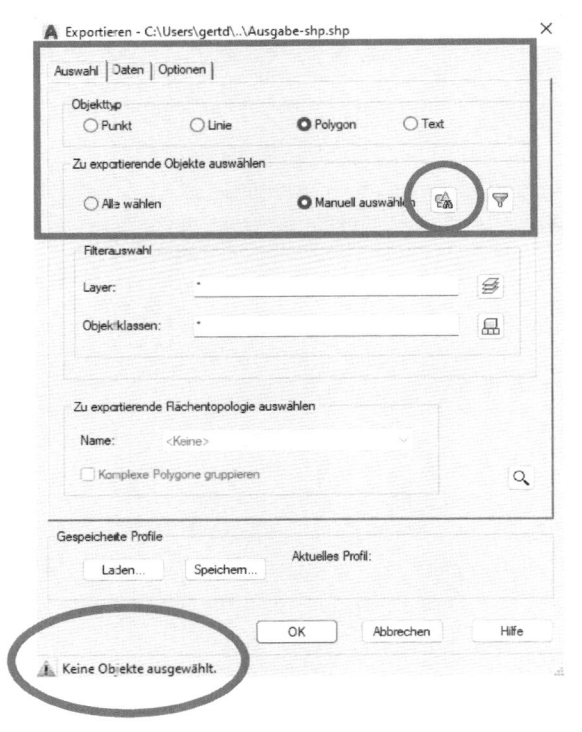

Das Flächen-Thema ist als „Polygon" auszugeben. Sind Punkte, Linien, Flächen und Texte herauszuschreiben, so ist in getrennte Dateien zu exportieren.

Wenn eine manuelle Ausgabe möglich ist, empfehle „Manuell auswählen" zu wählen, da so eine Kontrolle der Datenmenge gegeben ist.

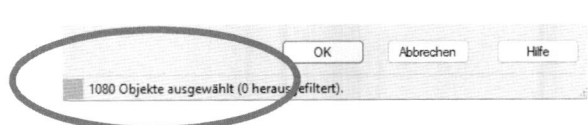

Register: Daten

Im Register „Daten" bietet die Option „Attribute auswählen" zielgerichte Eigenschaften zu wählen, die Bestandteil der Ausgabe werden sollen.

Weil eine Objektklassifizierung ausgeführt wurde, sind die notwendigen Eigenschaften übersichtlich und anschauliche als „Objektkalssen" auswählbar.

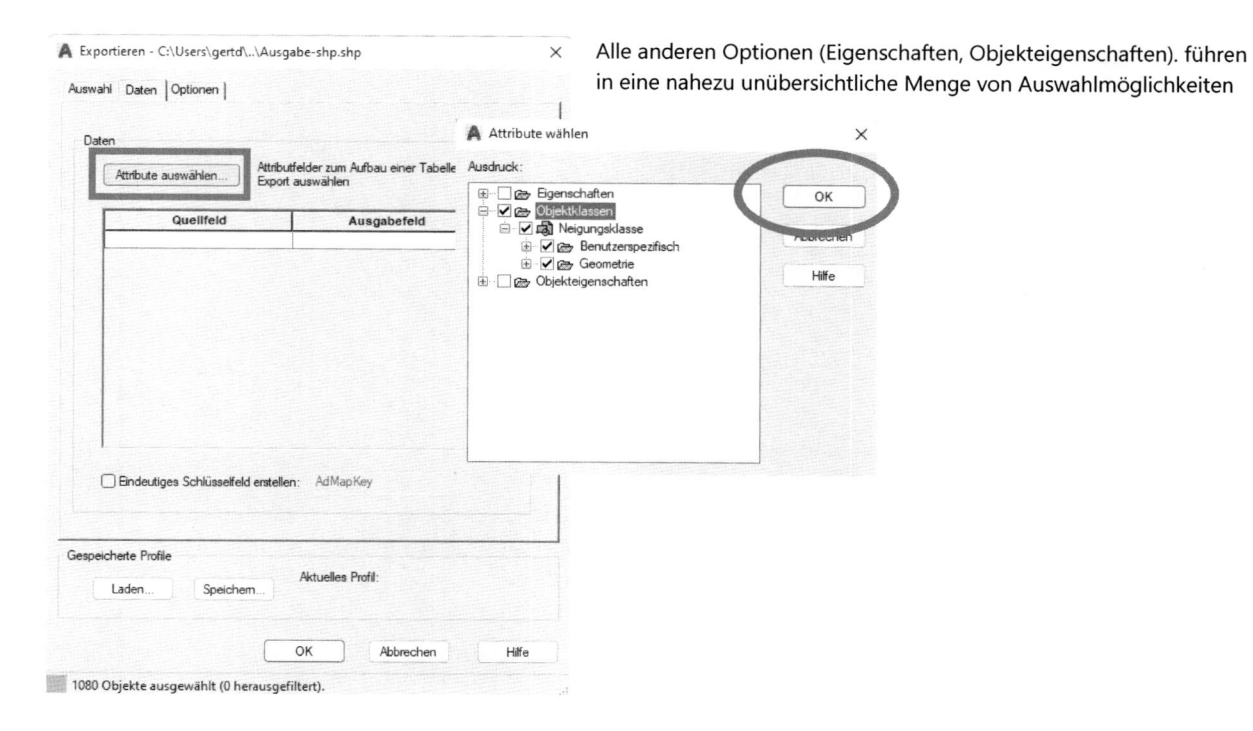

3 *.shp-Datei erstellen (GIS-Format, alternativ *.sdf)

Alle anderen Optionen (Eigenschaften, Objekteigenschaften). führen in eine nahezu unübersichtliche Menge von Auswahlmöglichkeiten

Register: Optionen

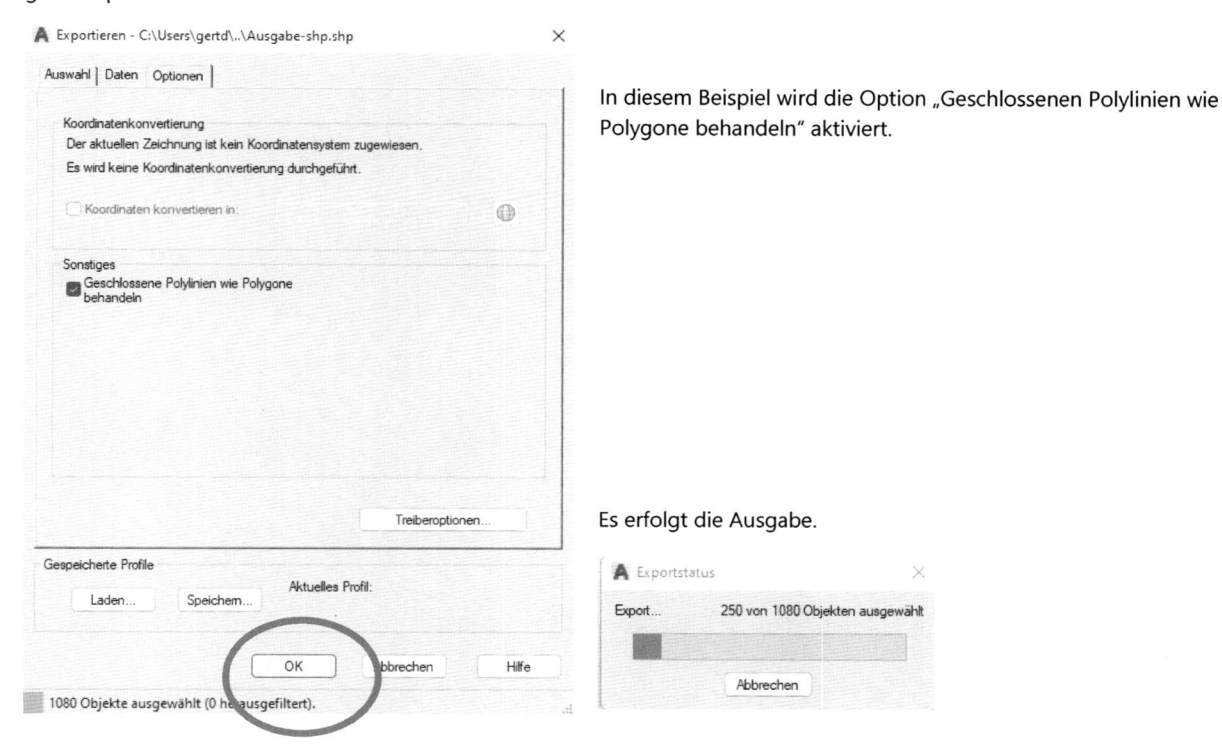

In diesem Beispiel wird die Option „Geschlossenen Polylinien wie Polygone behandeln" aktiviert.

Es erfolgt die Ausgabe.

In der Befehlszeile sollte die Ausgabe nachgewiesen sein.

```
Objekte wählen: Entgegengesetzte Ecke angeben: 1080 gefunden
Objekte wählen:
"1080 Objekt(e) von 1080 ausgewählt, in 4 Sek. exportiert.
Befehl eingeben
```

3.2.2 *.sdf-Datei ausgeben

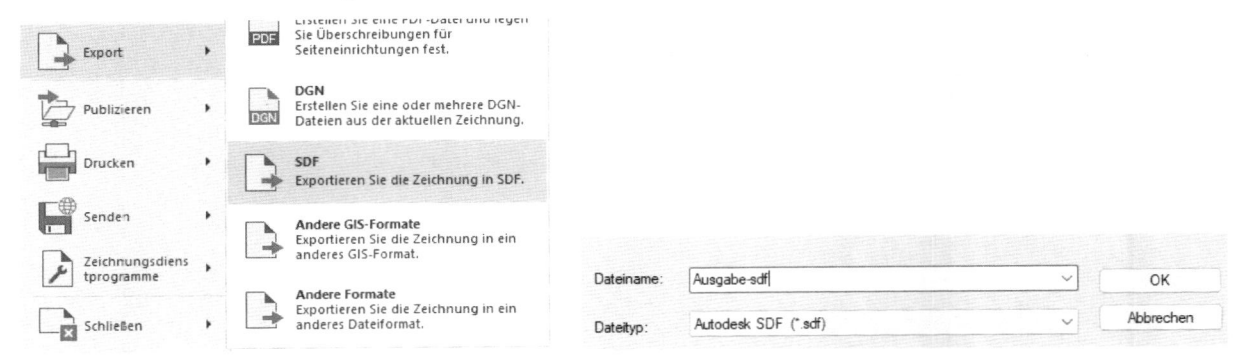

Nach dem Anlegen der Datei ist der erste Unterschied zu sehen. GIS-Programme (Arc-GIS, ESRI) kennen nur Punkt-, Linien-, und Flächen-„Themen". Während im ESRI-Format alle diese Themen in separaten Dateien zu verwalten sind, werden in der SDF Datei alle Themen in einer Datei verwaltet und zur Darstellung gebracht.

Register: Auswahl

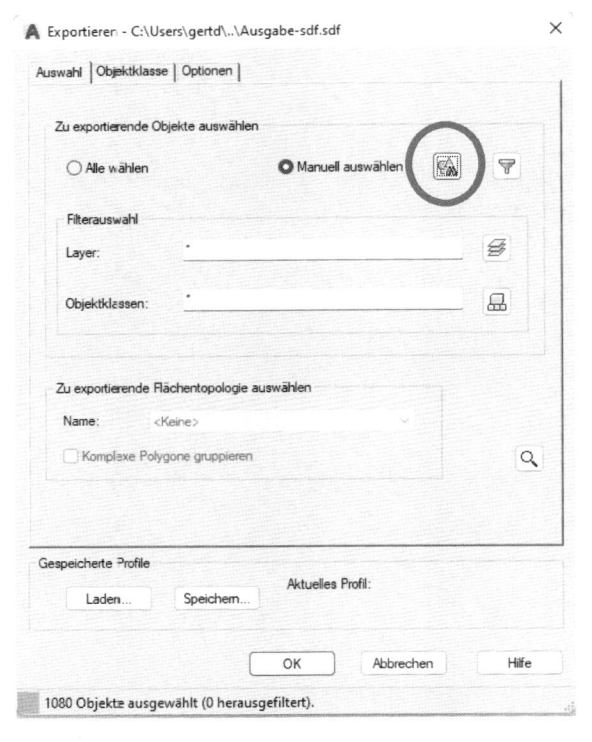

Hinweis:
Wenn die Möglichkeit besteht manuell auszuwählen, sollte manuell ausgewählt werden. Mit der manuellen Auswahl ist eine Kontrollmöglichkeit zur Datenmenge am unteren Rand verbunden.

Register: Objektklasse

Das *.sdf-Format hat mehre Funktionen die Datei zu strukturieren. Alle diese Option sind auftragsabhängig oder Auftraggeber abhängig.

3 *.shp-Datei erstellen (GIS-Format, alternativ *.sdf)

Innerhalb des Beispiels bleibt es bei der Einstellung „Einzelne Klasse aus allen ausgewählten Objekten erstellen".

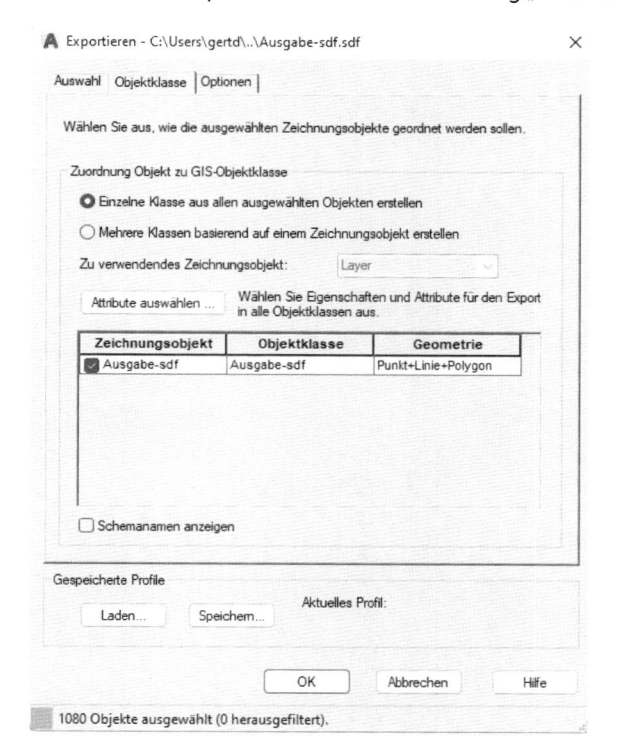

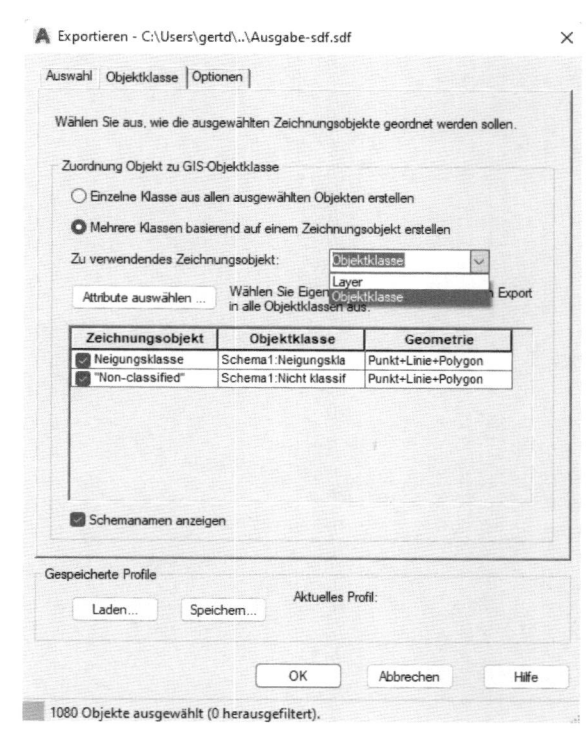

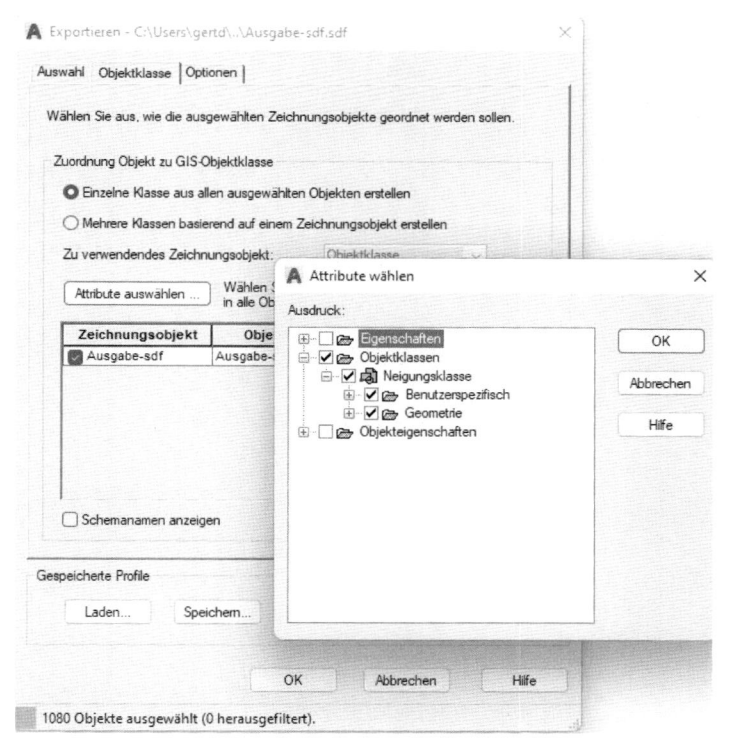

Mit dem Schalter „Attribute wählen.." ist die Objektklassifizierung sichtbar und damit sind die erforderlichen Objekt-Eigenschaften übersichtlich auswählbar.

Gert Domsch, CAD-Dienstleistung

Register: Optionen

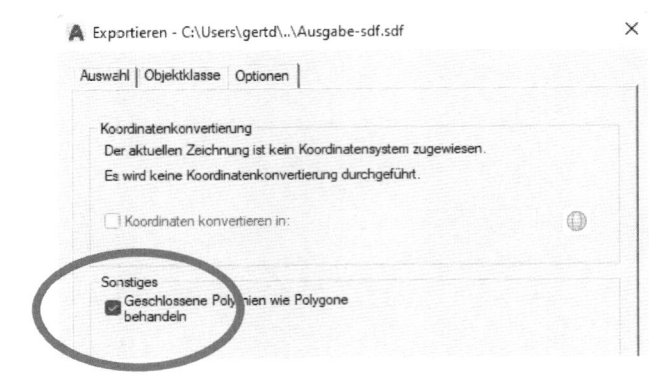

In diesem besonderen Fall empfiehlt es sich auf der Karte „Optionen" das Feld „geschlossenen Polylinien wie Polygone behandeln" zu aktivieren.

Mit „OK" beginnt die Ausgabe. Hier sollte kontrolliert werden, ob die Datenmenge der Ausgabe entspricht.

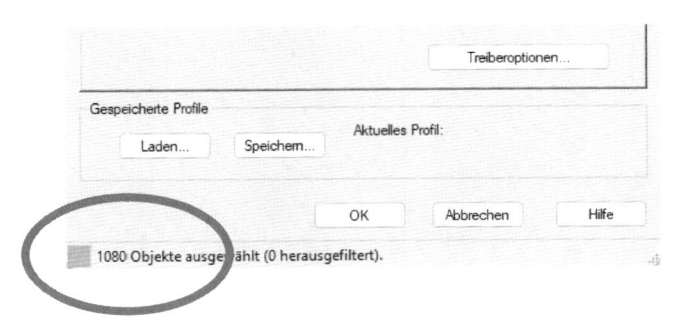

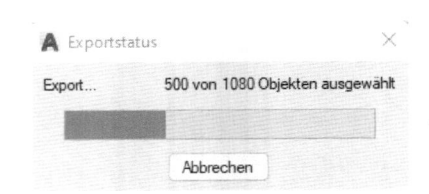

Im nachfolgenden Feld wird die Ausgabe, der Exportstatus dokumentiert. Es ist von Vorteil die Anzahl der auszugebenden Elemente zu wissen, und die Ausgabe dahingehend zu verfolgen.

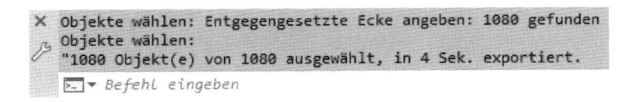

3.3 *.shp-, *.sdf-Import (Erläuterung, Funktionalität)

3.3.1 Allgemeine Erläuterung

Der Import kann in jeder Zeichnung erfolgen. Für die Übung wird mit der Funktion „Neu" aus dem Verzeichnis „Template" die „map2diso.dwt" als Zeichnungsvorlage gewählt.

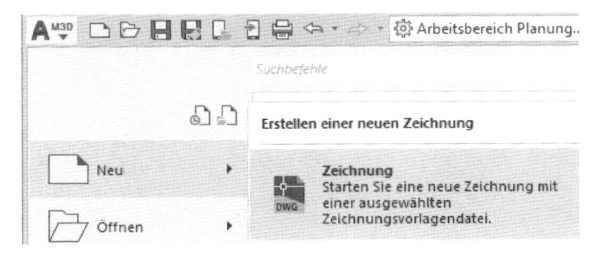

Diese Vorlage enthält abhängig von der Installation, als wichtigen Bestandteil, eine Zeichnungseinheit.

Wird die Installation als eigenständiges Programm oder Installation als Bestandteil einer „... Collection" ausgeführt, hat die Einheit „Millimeter" oder „Meter"! Das ist beim späteren Plotten zu beachten.

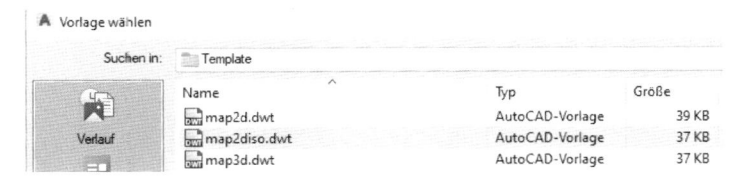

3 *.shp-Datei erstellen (GIS-Format, alternativ *.sdf)

Zum Einfügen wird aus Start die Funktion „Verbinden" benötigt, alternativ kann die Funktion „Daten" des MAP Aufgabenfensters, Register: „Datenverwaltung" gewählt werden.

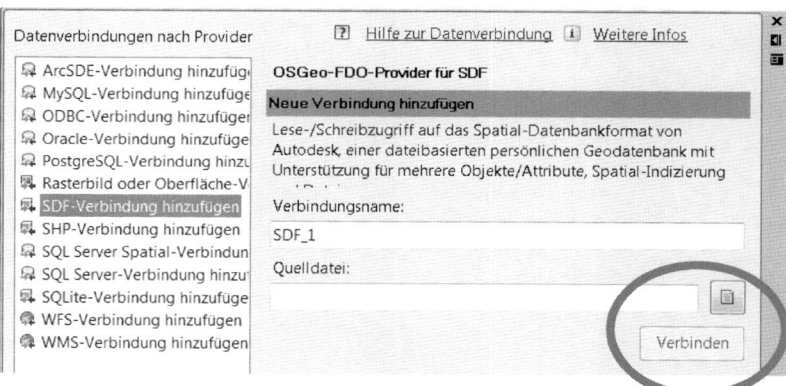

Mit der Funktion „Verbinden" steht die Palette „Datenverbindung" zur Verfügung. Die Vorgehensweise für *.sdf-Dateien ähnelt in vielen Punkten der von *.shp-Dateien.

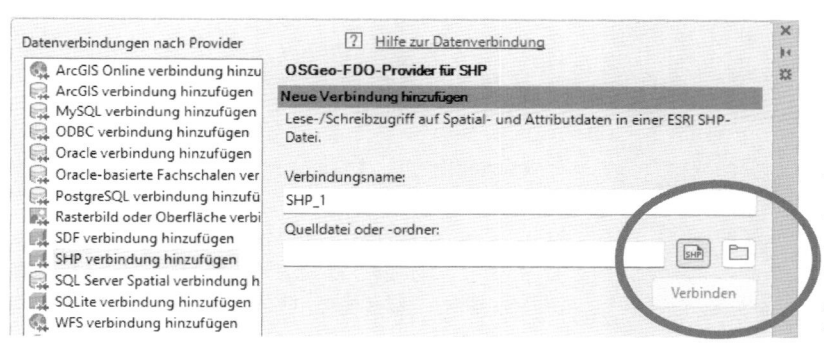

Der einzige Unterschied besteht im Datenaufruf.

Während *.sdf-Dateien nur einzeln aufrufbar sind, ist bei *.shp-Dateien ein Aufruf als einzelne Datei oder aus einem Ordner heraus möglich. Das bedeutet die Anzahl der mit einer Aktion geladenen *.shp-Dateien ist nicht begrenzt.

3.3.2 *.sdf-Import

Mit den folgenden Bildern wird der *.sdf-Import gezeigt.

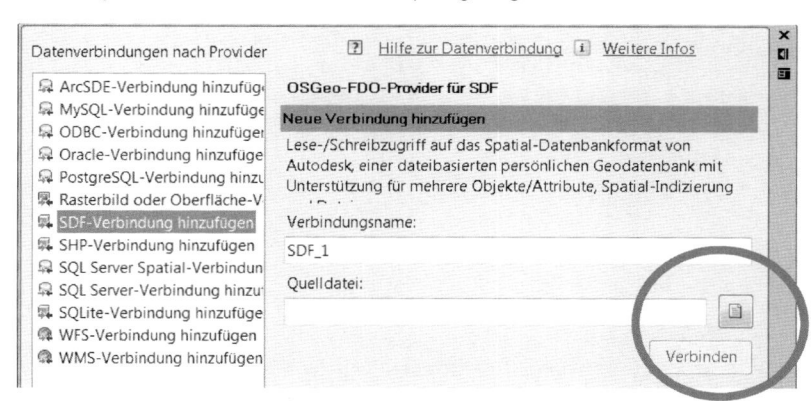

3 *.shp-Datei erstellen (GIS-Format, alternativ *.sdf)

Die Datei wird im entsprechenden Projektpfad ausgewählt. Die Funktion „Verbinden" ist auszuführen.

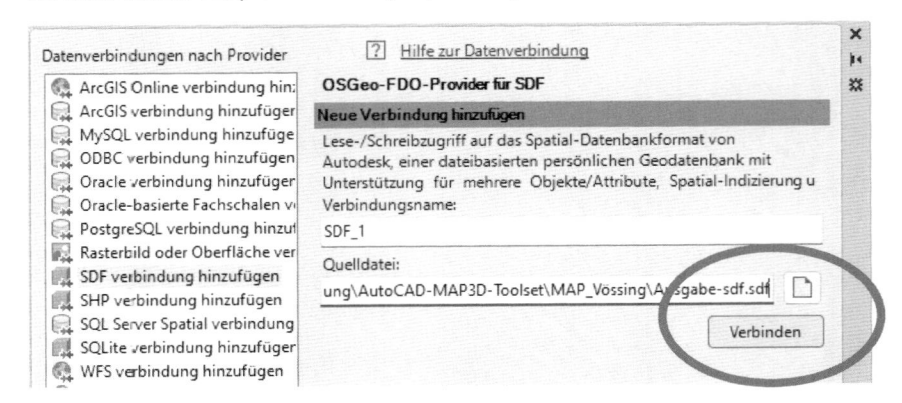

Mit der Funktion „Verbinden" werden die Daten angezeigt. Diese sind jetzt „Zur Karte hinzuzufügen" (Zeichnung).

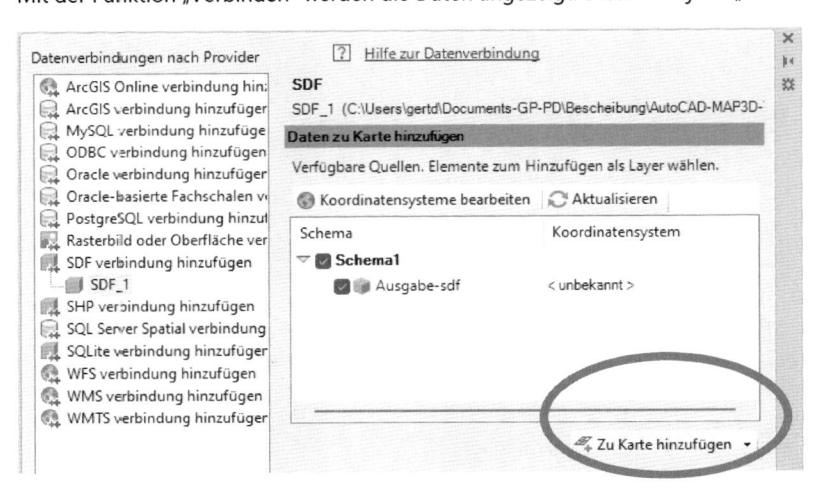

Die Daten werden in die Zeichnung eingefügt. Die erste farbliche Darstellung ist zufällig und kann von Import zu Import auch bei der gleichen Datei variieren.

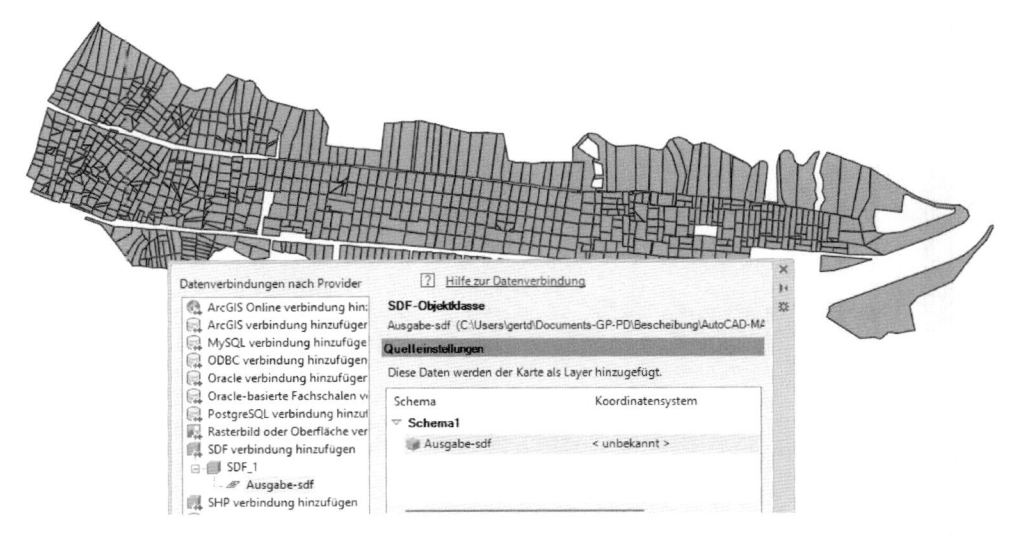

Im MAP-Fenster ist ein entsprechender Karten-Layer mit den Darstellungs-Eigenschaften angelegt. Weil beim Erstellen der *.sdf-Datei keine speziellen Einstellungen gewählt wurden sind gleichzeitig „Punkt", „Linien" und „Flächen"-Themen angelegt.

Der Layer wird im Bereich „Darstellungsverwaltung" angezeigt.

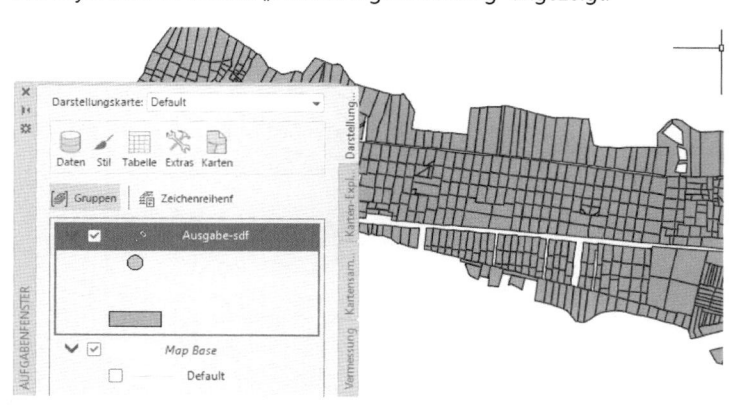

Die Zeichnungsdaten sind mit einer Tabelle verknüpft. Die Daten sind in der Tabelle auch bearbeitbar (Kapitel: Darstellungsverwaltung, Datentabelle).

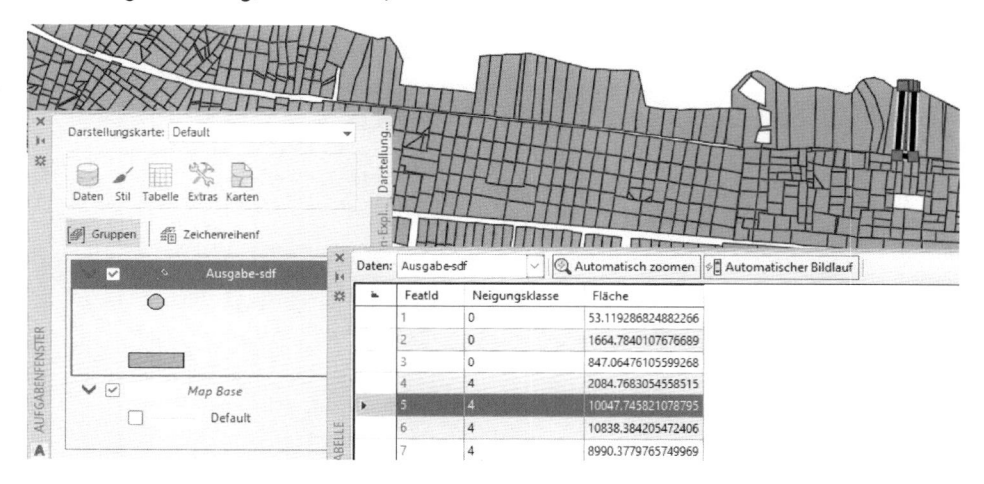

Stilbearbeitung (Darstellung)

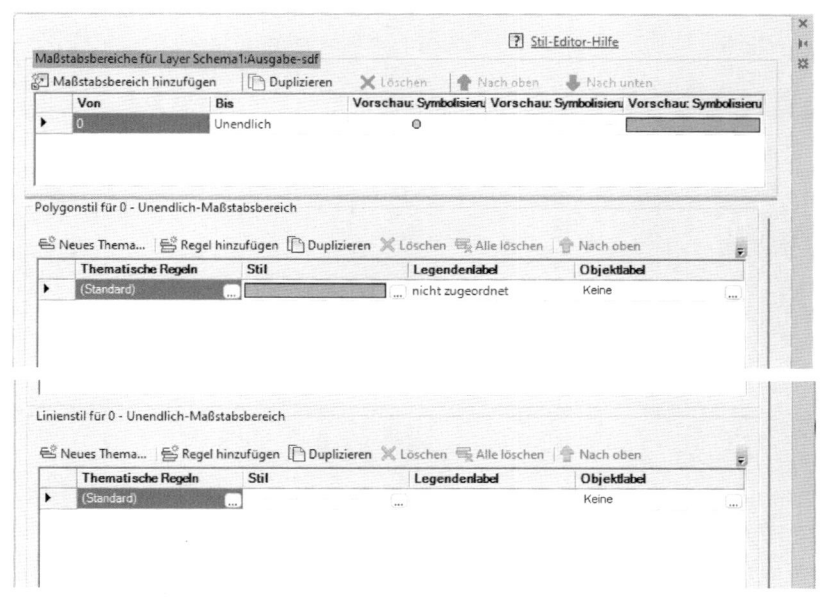

Die Importierten Daten werden im Aufgabenfenster in einem MAP-Layer zusammengefasst. Die mit dem Import vergebene Farbe ist zufällig. Mit der Funktion „Stil- und Themen-Layer" sind die Darstellungseigenschaften änderbar.

Das *.sdf-Format hat gleichzeitig 3 Kategorien. Es werden gleichzeitig Einstellungen- und Stil-Bearbeitungsoptionen für Polygone- (Flächen), Linien- und Punkt-Eigenschaften angeboten.

Um diese drei Einstellungen zu sehen und zu bearbeiten, ist konsequent auf der rechten Seite nach unten zu scrollen.

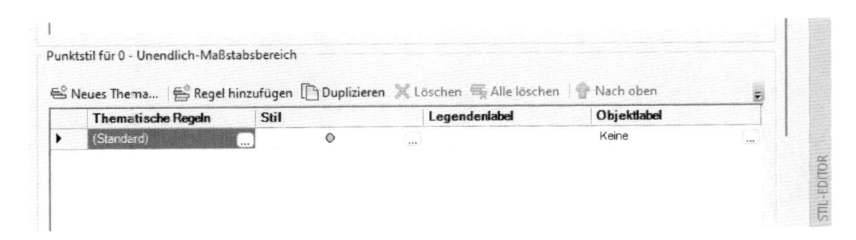

3 *.shp-Datei erstellen (GIS-Format, alternativ *.sdf)

Weil in die *.sdf Datei keine Linien oder Punkte ausgegeben wurden bleiben diese Kategorien leer.

Die weitere Bearbeitung konzentriert sich aus diesem Grund ausschließlich auf den Bereich Polygon (Fläche).

Es wird eine Stilisierung in Abhängigkeit der Neigungsklassen erzeugt. Der Darstellungsstil gliedert sich im Fall „Neigungsklassen" in 5 Bereiche. Eventuell ist aufgrund der Vergabe ganzzahliger Werte weitere Einstellungen zu beachten.

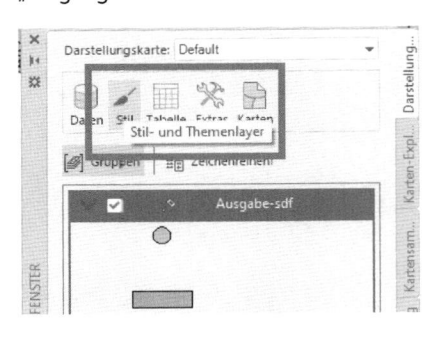

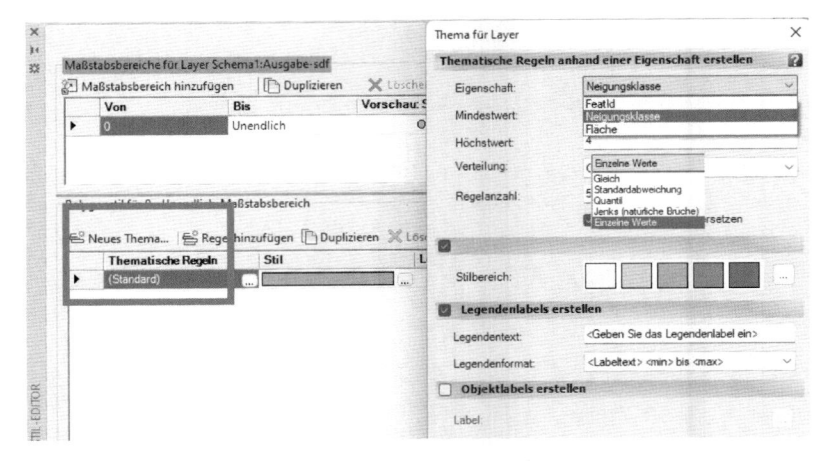

Stilbearbeitung (Beschriftung)

Innerhalb der Beschreibung wird die Neigungsklasse als Text zugewiesen. Weitere Optionen wären möglich.

Für eine optionale Beschriftung ist es möglich „Blöcke" aufzurufen.

Farben und Beschriftung sind abhängig von der Neigungsklasse vergeben und bleiben bearbeitbar.

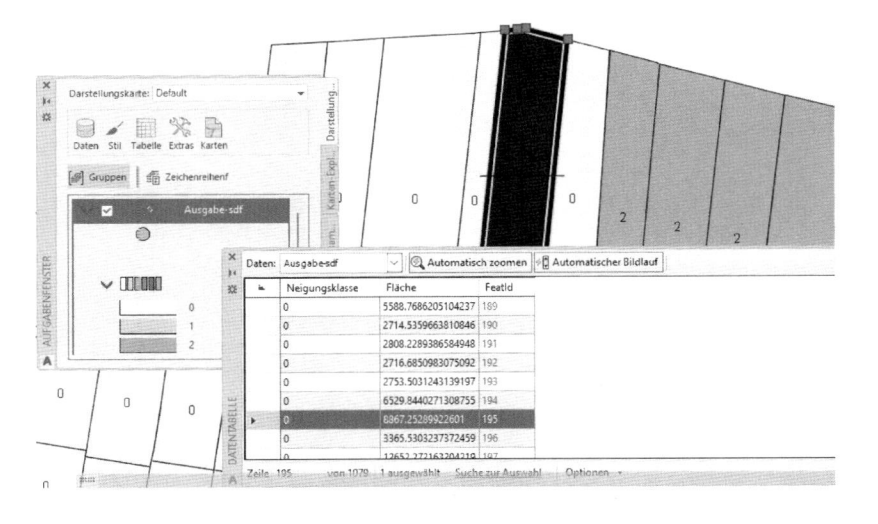

3 *.shp-Datei erstellen (GIS-Format, alternativ *.sdf)

Die Themen werden auf der nächsten Seite dargestellt. Alle zur Verfügung stehenden Eigenschaften können bearbeitet werden.

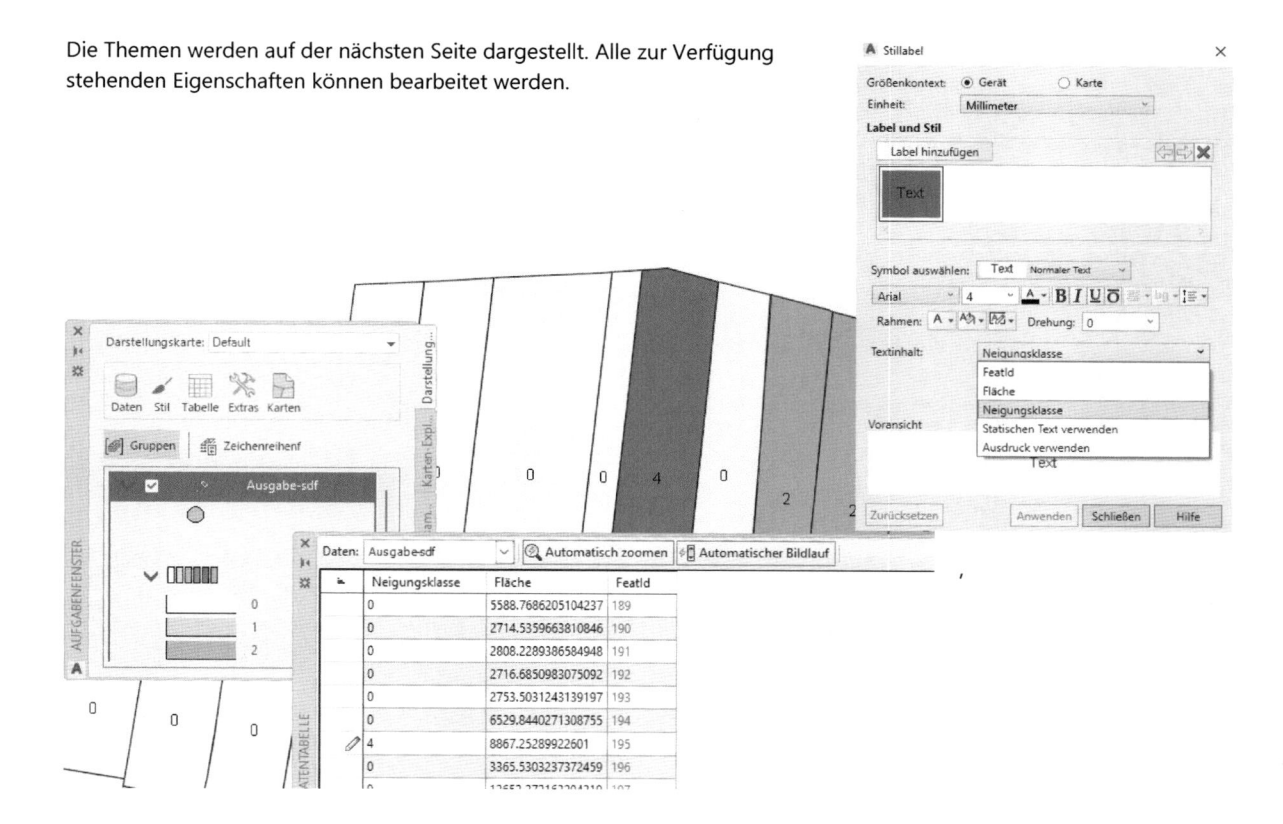

3.3.3 *.shp-Import

Die gesamte Funktionalität hinsichtlich Tabelle oder Stilbearbeitung ähnelt dem *.sdf-Import. Die Datei ist aufzurufen und zu verbinden

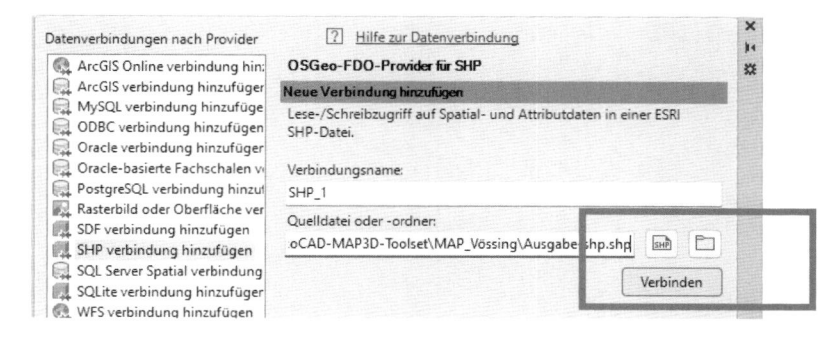

Die Daten sind der Karte (Zeichnung) hinzuzufügen. Optional ist im *.sdf- und *.shp-Format eine Abfrage (Daten-Filter) möglich.

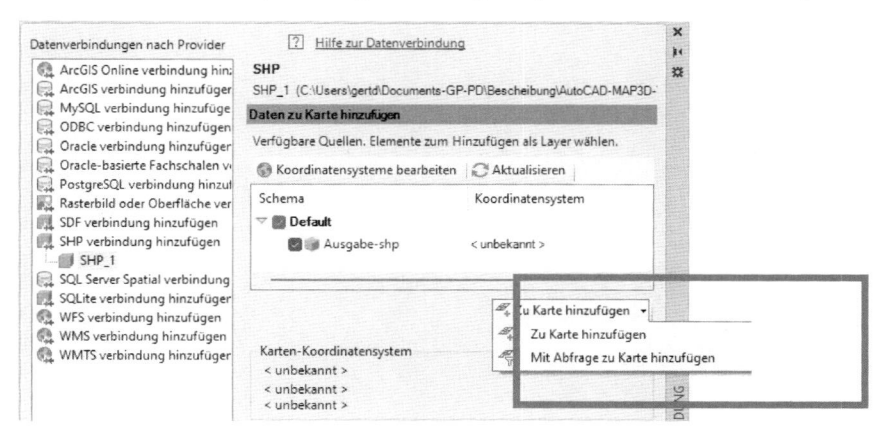

3 *.shp-Datei erstellen (GIS-Format, alternativ *.sdf)

Darstellungs- und Beschriftungs-Stil-Bearbeitung

Die Daten können in diesem Format in der gleichen Art und Weisen hinsichtlich Beschriftung und Darstellung bearbeitet sein. Die Bearbeitungsoption beschränken sich hier innerhalb der Beschreibung ausschließlich auf die geladenen Daten. Es gibt ausschließlich nur Polygon-(Flächen) oder Linien- oder Punkt-Themen in einer Datei.

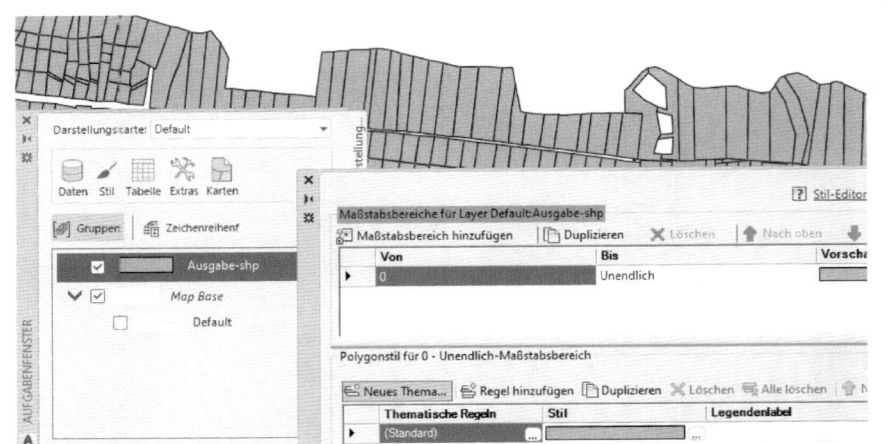

Weil in diese Datei Polygone (Flächen) ausgegeben wurden, stehen nur entsprechende Polygon-Funktionen zur Verfügung.

Die Bearbeitung der Stilisierung entspricht nahezu in allen Details dem vorherigen Kapitel dem Import der *.sdf-Datei.

Stil-Bearbeitung

Bearbeitung der Beschriftung

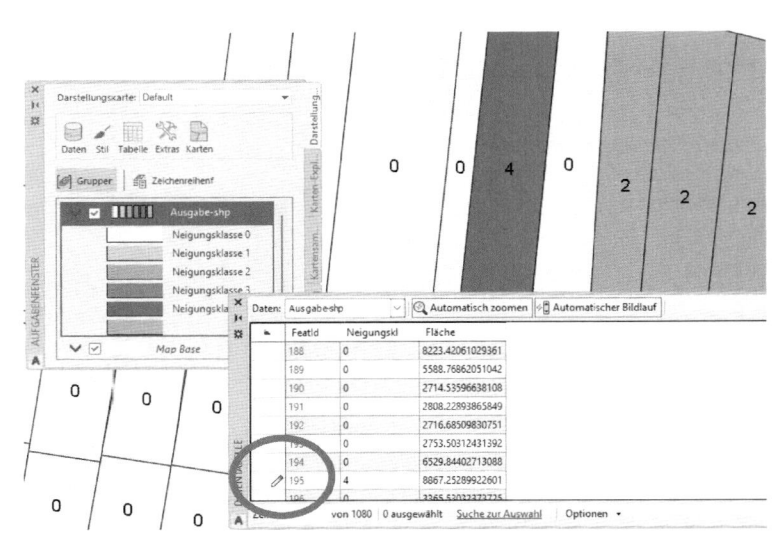

Als Bestandteil der Bearbeitung sollten die Funktion „Auschecken" und „Einchecken" Beachtung finden.

Gert Domsch, CAD-Dienstleistung

Änderungen in den Daten werden gleichzeitig mit dem „Eichecken" in die *.shp- oder *.sdf-Datei gespeichert.

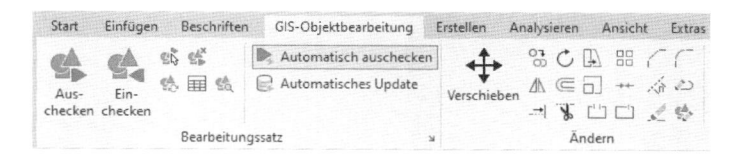

Die Zeichnung selbst sollte auch bewusst gespeichert werden. Auf die Karte (Zeichnung) mit dem SHP-Import wird in einem der nächsten Kapitel (Text und Position in *.shp exportieren) nochmals zurückgegriffen.

3.4 Vorteile infolge GIS-Format (SDF, SHP)

3.4.1 Datenmenge

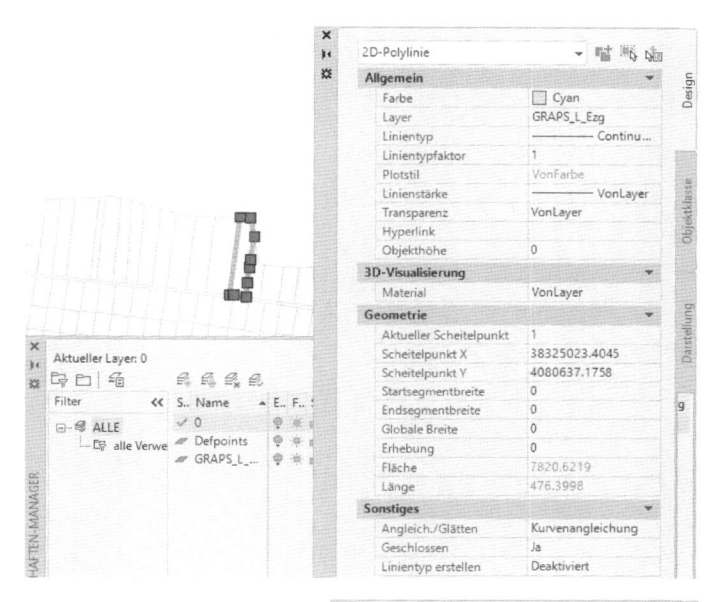

Zeichnungselemente besitzen eine Vielzahl von Eigenschaften (im Bild Polylinien). Diese Eigenschaften sind innerhalb von AutoCAD zwingend erforderlich.

Später, eventuell für reine Verwaltungstätigkeiten, können diese AutoCAD-Eigenschaften (Daten) den Arbeitsfluss belasten. Die nicht benötigten Daten führen zu einer unwirtschaftlich großen Datenmenge.

Mit der Objektklassifizierung und der Ausgabe als GIS-Datei (*.shp,- *.sdf-Datei) ist eine Datenreduzierung auf den unbedingt erforderlichen Anteil möglich.

Bei großen Datenmengen kann das von Vorteil sein. Im Beispiel werden 1080 Flächen verwendet. Das ist eine eher geringe Menge.

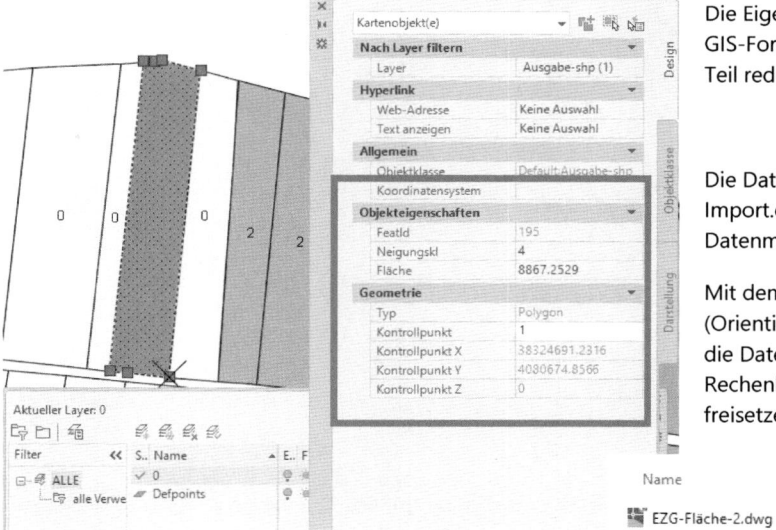

Die Eigenschaften der Polylinie sind als Bestandteil des GIS-Formates auf den im Beispiel definierten wichtigen Teil reduziert.

Die Datenmenge der GIS-Dateien (SHP.-, SDF-Import.dwg) beträgt bedeutend weniger als die Datenmenge der EZG- „Fläche.dwg".

Mit dem zielgerichteten Export von Daten (Orientierung am Anwender) in ein GIS-Format kann die Datenmenge auf ca. 50% reduziert sein. Das kann Rechenleistung und Datenübertragungskapazitäten freisetzen.

3.4.2 Layout-Funktionen

Die Stilzuweisung und damit das Erstellen von Layouts wird durch eine Reihe von Funktion unterstützt. Die farbliche Kennzeichnung von Flächen entsprechend der Eigenschaft kann in einem Arbeitsgang erfolgen. Der Eintrag in der Spalte „Legendenlabel" wird nicht nur im Aufgabenfenster als Bezeichnung wiedergegeben.

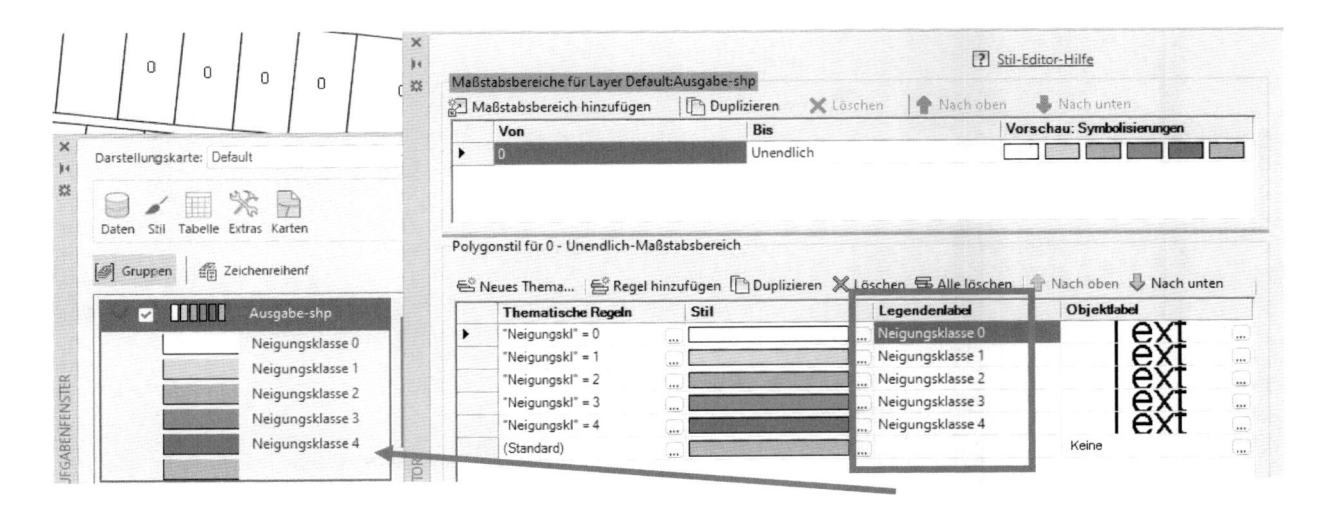

Der Eintrag ist gleichzeitig Bestandteil der Legenden-Funktion im Layout (Layoutwerkzeuge). Zusätzlich gibt es in der Layoutfunktion Nordpfeile, Maßstabsleisten und eine Koordinatenbeschriftung (Referenzsystem).

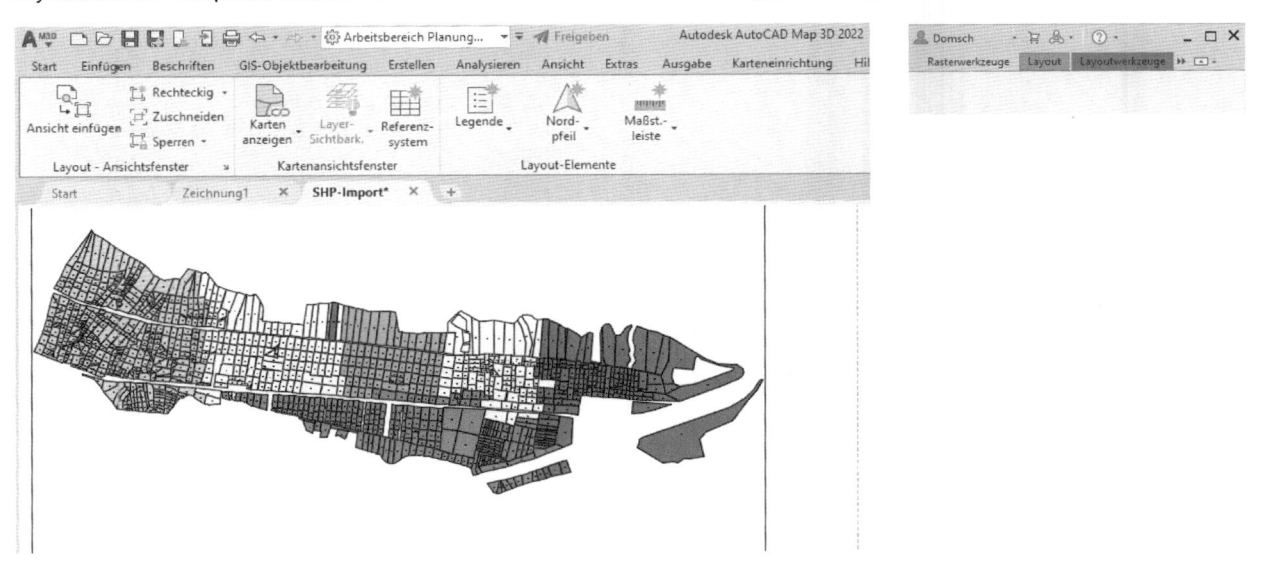

Hinweis:
Einige der Funktionen sind mit Blöcken verknüpft. Die Basis-Einheit dieser Blöcke ist „Millimeter". In einer Zeichnung, die Meter als Einheit hat, könnten alle diese Blöcke schwer zu erkennen sein. Diese Blöcke sind dann um den Faktor ca. 1000 zu skalieren.

Legendenfunktion

Die Legendenfunktion ist mit dem Aufgabenfenster verknüpft. Die als Bestandteil der Stil-Bearbeitung getroffenen Einstellungen werden in der Legende wiedergegeben.

3 *.shp-Datei erstellen (GIS-Format, alternativ *.sdf)

MAP-Aufgabenfenster

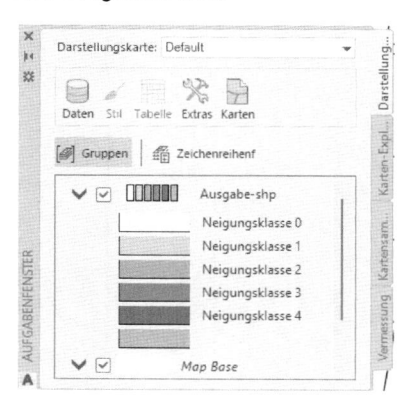

Funktion, Legende (Tabelle mit Eingabemöglichkeit)

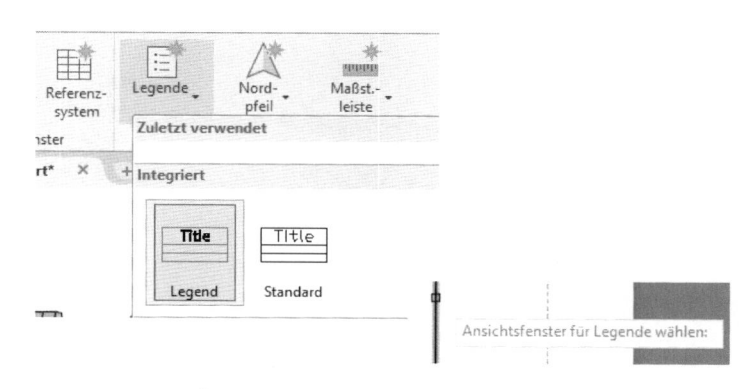

Die Legendentabelle „Default" zeigt alle MAP-Layer unter anderem auch den Layer „Map Base"..

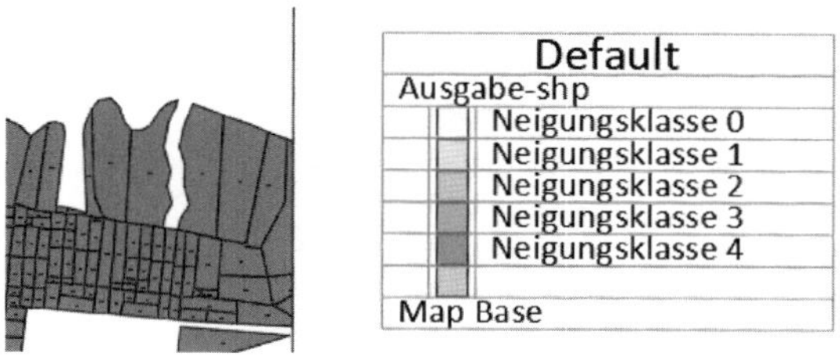

Die Legende ist dynamisch mit dem Layout verknüpft. Ergeben sich Änderungen bei den MAP-Layern oder der Stilisierung kann die Legende aktualisiert werden. Um diese Aktualisierung zu zeigen, wurde im folgenden Bild der MAP-Layer „MAP Base" ab geschalten.

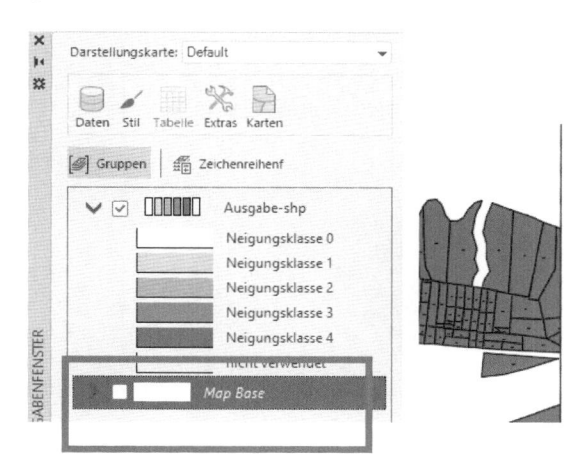

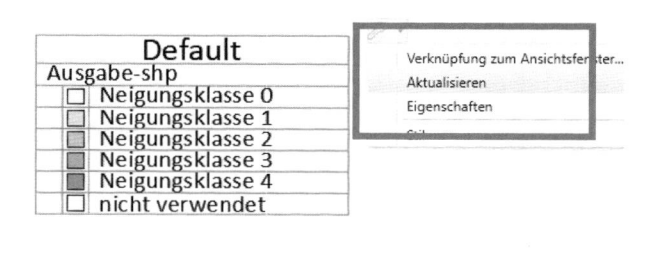

Hinweis:
Das folgende Kapitel „Erstellen von Plänen, (Kartensammlung)" zeigt weitere Bearbeitungsfunktionen für die Legendentabelle.

Nordpfeil

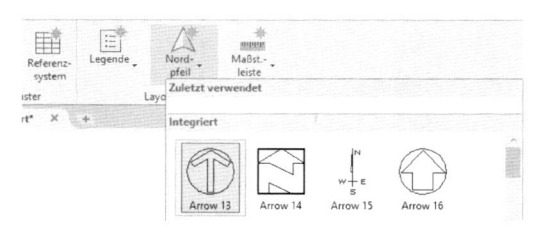

Der Nordpfeil wird mit dem Ansichtsfenster verknüpft, das heißt bei einer Drehung der Ansicht dreht sich der Pfeil und bei jeder Drehung des Pfeils dreht sich die Ansicht.

3 *.shp-Datei erstellen (GIS-Format, alternativ *.sdf)

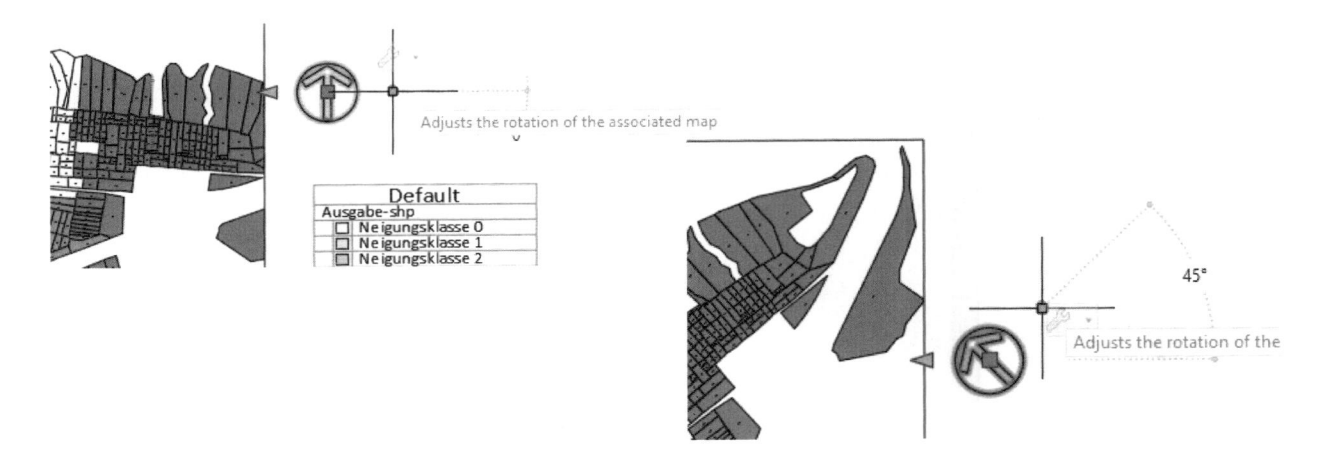

Maßstabsleiste

Die Maßstabsliste ist mit einer Skalierungseinstellung verknüpfbar.

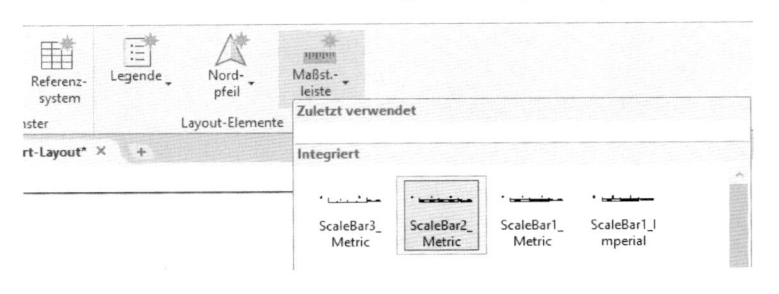

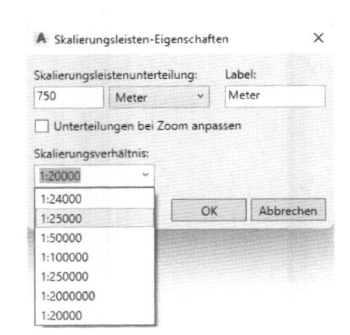

Die Eigenschaften sind auch nachträglich bearbeitbar und anpassbar (Skalierungsleisten-Unterteilung, Label, Skalierungsverhältnis).

Im folgenden Bild sind alle Elemente, Nordpfeil, Maßstabsleiste und Legende eingefügt.

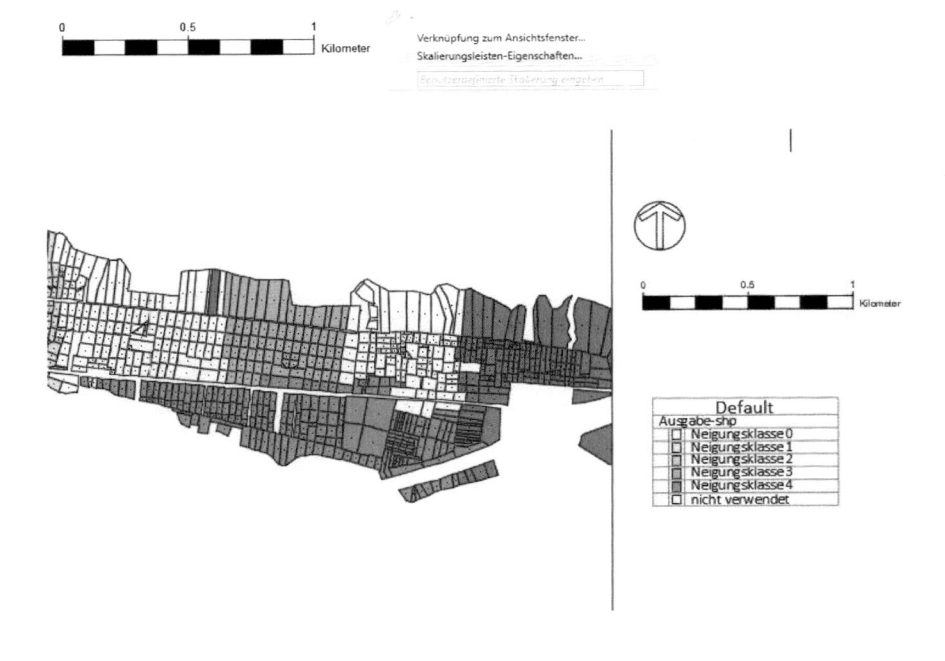

3 *.shp-Datei erstellen (GIS-Format, alternativ *.sdf)

Referenzsystem

Hinweis:
Um ein Ergebnis mit der Funktion „Referenzsystem" zu erreichen, wurde der Zeichnung ein Koordinatensystem zugewiesen.

Die Funktion „Referenzsystem" wird ausgewählt.

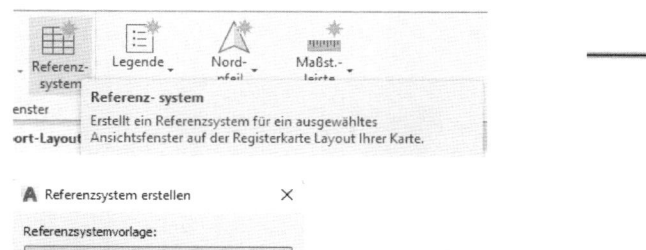

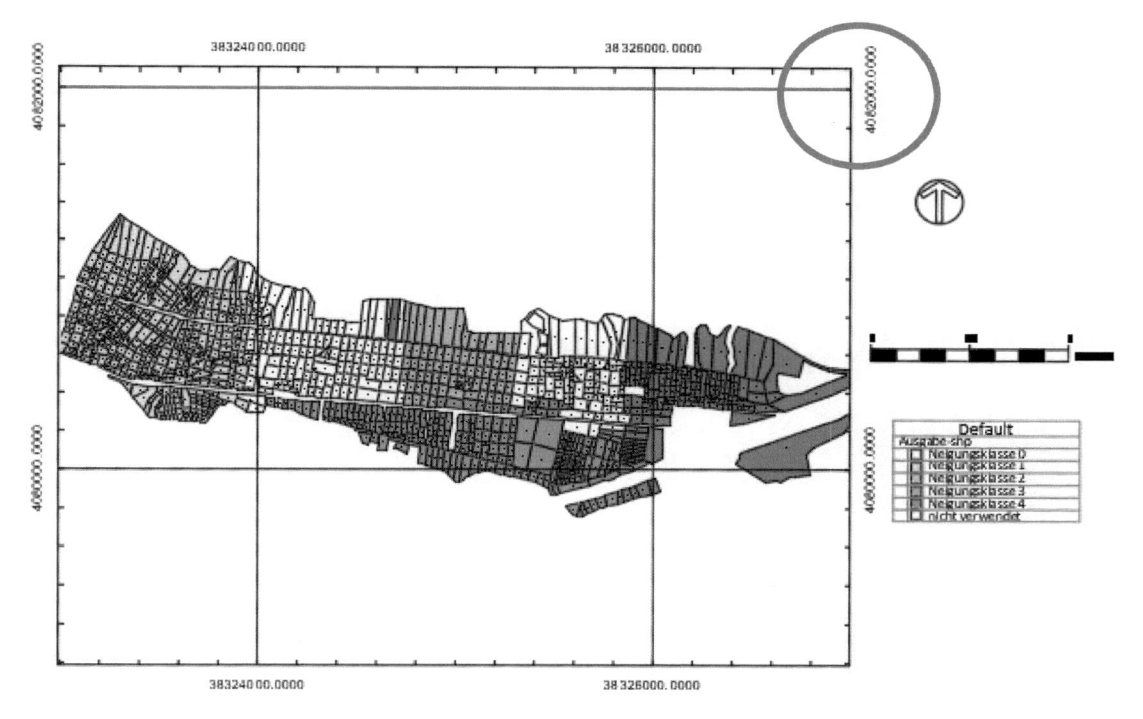

Gert Domsch, CAD-Dienstleistung

3.4.3 Erstellen von Plänen, (Kartensammlung)

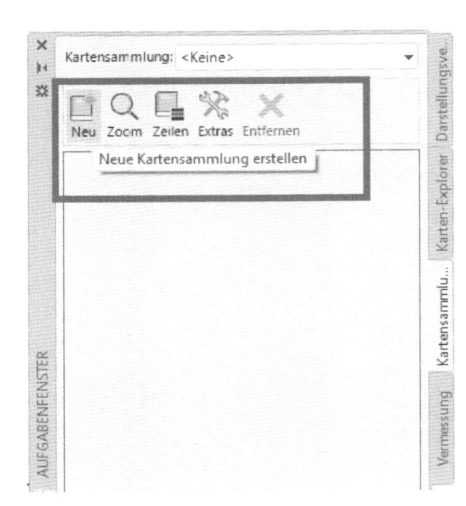

Innerhalb der Karte „Kartensammlung" (MAP Aufgabenfenster) können aus dem erstellten Plan Layouts abgeleitet werden.

Im Beispiel wird eine neue Kartensammlung wie folgt erstellt.

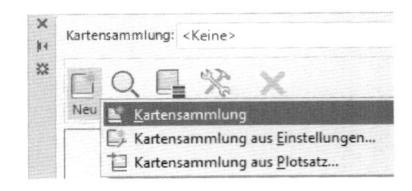

Basis der Kartensammlung ist der Modellbereich. Als Name wird „EZG" vorgegeben. Der vergeben Name wird später gleichzeitig Bezeichnung der Layouts.

Die weiteren Funktionen sind durch Anklicken zu starten.

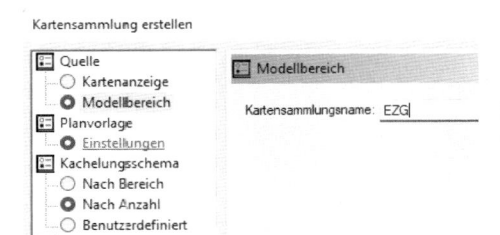

Im nächsten Schritt ist eine Vorlage zu wählen, in der das Layout bestimmt wird.

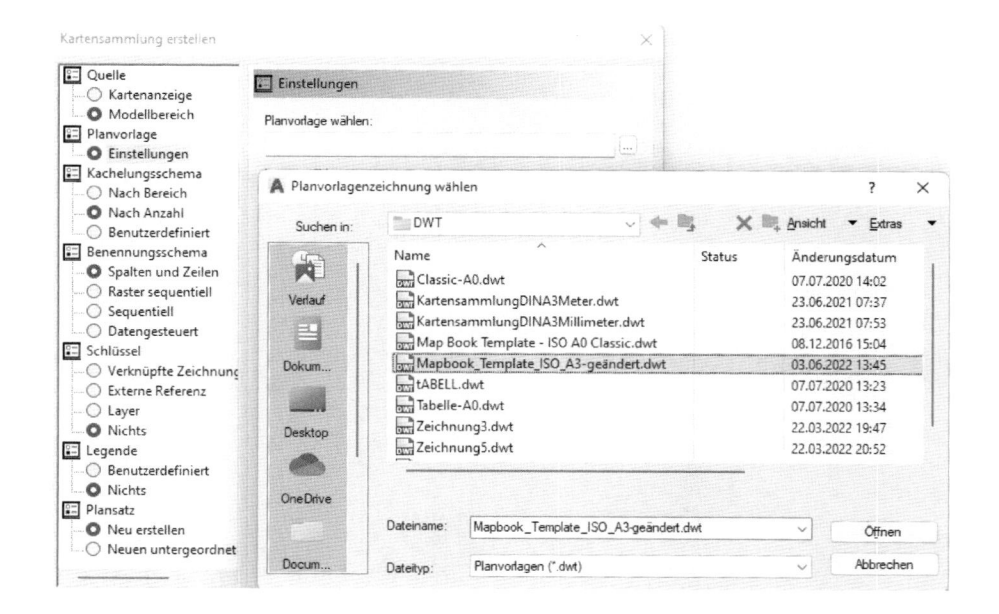

3 *.shp-Datei erstellen (GIS-Format, alternativ *.sdf)

In diesem Schritt sind ein „Titelblock" und „Angrenzende Planverknüpfungen zu wählen.

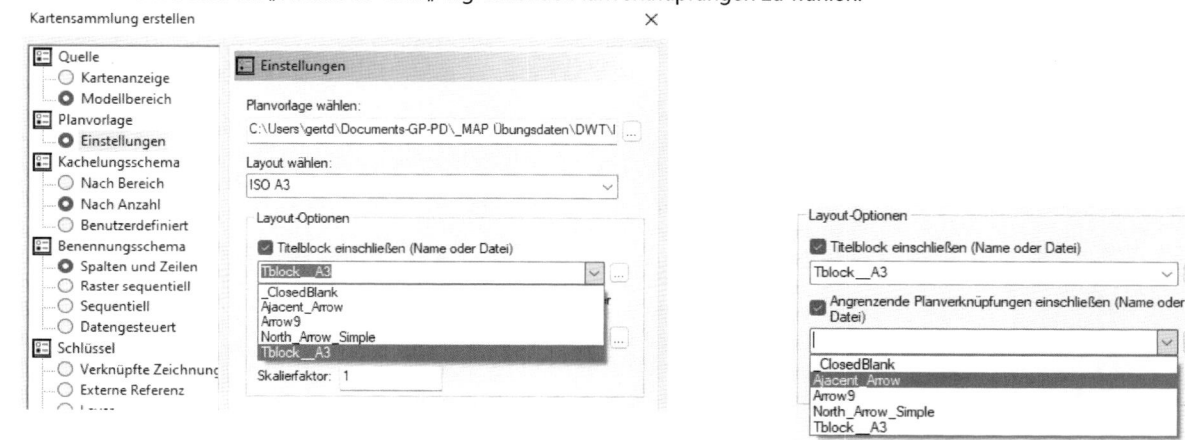

Nachfolgend wird zusätzlich diese ausgewählte Layout-Vorlage (Plan-Vorlage) beschrieben. Mit dieser zusätzlichen Beschreibung ist die hiergezeigte Blockauswahl eventuell besser zu verstehen.
Das heißt die Funktion „Kartensammlung erstellen" wird vorübergehend unterbrochen.

Beschreibung der Vorlage (Blockauswahl)

Hinweis:
Zur Erstellung der Karten (Layouts) wird eine, als Bestandteil der MAP-Templates, von Autodesk vorgegebene Vorlage ausgewählt und bearbeitet.

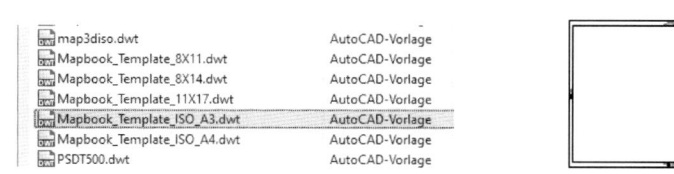

Das Layout wird in einigen Teilen bearbeitet, um zu zeigen, dass auch eigene firmenspezifische Layouts als Bestandteil dieser Funktion Verwendung finden können. Hier ist unbedingt die AutoCAD-Funktion Block und Block mit Attributen zu verstehen.

3 *.shp-Datei erstellen (GIS-Format, alternativ *.sdf)

Zuerst wird dem Layout ein Blatt hinterlegt, dass für eine digitale Ausgabe randfrei ist.

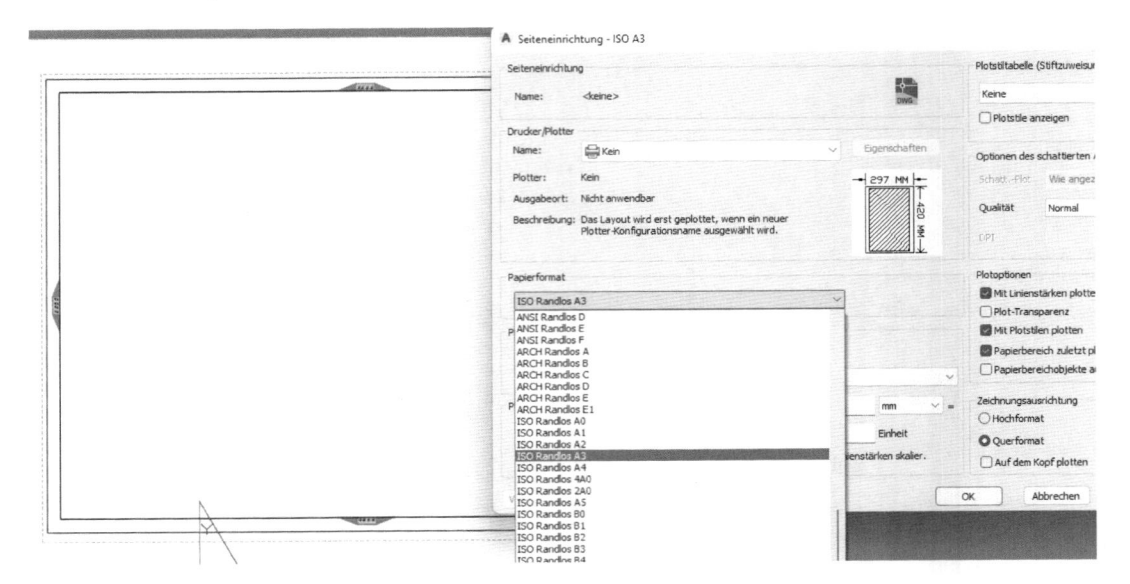

Um das Blatt an den neuen Rand anzupassen wird der Planrahmen skaliert.

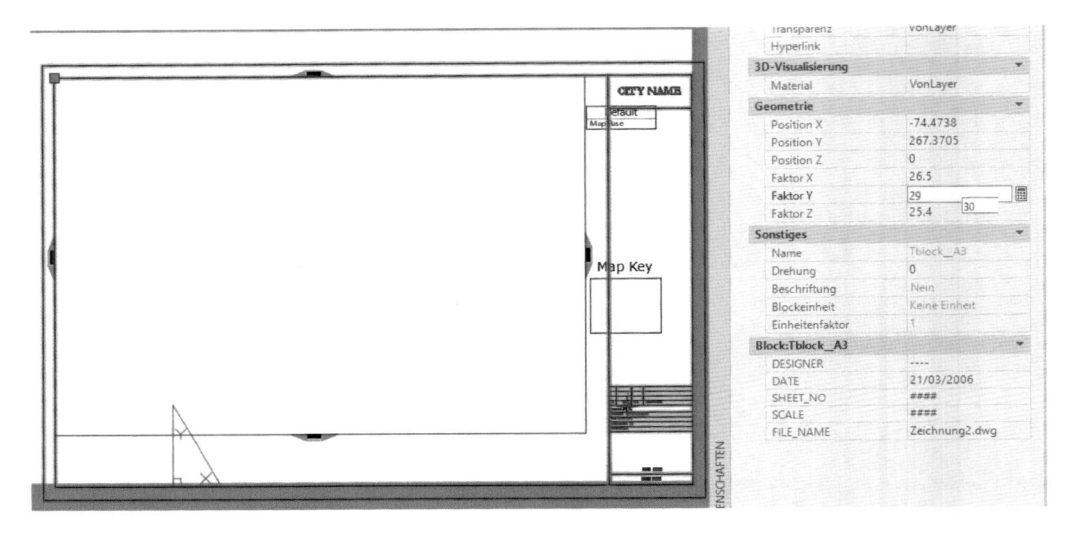

Das Ansichtsfenster die Rand-Blöcke und weitere Details werden neu ausgerichtet.

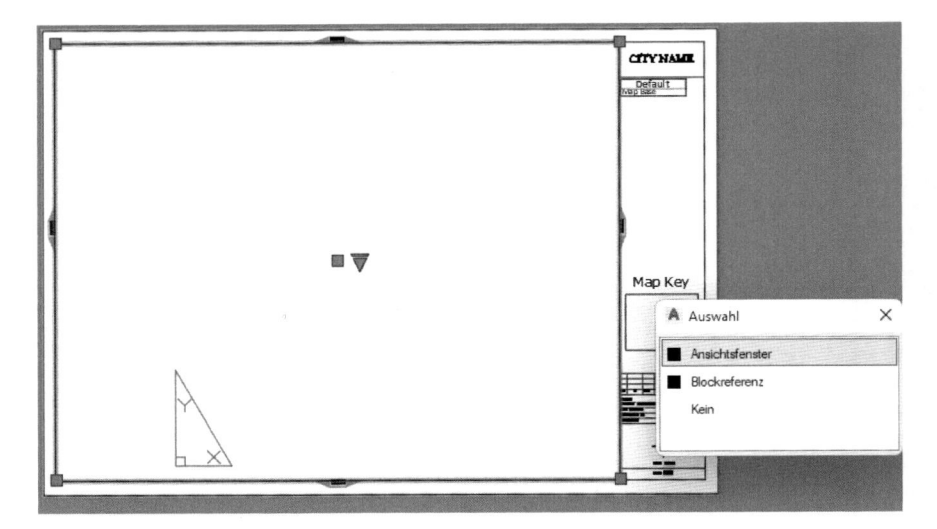

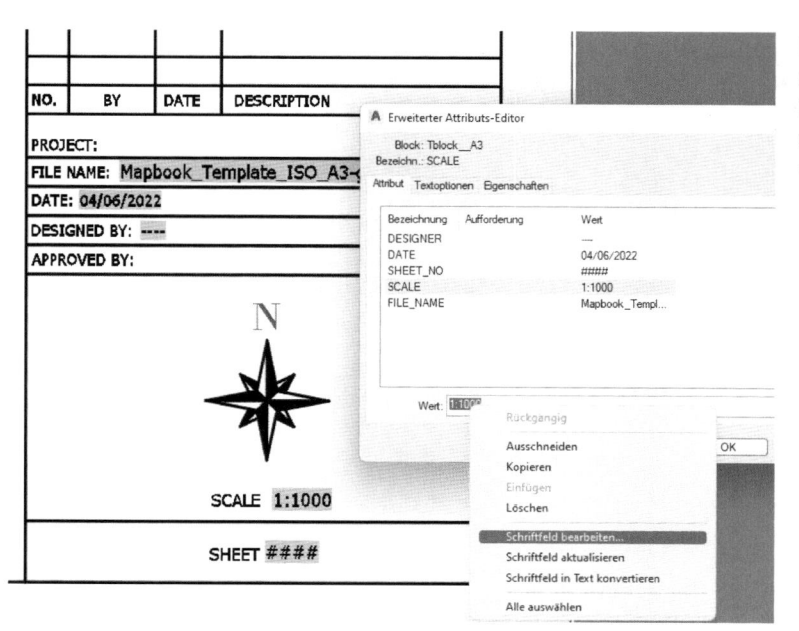

3 *.shp-Datei erstellen (GIS-Format, alternativ *.sdf)

Die Blockattribute werden überprüft. Mit einer auch nachträglichen „Schriftfeld-Bearbeitung" (Block-Attribut) kann sichergestellt sein, dass der richtige - oder der vereinbarte Wert aufgerufen ist.

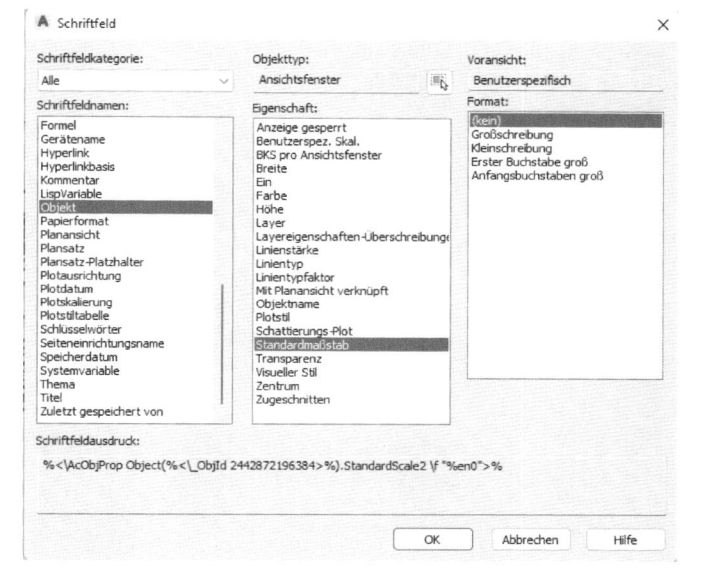

Ist als „Scale" der Zeichnungsmaßstab einzutragen dann sollte der im Bild (rechts) dargestellte Wert abgefragt sein.

Hinweis:
Das Ansichtsfenster bekommt den Maßstab 1:1000. Diese Einstellung ist später innerhalb der Funktion „Erstellen von Plänen" zu beachten.

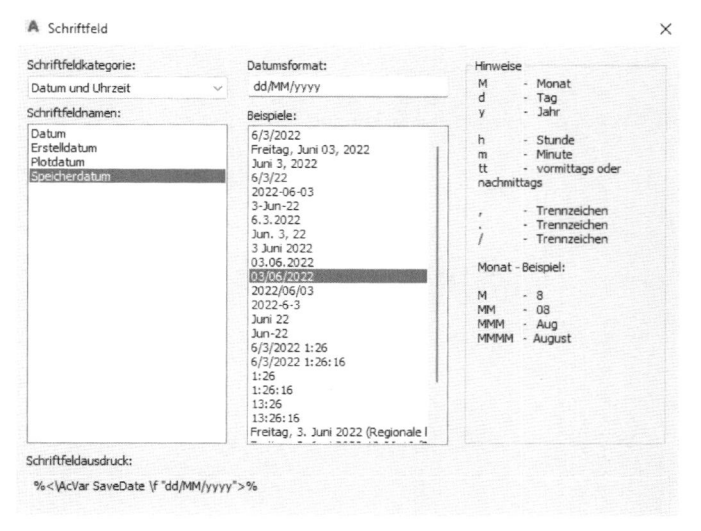

Entspricht das „Datum" dem Speicherdatum, so sollte folgende Einstellung vorliegen (Bild, rechts).

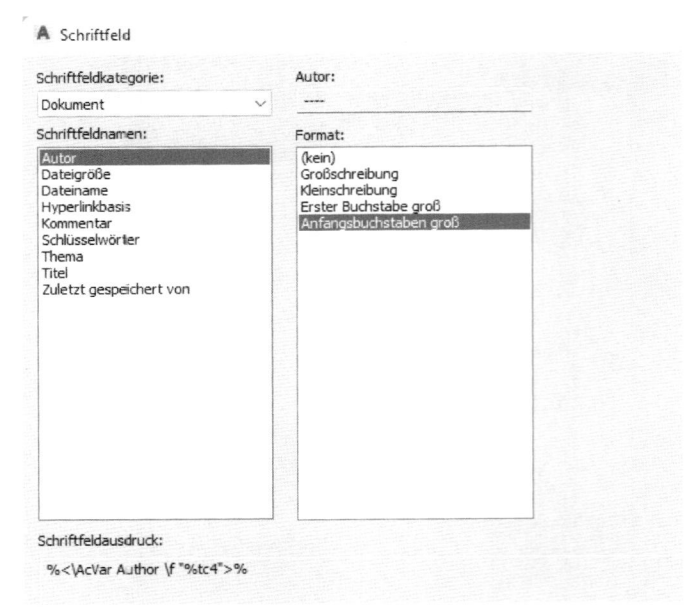

3 *.shp-Datei erstellen (GIS-Format, alternativ *.sdf)

Werden „Autor", „Dokument" oder Titel abgefragt so sind es Einträge, die als Bestandteil des Befehlsbrowsers (Nächstes Bild), unter Zeichnungsdienstprogramme, Zeichnungseigenschaften zu komplettieren sind.

Hinweis:
Titel und Autor sind als Bestandteil der Zeichnung zu führen in der das Layout verwendet wird und sind nicht als Bestandteil der Vorlage einzutragen.

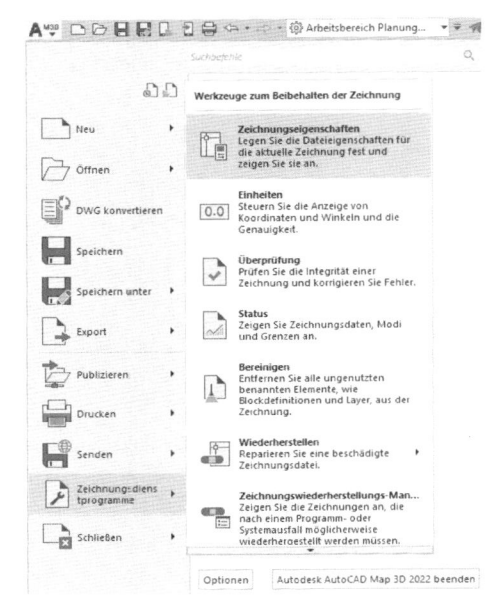

Hier sind die Registerkarten „Datei-Info" und „Benutzerspezifisch" zu beachten.

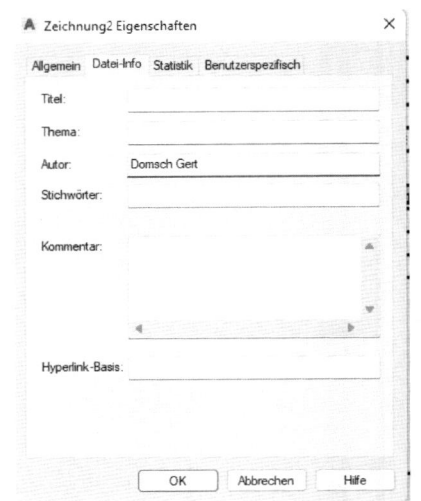

Das trifft ebenfalls für den Maßstab zu. Der Maßstab wird ebenfalls aus der verknüpften Zeichnung gelesen. Die Maßstabsliste sollte hier bearbeitet sein (Register „Beschriften").

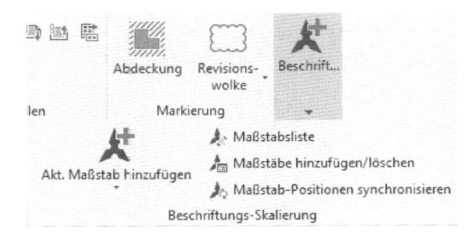

Gert Domsch, CAD-Dienstleistung

3 *.shp-Datei erstellen (GIS-Format, alternativ *.sdf)

Weiterhin sind folgende Einstellungen zu beachten.

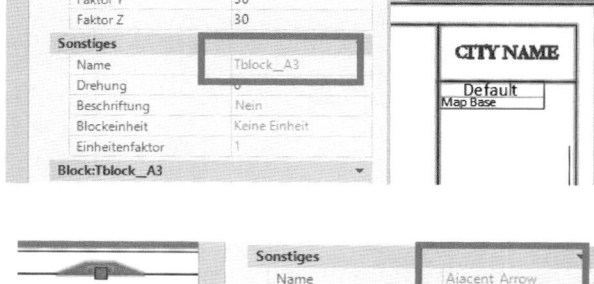

Der gesamte Planrahmen mit den Blockattributen wird hier als „Tblock_A3" bezeichnet.

Am Hauptansichtsfenster sind Blöcke (Ajacent_Arrow) mit Attributen angehangen, die die Blattbezeichnung der Nachbaransichten anzeigen (angrenzende Ansichtsfenster).

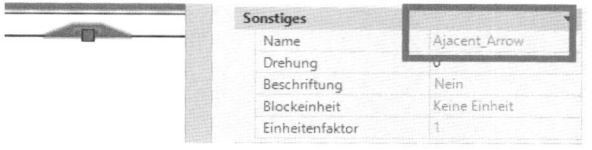

Die spätere Funktion zum Erstellen von Plänen findet die Ansichtsfenster und die Blöcke, die die Nummer der angrenzenden Pläne beschriftet, weil es als Bestandteil des MAP 3D Toolset unter folgender Funktion eine Blockzuordnung gibt.
Die Funktion ist Bestandteil das Aufgabenfensters, Register Kartensammlung, Extras.

„Vorlagenplatzhalter identifizieren"

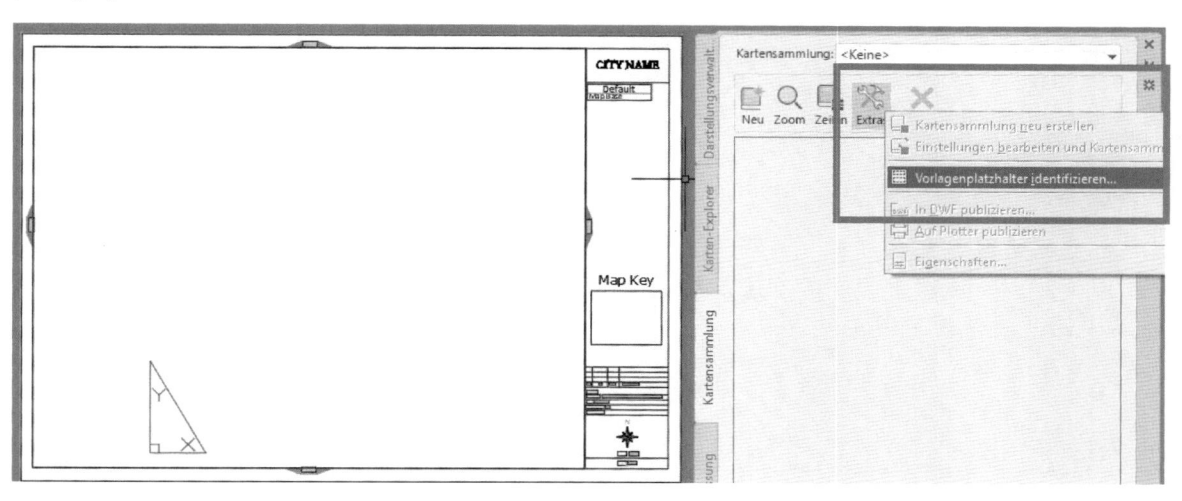

Das Hauptansichtsfenster ist der darzustellende Planausschnitt.

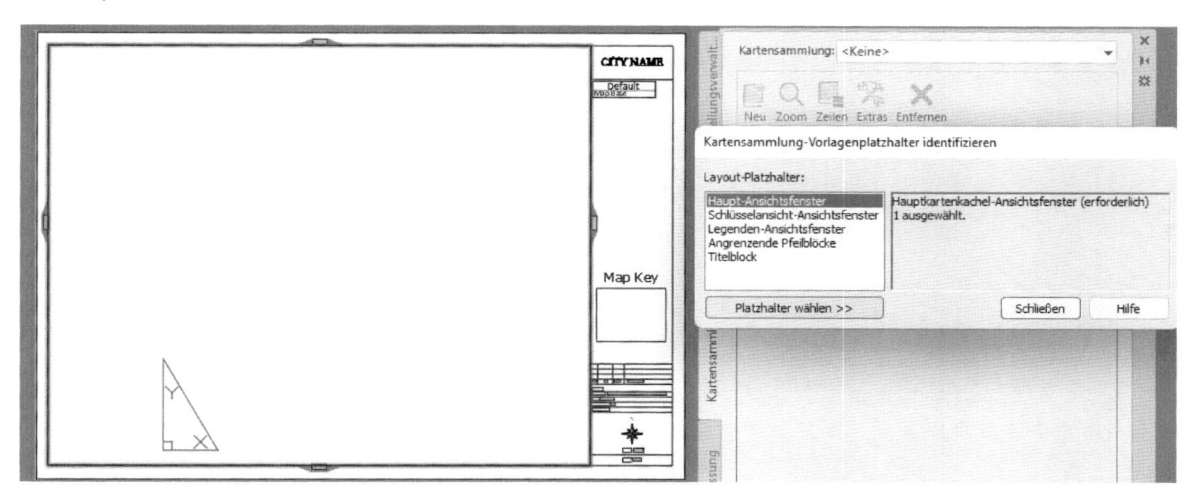

3 *.shp-Datei erstellen (GIS-Format, alternativ *.sdf)

Das Schlüsselansicht-Ansichtsfenster ist ein Übersichtsplan, der die Gesamtansicht und ein Quadrat darstellt, das die Position der einzelnen Ansicht, bezogen auf den gesamten Plan zeigen soll.

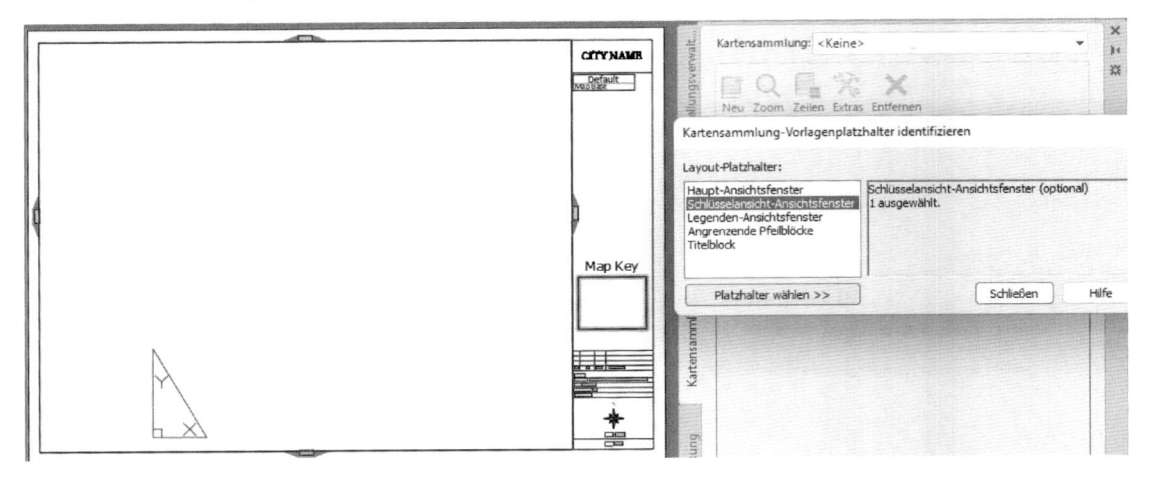

Als Legendenansichtsfenster könnte es ein drittes Ansichtsfenster geben, das eine eigene manuell erstellte Legende aus dem Modellbereich übernimmt. In diesem Beispiel wird kein eigenes Legenden-Ansichtsfenster verwendet. Eine Legende wird mit Hilfe der Tabelle (Default, ist bereits eingetragen) erstellt und aus dem MAP 3D Toolset „Aufgabenfenster" übernommen.

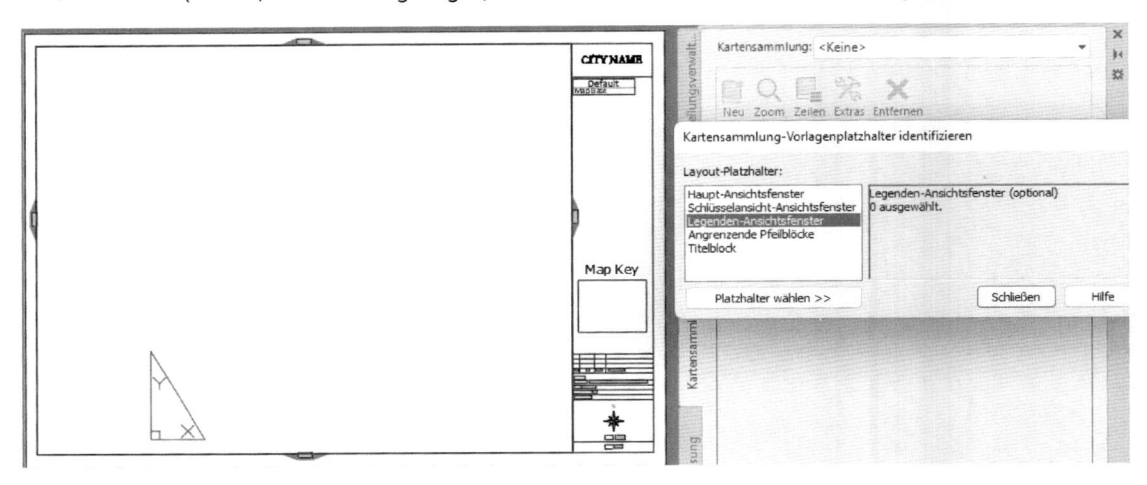

Die am Hauptansichtsfenster angrenzenden „Pfeilblöcke" (Bezeichnung der angrenzenden Pläne) sind die Blöcke mit der Bezeichnung „Ajacent_Arrow".

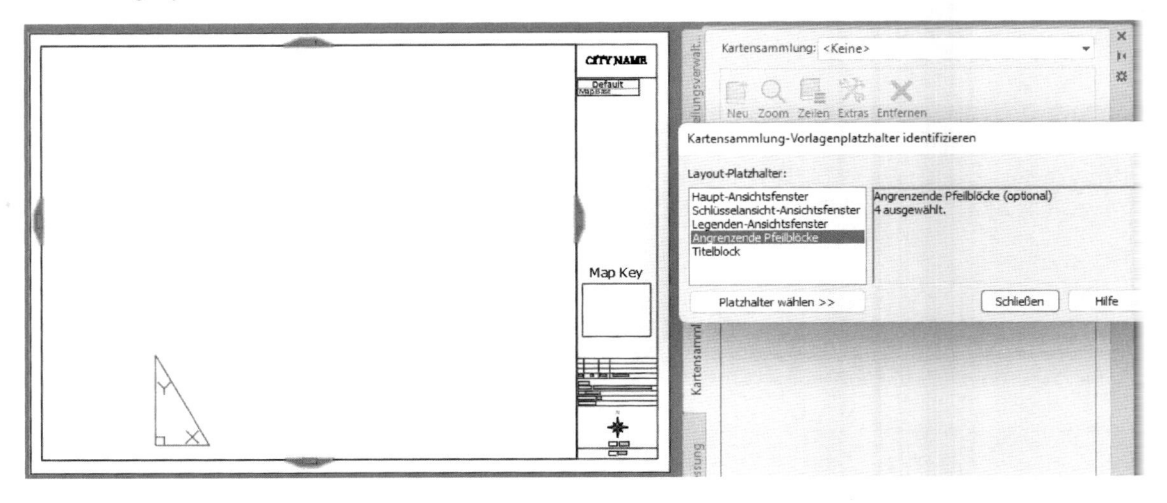

Der zentrale Rahmen mit dem Schriftfeld ist im vorliegenden Beispiel der „Titelblock" (Tblock_A3).

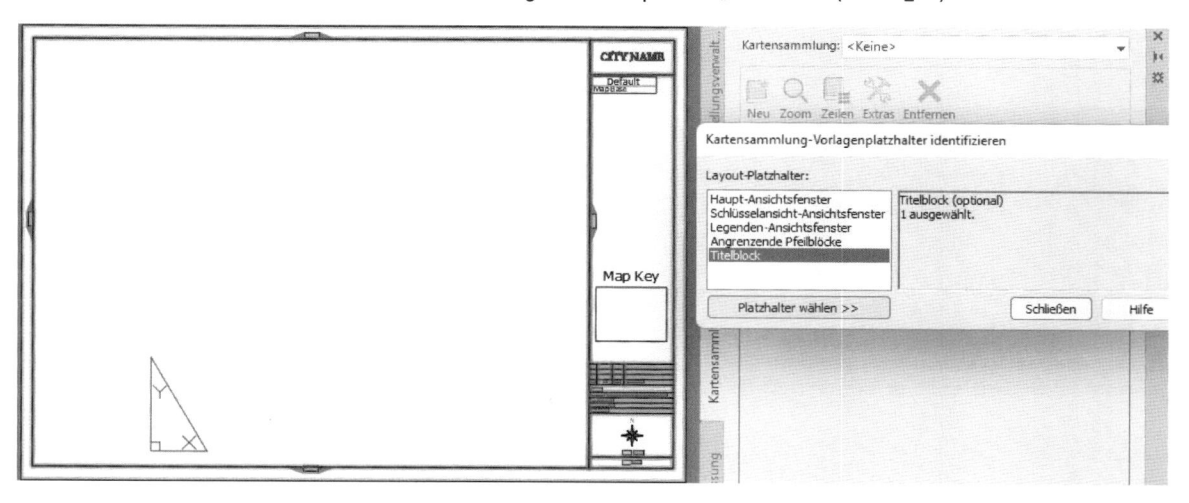

Aufgrund der Summe dieser Einstellungen wird die Layout-Funktion einzelne Ansichten anhand des Gesamtplans erstellen. Diese einzelnen Ansichten werden nachfolgend auch „Kacheln" genannt.

Das geänderte Layout wird unter folgendem Namen gespeichert und innerhalb der nächsten Funktionen verwendet.

Hier endet die Beschreibung der Vorlage zum Erstellen der Layouts und der Text wechselt wieder zurück zur Funktion „Kartensammlung erstellen".

Fortführung Kapitel: Erstellen von Plänen, (Kartensammlung)

Die Beschreibung wird mit dem Abschnitt „Planvorlage, Einstellung" weitergeführt. Es sind die geänderte Vorlage, der Titel Block und die Blöcke für die angrenzenden Pläne aufzurufen.

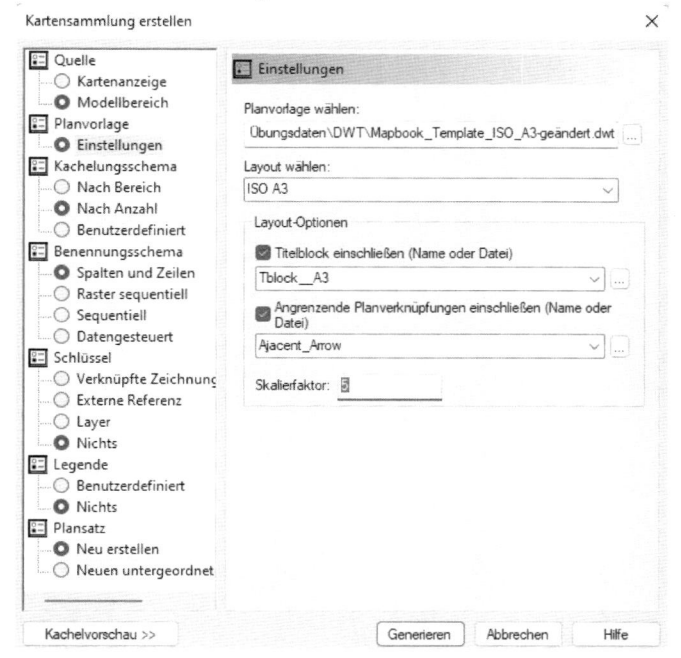

Neu ist hier der Skalierfaktor zu beachten. Der Skalierfaktor steht im Verhältnis zum Maßstab des Hauptansichtsfensters, das den Maßstab 1:1000 hat (vorheriger Abschnitt der Beschreibung).

Skalierfaktor 5 bedeutet jetzt das Ansichtsfenster sollte einem Maßstab von 1:5.000 haben und im Wert „Scale" sollte 1:5.000 eingetragen sein.

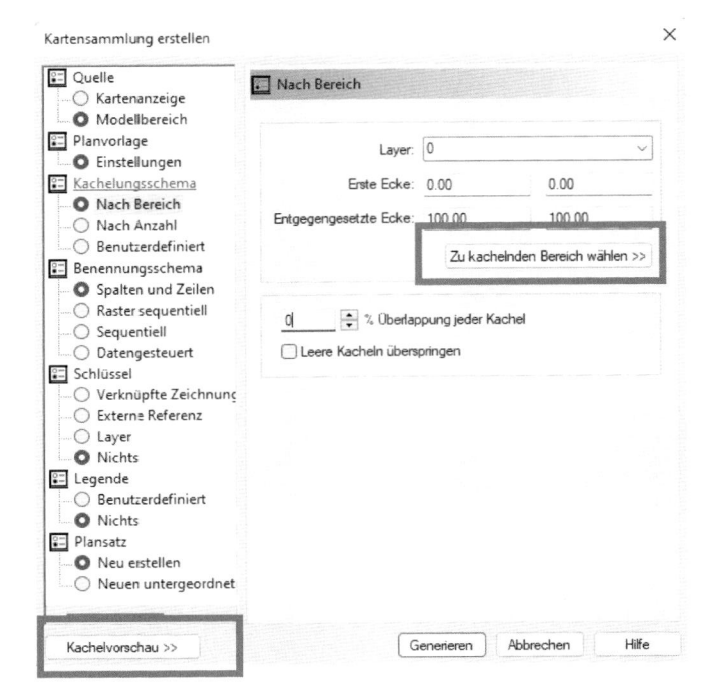

3 *.shp-Datei erstellen (GIS-Format, alternativ *.sdf)

Im nächsten Arbeitsschritt „Kachelungsschema" ist dem Einsteiger in das Thema die Einstellung nach Bereich zu empfehlen und hier zuerst die Funktion „Zu kachelnder Bereich wählen" auszuführen.

Mit dieser Funktion wird der Bereich ausgewählt, der in einzelne Layouts (Kacheln) aufzuteilen ist. Im Beispiel wird ein Fenster über alle „EZG-Flächen" gezogen.

Hinweis:
Bei Verwendung der Funktion „Überlappung jeder Kachel" (voreingestellt 5%) kann es zu einer Verzerrung des Maßstabs kommen. Die Einhaltung des Maßstabs ist dann unbedingt zu prüfen.
Im Beispiel wird der Wert mit „0" überschrieben.

Mit der Funktion „Kachelvorschau" zeigt der Modellbereich die spätere Planeinteilung (Kacheln).

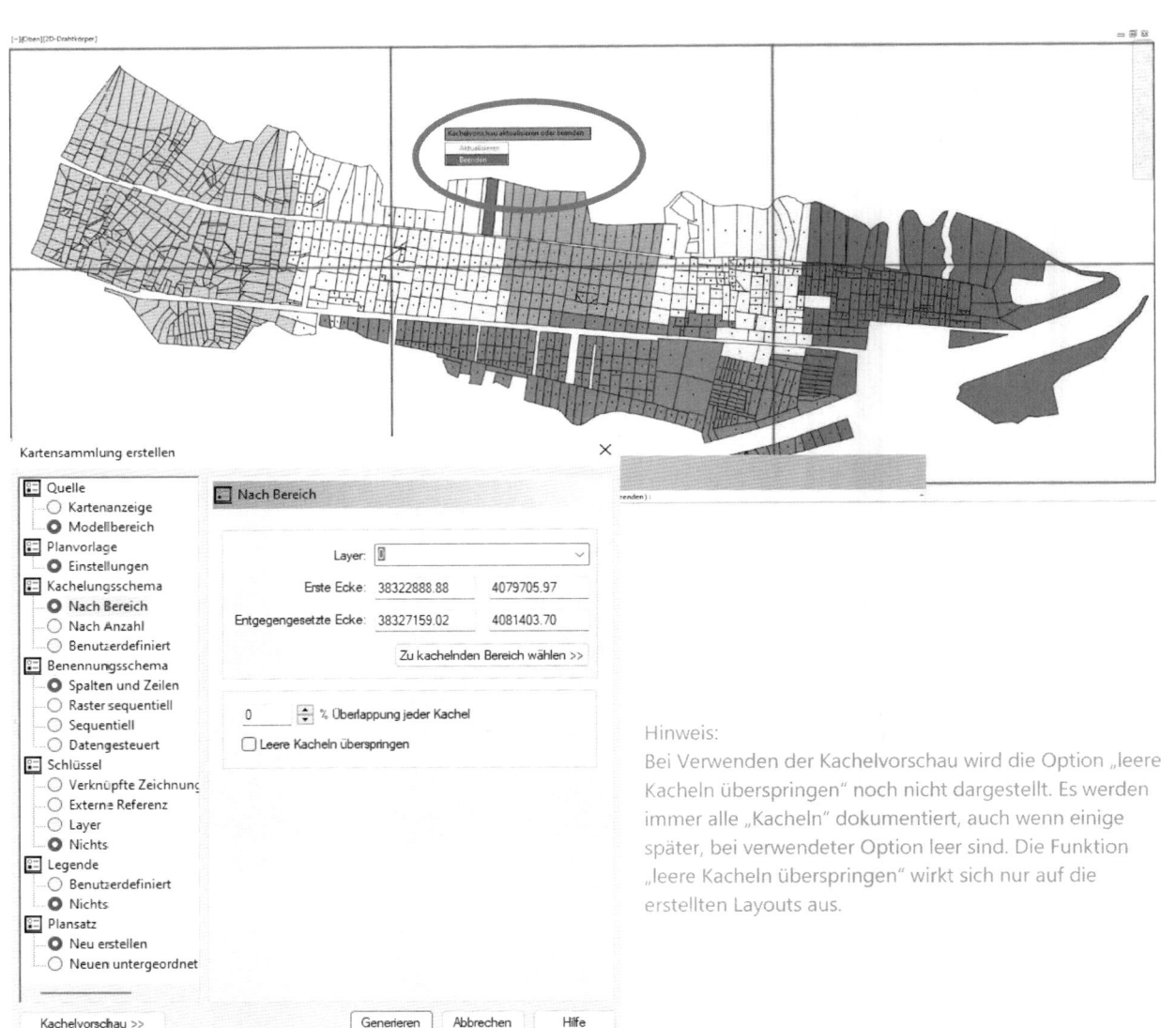

Hinweis:
Bei Verwenden der Kachelvorschau wird die Option „leere Kacheln überspringen" noch nicht dargestellt. Es werden immer alle „Kacheln" dokumentiert, auch wenn einige später, bei verwendeter Option leer sind. Die Funktion „leere Kacheln überspringen" wirkt sich nur auf die erstellten Layouts aus.

Gert Domsch, CAD-Dienstleistung

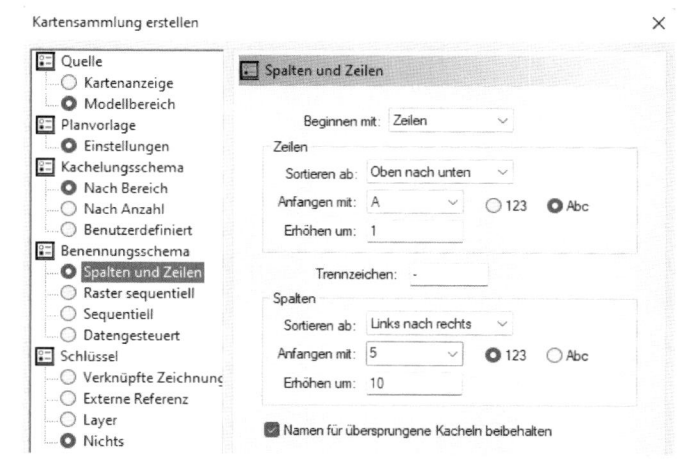

3 *.shp-Datei erstellen (GIS-Format, alternativ *.sdf)

Mit der Funktion „Benennungsschema" wird die Bezeichnung der Spalten und Zeilen gesteuert. Die Bezeichnung ist vielfältig anpassbar.

Im Übungsbeispiel wird die Voreinstellung nicht geändert.

Hinweis:
Ein späteres Nachbearbeiten der „Kartensammlung" ist möglich und damit auch eine Änderung des Benennungsschemas.

Unter Schlüssel wird eine Zeichnung angehangen, die als Übersichtsplan im Layout dient. Die Darstellung ist später am rechten Rand des Layouts eingeblendet. Hier wird innerhalb der Übung die Funktion „externe Referenz" gewählt.

Diese Zeichnung (externe Referenz) wurde im Vorfeld vor der Funktion „Kartensammlung erstellen" erzeugt, Funktion „Aktuelle Karte als DWG speichern" (Register „Ausgabe").

Hinweis:
Sind *.shp-Dateien importiert, so sind diese nicht Bestandteil der Zeichnung, sondern werden durch die Importfunktion nur „visualisiert".

Sollen die Daten in einer hier angehangenen „externen Referenz" gezeigt werden so ist eine *.dwg aus den *.shp-Daten zu erstellen. Das nachfolgende Bild zeigt die Funktion.

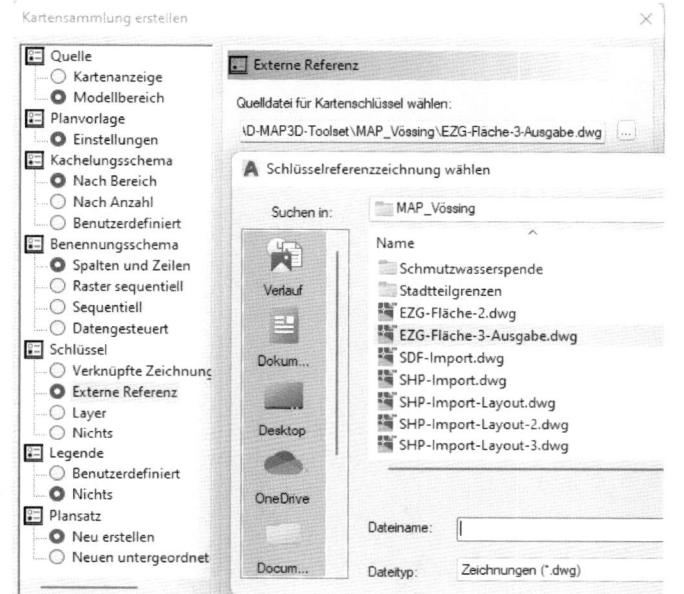

Die Funktion erzeugt eine als „externe Referenz" verwendbare *.dwg- Datei.

3 *.shp-Datei erstellen (GIS-Format, alternativ *.sdf)

Die beiden letzten Funktionen „Legende erstellen" und Plansatz bleiben auf der Voreinstellung, Legende – „Nichts" und Plansatz – „Neu erstellen".

Der Pfad für die Erstellung des Plansatzes sollte bewusst gewählt sein.

Die Legende wird im vorliegenden Fall als Tabelle mit der Übernahme der MAP-Layer aus dem MAP-Aufgabenfenster erzeugt und ein Plansatz liegt noch nicht vor.

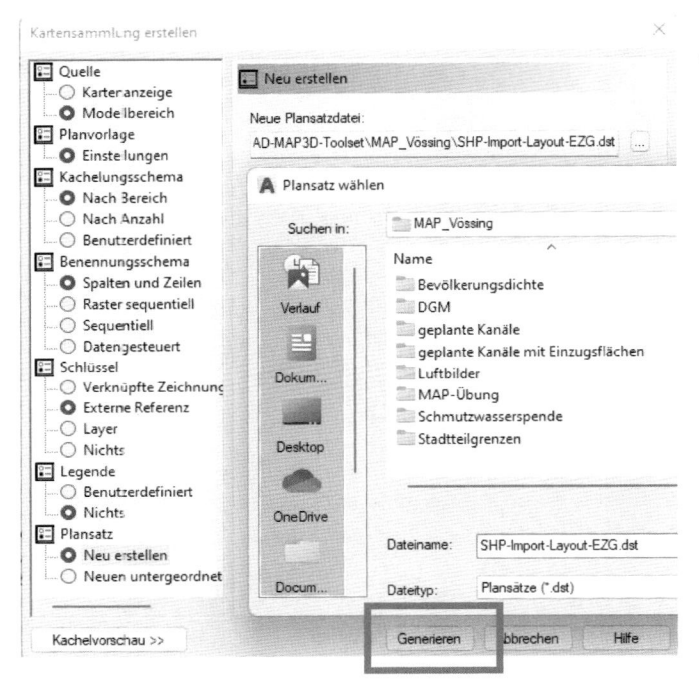

Mit der Funktion „Generieren" werden die Layouts erstellt.

3 *.shp-Datei erstellen (GIS-Format, alternativ *.sdf)

Die Zeichnung (Modellbereich) enthält Polylinien auf dem als aktuell gesetzten ACAD-Layer (hier Layer „0"), die den Bereich der einzelnen Pläne (Layouts) im Modellbereich zeigen.

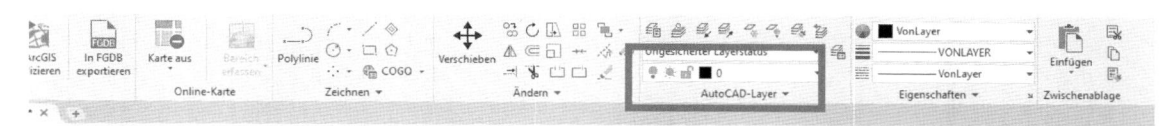

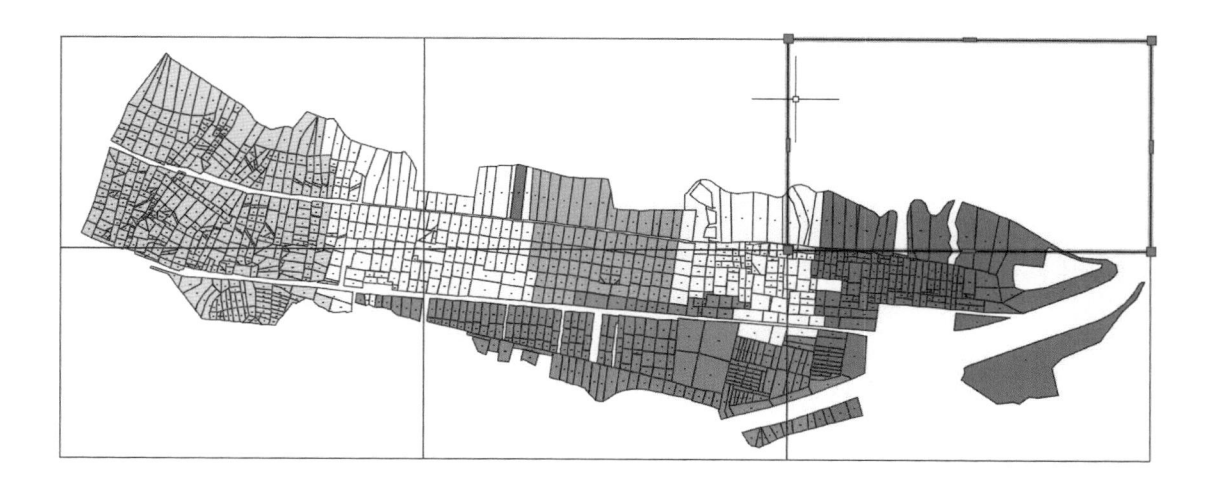

Das folgende Bild zeigt einen der erstellten Pläne. Eventuell ist der Layer, der im Modell die Planeiteilung zeigt für alle Ansichtsfenster zu fieren, um die Planeiteilung in der Ansicht abzuschalten. Diese Linien könnten eventuell irritieren.

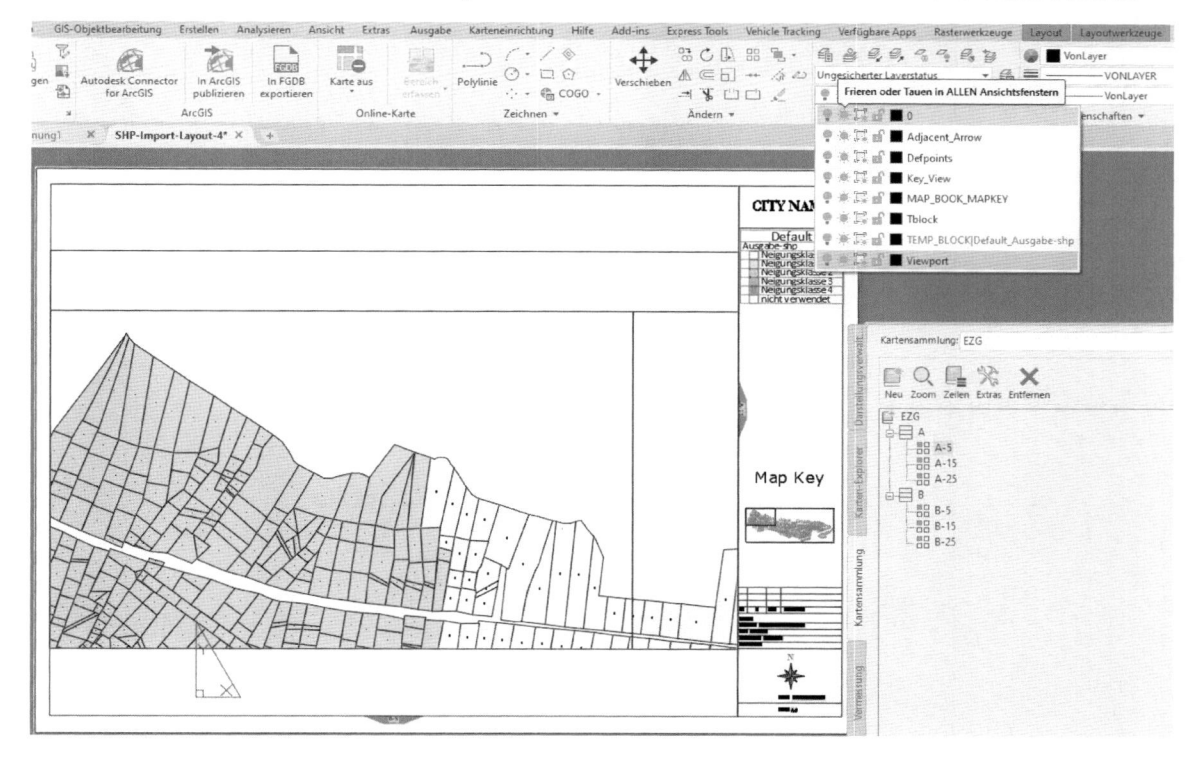

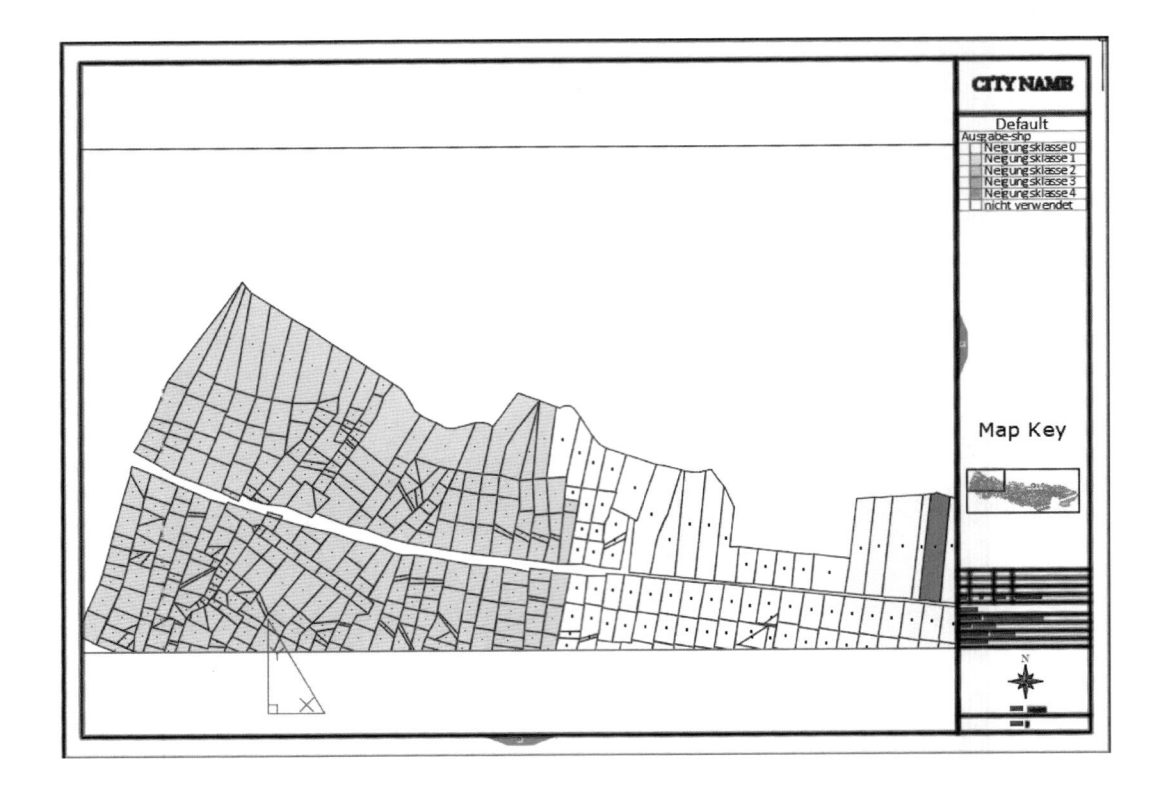

3 *.shp-Datei erstellen (GIS-Format, alternativ *.sdf)

Eventuell sind noch weitere Kontrollen und Detailbearbeitungen erforderlich. Nicht alle Parameter zeigen den Wert der eigentlich eingestellt wurde. Die Attribute des „Titel-blockes" (Tblock_A3) zeigen nicht in jedem Fall den Wert, der zu erwarten war. Der Wert von „Scale" sollte 1:5.000 zeigen?

Der Wert zeigt „Benutzerspezifisch" und in der Eigenschaftenpalette den Faktor von 0.2479?

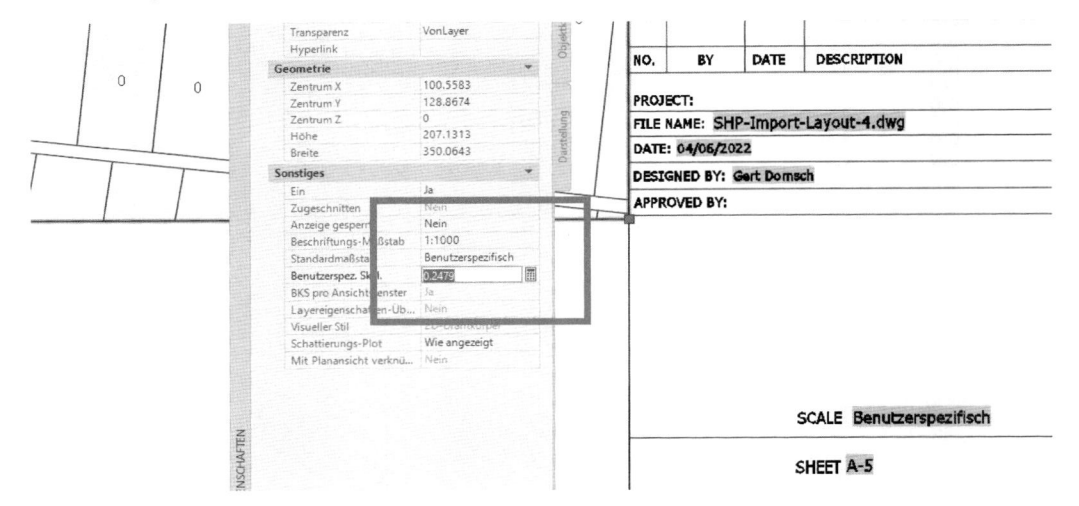

Gert Domsch, CAD-Dienstleistung

3 *.shp-Datei erstellen (GIS-Format, alternativ *.sdf)

Erst der manuelle Eintrag des Wertes von 0.2 oder der Aufruf des Maßstabs von 1:5.000 und ein anschließendes „Regen" führt in diesem Layout zur Korrektur.

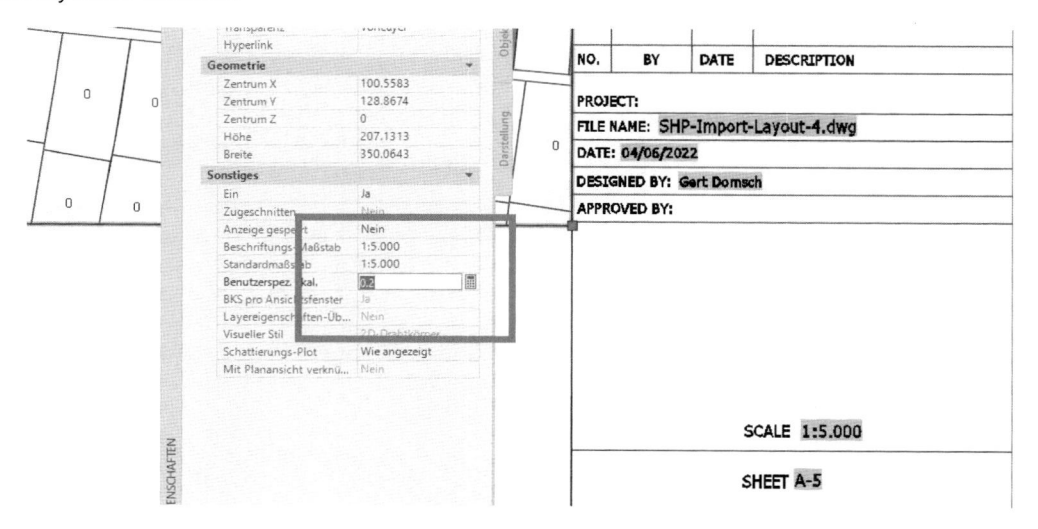

Eine Ursache für dieses Problem ist nicht erkennbar. Am 05.06. wurde zu diesem Thema eine Anfrage bei Autodesk erstellt (Autodesk-Antwort auf der nächsten Seite, im nächsten Abschnitt „Problem Maßstab").

Hinweis:
Alle erstellten Layouts sind eventuell dahingehend zu kontrollieren.

Mit der Funktion „Einstellungen bearbeiten und neu erstellen…" können die Pläne beliebig oft bearbeitet und geändert werden.

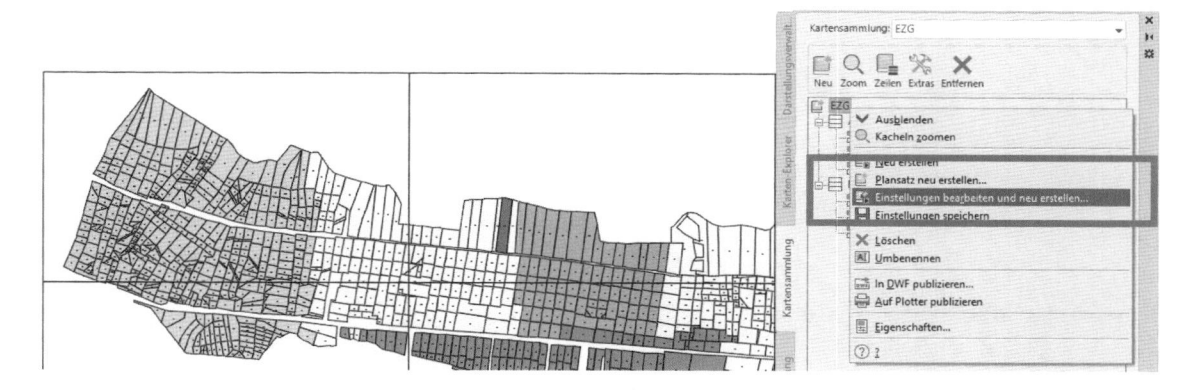

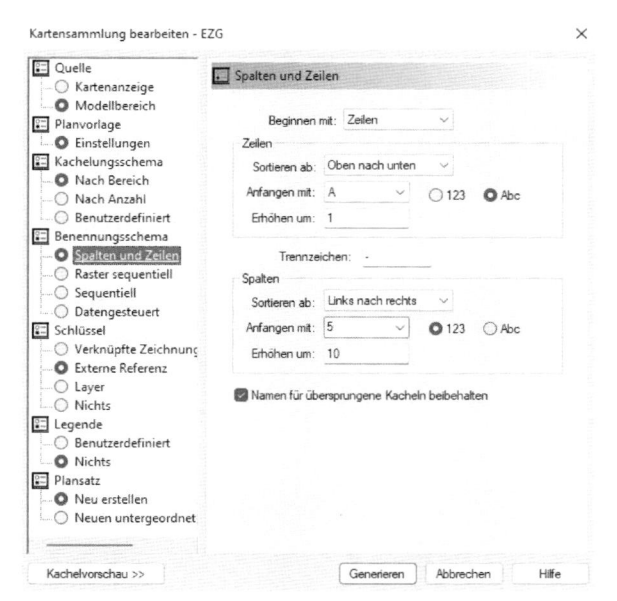

Eine Änderung oder ein Austausch der angehängten Daten ist beliebig oft möglich.

Problem Maßstab

Autodesk hat bereits am 08.06.22 geantwortet und sagt: Die Funktion Kachelungsschema „Nach Bereich" ermittelt die Ansichtsfenster- Skalierung (und damit den Maßstab) unabhängig von der Maßstabseingabe.

Um einen exakten Maßstab zu erzwingen, sind die Funktionen „Nach Anzahl" oder besser „Benutzerdefiniert" zu wählen. Parallel dazu sollte Breite und Höher des Ansichtsfensters bekannt sein, um eventuell die erforderliche Breite und Höhe der Auswahl bestimmen zu können, die den zu plottenden Bereich umfasst.

Aus den genannten Gründen wurde ein neuer Planrahmen mit den zuvor beschriebenen Eigenschaften erstellt, der ein Hauptansichtsfenster mit einer bekannten - und nachrechenbaren Breite und Höhe besitzt.

Hinweis:
Der neue Titelblock heißt „A3" und das Layout „A3Millimeter". Bei neu erstellen Layouts und Ansichtsfenstern sind eventuell die Vorlagenp atzhalter neu zu identifizieren.

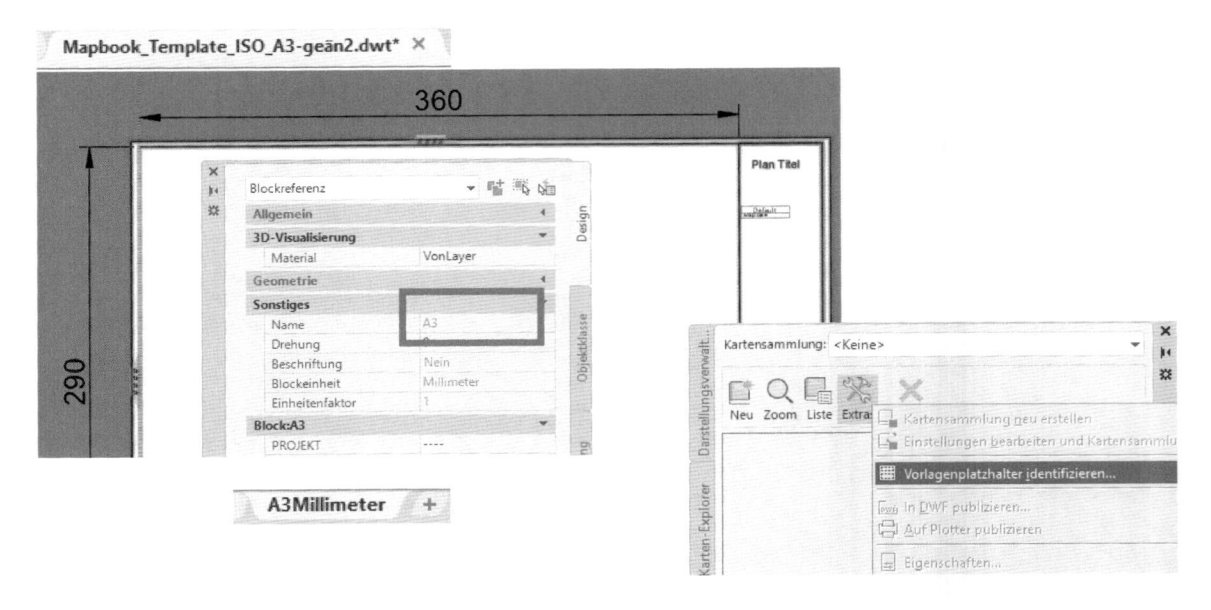

Mit diesem neuen Planrahmen wird die bereits erstellte Kartensammlung überarbeitet.

Die entsprechenden Bestanteile des Layouts für die Planerstellung werden aufgerufen oder zugeordnet. Ein hier in der Beschreibung nicht dokumentierter Versuch hat gezeigt, mit dem Skalierfaktor 2 und der Einstellung „Nach Anzahl" ...

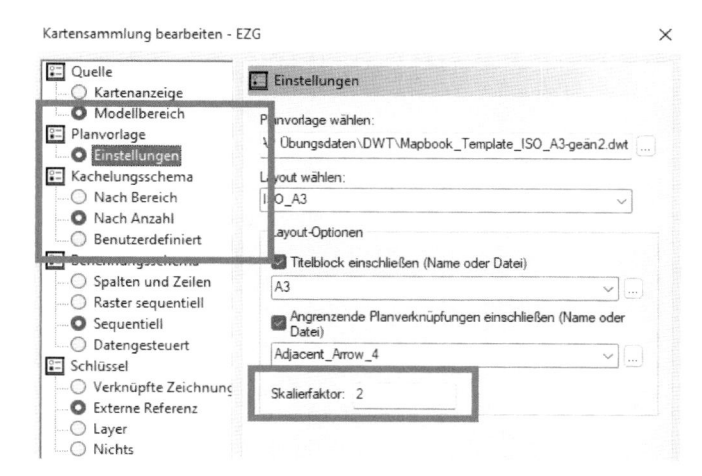

3 *.shp-Datei erstellen (GIS-Format, alternativ *.sdf)

... kann die Zeichnung in 6 Spalten und 3 Zeilen aufgeteilt sein.
Für die Voransicht ist ein Punkt „Oben Links" zu wählen (Bild unten).

Der Skalierfaktor „2" wird bedeuten das aufgrund des bei dem Ansichtsfenster eingestellten Maßstabs von 1:1.000 und dem Skalierfaktor 2 ein Maßstab von 1:2.000 für den Wert „Scale" eingetragen sein sollte.

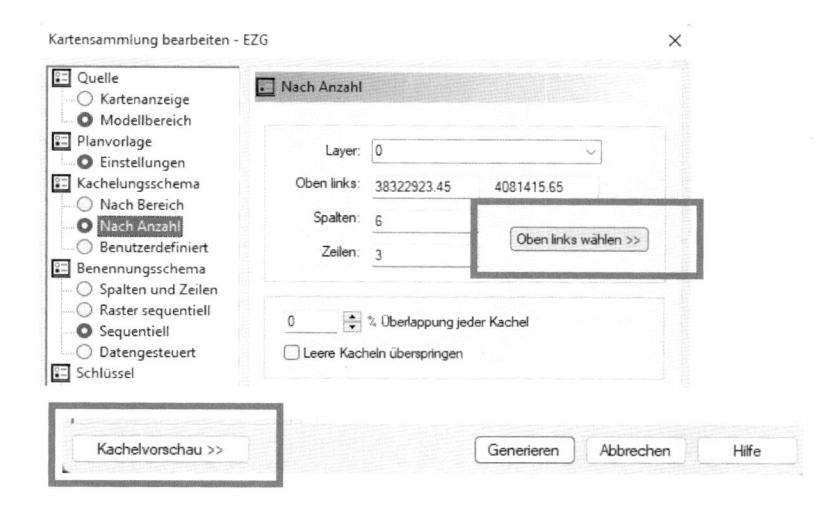

3 *.shp-Datei erstellen (GIS-Format, alternativ *.sdf)

Bei allen weitern Einstellungen, einschließlich dem Verweis auf die Referenz (Übersichtsplan). Bleibt es bei den Einstellungen, die im vorherigen Abschnitt beschrieben wurden, bzw. bei den Voreinstellungen.

Die Hinweise von Autodesk haben weitergeholfen und der Maßstab wird wie erwartet übernommen. Leider bleibt ein Problem, der Übersichtsplan und das entsprechende Ansichtsfenster stimmen nicht ganz überein. Fas Ansichtsfenster zeigt auf der linken Seite nicht alle Daten. Das Übersichtsfenster zeigt den gesamten Bereich.

Stempelfeld

Übersichtsplan

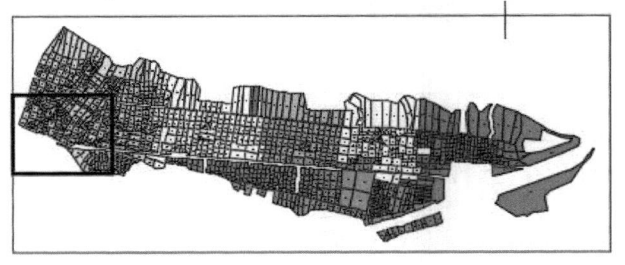

Gert Domsch, CAD-Dienstleistung

3.5 Text und Position in *.shp exportieren

Autodesk hat, infolge verschiedener praktischer Anforderungen, mehrere Wege programmiert, um *.shp-Dateien zu erstellen. Eine der großen praktischen Anwendungen war in den 90er Jahren digitale Liegenschaftsinformationen zu erstellen. Hierzu galt es die vorhandenen Liegenschafts-Grenzen (digital, Vektoren) mit den eingetragenen Texten zu verbinden (Liegenschaftsnummern, innerhalb der Vektoren eingetragene Texte).
Ähnliche Anforderungen gibt es immer wieder, wenn große Flächen in ein kleineres Raster zu teilen sind und diese kleinen Flächen eine Bezeichnung haben müssen. Mit der Zuordnung oder Verbindung von Text und Fläche ist eine digitale Auswertung möglich.
Die hier vorliegende Beschreibung ist lediglich eine ausführlichere Erläuterung folgender Autodesk Information.

1. "So exportieren Sie Text, der in eine Polylinie eingeschlossen ist" (englischer Original-Artikel):
   https://knowledge.autodesk.com/de/support/autocad-map-3d/learn-explore/caas/CloudHelp/cloudhelp/2019/DEU/MAP3D-Use/files/GUID-2816E7A9-4B3F-4657-A965-C5CF41F97A73-htm.html

2. "Objektklassen aus AutoCAD Map 3D in eine ESRI-Shape-Datei exportieren" (englischer Original-Artikel):
   https://knowledge.autodesk.com/de/support/autocad-map-3d/learn-explore/caas/sfdcarticles/sfdcarticles/DEU/Exporting-object-classes-to-ESRI-Shape-file.html

Ausgangssituation

In einer auf der Basis der map2Diso.dwt erstellten leeren Zeichnung werden mit dem Befehl „Polylinie" mehrere Flächen gezeichnet (min. 5, Kantenlänge nicht über 50m, dynamische Eingabe benutzen, 4-5 Ecken). Anschließend werden mit dem Befehl „Text" Zahlen geschrieben, die der Anzahl der Flächen entsprechen. Die Zahlen werden in die Flächen verschoben. Die Mitte der Flächen zu treffen ist nicht erforderlich. Innerhalb der Übung ist es nicht erforderlich einen gesonderten Layer anzulegen. Alle Zeichnungselemente können auf dem Layer „0" abgelegt sein.

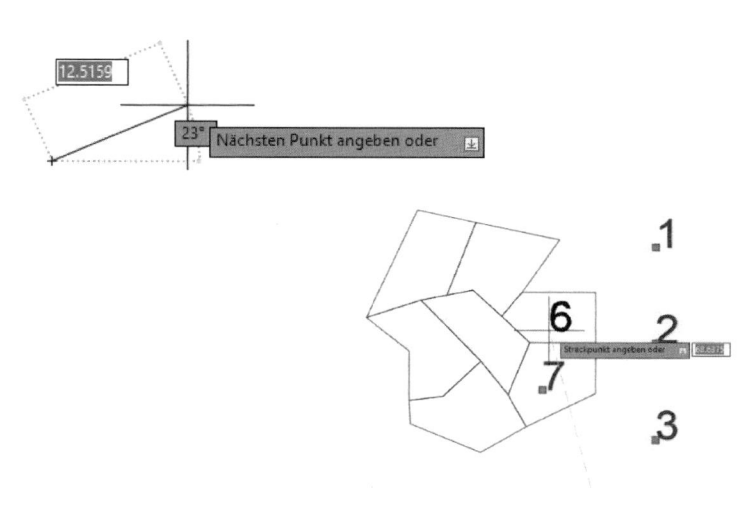

Resultat:

Als Resultat der Übung sollten diese unregelmäßig verteilten Texte innerhalb der Flächen vorhanden sein.

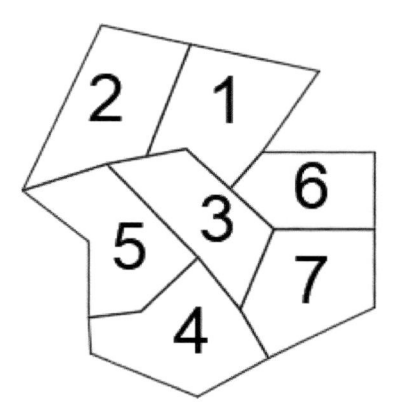

3 *.shp-Datei erstellen (GIS-Format, alternativ *.sdf)

Objektdatentabelle

Auf der Registerkarte Karteneinrichtung, Gruppe Attributdaten ist der Befehl Objektdaten definieren zu wählen.

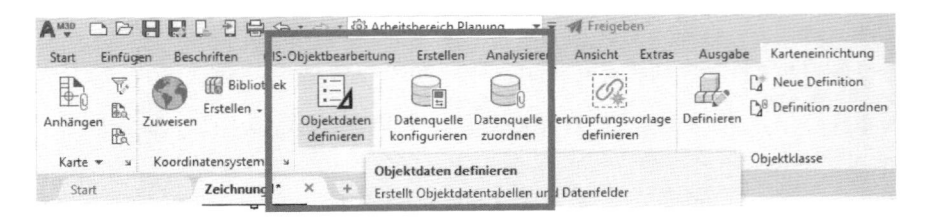

Im Dialogfeld Objektdaten definieren ist eine neue Tabelle anzulegen (Funktion „NEU"). Für die neue Tabelle ist ein Name zu vergeben. Im Beispiel wird „Zuordnung" gewählt.

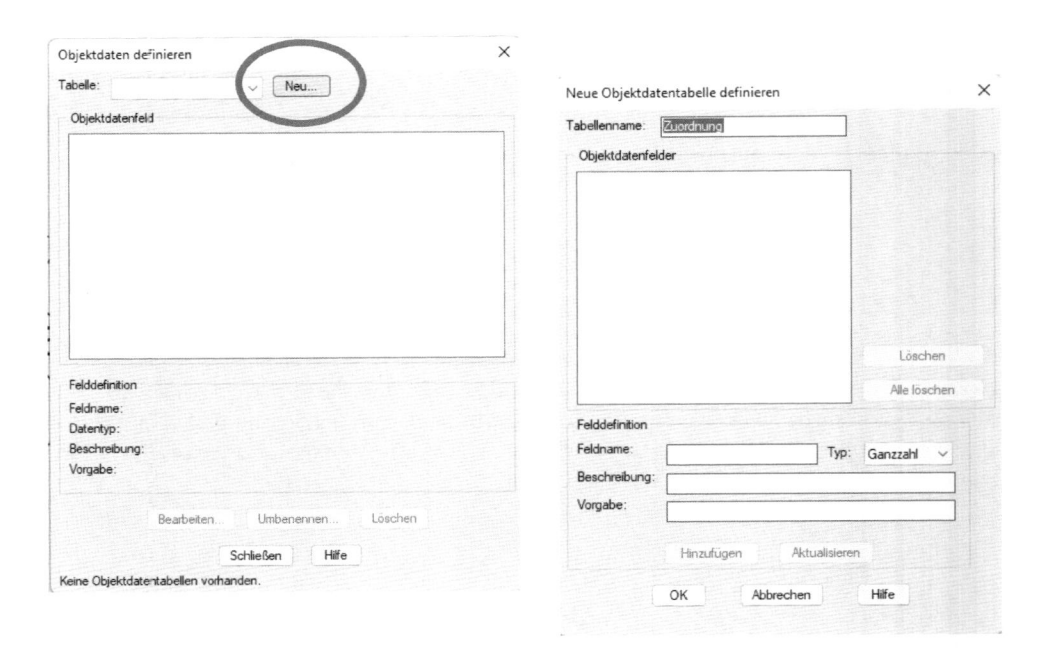

Innerhalb der Tabelle ist mindestens ein Datenfeld anzulegen. Der Bereich Felddefinition ist auszuwählen.

Geben Sie einen Namen und optional eine Beschreibung für das Feld ein. Wählen Sie den Feldtyp. Im vorliegenden Fall kann die Auswahl auf „Ganzzahl" eingestellt bleiben. Der Feldtyp zeigt an, welche Arten von Daten in das Feld eingegeben werden können.

Hinweis:
Wenn z. B. ein numerischer Datentyp angeben ist, können keine Buchstaben oder Sonderzeichen in das Feld eingeben sein.

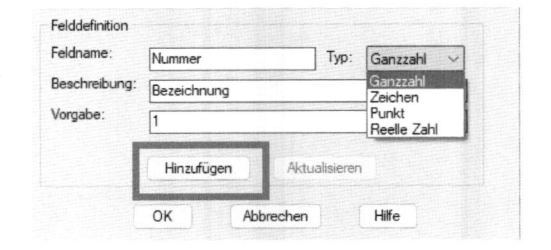

Im Feld „Vorgabewert" wird ein Wert eingetragen, der durch die Funktion verwendet wird, wenn es bei der Zuordnung einen Fehler gibt. Es ist „Hinzufügen" zu betätigen, um der Tabelle das neue Feld hinzuzufügen.

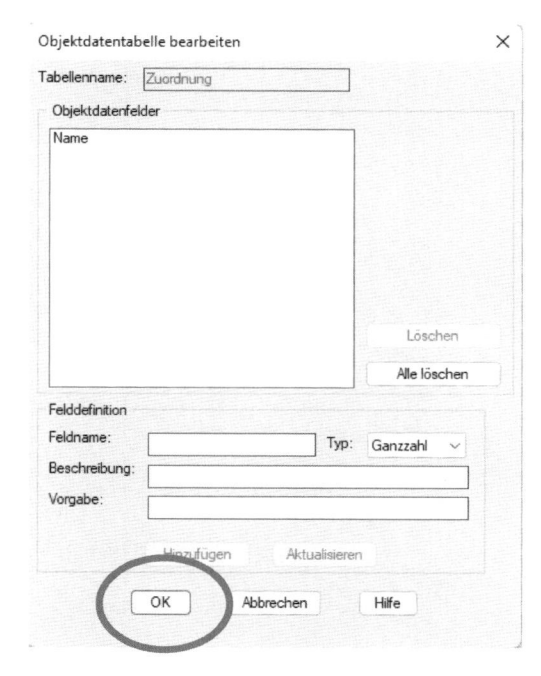

3 *.shp-Datei erstellen (GIS-Format, alternativ *.sdf)

Optional wären weitere Felder möglich. Mit „OK" wird die Funktion beendet.

Die Objektdaten sind definiert, mit „Schließen" wird die Tabelle geschlossen.

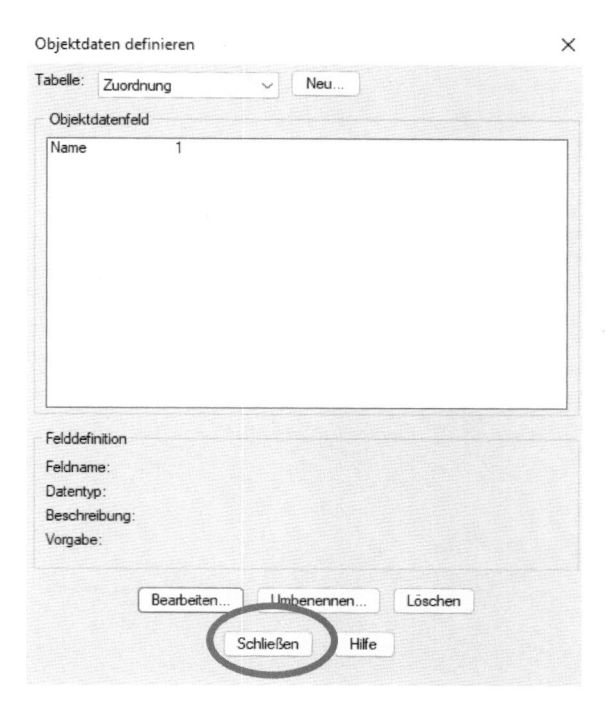

Befehl Verknüpfungen erstellen

Die „Objekt Daten" (Tabelle) werden im nächsten Schritt den Zeichnungselementen zugeordnet. Ebenfalls in der Registerkarte Karteneinrichtung, Gruppe Attributdaten wird der Befehl „Verknüpfungen erstellen" ausgeführt.

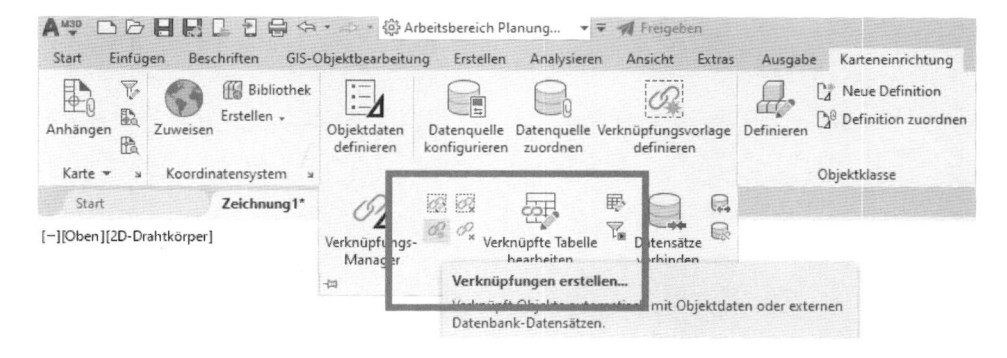

Im Dialogfeld Datenverknüpfungen erstellen, ist eine Verknüpfungsart wählbar, Blöcke, Text, Eingeschlossene Blöcke und Eingeschlossener Text sind möglich. Im vorliegenden Beispiel ist es ein „Eingeschlossener Text".

3 *.shp-Datei erstellen (GIS-Format, alternativ *.sdf)

Die Auswahl dieser Option „Objektdatensätze erstellen" gibt das Feld „Tabelle" frei und „Zuordnung" ist wählbar.

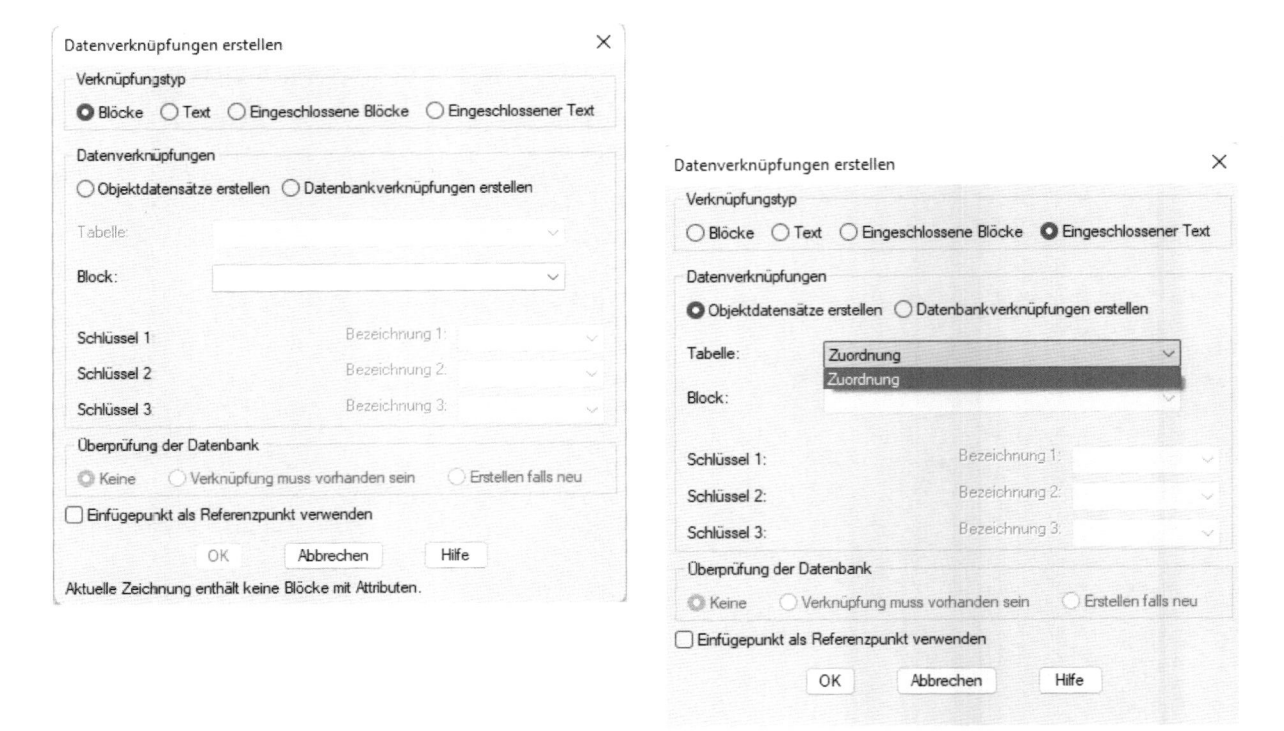

Hinweis:
Wenn die Funktion Verknüpfungstyp für eingeschlossenen Text erstellen gewählt wurde, ist eine Tabelle zu zuordnen, die nur ein Feld enthält.

Wenn der Verknüpfungstyp für Blöcke oder eingeschlossene Blöcke erstellen, ausgewählt ist, ist der gewünschten Blocknamen aufzurufen.

Die Funktion „Einfügepunkt als Referenzpunkt verwenden" wird aktiviert.
Mit Klicken auf OK wird die Funktion abgeschlossen.

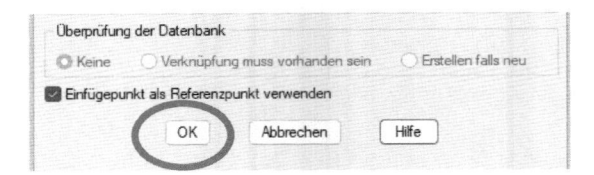

Anschließend sind mit den Optionen „w" (Wählen) Blöcke oder Textobjekte wählbar, oder es werden mit „a" (Alle) alle Blöcke mit dem angegebenen Namen bzw. alle Textobjekte verwendet.

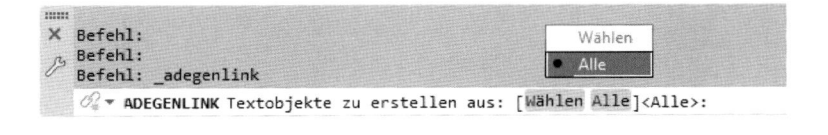

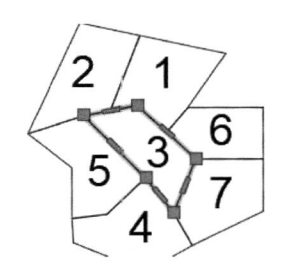

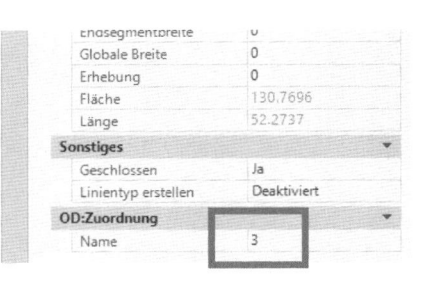

Die erfolgreich ausgeführte Funktion ist in der Zeichnung nachweißbar. Alle Polylinien haben eine „Objektdaten-Zuordnung" mit der entsprechenden Ziffer.

Gert Domsch, CAD-Dienstleistung

3 *.shp-Datei erstellen (GIS-Format, alternativ *.sdf)

Datenausgaben *.shp-Format

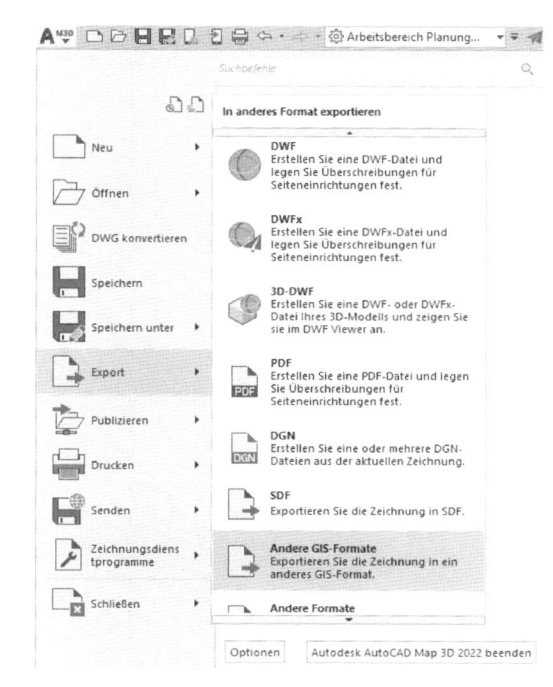

Im Bereich Export, andere GIS-Formate ist die Ausgaben im *.shp-Format möglich.

Alternativ ist es möglich den Befehl MAPEXPORT in die Befehlszeile einzugeben.
Diese Alternative sollte Civil 3D Benutzer berücksichtigen, weil nicht alle Befehle des MAP 3D Toolsets in der Multifunktionsleiste und dem Befehlsbrowser zur Verfügung stehen.

Es sind Projektpfad und Dateiname anzugeben.

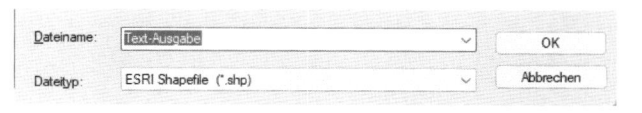

Im vorliegenden Fall sollte „Polygon" als Objekttyp festgelegt sein. Weiterhin empfehle ich die Daten „Manuell auszuwählen". Mit der manuellen Auswahl kann am unteren Rand die Anzahl der gewählten Objekte geprüft werden.

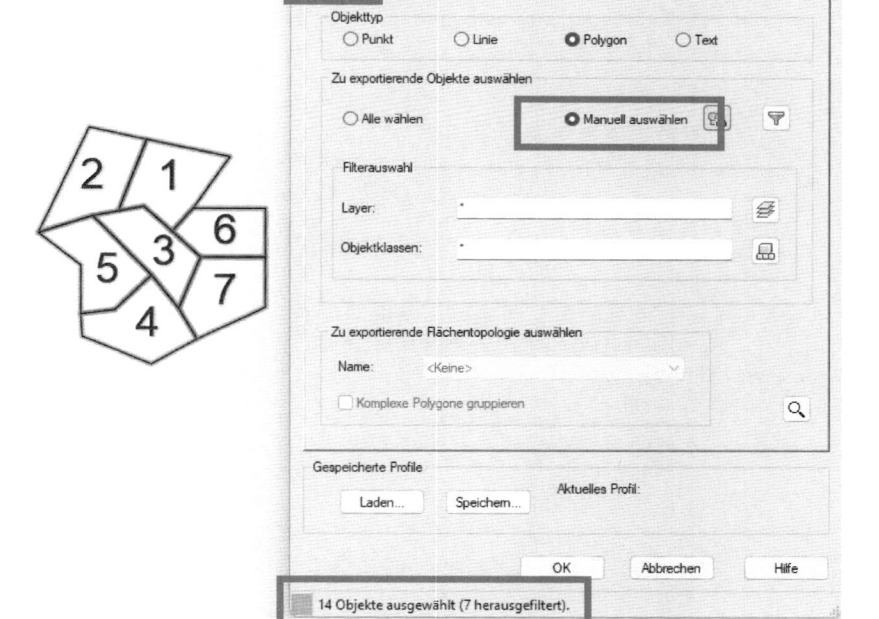

Gert Domsch, CAD-Dienstleistung

3 *.shp-Datei erstellen (GIS-Format, alternativ *.sdf)

Auf der Registerkarte „Daten, Attribute auswählen" sollte unter Objektdaten die Tabelle „Zuordnung" mit der Funktion „Name" auswählbar sein.

Die Objektdaten sind auszuwählen.

Auf dem Register „Optionen" ist bei geschlossenen Polylinien die Funktion „Geschlossenen Polylinien wie Polygone behandeln" zu empfehlen. Mit dieser Option wird im *.shp-Format eine Fläche mit Flächen-Schraffur entstehen.

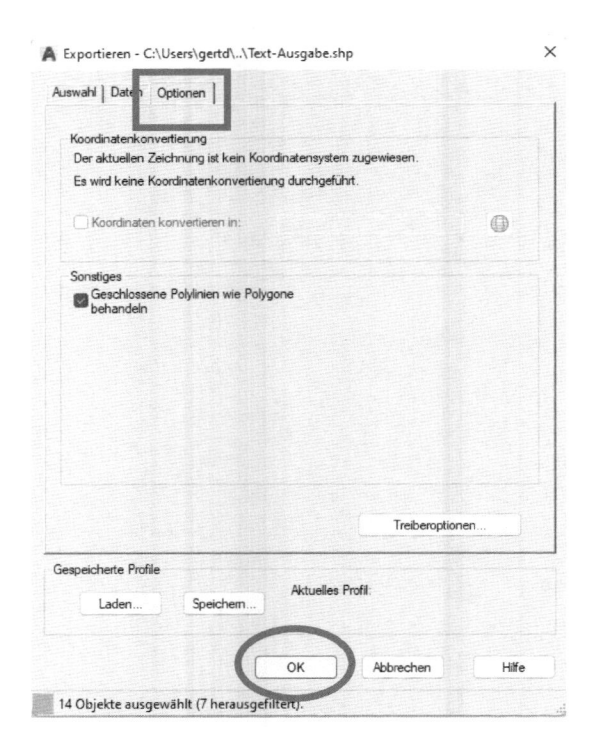

Mit „OK" wird die Ausgabe gestartet.
In der Befehlszeile sollte die Ausgabe der Objekte dokumentiert sein.

```
Objekte wählen:
"7 Objekt(e) von 7 ausgewählt, in 0 Sek. exportiert.
    Befehl eingeben
```

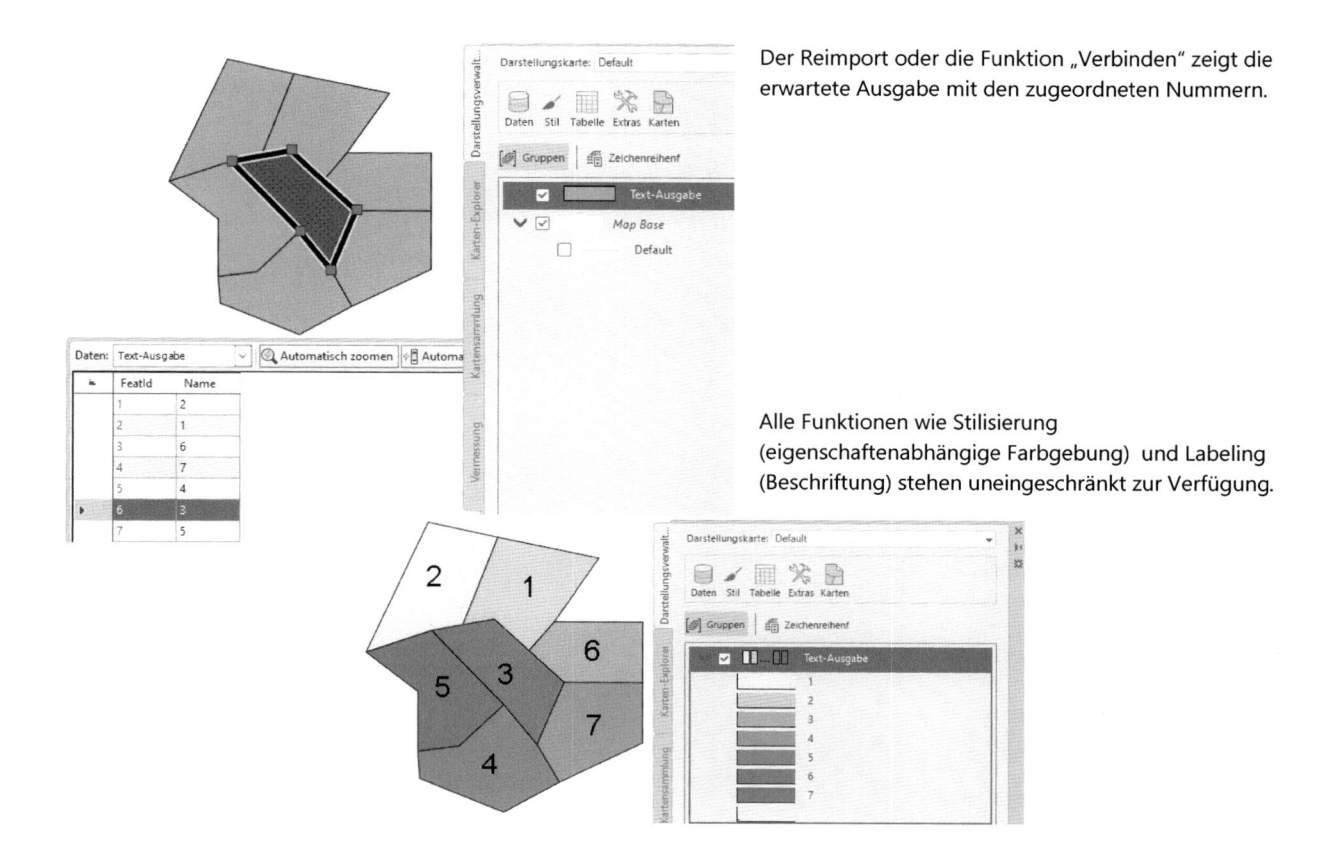

Der Reimport oder die Funktion „Verbinden" zeigt die erwartete Ausgabe mit den zugeordneten Nummern.

Alle Funktionen wie Stilisierung (eigenschaftenabhängige Farbgebung) und Labeling (Beschriftung) stehen uneingeschränkt zur Verfügung.

3.6 Daten Verbinden (*.sdf-Datei mit *.mdb MS-ACCESS)

Für eine Verbindung von Zeichnung (Vektor-Daten) und Datenbank braucht es zwei Voraussetzungen.

Voraussetzung 1:

Um diese Voraussetzungen zu zeigen, verwende ich in diesem Beispiel Daten von Autodesk. Diese Daten besitzen eine der Voraussetzungen. Eine Voraussetzung ist das Vorhandensein von Zeichnungsdaten, die ein Schlüsselfeld oder einen Wert besitzen, der eine Verbindung ermöglicht.

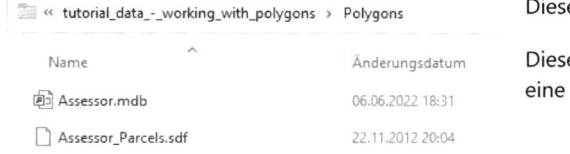

Dieses Beispiel nennt Autodesk „Working with Polygons",

Dieses Beispiel besitzt eine Autodesk GIS-Datei Assessor_Parcels.sdf und eine Microsoft Access Datenbank.

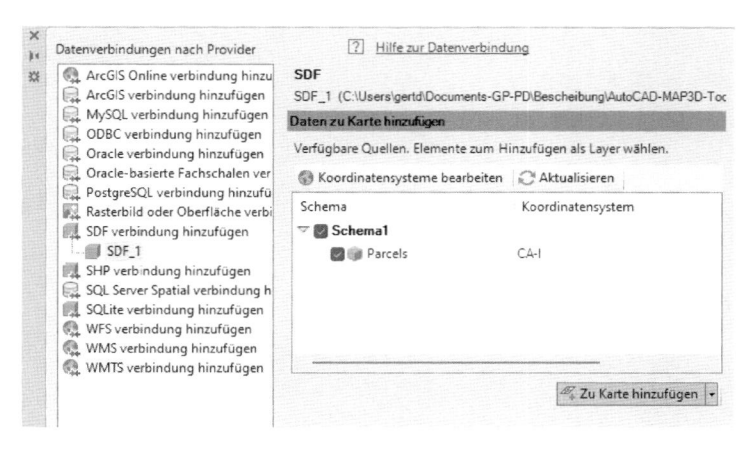

Eine Datenverbindung mit der Datei Assessor_Parcels.sdf zeigt, diese Daten haben eine amerikanischen Liegenschafts-Nummer, „APN"-Nummer (nächstes Bild).

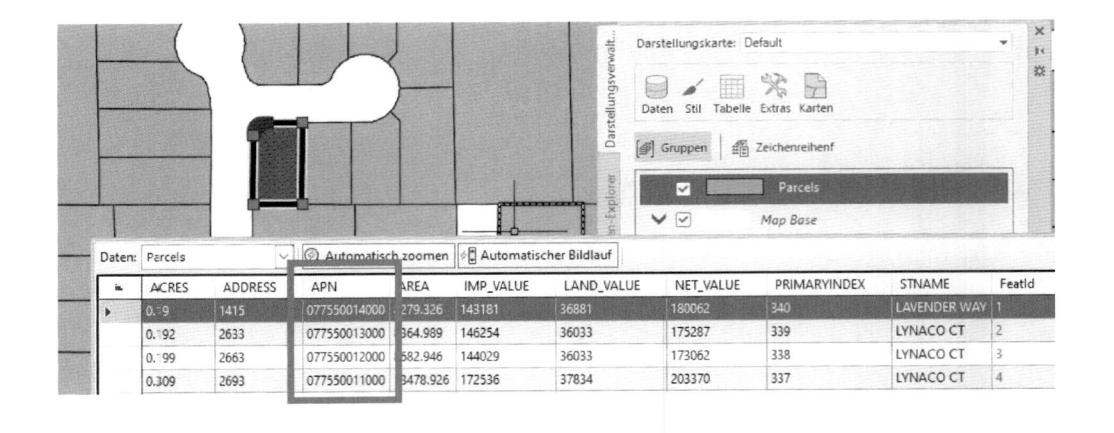

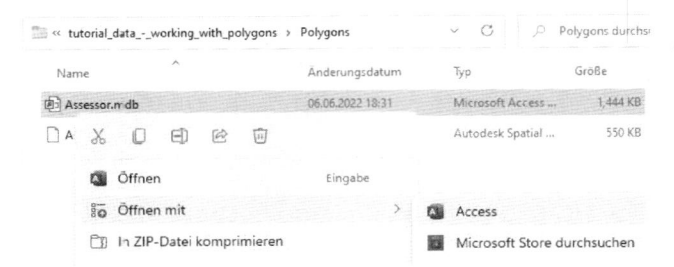

3 *.shp-Datei erstellen (GIS-Format, alternativ *.sdf)

Die Daten der anzuhängenden Datenbank benötigen einen Wert eine Spalte, die sich mit den GIS-Daten verbinden lässt. Vorzugsweise sollte das die Liegenschaftsnummer sein, hier die amerikanische APN-Nummer.

Die Microsoft Access Datenbank zeigt die gleiche Nummer, „APN"-Nummer in der ersten Spalte der Datei.

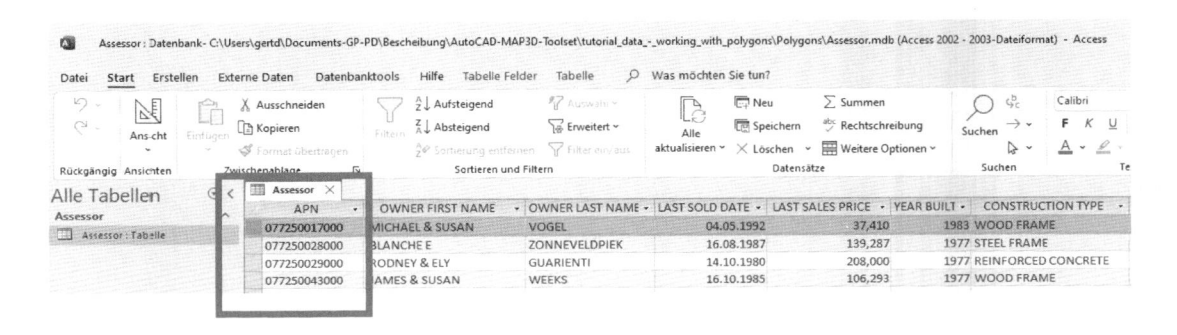

Über diesen gemeinsamen Wert ist eine Verbindung möglich. Gibt es keinen gemeinsamen Wert ist dieser Wert herzustellen, zu beschaffen oder in Abstimmung mit dem Auftraggeber zu generieren. Eine Möglichkeit könnte die in den vorherigen Kapiteln beschriebenen Varianten der Datenzuordnung sein. Einmal die Objektklassifizierung und zum anderen die Option Texte und deren Position einem Vektor zu zuordnen und so GIS-Daten zu erstellen.

Ist die Verbindung erstellt, so sollte eine Beschriftung der Flächen möglich sein. Die Übung wird den Namen anschreiben oder beschriften (hier Nachnamen).

Voraussetzung 2:

Die zweite Voraussetzung, ist das Vorhandensein von ODBC-Datenbanktreibern in der Version 64bit. Die folgenden Bilder zeigen den Zugang zur ODBC-Datenbank-Funktion unter WIN 11.

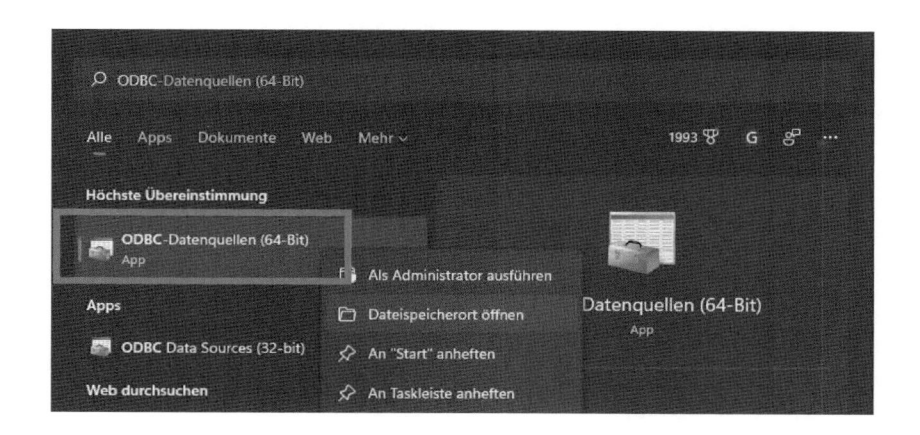

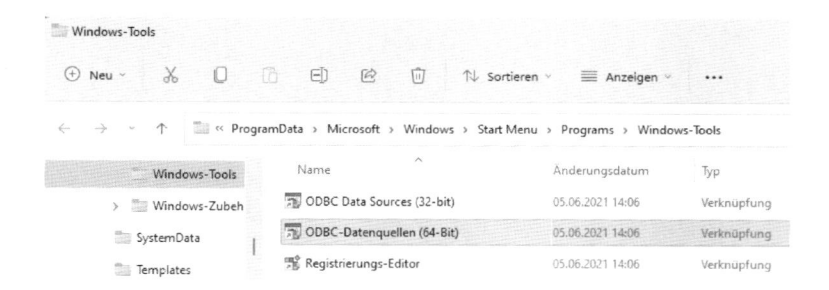

3 *.shp-Datei erstellen (GIS-Format, alternativ *.sdf)

In älteren Windows Versionen kann der Zugang zu den ODBC-Datenquellen über die Systemsteuerung erfolgen oder möglich sein.

Systemsteuerung:

Verwaltung:

Datenquellen ODBC:

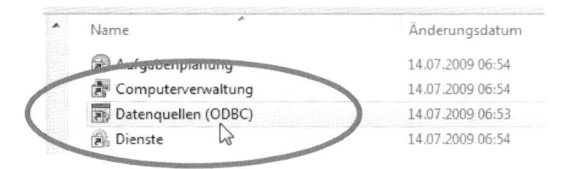

3 *.shp-Datei erstellen (GIS-Format, alternativ *.sdf)

Datenbankverbindung einrichten

Mit dem Start der „ODBC Datenquellen"-Funktion wird der entsprechende Treiber aufgerufen und eine Datenverbindung hergestellt.

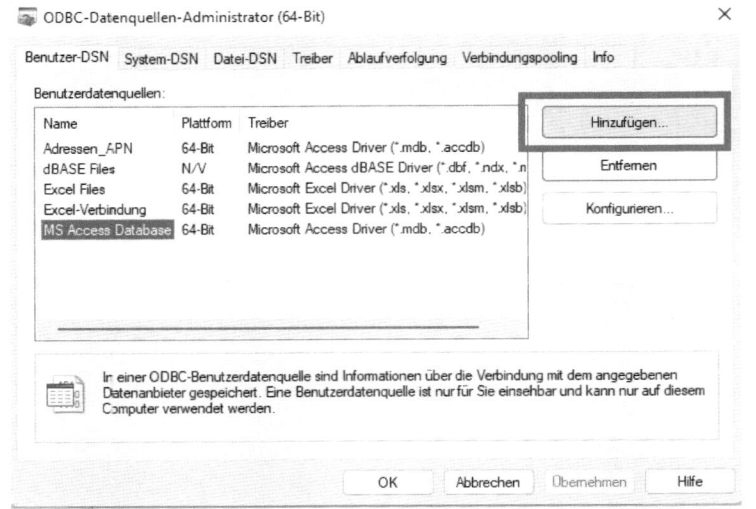

Hinweis:
Die Beschreibung geht nur auf „Benutzer-DSN" ein.

Stehen die Funktionen nicht zur Verfügung, die in den Bildern dargestellten sind, so ist die entsprechende 64bit Version nicht installiert.

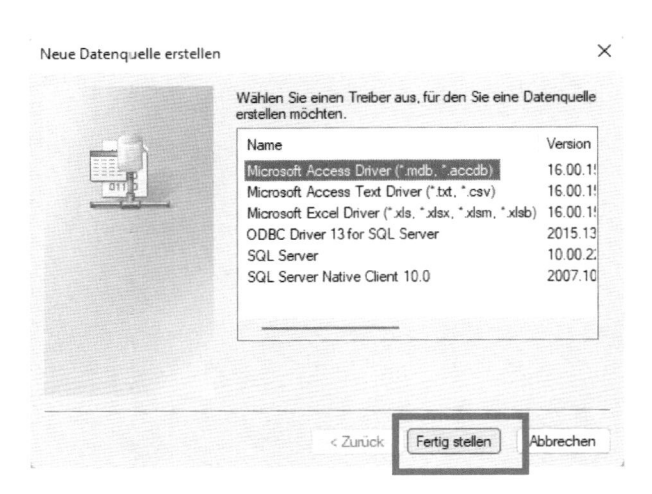

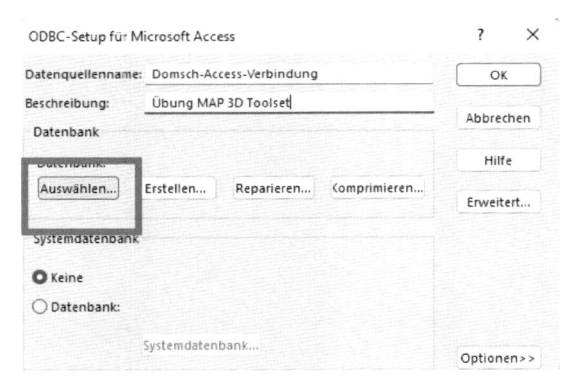

Der Verbindung wird ein Name gegeben, der anschießend im MAP 3D Toolset aufgerufen wird.

Gert Domsch, CAD-Dienstleistung

3 *.shp-Datei erstellen (GIS-Format, alternativ *.sdf)

Die *.mdb Datei ist aufzurufen. Die Funktion wird mehrfach mit „OK" abgeschlossen.

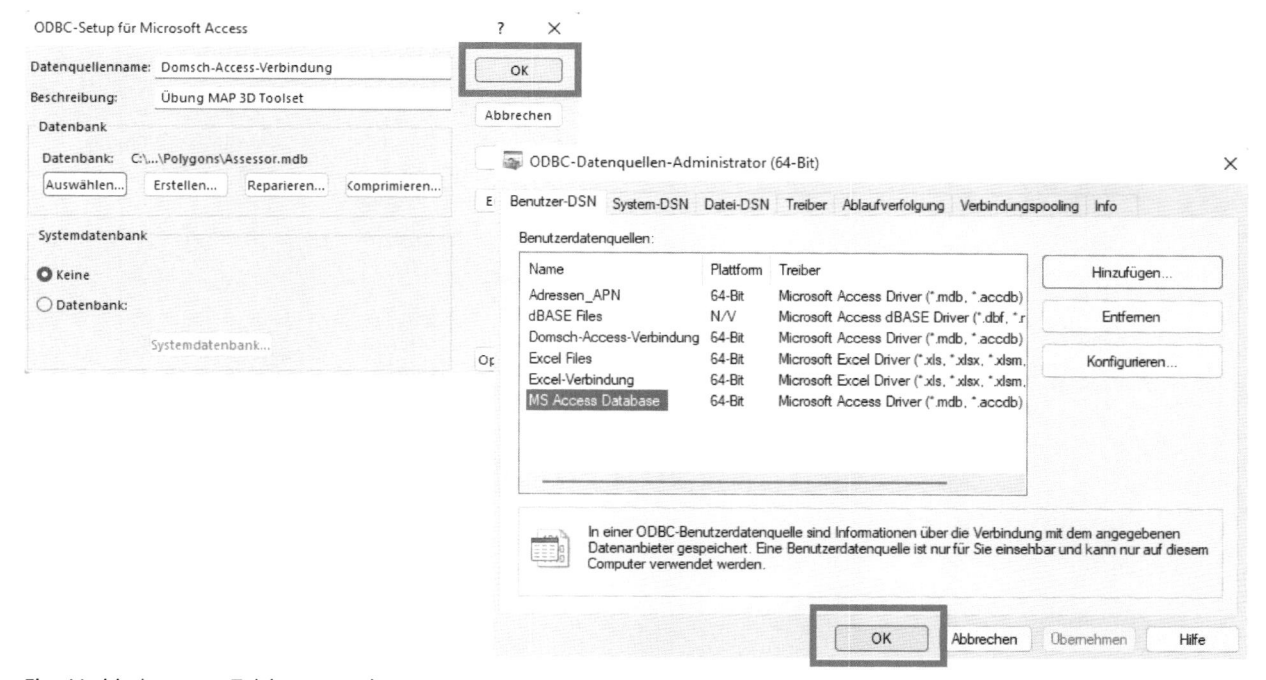

Eine Verbindung von Zeichnung und Datenbank sollte jetzt im MAP 3D Toolset möglich sein.

Verbindung herstellen

In der Zeichnung, in der die GIS-Datei „Parcels.sdf" aufgerufen ist, wird die Datenbank Verbindung hergestellt. Als Bestanteil der Funktion „Daten" (Mit Daten verbinden) wird die Datenbank Verbindung hergestellt.

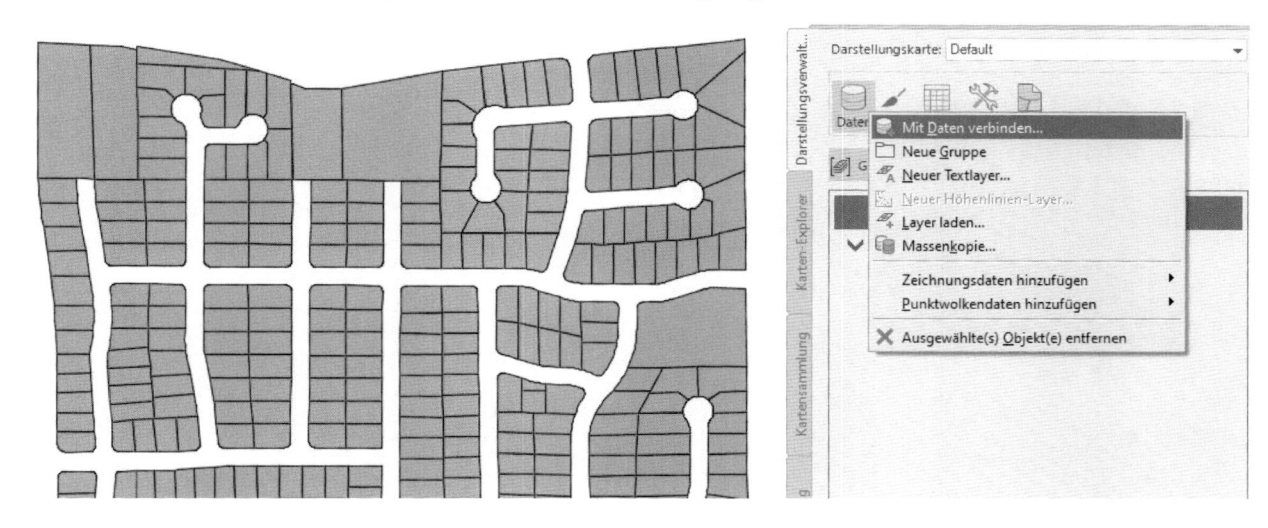

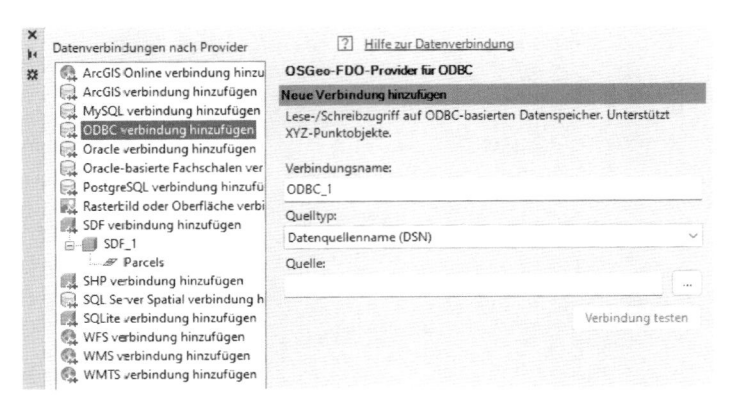

3 *.shp-Datei erstellen (GIS-Format, alternativ *.sdf)

Es wird die Option „ODBC Verbindung hinzufügen" gewählt.

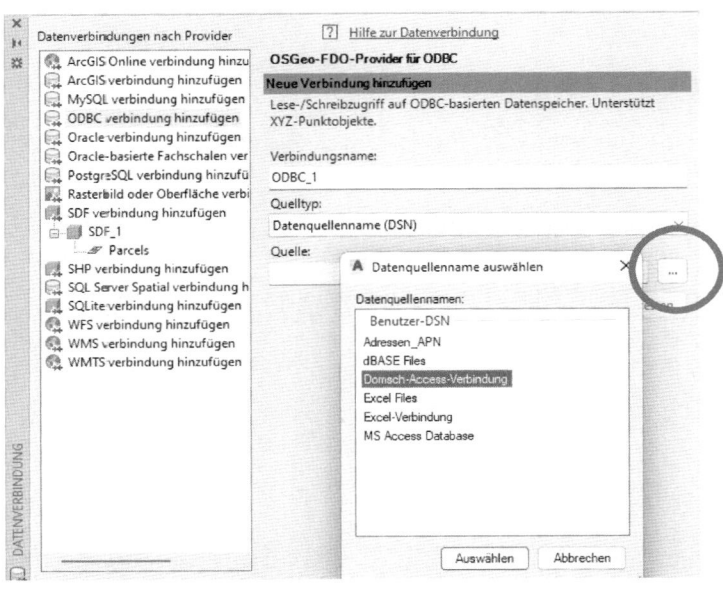

Als Bestandteil der Funktion „Datenquellenname auswählen" wird die zuvor erstellte Verbindung gewählt.

Ein Test der Verbindung ist möglich.

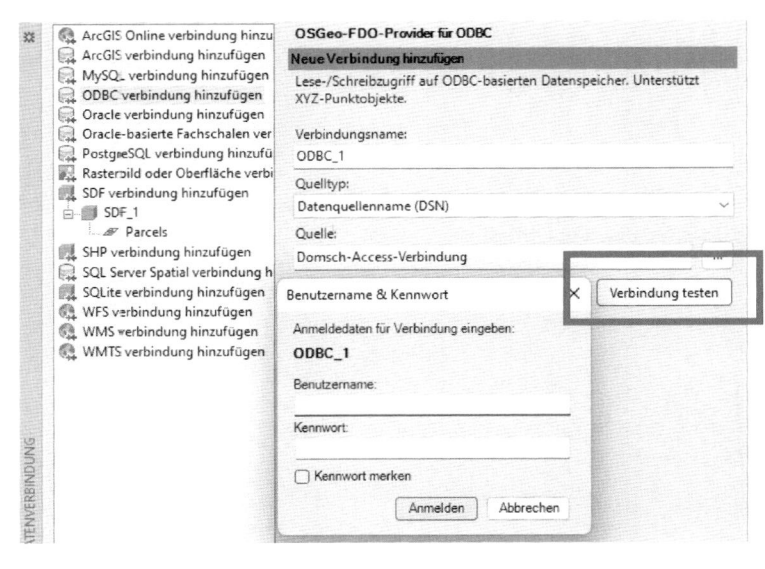

Das Ergebnis des Tests sollte wie folgt aussehen. Die Eingabe eines Passwortes ist als Bestandteil der ODBC-Datenbankverbindung nicht vereinbart also nicht erforderlich. Die Funktion wird mit „Anmelden" bestätigt.

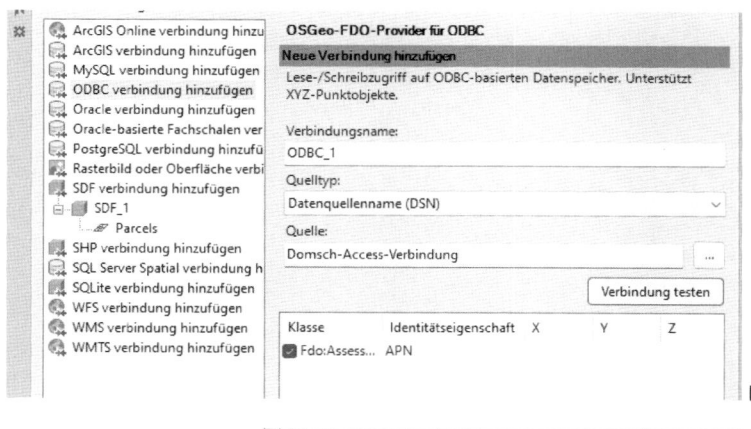

3 *.shp-Datei erstellen (GIS-Format, alternativ *.sdf)

Die Funktion „Verbinden" wird ausgeführt.

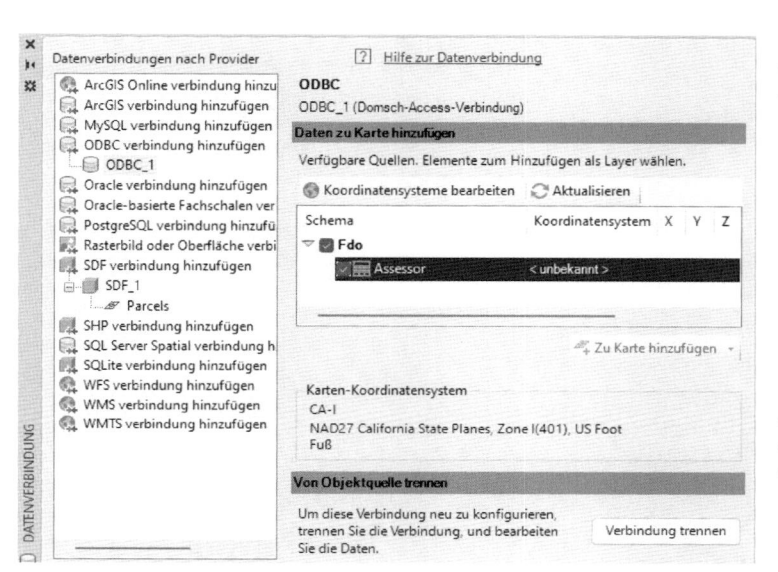

Wird folgende Information gezeigt, so ist die Verbindung erstellet.

Anschließend ist der MAP-Layer „Parcels.sdf" mit der Verbindung „Assessor.mdb" Datei zu verknüpfen.

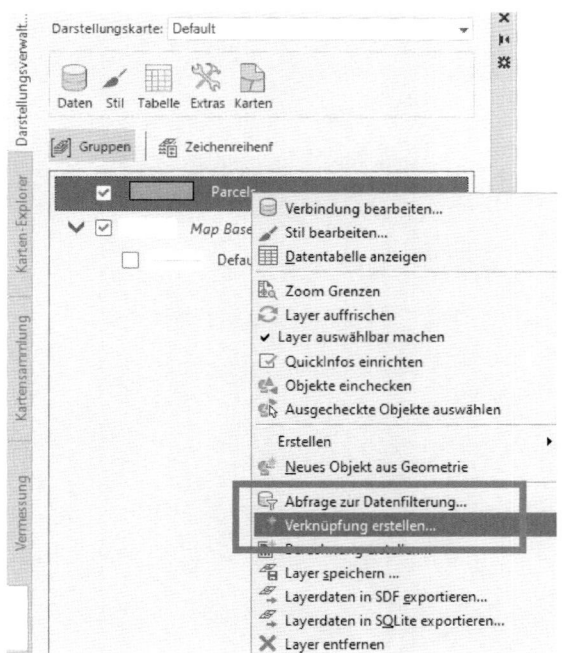

Die Funktion steht im Kontext-Menü des MAP-Layers zur Verfügung.

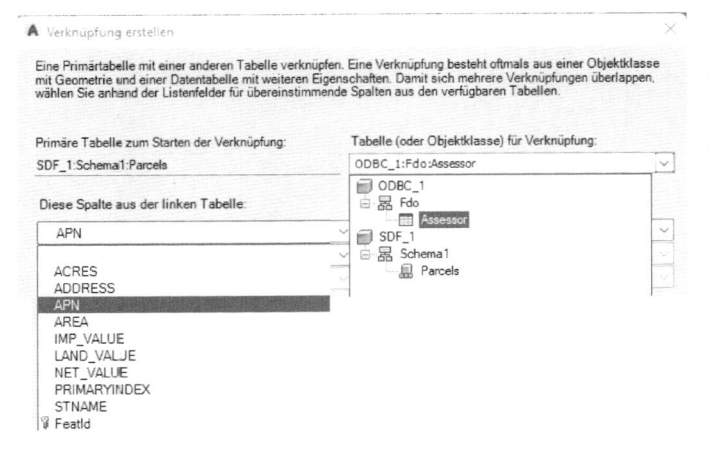

3 *.shp-Datei erstellen (GIS-Format, alternativ *.sdf)

Vom Parcels.sdf – Layer wird die Spalte APN (Liegenschaftsnummer) mit der Datenbank-Spalte „APN" verknüpft.

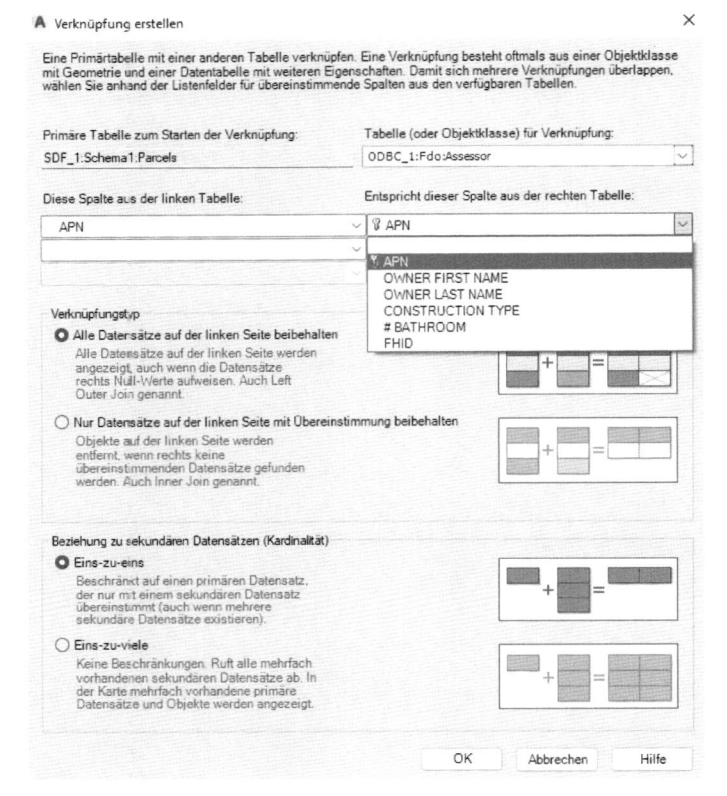

Würde es mit einer anderen Spalten-Bezeichnung auch Werte-Übereinstimmungen geben, so wäre die Auswahl einer anderen Spalte auch möglich.

Unterschiedliche Verknüpfungs-Arten sind herstellbar. Es bleibt bei der Voreinstellung.

Die Verbindung ist erstellt, so dass eine Beschriftung der Flächen mit dem „Nachnamen des Besitzers" (Last Name) möglich ist.

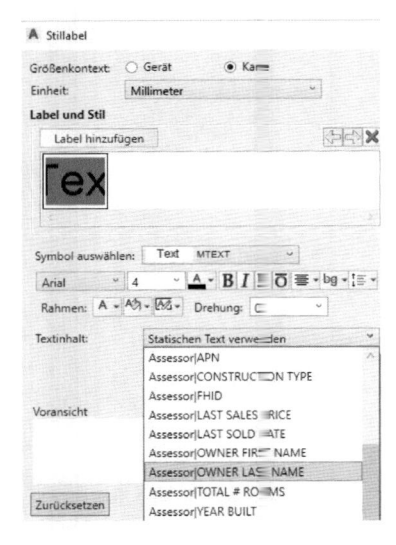

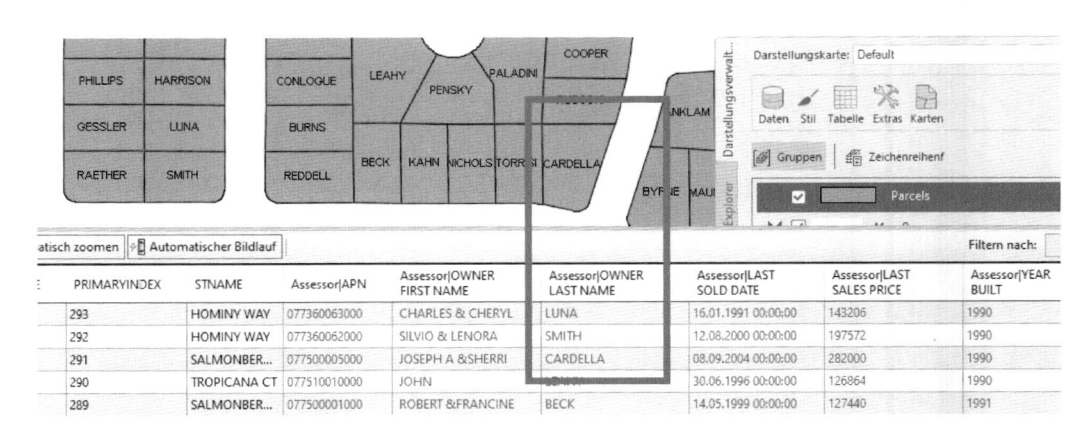

PRIMARYINDEX	STNAME	Assessor|APN	Assessor|OWNER FIRST NAME	Assessor|OWNER LAST NAME	Assessor|LAST SOLD DATE	Assessor|LAST SALES PRICE	Assessor|YEAR BUILT
293	HOMINY WAY	077360063000	CHARLES & CHERYL	LUNA	16.01.1991 00:00:00	143206	1990
292	HOMINY WAY	077360062000	SILVIO & LENORA	SMITH	12.08.2000 00:00:00	197572	1990
291	SALMONBER...	077500005000	JOSEPH A &SHERRI	CARDELLA	08.09.2004 00:00:00	282000	1990
290	TROPICANA CT	077510010000	JOHN		30.06.1996 00:00:00	126864	1990
289	SALMONBER...	077500001000	ROBERT &FRANCINE	BECK	14.05.1999 00:00:00	127440	1991

Gert Domsch, CAD-Dienstleistung

4   Geodaten-Dienste der Bundesrepublik Deutschland

Die Bundeländer der Bundesrepublik Deutschland und auch die Bundesrepublik Deutschland selbst, bieten auf den Geodaten-Severn kostenfreie und kostenpflichtige Geodaten-Dienste an. Beispielhaft zeige ich hier zwei Zugänge zu öffentlich-zugänglichen Diensten ausgewählter Bundesländer.

Hinweise zu den Formaten WFS, WMS, WMTS (Autodesk Hilfe):

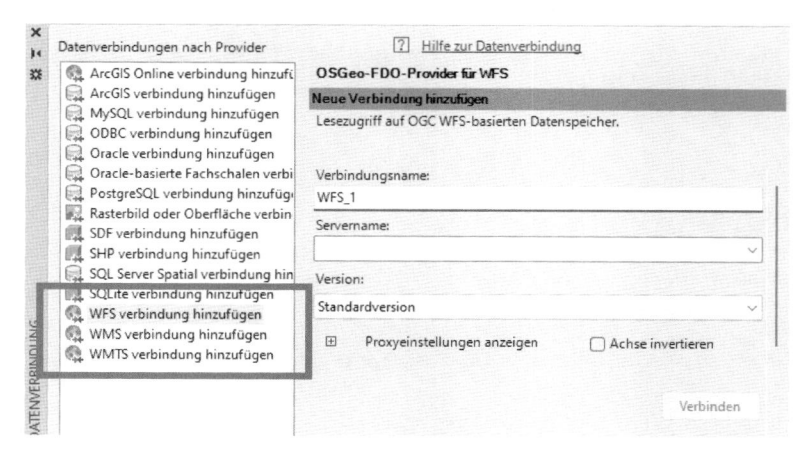

WFS-Standard (Web Feature Services): webbasierte Vektordaten, mit variierendem Schema (Format)

WMS-Standard (Web Map Service): webbasierte Rasterbilddaten ((Bilder), mit variierendem Schema (Format)

WMTS-Standard (Web Map Tile Service): webbasierte Rasterbilddaten, mit Funktionen die vom Open GIS Consortium (OGC) für schnelleres Laden der Daten optimiert sind.

Weiter Infos von https://geo.admin.ch

WMS: Darstellungsdienste mittels WMS (Web Map Services)

WMTS: WMTS bietet nicht die Flexibilität der freien Maßstabs Wahl, dafür bietet es schnellere Ladezeiten.

Hinweis:
Verschiedene Dienste verlangen eine Anmeldung, andere wiederum sind nicht kostenfrei. Zur Verwendung der Dienste sollte man vom Anbieter die entsprechenden Informationen einholen. Zusätzlich kann es Probleme mit der Version und der Datenmenge geben. Es ist zu beachten, eventuell werden die Daten der gesamten Bundesrepublik oder eines ganzen Bundeslandes zu einem Thema geladen!

Open Data Deutschland - freie Geodaten von Bund und Ländern - Digital Geography (digital-geography.com)

In den folgenden Bildern werden 2 Optionen und Funktionen gezeigt und kostenfrei GEO- Daten importiert. Die Struktur der Datenserver, das Finden der Links und die Vorgehensweise zum Aufruf der Daten sind etwas gewöhnungsbedürftig. Jedes Bundesland hat hier eigene Vorstellungen und eigene Internetauftritte. Das Suchen und Finden der richtigen Daten verlangt Übung und Geduld.

4 Geodaten-Dienste der Bundesrepublik Deutschland

Der Import der Daten kann auch längere Zeit in Anspruch nehmen, 20-30 min sind keine Seltenheit. Die Bilder dieser Seite zeigen den Zugang zur Geodateninfrastruktur Deutschland. Hier sind eher kostenpflichtige Daten oder Daten, die eine Berechtigung erfordern zu erwarten.

Deutschland

GDI – Geodateninfrastruktur Deutschland
BKG – Open Data des Bundesamtes für Kartographie und Geodäsie
GovData

Berlin

Geoportal.de – Filter Berlin
FIS Broker
Geoportal Berlin
Open Data Berlin
GovData – Filter Berlin

Hamburg

Geoportal.de – Filter Hamburg
Geoportal Hamburg-Service
GDI Hamburg
Open Data – Transparenzportal
GovData – Filter Hamburg

Bremen

Geoportal.de – Filter Bremen
GDI Bremen
Open Data – Transparenzportal
GovData – Filter Bremen

Schleswig-Holstein

Geoportal.de – Filter SH
DigitalerAtlas Nord
SH-MIS Geodatenportal
GDI Schleswig-Holstein
GovData – Filter SH

Niedersachsen

Die Auswahl der Daten für die Beispiele in diesem Buch erfolgt im Bereich „BKG – Open Data des Bundesamtes für Kartographie und Geodäsie".

4 Geodaten-Dienste der Bundesrepublik Deutschland

Deutschland

GDI – Geodateninfrastruktur Deutschland
BKG – Open Data des Bundesamtes für Kartographie und Geodäsie
GovData

Berlin

Geoportal.de – Filter Berlin
FIS Broker
Geoportal Berlin
Open Data Berlin
GovData – Filter Berlin

Hamburg

Geoportal.de – Filter Hamburg
Geoportal Hamburg-Service
GDI Hamburg
Open Data – Transparenzportal
GovData – Filter Hamburg

Bremen

Geoportal.de – Filter Bremen
GDI Bremen
Open Data – Transparenzportal
GovData – Filter Bremen

Schleswig-Holstein

Geoportal.de – Filter SH
DigitalerAtlas Nord
SH-MIS Geodatenportal
GDI Schleswig-Holstein
GovData – Filter SH

Niedersachsen

Der Link des Dienstes ist zu kopieren und entsprechend dem Format als Verbindung im MAP 3D Toolset (Mit Daten verbinden) einzufügen.

Die Form oder die Art und Weise ist oder war in der Gegenwart und Vergangenheit nicht einheitlich geregelt.

Es ist auch damit zu rechnen, dass es hier in Zukunft Änderungen, neue Formate usw. geben wird. Diese Form der Datenbereitstellung steckt teilweise noch in den Anfängen.

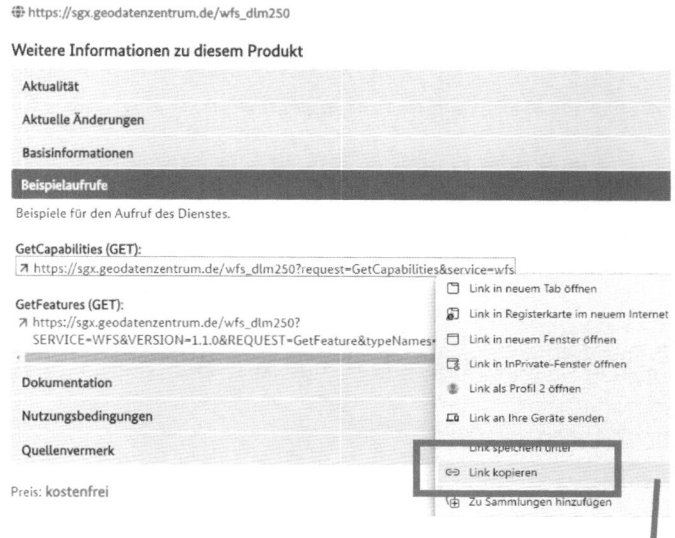

Es ist der LINK mit den entsprechenden „Fähigkeiten" zu kopieren (Capabilities). Der Dienst ist anschließend in der Kategorie oder dem Format einzufügen (Mit Daten verbinden).

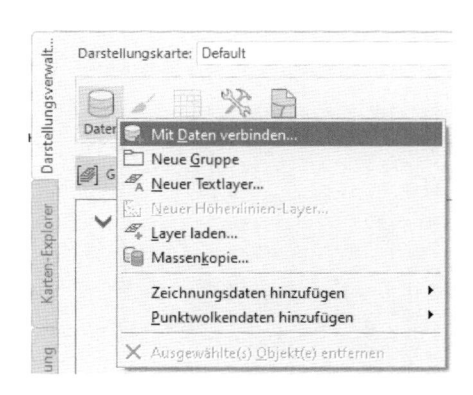

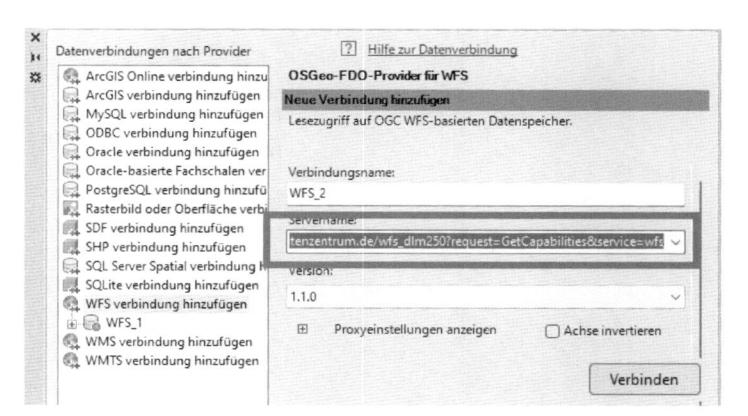

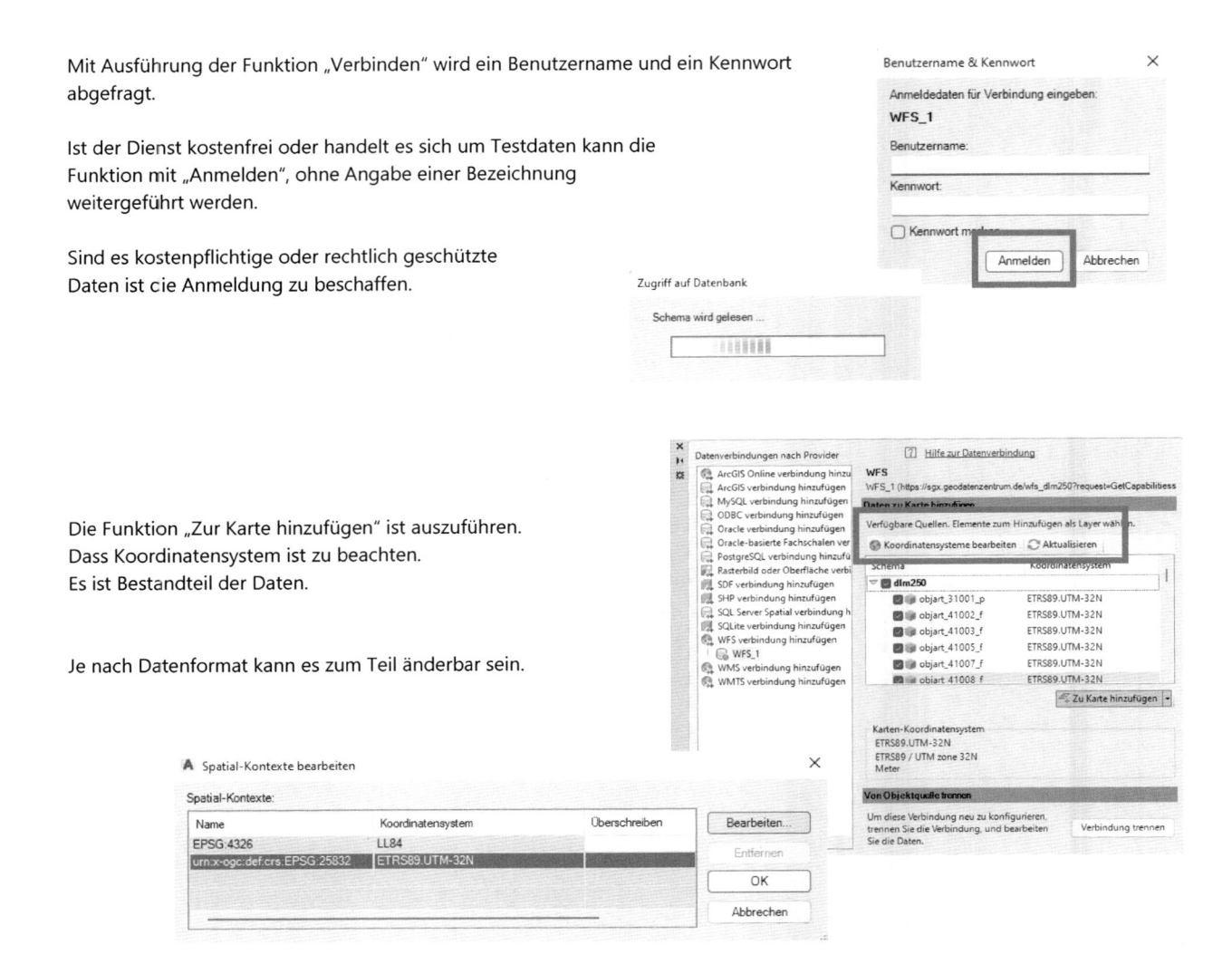

4 Geodaten-Dienste der Bundesrepublik Deutschland

Mit Ausführung der Funktion „Verbinden" wird ein Benutzername und ein Kennwort abgefragt.

Ist der Dienst kostenfrei oder handelt es sich um Testdaten kann die Funktion mit „Anmelden", ohne Angabe einer Bezeichnung weitergeführt werden.

Sind es kostenpflichtige oder rechtlich geschützte Daten ist cie Anmeldung zu beschaffen.

Die Funktion „Zur Karte hinzufügen" ist auszuführen.
Dass Koordinatensystem ist zu beachten.
Es ist Bestandteil der Daten.

Je nach Datenformat kann es zum Teil änderbar sein.

Es werden in diesem Fall Daten von ganz Deutschland geladen. Das Bild zeigt den Bereich der Nord- und Ostseeküste.

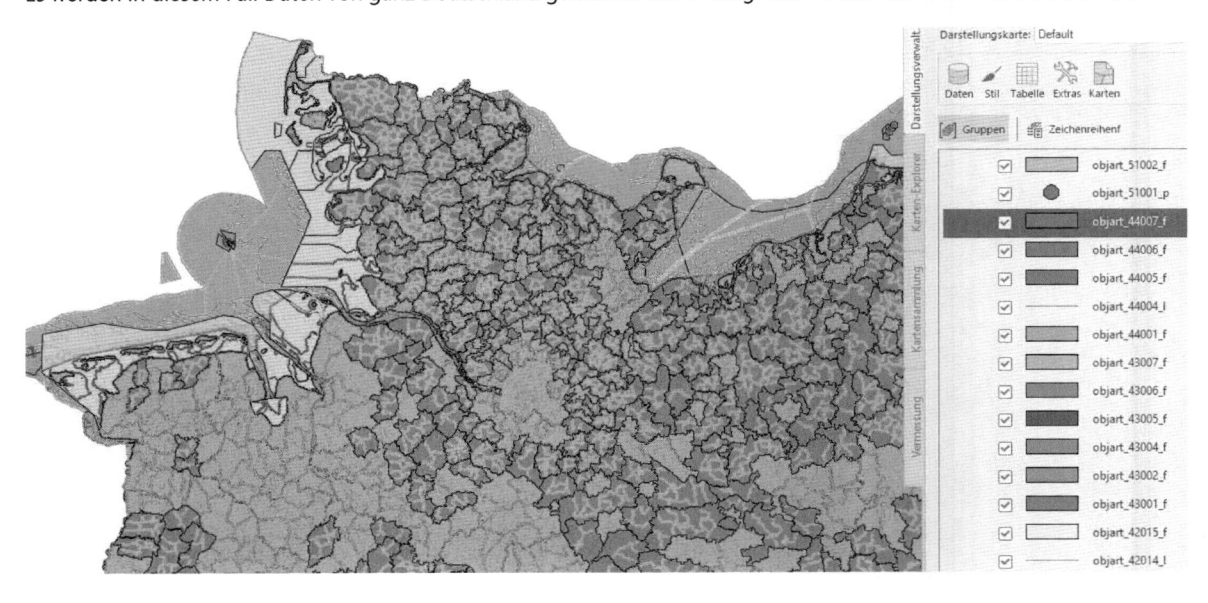

Gert Domsch, CAD-Dienstleistung

4 Geodaten-Dienste der Bundesrepublik Deutschland

Im folgenden Bild ist der WFS-Dienst mit dem Microsoft-bing-Kartendienst gekoppelt.

Um einer Erkennbarkeit im Bild zu erreichen, wird nur die Funktion „Karte – Straßen" genutzt.

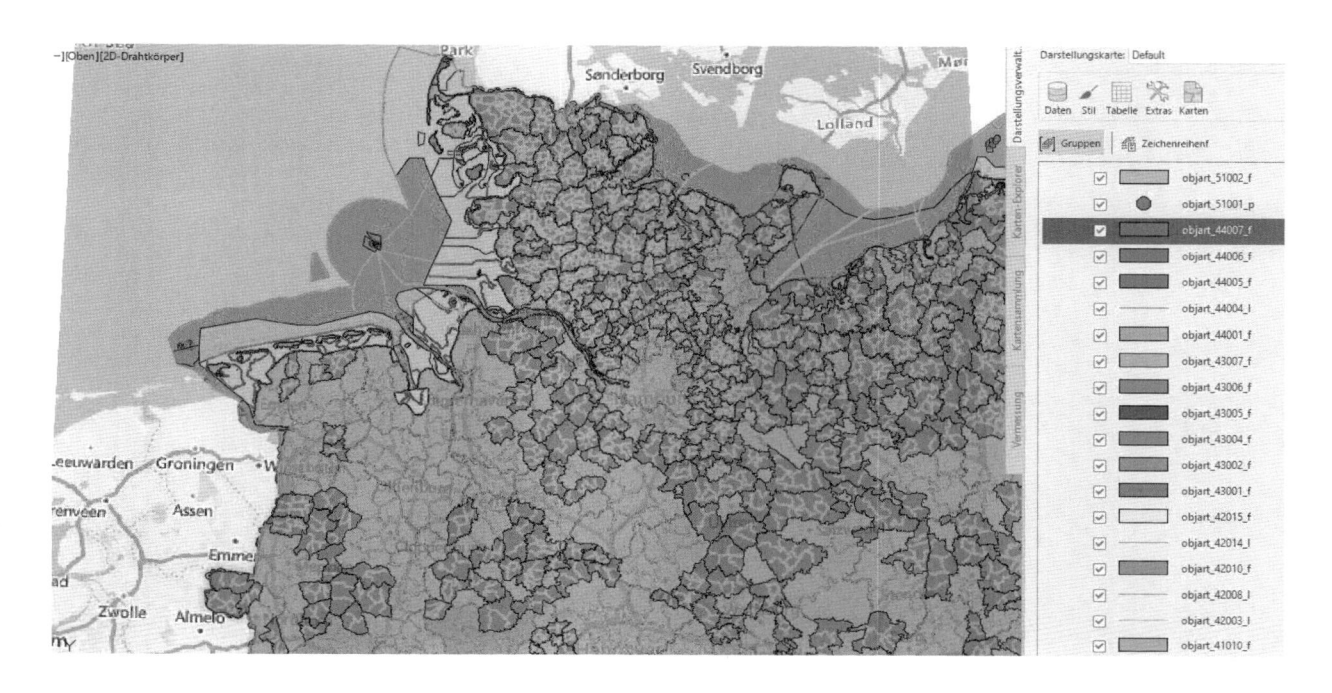

Das nächste Bild zeigt ein ausgewähltes Thema aus der Fülle der Daten „Damm Wall Deich" (objart_61003_I) im Großraum Hamburg, Schleswig-Holstein. Für diese Aufgabe wurden MAP-Layer in Größenordnung ab geschaltet.

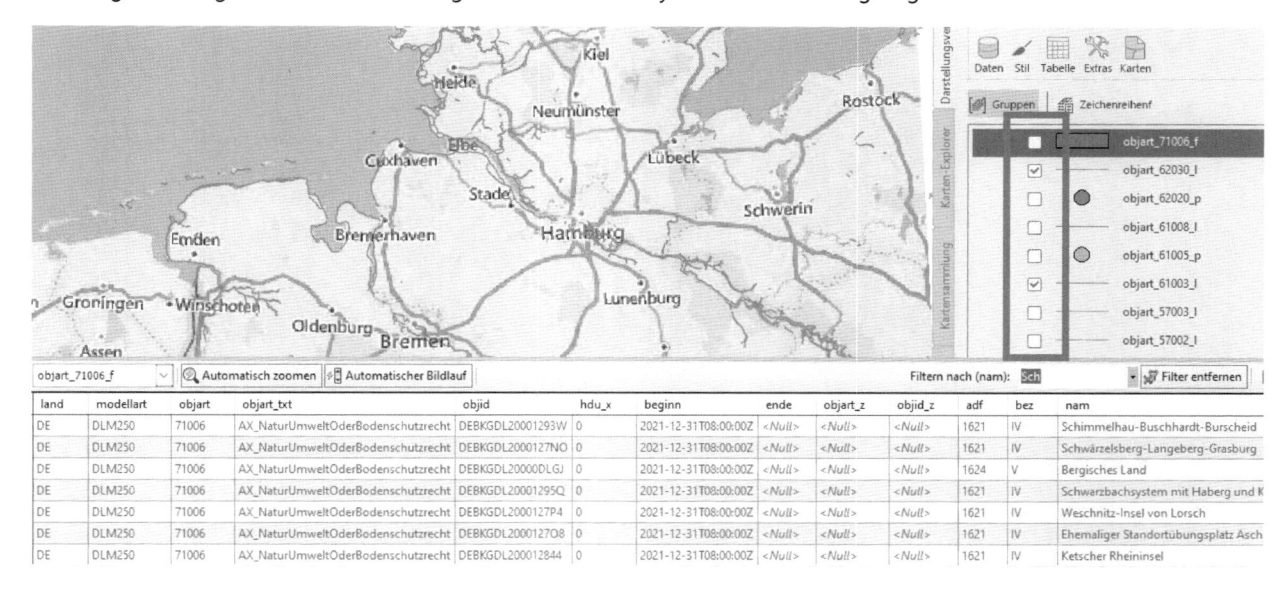

land	modellart	objart	objart_txt	objid	hdu_x	beginn	ende	objart_z	objid_z	adf	bez	nam
DE	DLM250	71006	AX_NaturUmweltOderBodenschutzrecht	DEBKGDL20001293W	0	2021-12-31T08:00:00Z	<Null>	<Null>	<Null>	1621	IV	Schimmelhau-Buschhardt-Burscheid
DE	DLM250	71006	AX_NaturUmweltOderBodenschutzrecht	DEBKGDL2000127NO	0	2021-12-31T08:00:00Z	<Null>	<Null>	<Null>	1621	IV	Schwärzelsberg-Langeberg-Grasburg
DE	DLM250	71006	AX_NaturUmweltOderBodenschutzrecht	DEBKGDL20000DLGJ	0	2021-12-31T08:00:00Z	<Null>	<Null>	<Null>	1624	V	Bergisches Land
DE	DLM250	71006	AX_NaturUmweltOderBodenschutzrecht	DEBKGDL20001295Q	0	2021-12-31T08:00:00Z	<Null>	<Null>	<Null>	1621	IV	Schwarzbachsystem mit Haberg und K
DE	DLM250	71006	AX_NaturUmweltOderBodenschutzrecht	DEBKGDL2000127P4	0	2021-12-31T08:00:00Z	<Null>	<Null>	<Null>	1621	IV	Weschnitz-Insel von Lorsch
DE	DLM250	71006	AX_NaturUmweltOderBodenschutzrecht	DEBKGDL2000127O8	0	2021-12-31T08:00:00Z	<Null>	<Null>	<Null>	1621	IV	Ehemaliger Standortübungsplatz Asch
DE	DLM250	71006	AX_NaturUmweltOderBodenschutzrecht	DEBKGDL200012844	0	2021-12-31T08:00:00Z	<Null>	<Null>	<Null>	1621	IV	Ketscher Rheininsel

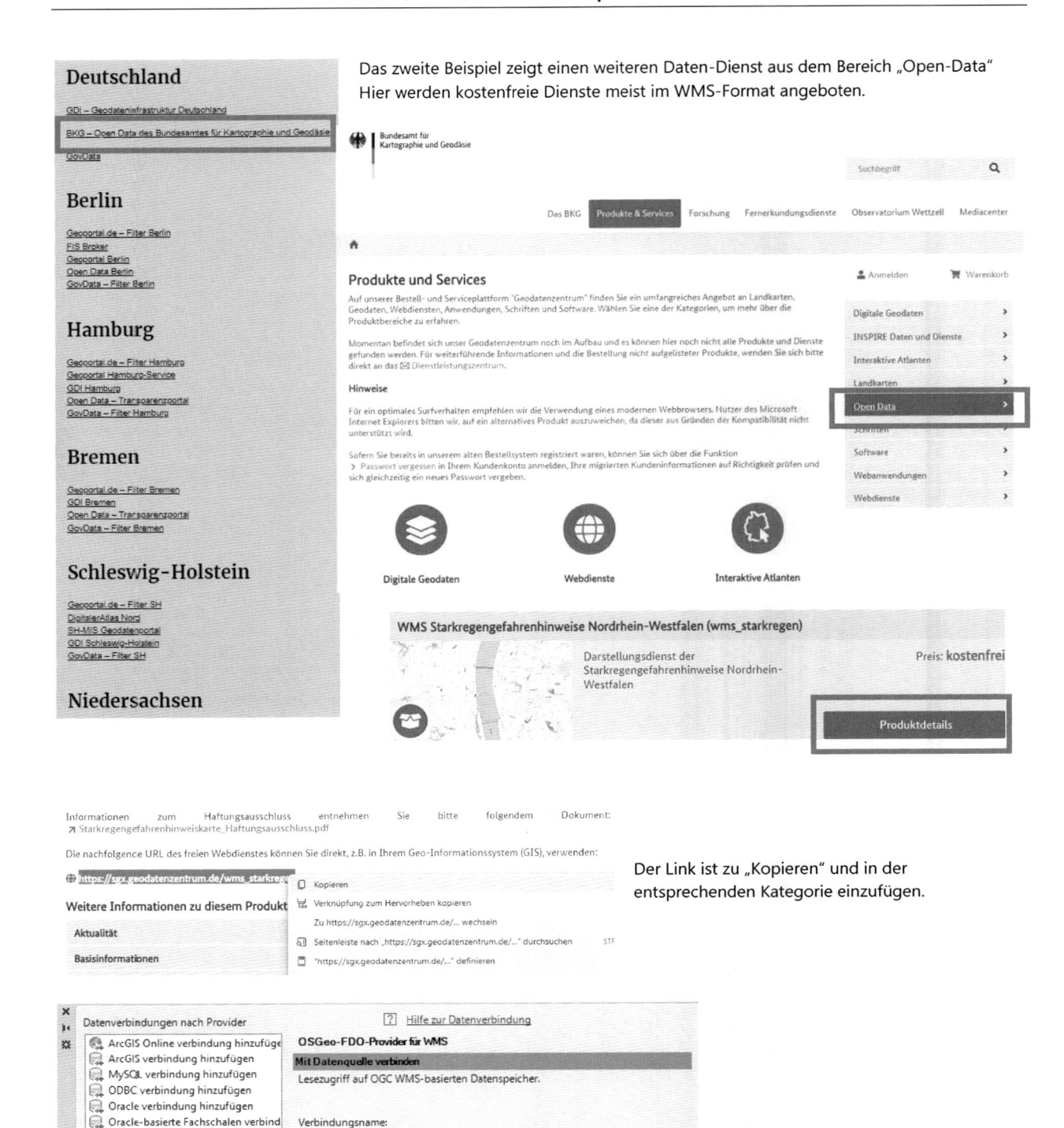

4 Geodaten-Dienste der Bundesrepublik Deutschland

Das zweite Beispiel zeigt einen weiteren Daten-Dienst aus dem Bereich „Open-Data" Hier werden kostenfreie Dienste meist im WMS-Format angeboten.

Der Link ist zu „Kopieren" und in der entsprechenden Kategorie einzufügen.

Die Daten sind kostenfrei. Mit der Funktion „Anmelden" und ohne Angabe eines Kennwortes und Benutzernamens werden die Daten importiert.

Gert Domsch, CAD-Dienstleistung

4 Geodaten-Dienste der Bundesrepublik Deutschland

Der Rechner liest die Daten und zeigt eventuell unterschiedliche Kategorien, die importiert oder vernachlässigt werden können.

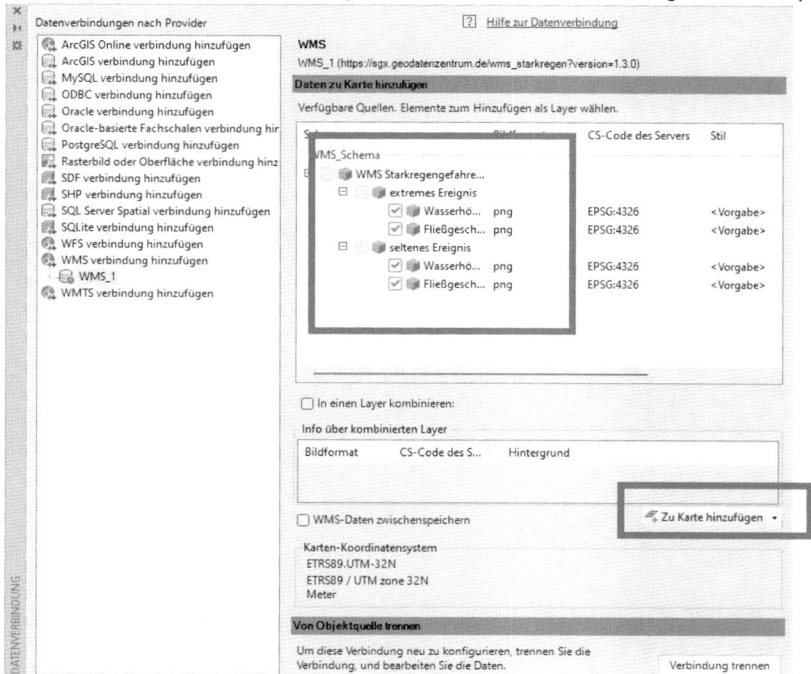

Das Koordinatensystem ist zu beachten.

Die Daten werden zur „Karte" (Zeichnung) geladen.

Die Daten sind hinzugefügt und hier mit dem bing-Kartendienst „Karte-Übersicht" kombiniert.

Eventuell sind noch zusätzliche Informationen beim Datenanbieter zur farblichen Darstellung und zur Begrifflichkeit „Extrem" und „Selten" einzuholen. Im nächsten Bild sind Details des Dienstes ab geschaltet.

4 Geodaten-Dienste der Bundesrepublik Deutschland

Die Daten der Geodienste sind meist Daten der gesamten Bundesrepublik oder eines ganzen Bundeslandes. In den Projekten sind jedoch nur wesentlich kleinere Ausschnitte erforderlich. Eine Besonderheit bei WMS-Diensten (Rasterbilder) ist das optionale Zuschneiden oder Reduzieren des Bildausschnittes auf den Bereich des Ansichtsfensters.

Um diese Funktion zu zeigen, wird ein Bild geladen, welches allgemein als Luftbild, Orthofoto bezeichnet wird. Es ist aber technisch exakt gesagt ein WMS-Dienst der Bundeslandes Rheinland-Pfalz.

https://www.geoportal.rlp.de/mapbender/php/wms.php?inspire=1&layer_id=61676&withChilds=1&request=GetCapabilities&service=WMS&version=1.3.0

Der gesamte Dienst ist geladen, gleichzeitig ist zur Orientierung der bing-Kartendienst hinterlegt.

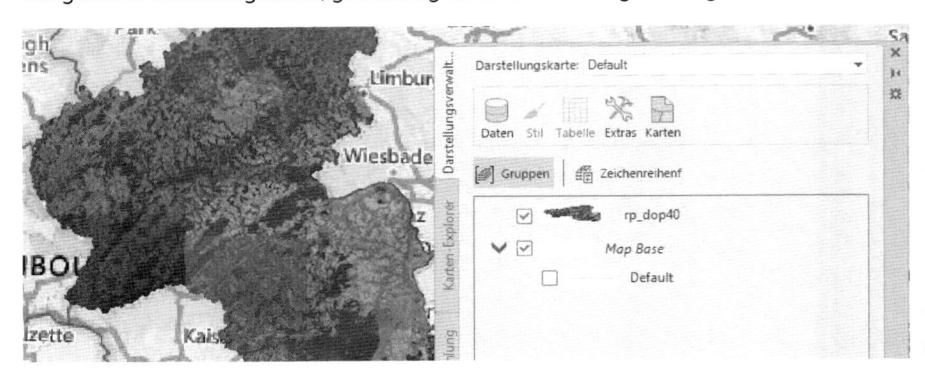

Es wird angenommen, es wird nur der Bereich der Stadt Trier benötig. Es kann auf den Bereich der Stadt gezoomt werden und mit der Funktion „Raster neu berechnen" wird der Dienst an den Grenzen des Bildschirms abgeschnitten.

Die anschießende ZOOM-Funktion „Vergrößern" zeigt, der Dienst ist auf den Ausschnitt des Ansichtsfensters zugeschnitten.

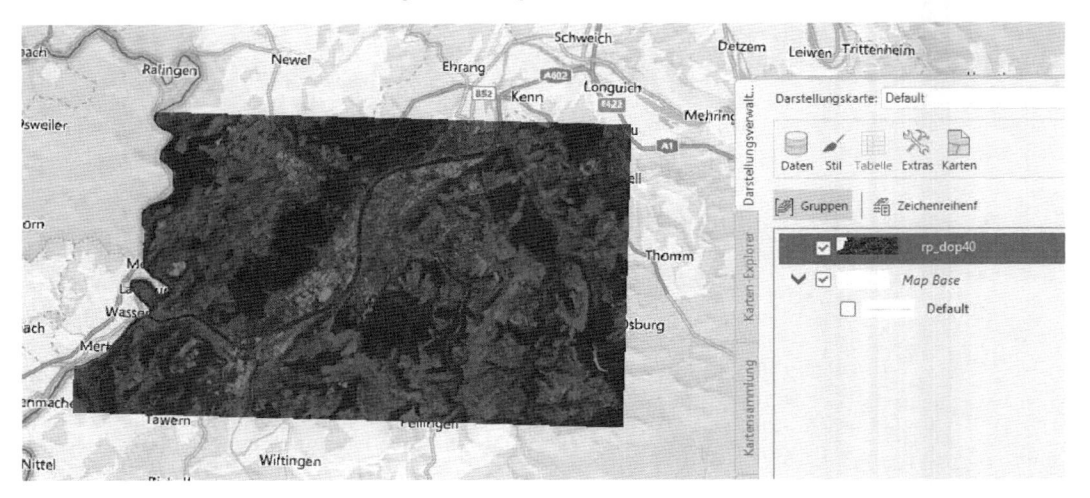

5 Karten-Explorer, Zeichnungsabfrage, Datenabfrage

Die nachfolgend gezeigten Funktionen sind Funktionen des Aufgabenfensters, Register „Karten-Explorer". Die wichtigste Funktion, die hier beschrieben werden, sind die Zeichnungszuordnung und anschließend die Abfrage. Mit dieser Funktion können räumlich oder thematisch aus vorhandenen Zeichnungen neue Zeichnungen erstellt werden.

Mit der Definition von Abfrageeigenschaften können zielgerichtet Daten aus dem Gesamtumfang geladener Zeichnungen gefiltert werden. Der Zugriff oder das Anhängen der Zeichnungen, die „abgefragt" werden sollen, erfolgt über die Funktion „Zuordnen".

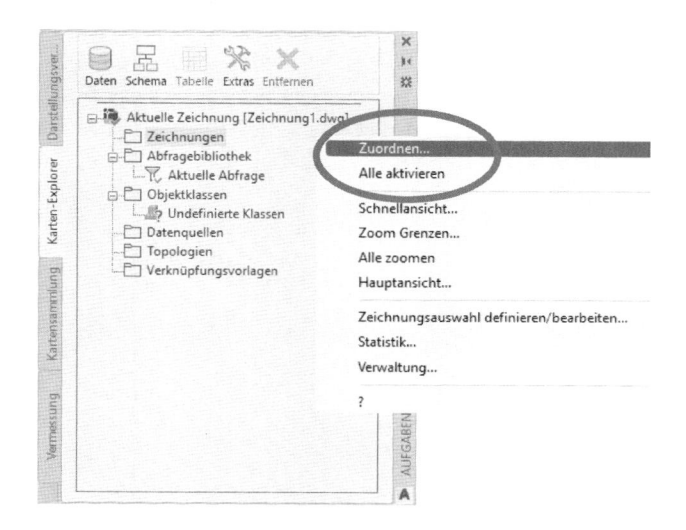

Die Zeichnungszuordnung kann über den Microsoft Dateien-Explorer ausgeführt werden. Auf diesem Weg erfolgt die Zeichnungszuordnung per Drag & Drop.

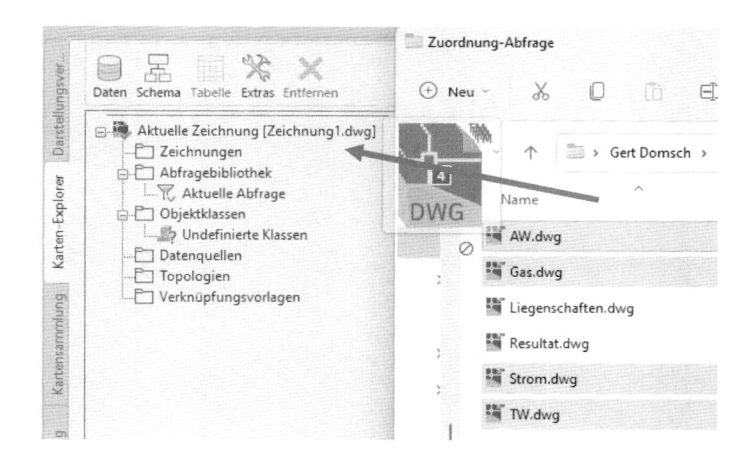

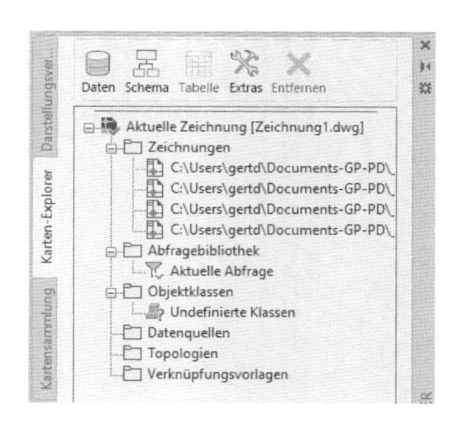

Die Zeichnungszuordnung im Kartenexplorer Bereich Zeichnungen ist die Voraussetzung für die nächsten Funktionen.

Hinweis:
Die Funktionen des „Karten-Explorer" (MAP-Aufgabenfenster) stehen im MAP 3D Toolset und auch In Civil 3D uneingeschränkt zur Verfügung.

5.1 Zeichnungsabfrage, Datenabfrage (Daten einer Zeichnung wählen und neue Zeichnung erstellen)

Die Zeichnungsabfrage oder Datenabfrage dient dem zielgerichteten Erstellen neuer Zeichnungen, die zum Beispiel später als externe Referenz einer Planung hinterlegt sein können. Eine externe Referenz enthält üblicherweise Informationen von territorialen Verwaltungen (z.B. Liegenschafts-Informationen), regionaler Versorger (Abwasser, Trinkwasser, Gas, usw.) die für die Planung informativen Charakter haben aber nicht unmittelbar Bestandteil der Zeichnung sein müssen. Mit der Funktion „externe Referenz" sollten auch Daten einer Planung hinterlegt sein, bei denen zu erwarten ist, dass diese im Planungszeitraum zu aktualisieren sind.

Diese Daten in einer oder wenigen Zeichnungen zusammenzufassen oder bezogen auf den Planungsbereich zu filtern, ist Aufgabe der Zeichnungsabfrage.

Einer leeren Zeichnung (erstellt mit der „map2Diso.dwt") werden Zeichnungen zugeordnet („Drag & Drop"), die den verschiedensten Leitungsbestand einer ländlichen Region beschreiben.

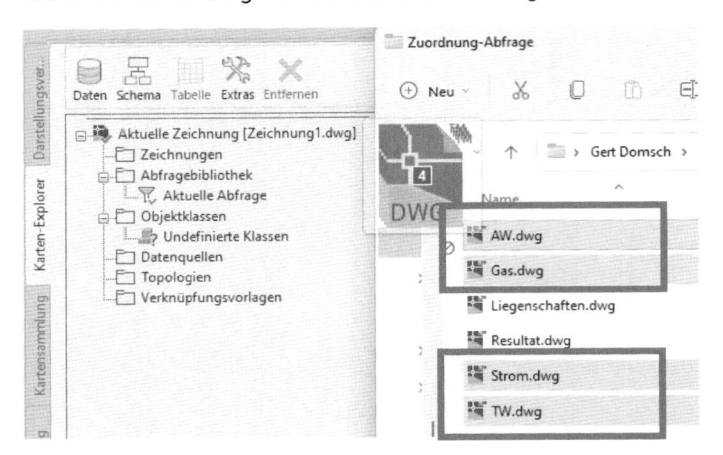

Resultat:

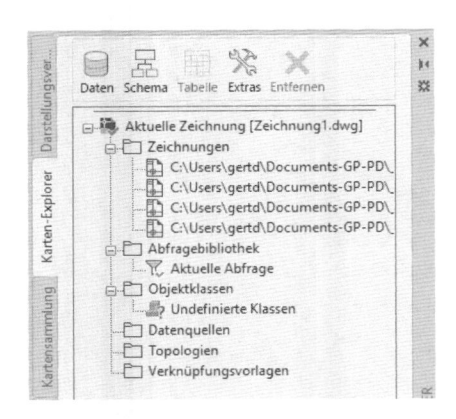

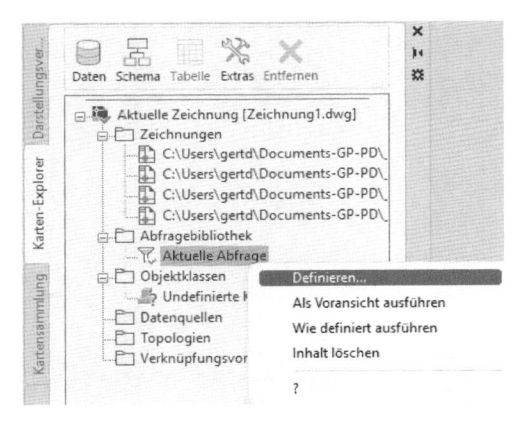

Mit der Funktion Abfragebibliothek, „Aktuelle Abfrage", „Definieren" wird die Art und Weise der Datenabfrage festlegt, das heißt es wird festgelegt welche Daten ausgewählt werden und anschließend Bestandteil der neuen Zeichnung sind.

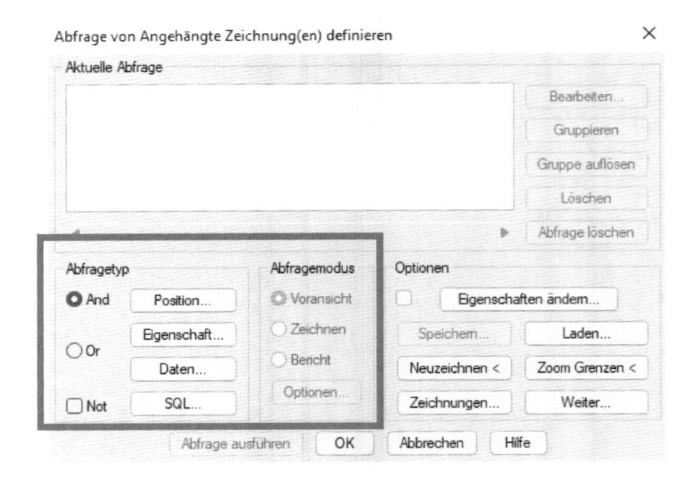

Die Abfrage sollte in mehreren Schritten erfolgen und mit dem Abfrage Modus „Voransicht" schrittweise aktualisiert sein.

Zuerst wird mit der Funktion Position festgelegt, wo räumlich Daten vorhanden sind oder benötigt werden.

Gert Domsch, CAD-Dienstleistung

5 Karten-Explorer, Zeichnungsabfrage, Datenabfrage

Es wird empfohlen im ersten Schritt „Alles" zu wählen.

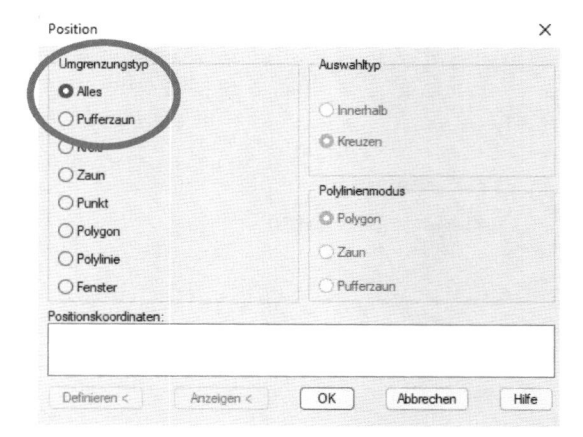

Die meisten Zeichnungen sind Layer strukturiert. Mit der Einstellung „Layer" und „Wert" „*" werden alle vorhandenen Layer in die Abfrage einbezogen.

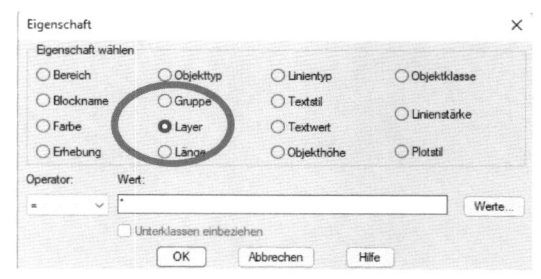

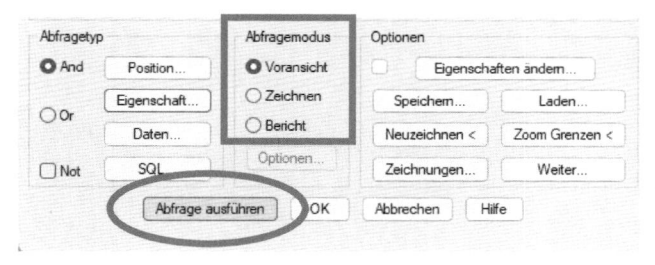

Im ersten Schritt wird die Anfrage nur als „Voransicht" ausgeführt. Es wird die Funktion „Abfrage ausführen" gewählt.

Hinweis:
Der Knopf „OK" beendet die Funktion ohne Aktion.

Die Daten sind in der Voransicht Bestandteil der Zeichnung.

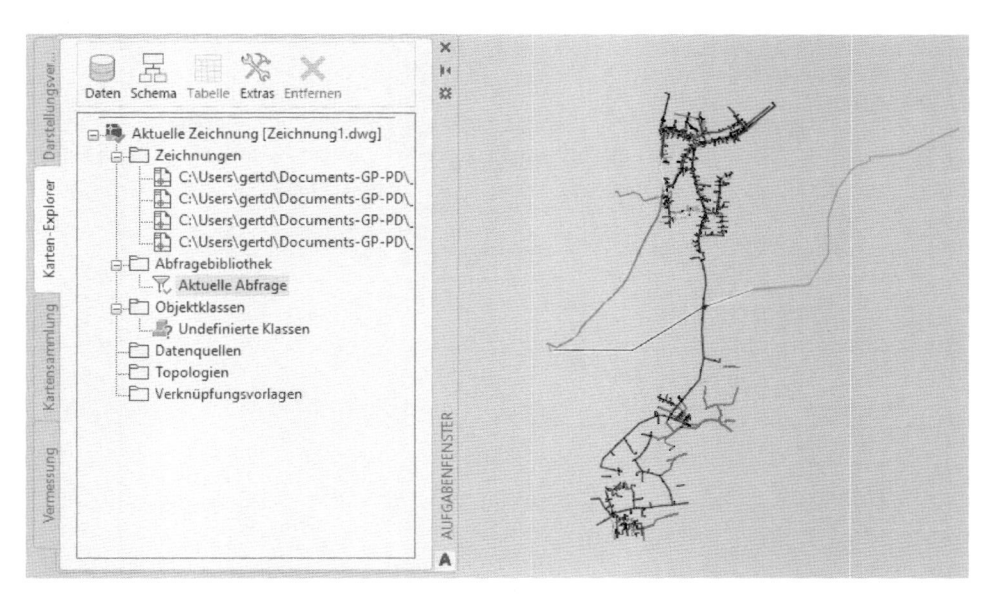

Um die abzufragenden Daten zu optimieren oder räumlich zu filtern, kann die Zeichnung mit Luftbildern, dem Microsoft bing-Kartendienst oder wie hier gezeigt mit einer externen Referenz kombiniert sein.

Gert Domsch, CAD-Dienstleistung

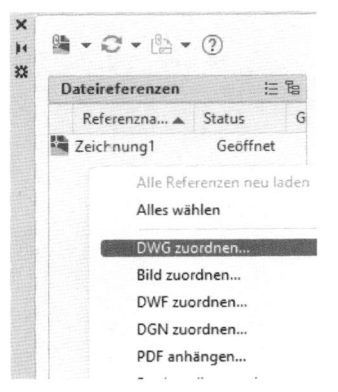

5 Karten-Explorer, Zeichnungsabfrage, Datenabfrage

Im Beispiel beinhaltet die externe Referenz Liegenschaftsinformation, die den Bereich in dem Daten benötigt werden, eingrenzen soll.

Im Beispiel wird angenommen, es werden nur Daten benötigt, die sich innerhalb der Liegenschaften befinden.

Die Eigenschaften der Abfrage können jetzt korrigiert werden.

Hinweis:
Vor jeder Änderung der Anfrage oder dem Ausführen von „Zeichnen" sollte mit „Regen" die Voransicht gelöscht sein. Der Befehl „Regen" ist in die Befehlszeile einzugeben (Befehlskürzel in Deutschland „rg").

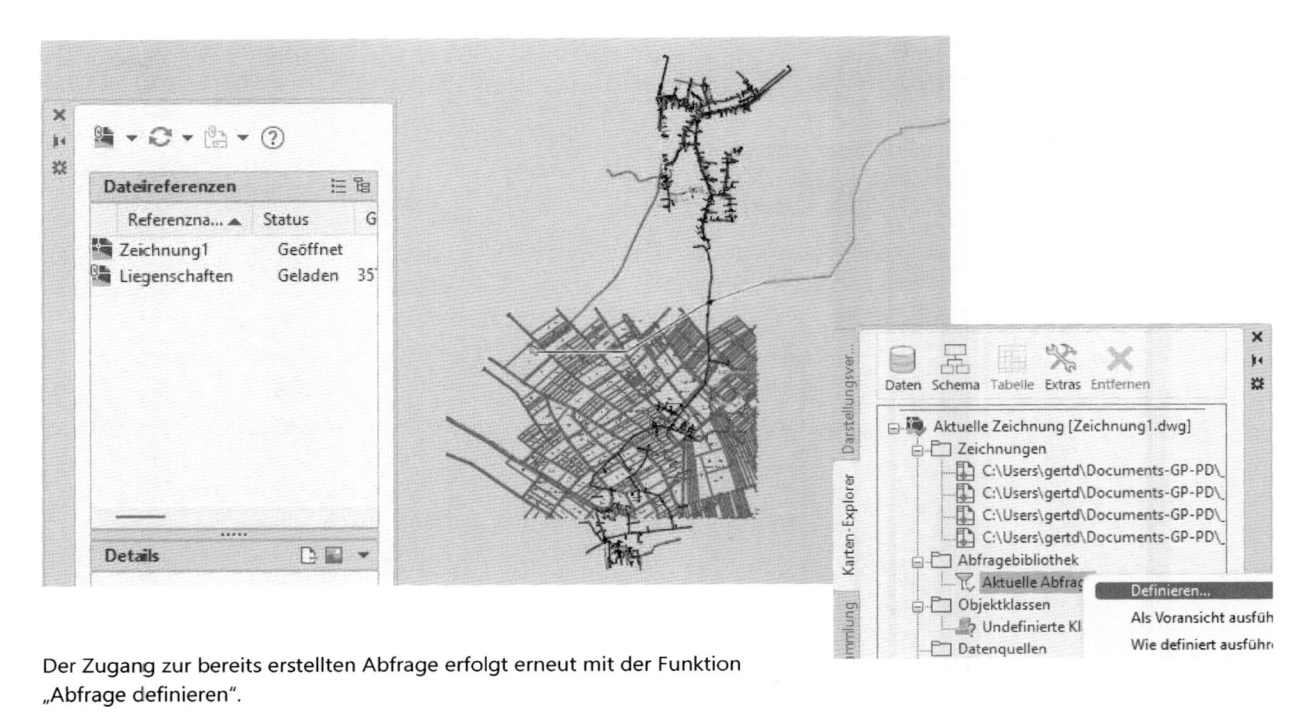

Der Zugang zur bereits erstellten Abfrage erfolgt erneut mit der Funktion „Abfrage definieren".

Definierte Abfrage-Eigenschaften können korrigiert oder gelöscht werden oder es können neue Eigenschaften hinzugefügt sein.

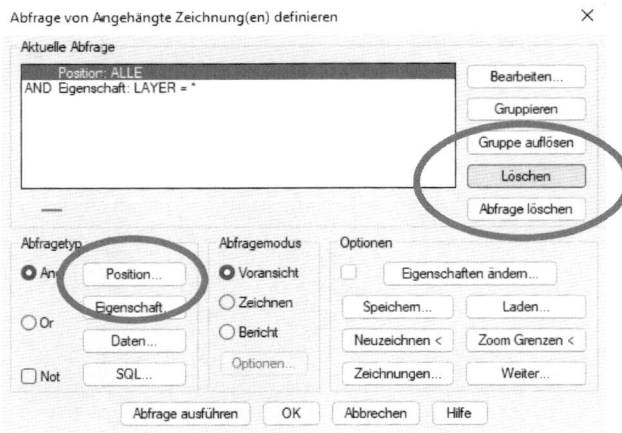

Die bisherige Positionsabfrage wird gelöscht und durch eine präzisere Position „Kreis" und Eigenschaft „kreuzen" ersetzt.

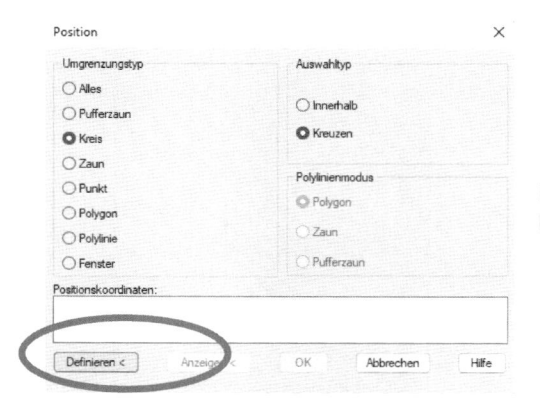

5 Karten-Explorer, Zeichnungsabfrage, Datenabfrage

Die neue Position soll einen Bereich innerhalb der Liegenschaften beschreiben, weil eventuell hier die Baumaßnahme erfolgt.

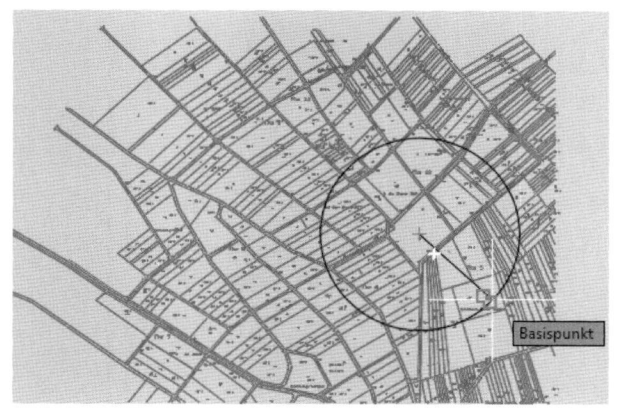

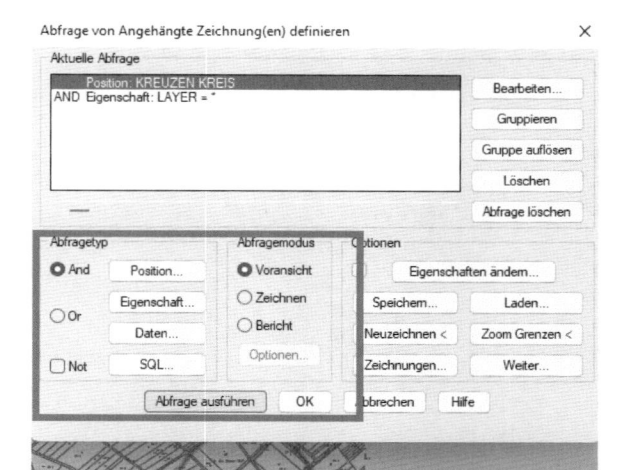

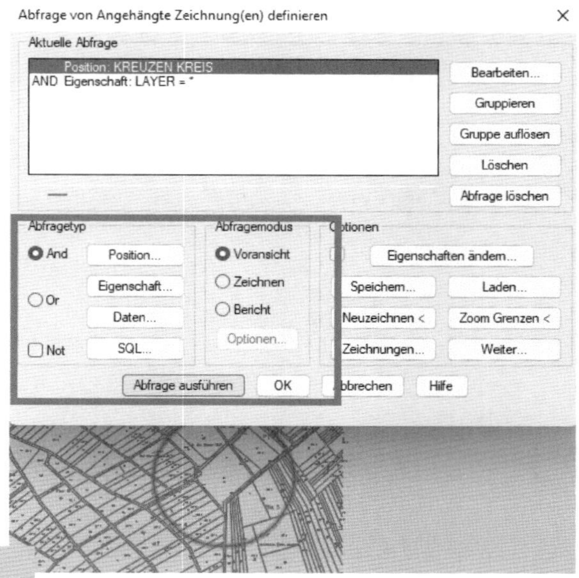

Es bleibt bei der „Voransicht" zur Kontrolle der erreichten Position und der ausgewählten Daten.

Wiederholt wird die Funktion „Abfrage ausführen" gewählt.

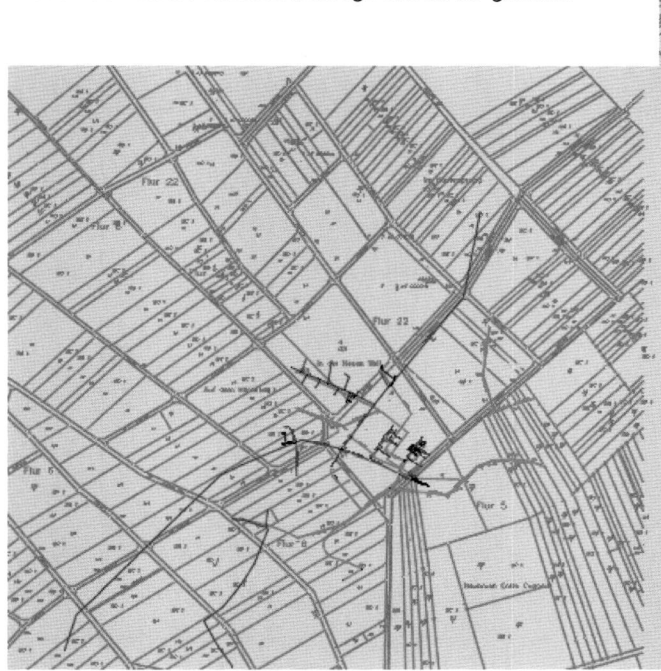

Entsprechen die Daten der Projektanforderung, wird die Voransicht nochmals mit „REGEN" gelöscht.

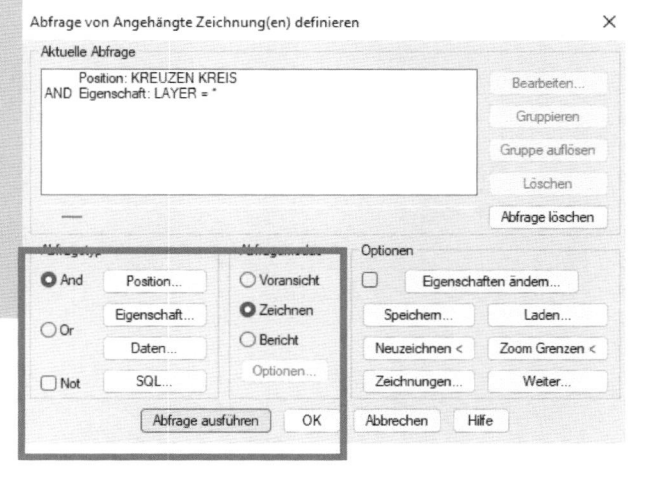

Wenn die Daten stimmen, wenn die Projektanforderungen erfüllt sind, wird ein letztes Mal, jetzt mit der Option „Zeichen, die „Abfrage ausgeführt".

5 Karten-Explorer, Zeichnungsabfrage, Datenabfrage

Mit dieser Funktion entsteht eine Zeichnung, die die erforderlichen Daten enthält. Im nachfolgenden Bild ist die externe Referenz entfernt, um nur die abgefragten Daten zu zeigen.

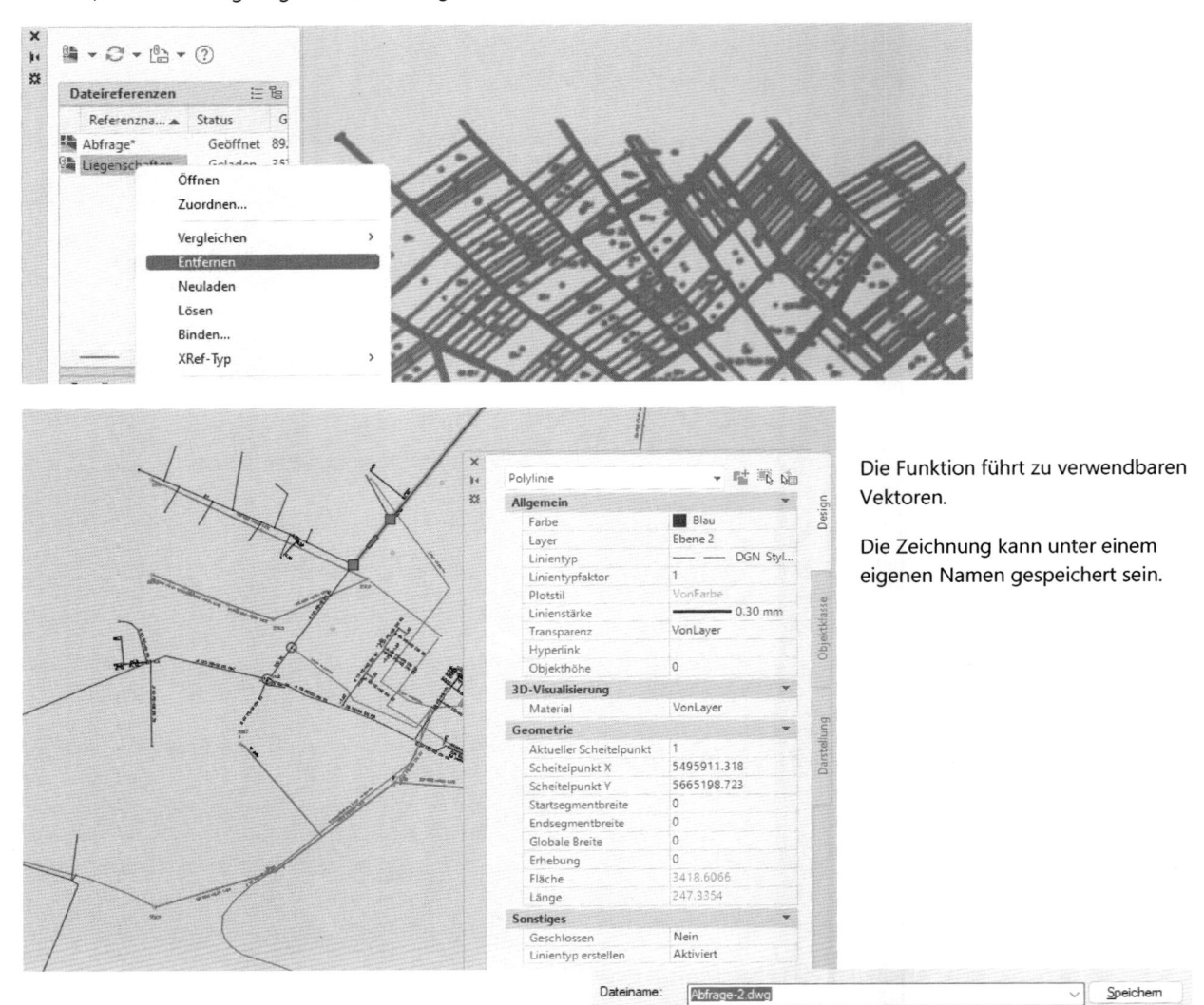

Die Funktion führt zu verwendbaren Vektoren.

Die Zeichnung kann unter einem eigenen Namen gespeichert sein.

Eventuell kommt es beim Speichern der Zeichnung zu folgender Meldung. Die Meldung besagt die zugeordneten Zeichnungen (Hauptbestandteil der Abfrage) sind aus der Zuordnung zu entfernen.

Die Funktion zum Entfernen ist Bestandteil des Karten-Explorers und heißt „Lösen".

Die Funktion der „Abfrage" kann auch zum Umrechnen von Zeichnung und zum Wechsel des verwendeten Koordinatensystems genutzt werden (nächstes Kapitel).

5.2 Koordinatensysteme wechseln

5.2.1 Vorwort

CAD-Planungsunterlagen, GIS-Daten, Daten für Infrastrukturplanungen haben Koordinaten, damit haben sie einen räumlichen Bezug. Der Begriff „räumlicher Bezug" ist eine Aussage zur Lage in Deutschland oder auf der Erde.

http://de.wikipedia.org/wiki/Nullmeridian#Verlauf_des_Nullmeridians

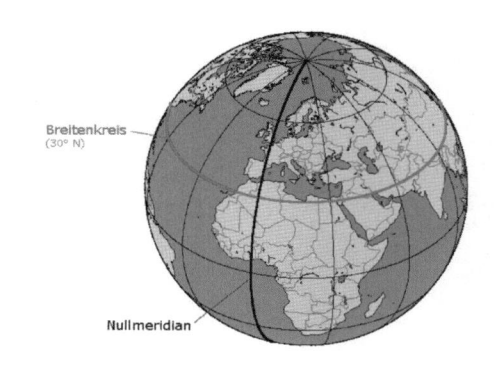

Die Erde hat jedoch nur näherungsweise eine Runde Gestalt „Kugel". In Wahrheit ist die Erde an den Polkappen abgeflacht, hat Dellen und Beulen.

X-, Y-Koordinaten wiederum beschreiben eine Fläche. Das Problem hierbei ist die Kugeloberfläche auf eine ebene-, X-, Y- Fläche zu projizieren. Das wiederum heißt „aufgeschnittene Apfelsinenschalen-Scheiben" herstellen. In der Praxis sind das einzelne „Meridianstreifen"

http://de.wikipedia.org/wiki/%C3%84quator#L.C3.A4nge_des_.C3.84quators

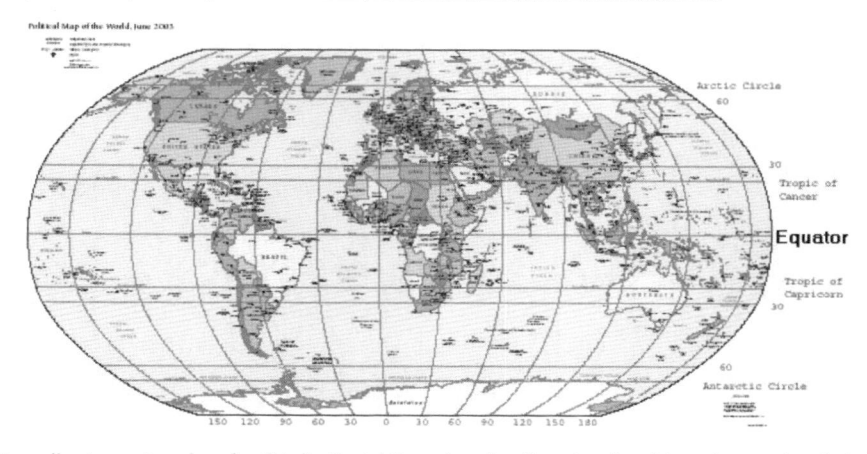

Außerdem beträgt der Umfang der Erde (Äquator Länge) 40.075.017 m. Das führt zu Koordinaten mit einer beträchtlichen Anzahl von „Vorkommastellen".

Alle diese Probleme werden in den „Apfelsinenschalenstücken" (Meridianstreifen) einzeln gelöst und in einem Koordinatensystem beschrieben. Das heißt ein Koordinatensystem beschreibt die Projektion eines bestimmten Bereiches der runden Erde in eine ebene Fläche und kann gleichzeitig die Anzahl der Stellen vor dem Komma (Zahlengröße, Datenmenge) reduzieren.

Am Rand der „Apfelsinenschalenstücke" (Meridianstreifen) kommt es immer wieder dazu, dass ein bereits vermessenes Planungsgebiet in einem anderen Koordinatensystem („Apfelsinenschalenstück", Meridianstreifen) verwendet werden soll oder eine Zeichnung mit einem veralteten System in ein neues aktuelles umgerechnet werden muss. MAP kann Koordinatensysteme umrechnen.

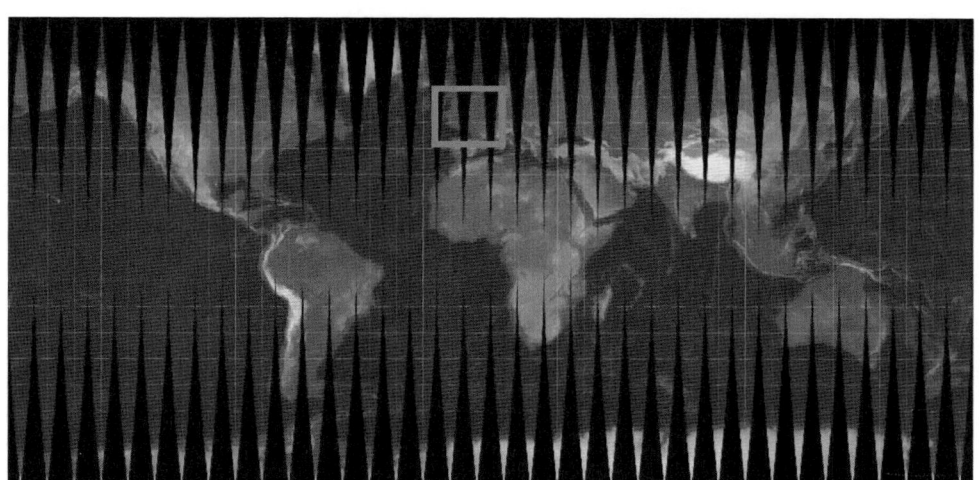

Bild aus Wikipedia: Transverse Mercator meridian stripes 10deg.jpg

Hinweis:
Der schwarze Keil ist eine Lücke, die durch die Projektion der runden Erde in die Ebene entsteht.

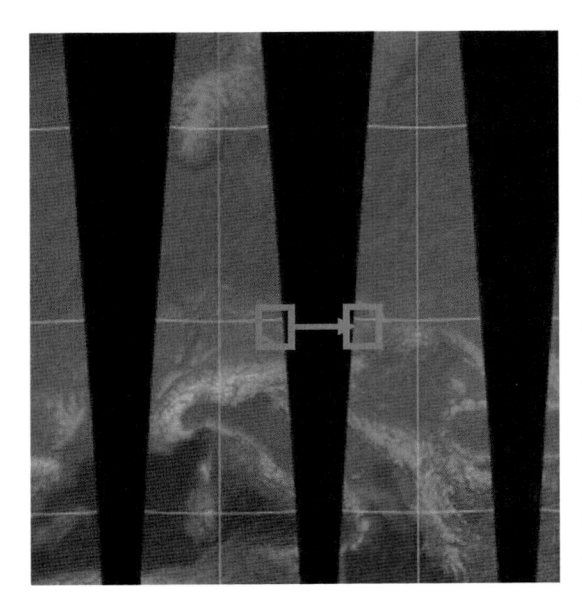

5 Karten-Explorer, Zeichnungsabfrage, Datenabfrage

Deutschland ist je nach Koordinatensystem in einzelne Meridianstreifen geteilt. Sind die Daten aus unterschiedlichen Koordinatensystemen in einem Projekt zu verwenden, so ist eine Umrechnung erforderlich.

Die Projektion in die Ebene führt zu einer mehrere „KM" großen Lücke (im Bild: schwarzer Keil).

Als Beispiel für eine Umrechnung des Koordinatensystems wird eine vorhandenen Liegenschaftszeichnung verwendet. Die Zeichnung wird von einem Koordinatensystem in ein anderes umgerechnet.

Das Koordinatensystem der Zeichnung ist nicht bekannt. Es wird RD83.Gauss3d-4/ (EPSG 3398) angenommen.

Als Zielkoordinatensystem wird später ETRS89.UTM 32N (EPSG 25832) gesetzt.

Ausgangszeichnung:

Beispielhaft und als Nachweis der Umrechnung werden die Koordinaten eines ausgewählten Punktes gezeigt.

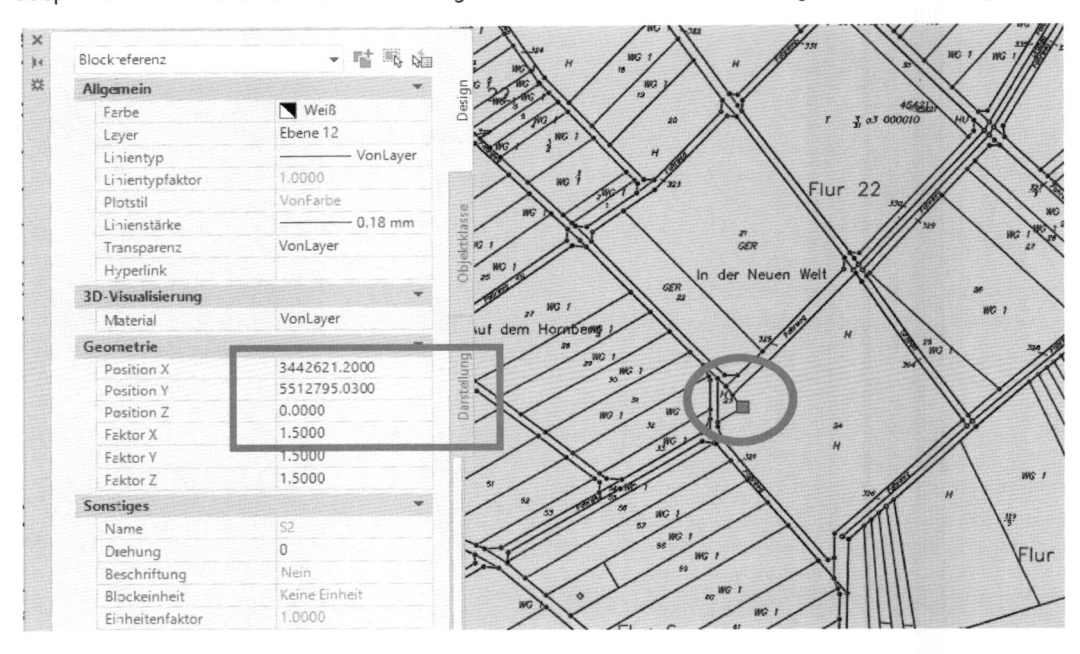

Die Koordinaten der Zeichnung bzw. der Vektoren in der Zeichnung beschreiben eine bestimmte räumliche Position.

5.2.2 Zuweisung des Ziel-Koordinatensystems (DWG)

Nach dem Start erfolgt das Öffnen einer Zeichnung. Es ist empfehlenswert, bewusst eine Vorlage zu verwenden oder den Start des Programms so einzustellen, dass die richtige Vorlage (mit Voreinstellungen versehene leere Zeichnung) verwendet wird.

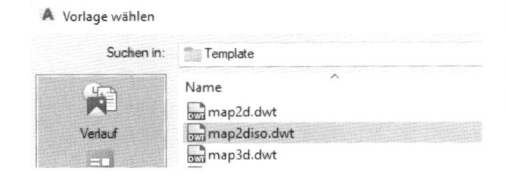

Innerhalb dieser Unterlage wird wiederholt die map2diso.dwt aufgerufen.

Der vorhandenen leeren Zeichnung wird ein Koordinatensystem zugewiesen. Die Funktion ist Bestandteil der Karte „Karteneinrichtung".

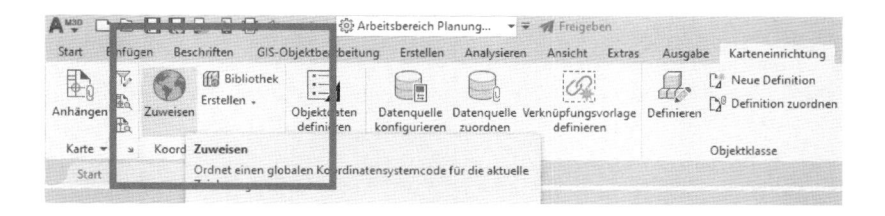

Anschließend wird das Koordinatensystem ausgewählt. Es sind aus meiner Sicht alle Koordinatensysteme der Welt vorhanden. Die Auswahl wird durch ein „Suchen" unterstützt. Die Suche ist nach verschiedenen Kriterien möglich.

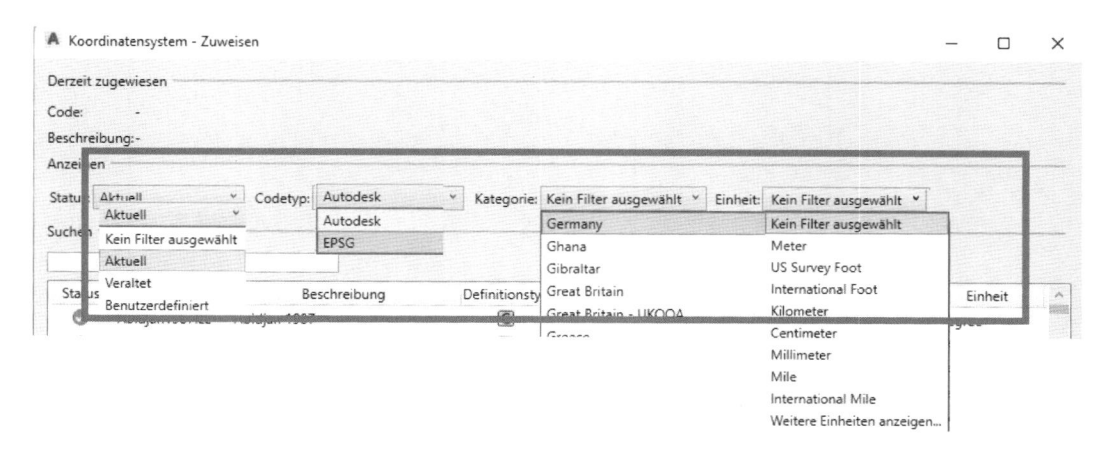

Ist der EPSG-Code bekannt, sollte diese Ziffernfolge eingegeben werden. Der EPSG-Code ist eine internationale Bezeichnung mit Hilfe einer Zahlenfolge für Koordinatensysteme, um bei internationaler Zusammenarbeit Verwechslungen zu vermeiden (EPSG: European Petroleum Survey Group, Quelle: WIKIPEDIA)

Hinweis:
Die aktuellen Koordinatensysteme, Beispiel: ETRS89.UTM 32N (EPSG 25832) sind Bestandteil der Länderauswahl „Europa".

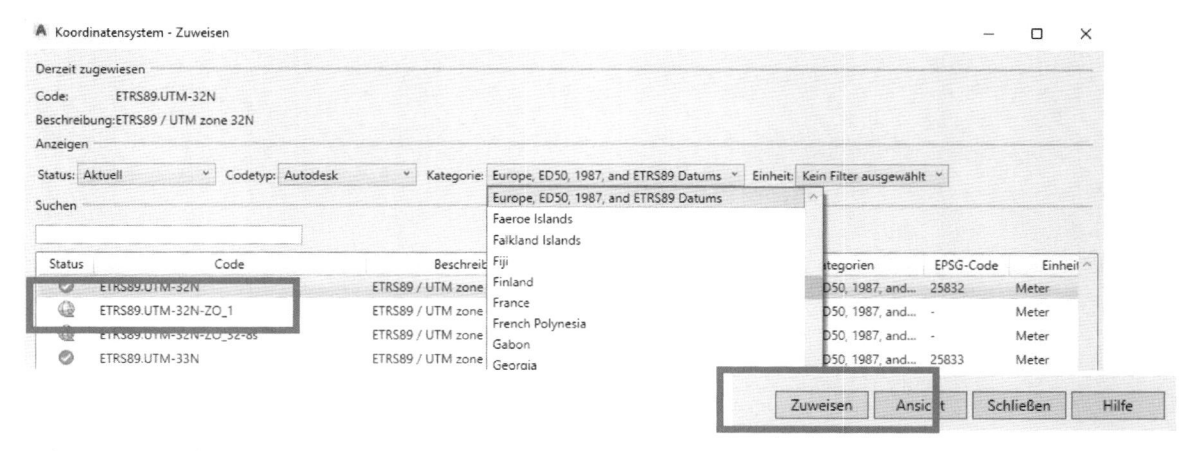

In der Statuszeile des MAP ist das ausgewählte Koordinatensystem dokumentiert.

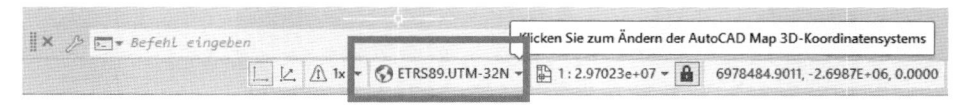

Alternativ wäre auch hier die Auswahl des Koordinatensystems möglich.

Mit diesem Arbeitsschritt ist das Ziel-Koordinatensystem festgelegt.

5.2.3 Datenzuweisung (Zuweisung der Zeichnung, Datenquelle)

Im MAP-Aufgabenfenster erfolgt im Bereich „Karten-Explorer" die Zuweisung der Quellzeichnung (Zeichnung, die umzurechnen ist).

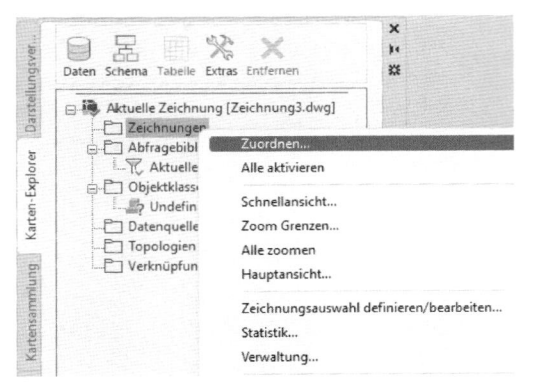

Die Zuweisung kann mit „Drag & Drop" aus dem Windows-Explorer erfolgen. Die Vorgehensweise entspricht dem vorherigen Kapitel „Abfrage".

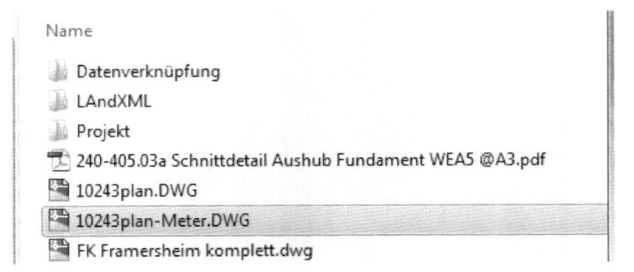

Nach erfolgter Zuweisung ist das Koordinatensystem der Quellzeichnung festzulegen. Die Festlegung erfolgt im Kontextmenü der „Aktuellen Zeichnung". Hier ist mit der Funktion „Zeichnung wählen" die Koordinatensystem-Auswahl zuerst zu aktivieren.

Eine Alternative zu den gezegten Bildern ist der Bedfehl „ADESETCRDSYS".

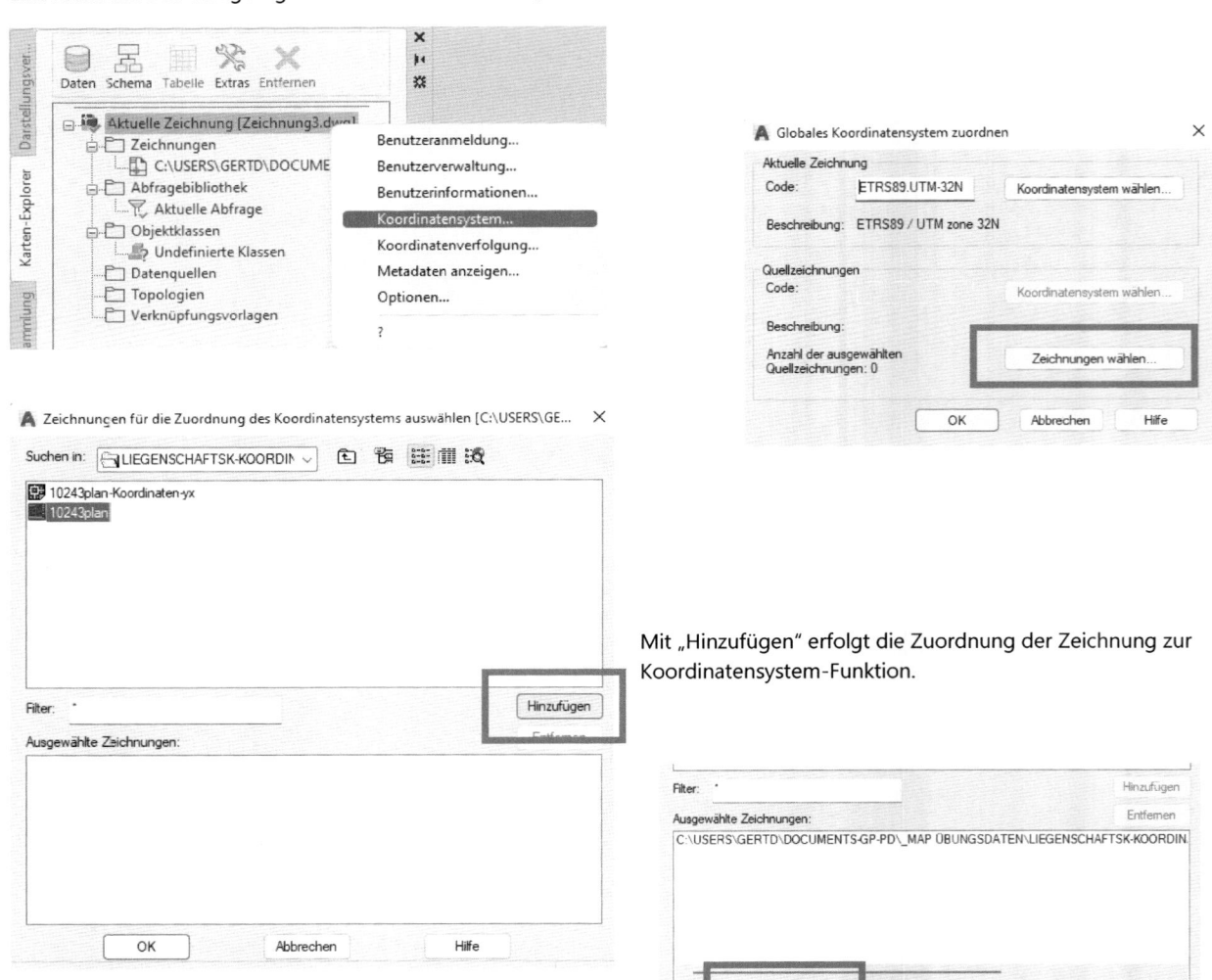

Mit „Hinzufügen" erfolgt die Zuordnung der Zeichnung zur Koordinatensystem-Funktion.

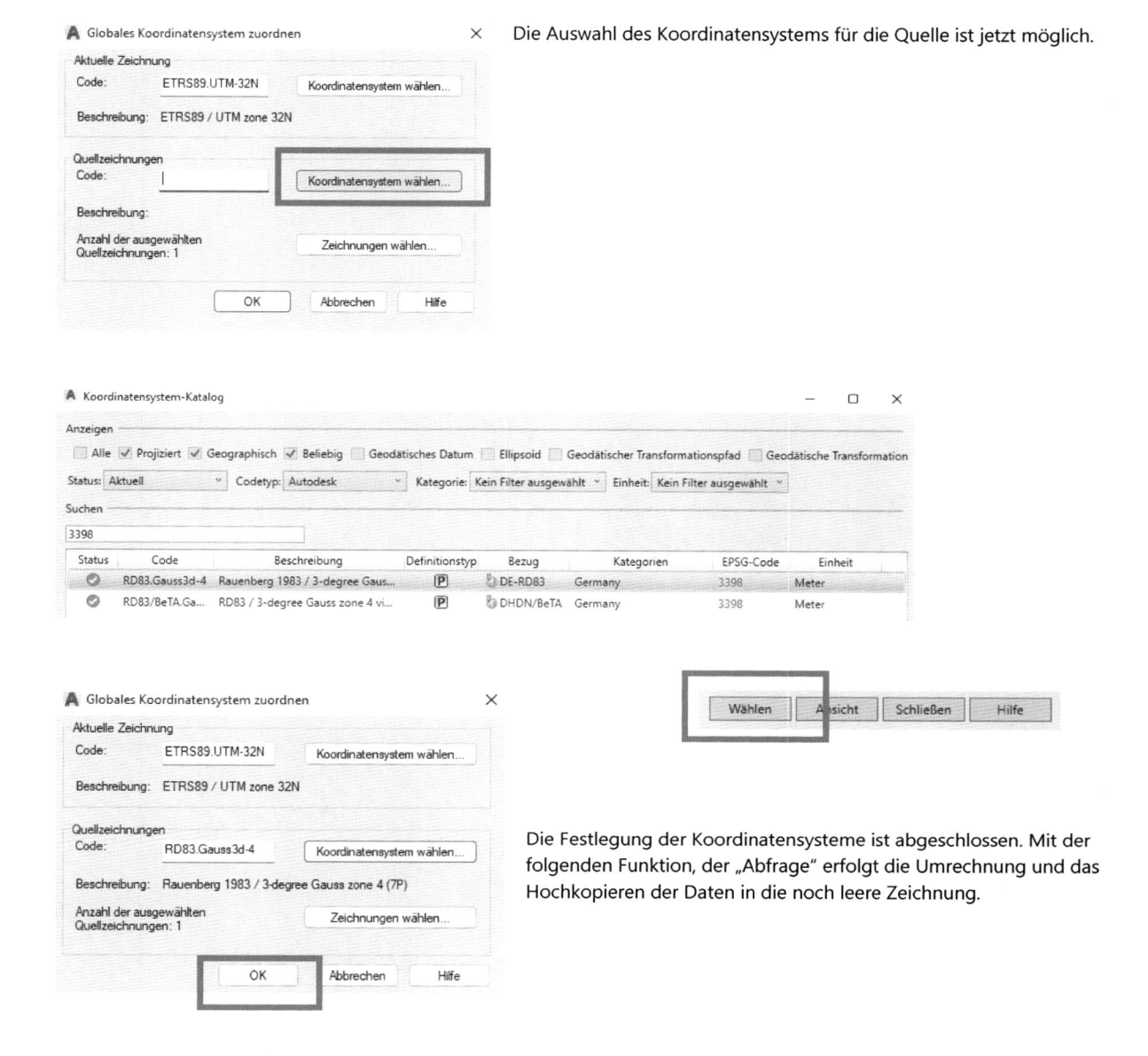

5 Karten-Explorer, Zeichnungsabfrage, Datenabfrage

Die Auswahl des Koordinatensystems für die Quelle ist jetzt möglich.

Die Festlegung der Koordinatensysteme ist abgeschlossen. Mit der folgenden Funktion, der „Abfrage" erfolgt die Umrechnung und das Hochkopieren der Daten in die noch leere Zeichnung.

5.2.4 Abfrage (Einfügen, Transformieren, Hochkopieren)

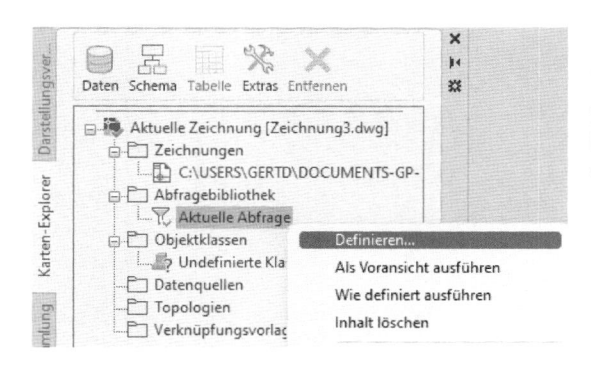

Die zugeordnete Zeichnung (Quellzeichnung) wird mit einer „Abfrage" in die noch leere Zeichnung (neue Zeichnung, Karte) eingefügt. Der gesamte Vorgang wäre zusätzlich durch die Funktionen der „Abfrage" hinsichtlich der Position und der Eigenschaften steuerbar (Datenumfang).

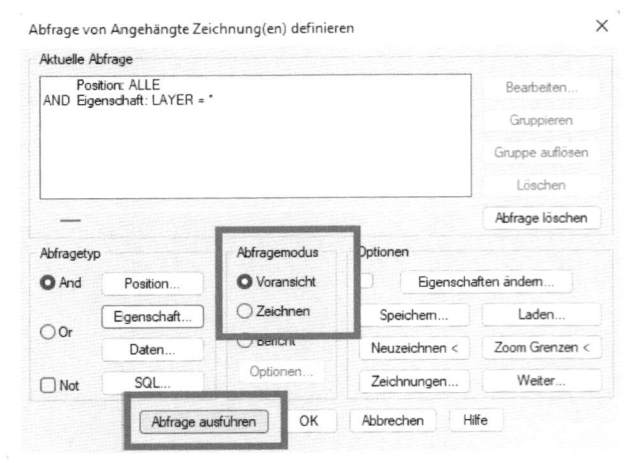

5 Karten-Explorer, Zeichnungsabfrage, Datenabfrage

Innerhalb der Übung wird Position „Alle" und Eigenschaften „Layer, = *" gewählt. Damit werden alle Daten der Quelle „abgefragt".

Das Ausführen der Abfrage als Voransicht kann die Daten anzeigen. Eine Kontrolle der Daten hinsichtlich der räumlichen Position wäre so möglich.

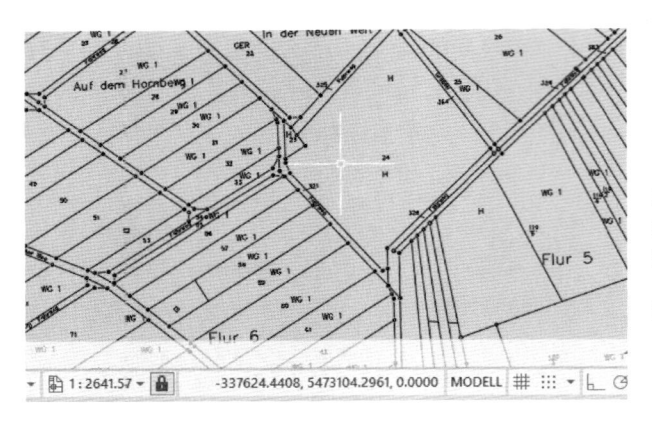

Eine genauere Definition der Abfrage (etwa hinsichtlich der Position) wäre auch möglich, wenn nur ein Teil der Daten benötigt werden.

Der Befehl „REGEN" entfernt die Daten aus der Voransicht.

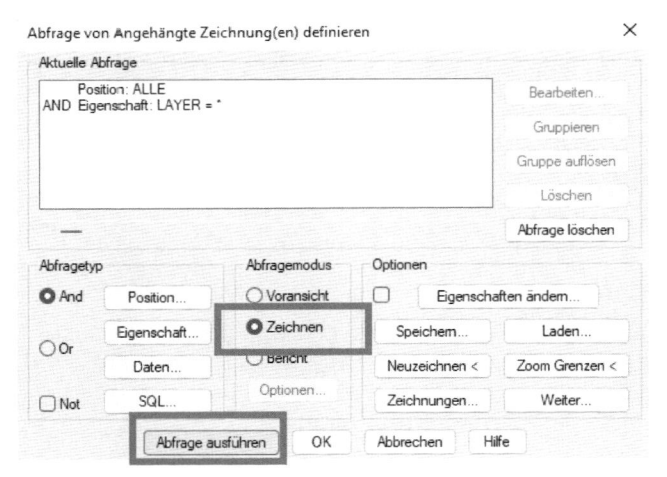

Sind alle Eigenschaften passend, so wird auf die Funktion „Zeichnen" gewechselt und die Abfrage nochmals ausgeführt.

Die Funktion erstellt jetzt eine neue Zeichnung.

Das folgende Bild zeigt das Ergebnis der Umrechnung, das Ergebnis der Koordinatensystem-Zuordnung. Die Zeichnung zeigt durch die geänderten Koordinaten die geänderte räumliche Position.

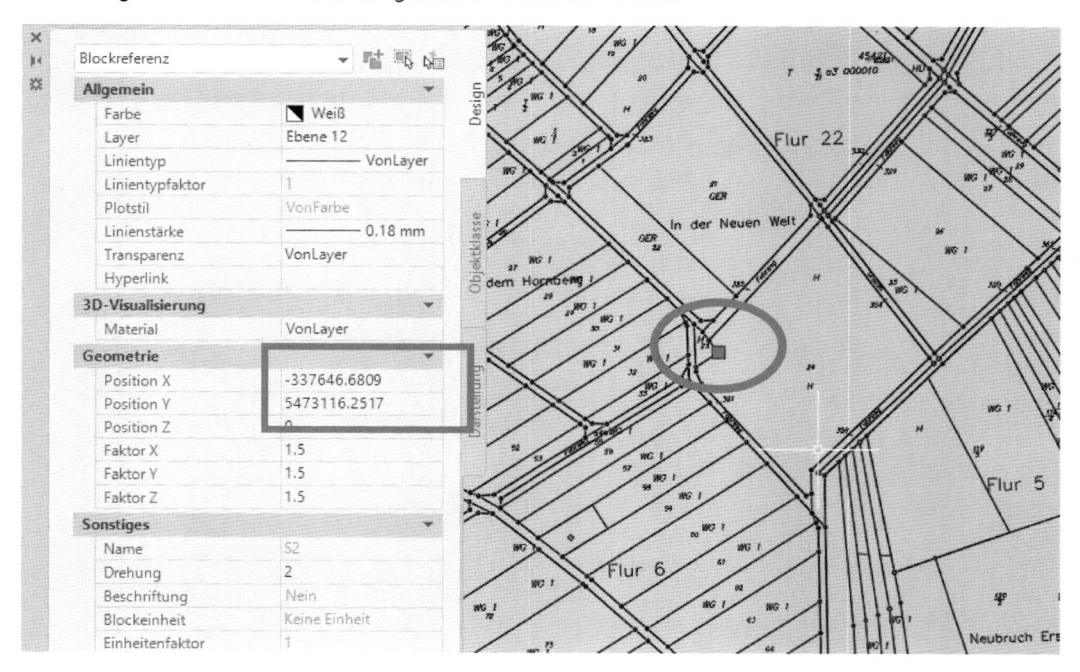

Hinweis:
Vor dem Speichern und Verwenden der neuen umgerechneten Zeichnung sollte das Lösen der Datenverbindung im „Karten-Explorer" ausgeführt sein, Funktion „Lösen".

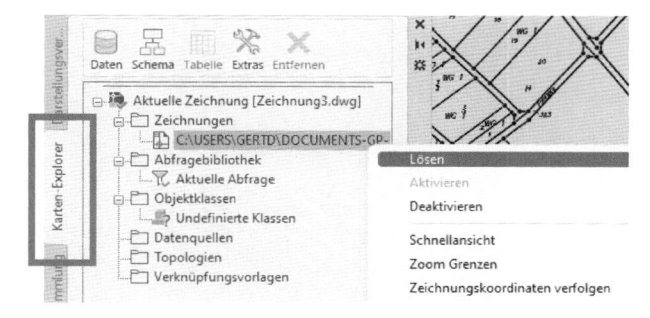

6 Koordinatensysteme erstellen

Das Erstellen von eigenen oder zusätzlichen Koordinatensystemen kann notwendig sein, weil nicht in allen Regionen Deutschlands die gleichen Koordinatensysteme verfügbar sind oder veraltete -Systeme ihre Gültigkeit verlieren.

Der Grund liegt zum Teil an der Geschichte Deutschlands, der deutschen Teilung, dem Sonderstatus von Berlin oder neu den Sonderanforderungen der Deutschen Bahn. Zum Teil können auch Software-Besonderheiten eine Rolle spielen (Vielzahl von Vor- und Nachkomma-Stellen)

In der Beschreibung wird das Erstellen eines ETRS89.UTM-32N mit 8 „Vorkomma-Stellen" gezeigt. Damit wäre eine Automatische Transformation von ETRS89.UTM-32N Daten (mit und ohne Zone) 6-stellig nach 8-stellig möglich.

Autor: Autodesk, Brigitte Kösterke, 31.10.2011, AutoCAD MAP, Best practices, (Bilder z.T. aktualisiert auf Version 2022, Domsch Gert 17.05.2022)

Originaler Text (Link):

Geospatial Navigator: https://geospatialnavigator.typepad.com/geospatial_navigator/2011/10/automatische-transformation-von-etrs89utm-32n-datenohne-zonenbezeichnung-zur-darstellung-mit-zonenbe.html

In AutoCAD Map 3D 2012 (neu 2022) ist die gemeinsame Darstellung von Daten im Koordinatensystem ETRS89.UTM-32N mit führender Zone 32 (8-stellige Koordinaten) und ohne Zone 32 (6-stellige Koordinaten) in einer DWG eine lösbare Aufgabe. Diese Situation kommt vor, wenn z.B. die eigenen Daten 8-stellig vorliegen und der WMS Dienst in EPSG 25832 nur mit den "kurzen" X-Werten zur Verfügung gestellt wird.

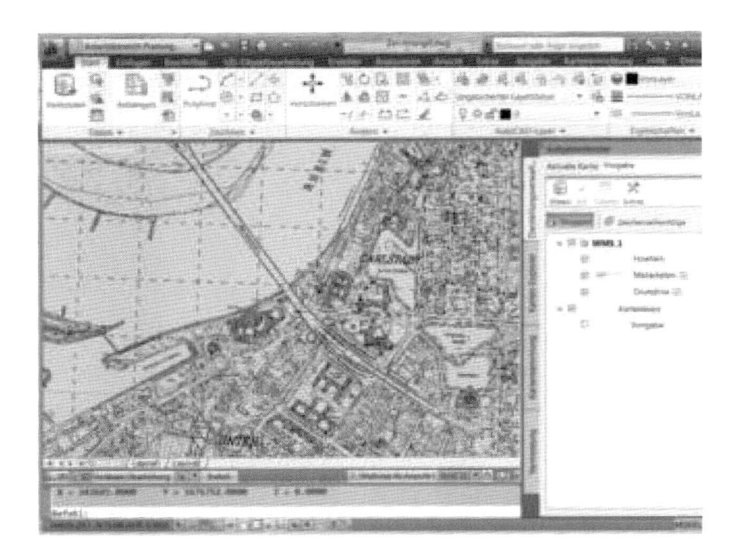

Das hier angesprochene Datenbeispiel „Beispiel WMS NRW: https://www.wms.nrw.de/geobasis/wms_nw_dgk5" – stehen mir nicht zur Verfügung oder existieren nicht mehr? Es gelingt nicht dieses Beispiel zu laden. Zu diesen Daten bekomme ich keinen Zugang mehr (17.5.2022)?

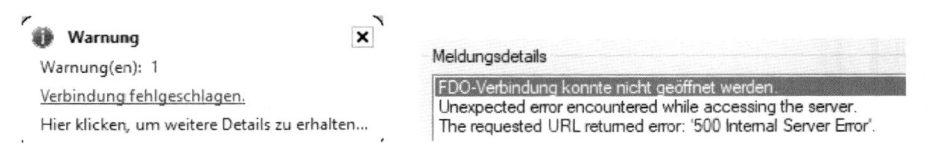

Aus diesem Grund lade ich mit Hilfe des „bing"-Kartendienst eine Straßenkarte und zeige die Koordinaten der Rheinkniebrücke bei Düsseldorf. Dieses Daten-Beispiel sollte für jeden zugänglich und nach eigner Position abwandelbar sein.

6 Koordinatensysteme erstellen

Es wird die „map2disp.dwt" geladen und das Koordinatensystem ETRS89 UTM-32N zugewiesen (EPSG Code 25832). Es ist die Größenordnung im x-Wert zu beachten.

Mit den folgenden Schritten wird ein neues Koordinatensystem mit der Zone 32 erstellt. Das neue Koordinatensystem wird später der DWG zugeordnet (ausgetauscht) und der „bing-Kartendienst" zeigt automatisch 8-Stellen.

Hinweis:
Der nachfolgende fett- und blau hinterlegte Text, ist der Text aus dem originalen Dokument „Autodesk, Brigitte Kösterke".

Öffnen der Koordinatensystem Bibliothek in AutoCAD MAP 3D 2022 über den Befehl: _mapcslibrary".

Eine alternative Vorgehensweise ist die Registerkarte „Kartenerstellung", Befehl Bibliothek.

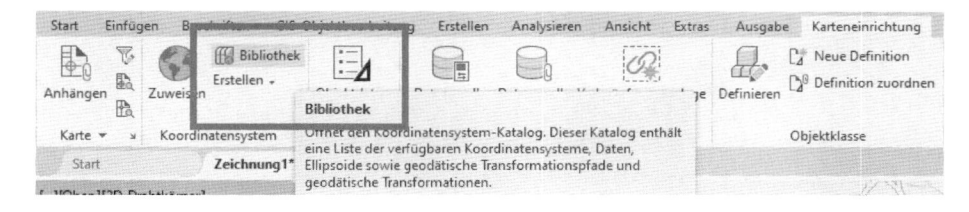

Suchen nach Koordinatensystem: ETRS89.UTM-32N und „Duplizieren"

Hier ist es hilfreich den EPSG-Code zu wissen. Das vereinfacht die Suche. Der Eintrag „25832" zeigt das Koordinatensystem.

6 Koordinatensysteme erstellen

Hinweis:
Das neue duplizierte Koordinatensystem ist nicht zu sehen. Es existiert im „Status: Benutzerdefiniert". Wird Status auf „benutzerdefiniert" gewechselt, so sind nur Koordinatensysteme auswählbar, die durch den Benutzer angelegt wurden.

Es kann sein, dass in den Civil 3D und MAP 3D Toolset-Versionen ab 2021 solche Koordinatensysteme (Erweiterung auf 8 Stellen) durch Autodesk angelegt wurden und bereits mitgeliefert sind (Status: Benutzerdefiniert).

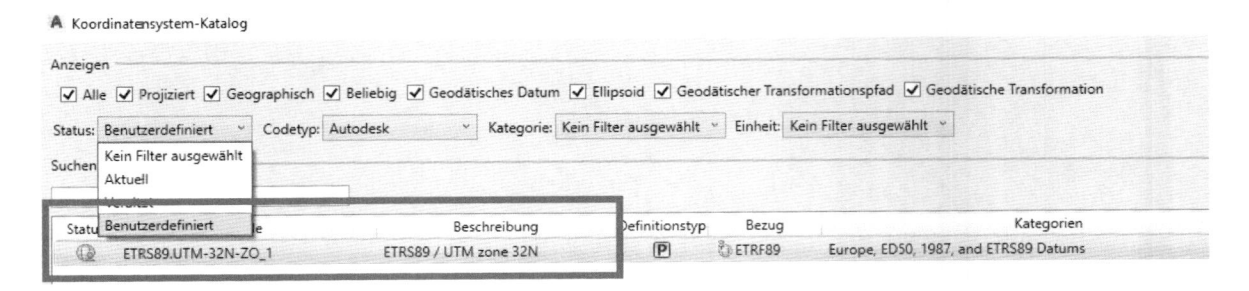

Die Kopie über "Bearbeiten" öffnen und einen neuen Namen vergeben "ETRS89.UTM-32N_m_ZO_32".

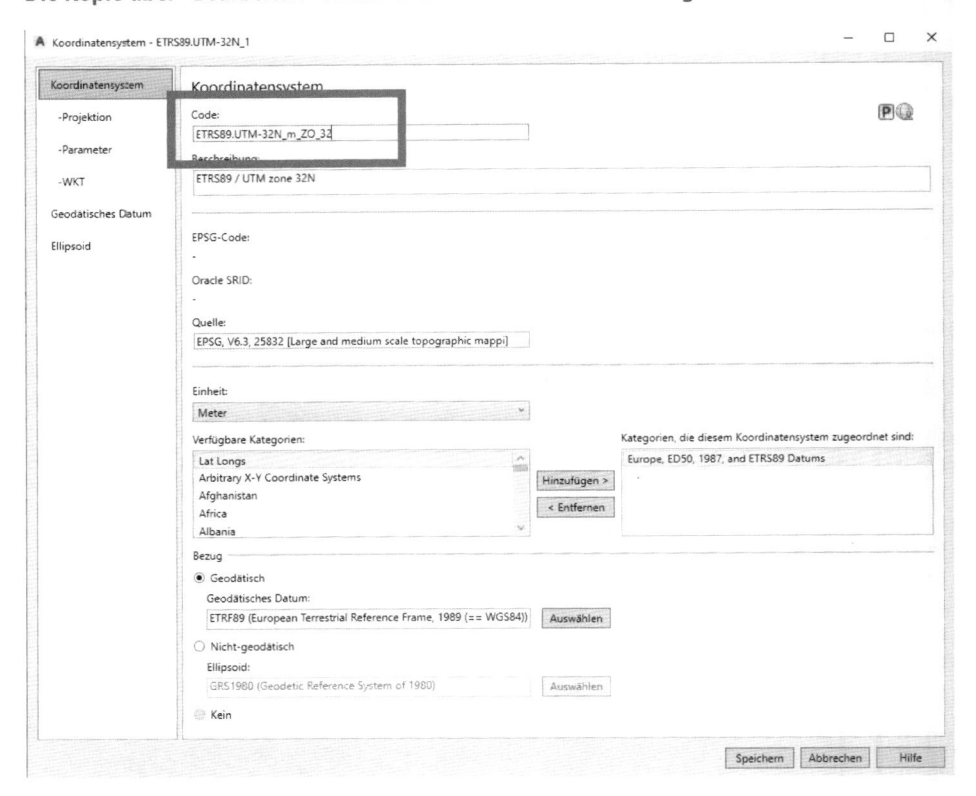

6 Koordinatensysteme erstellen

Im Dialog die Projektion „Transversale Mercator-Projektion" auswählen.

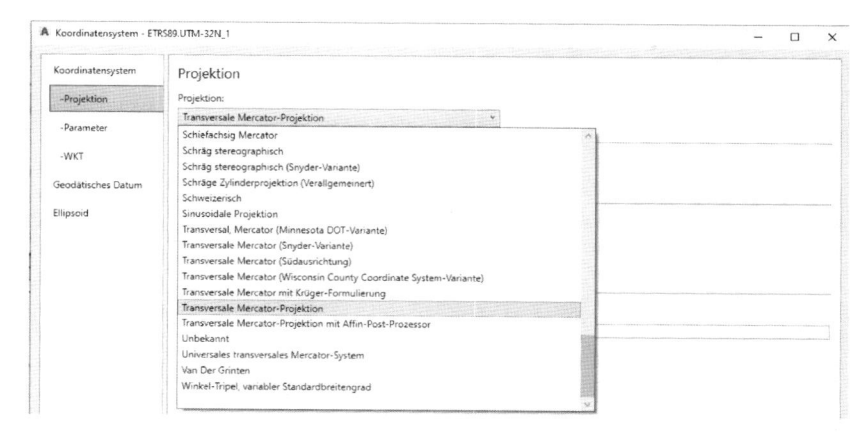

Die Parameter dann wie folgt ändern (siehe Screenshot):
Zentraler Meridian: 9
Ausgangsbreitengrad: 0
Fiktiver Rechtswert: 32500000
Fiktiver Hochwert: 0
Maßstabs-Verringerung: 0.9996

Hinweis: die Anzeige der Maßstabsverringerung wird nach dem Speichern mit dem Wert 1 angezeigt. Intern wird der gespeicherte Wert von 0.9996 zur Transformation benutzt.

Das Koordinatensystem nun speichern und schließen.

Das neue Koordinatensystem wird den eigenen Daten zugeordnet „_mapcsassign".

Eine alternative Vorgehensweise ist auf Register „Karteneirichtung, Zuweisen" zu finden.

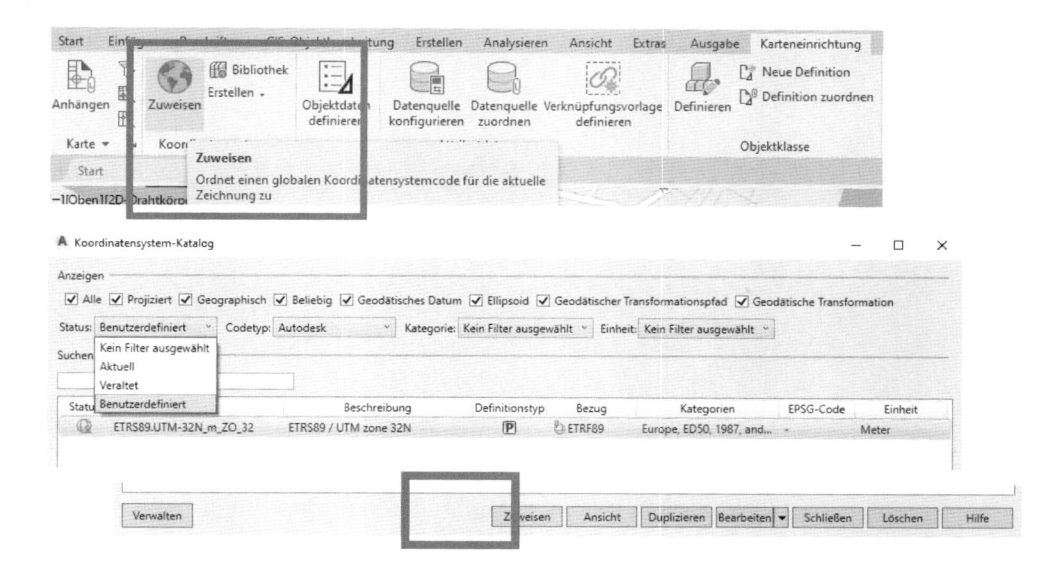

6 Koordinatensysteme erstellen

Die Daten des „bing"-Kartendienst werden mit dem Einfügen automatisch transformiert auf die Koordinaten mit Zoneninformation (8-Stellen vor dem Komma).

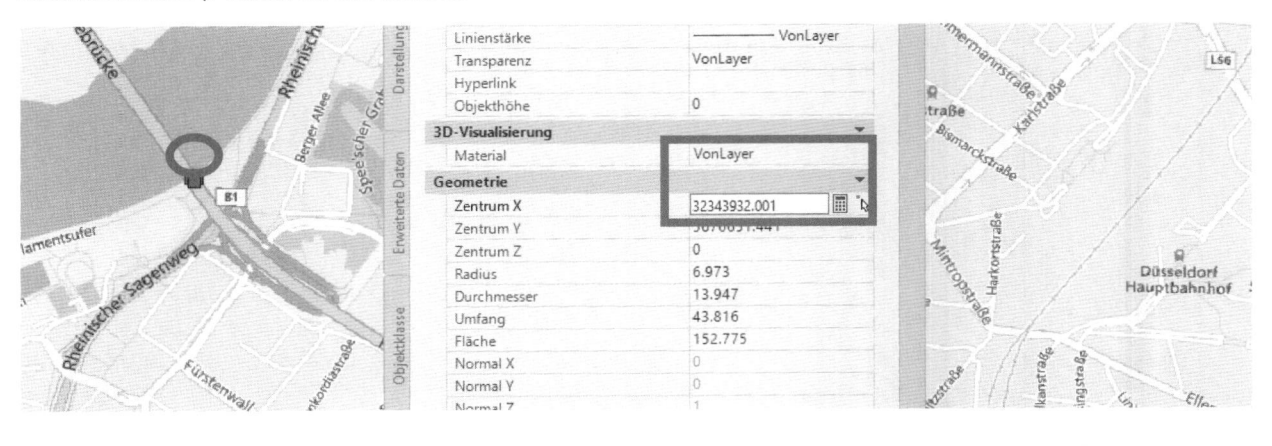

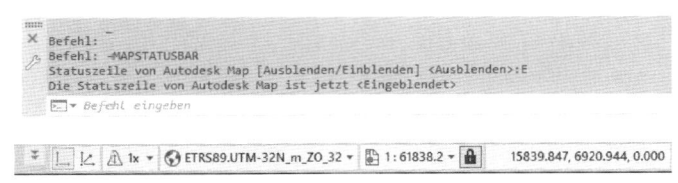

7 MAP Import, alternativer Direktimport

Neben der Datenverbindung über FDO ist auch ein Daten-Direktimport verschiedener Dateiformate (auch *.shp) möglich. Der Direktimport wird dann bevorzugt, wenn bei GIS-Daten weder eine Darstellungsänderung noch eine anschauliche Verwendung der Datentabelle benötigt wird. Der Direktimport bringt GIS-Daten unmittelbar in das *.dwg Format. Dieser Direktimport kann mit zusätzlichen Optionen verbunden sein, durch die die Datentabelle am Vektor angeschrieben sind (Information).

Der Direkt-Import ist mit den verschiedensten Daten-Formaten möglich bis zum Import von Vermessungspunkten.

7.1 Beispiel 1, GIS-Daten (*.shp)

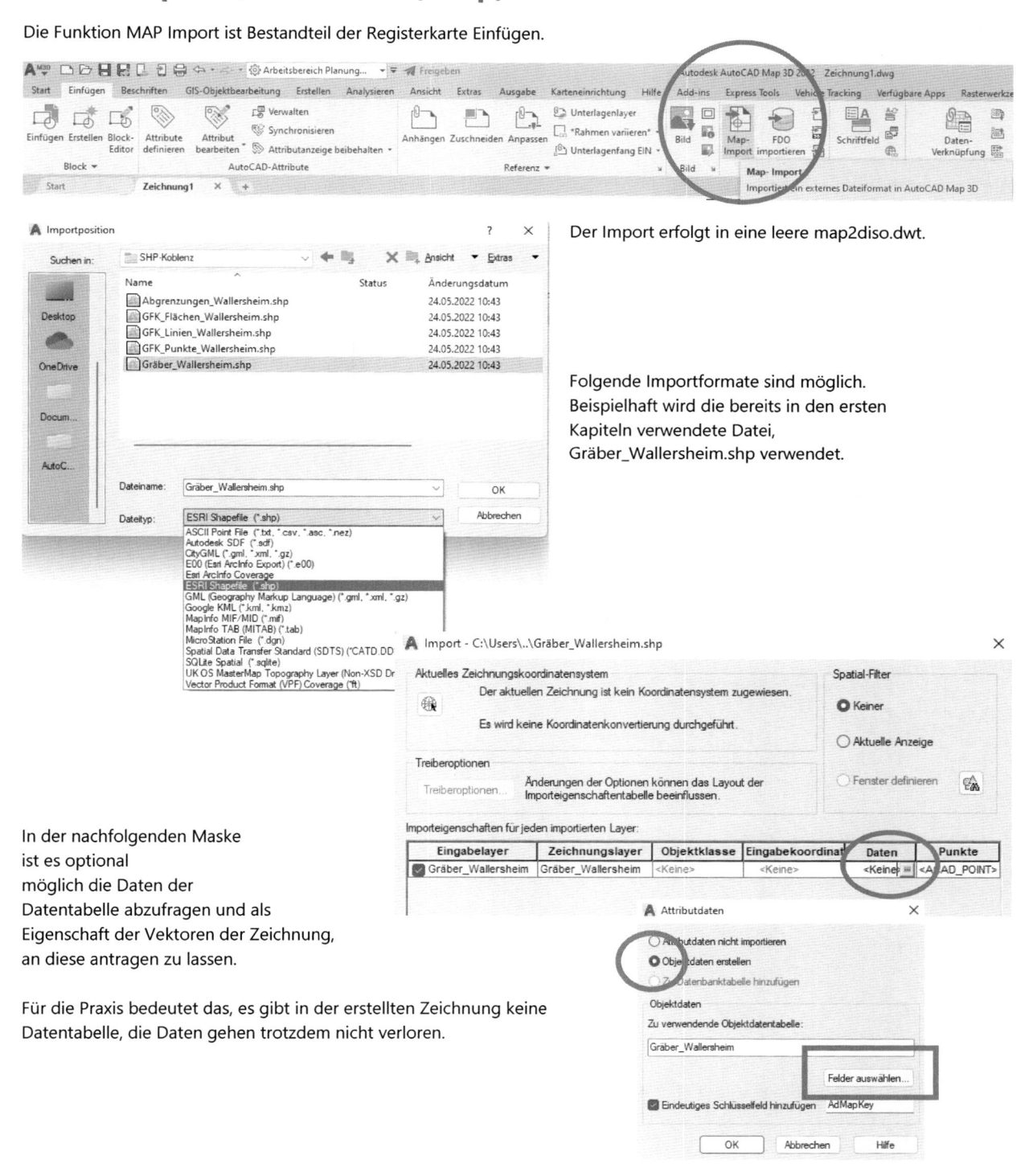

Die Funktion MAP Import ist Bestandteil der Registerkarte Einfügen.

Der Import erfolgt in eine leere map2diso.dwt.

Folgende Importformate sind möglich. Beispielhaft wird die bereits in den ersten Kapiteln verwendete Datei, Gräber_Wallersheim.shp verwendet.

In der nachfolgenden Maske
ist es optional
möglich die Daten der
Datentabelle abzufragen und als
Eigenschaft der Vektoren der Zeichnung,
an diese antragen zu lassen.

Für die Praxis bedeutet das, es gibt in der erstellten Zeichnung keine Datentabelle, die Daten gehen trotzdem nicht verloren.

7 MAP Import, alternativer Direktimport

Es wird die Option „Objektdaten erstellen" gewählt und es werden alle Eingabefelder aktiviert. Die Felder entsprechen der *.dbf Tabelle, die als Bestandteil der Daten mit gleichem Namen vorhanden sein sollte.

Gräber_Wallersheim.shp

Gräber_Wallersheim.dbf

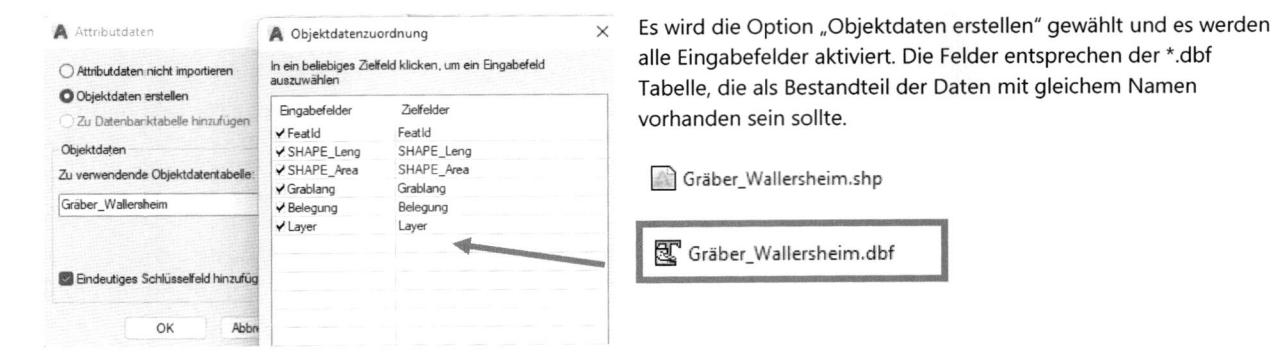

Das bedeutet alle Daten der Datenbank sind mit dieser Option als Eigenschaften den Vektoren zugeordnet.

Die Option ein „Eindeutiges Schlüsselfeld hinzufügen" wird gewählt, wenn die Daten keine fortlaufende Nummerierung haben und bei der Weiterverwendung eine Nummerierung benötigt wird. Diese Option ist im gezeigten Beispiel nicht erforderlich.

Wird die Einstellung „Polygone als geschlossenen Polylinien importieren" gewählt, werden nur Polylinien importiert. Mit Hilfe der „Objektdatenzuordnung" sind die Daten der Datenbank als Eigenschaft „OD:Gräber_Wallersheim" zugeordnet. Die Option „AdlMAPKey" ist als zusätzliche fortlaufende Nummer beigefügt, hier aber eigentlich nicht erforderlich, weil es eine „FeatId" bereits gibt.

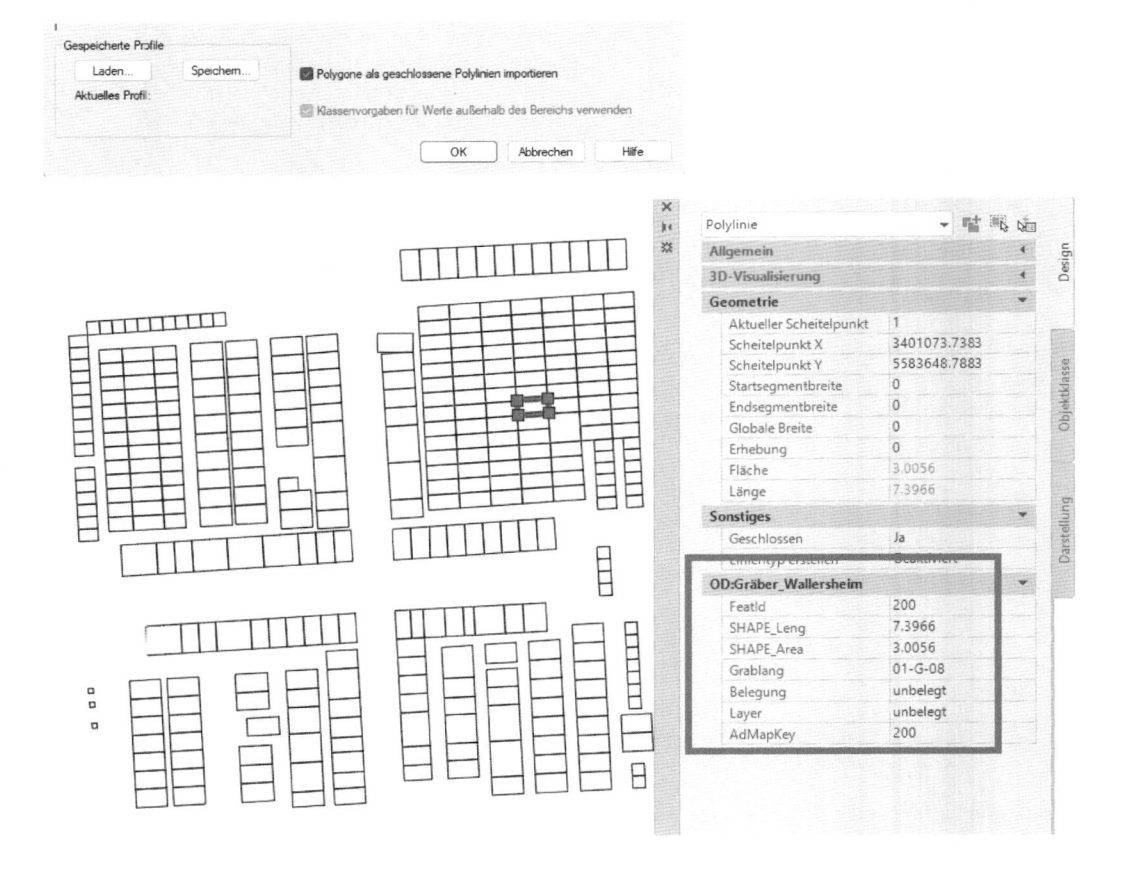

Wird die Option „Polygone als geschlossenen Polylinien importieren" ab geschalten, werden M-Polygone im MAP 3D Toolset gezeichnet. M-Polygone sind im MAP 3D Polylinien mit Schraffur innerhalb der geschlossenen Fläche.

7 MAP Import, alternativer Direktimport

In diesem Fall ist die Schraffur-Eigenschaft „Solid" voreingestellt.

Die Standard-Linienfarbe für die Importfunktion ist Schwarz/Weiß und die Schraffur ist SOLID (Schwarz/Weiß).

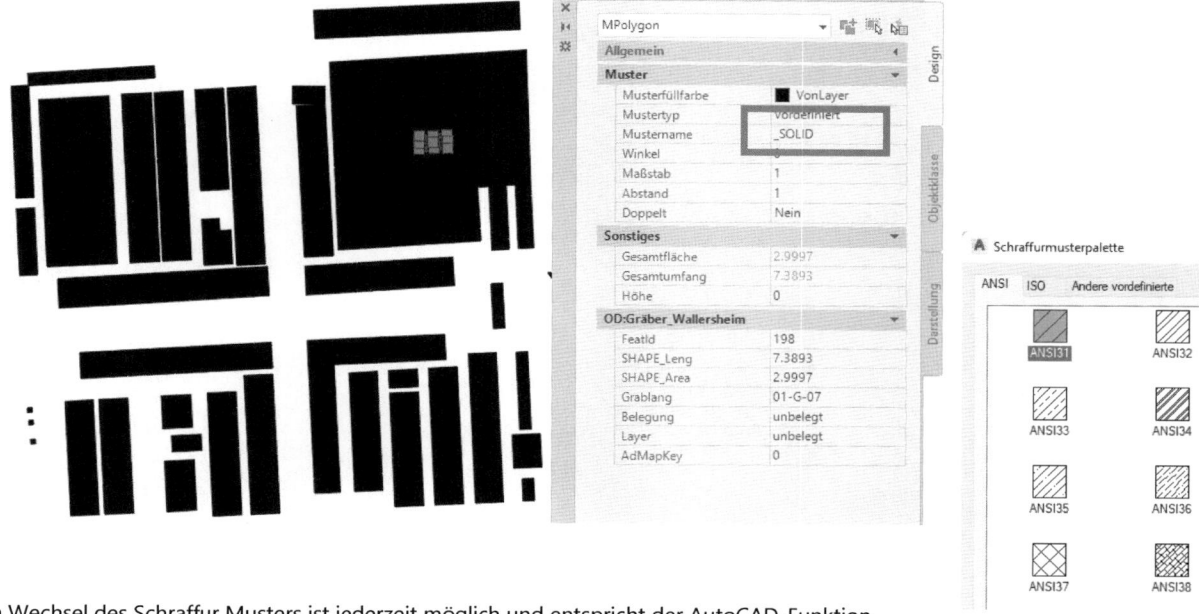

Ein Wechsel des Schraffur Musters ist jederzeit möglich und entspricht der AutoCAD-Funktion.

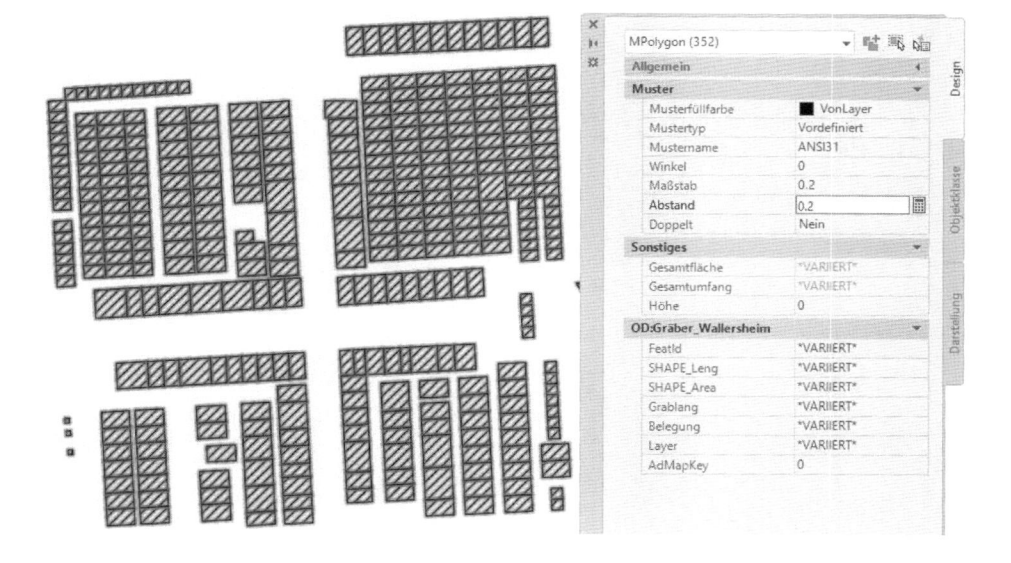

7.2 Beispiel 2, ALKIS-Daten (*.xml)

Die Funktion „MAP-Import" kann eine schnelle Alternative zum vorher beschriebenen ALKIS-Import sein. Sind nur die Liegenschafts-Flächen von Interesse so ist diese Variante wesentlich einfacher.

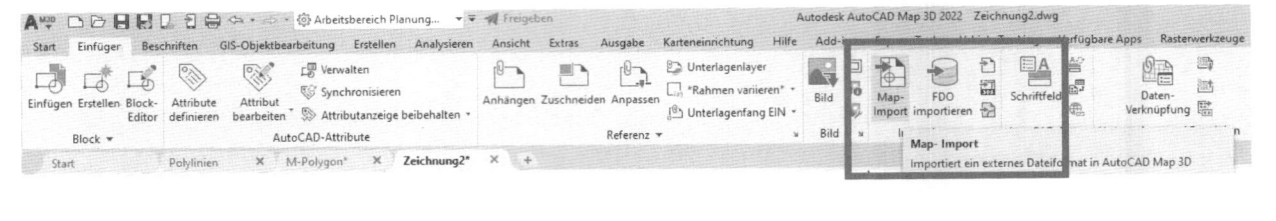

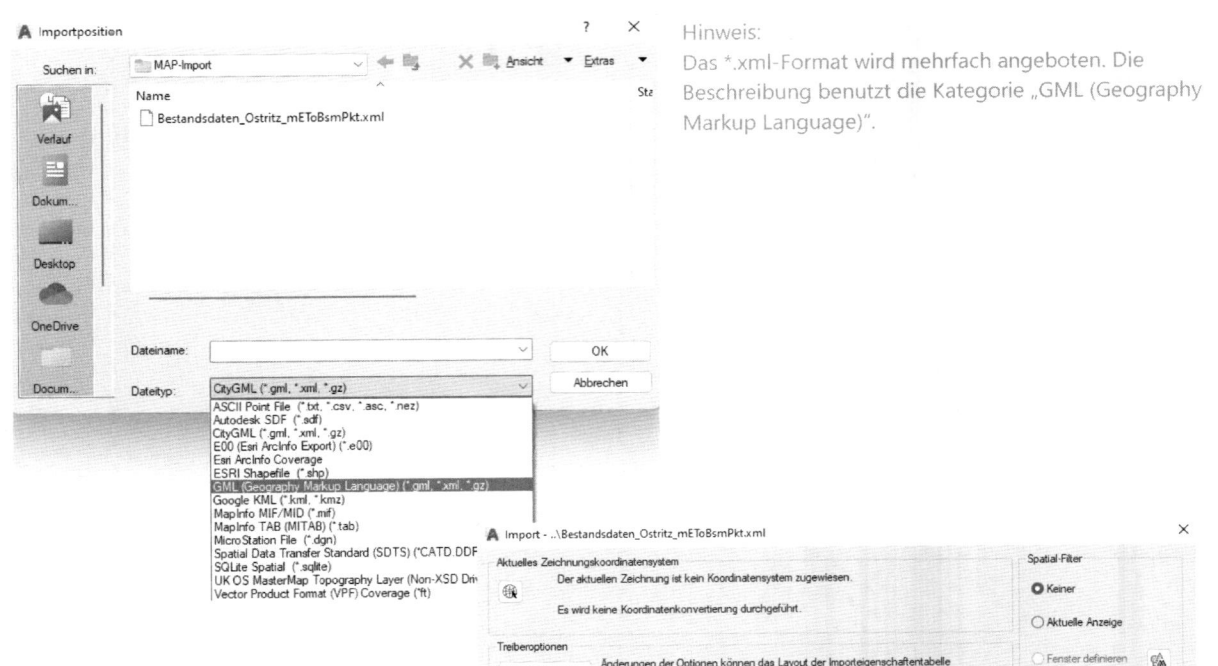

Hinweis:
Das *.xml-Format wird mehrfach angeboten. Die Beschreibung benutzt die Kategorie „GML (Geography Markup Language)".

Innerhalb der Beschreibung ist es nicht möglich alle Daten zu zeigen, die optional verknüpfbar sind (Liste).

Gert Domsch, CAD-Dienstleistung

7 MAP Import, alternativer Direktimport

Auch die Liste der pro Layer bereitgestellten Objektdaten ist nochmals sehr umfangreich.

Die Bezeichnung der einzelnen Felder ist für diese Funktion zum Teil ungültig, meine Vermutung „zu lag" (der Autor). Hier wäre eine umfangreiche Nachbearbeitung erforderlich, welche eher nicht zu empfehlen ist. Ein Umbenennen oder Einkürzen der Namen könnte zu weiteren Problemen führen, weil es durch die Umbenennung zu Missverständnissen kommen kann.

Die Funktion Map-Import im Zusammenhang mit ALIS-Daten kann nicht uneingeschränkt empfohlen werden.

Der Import erfolgt ohne Objektdaten und mit der Option „Polygone als geschlossenen Polylinien importieren".

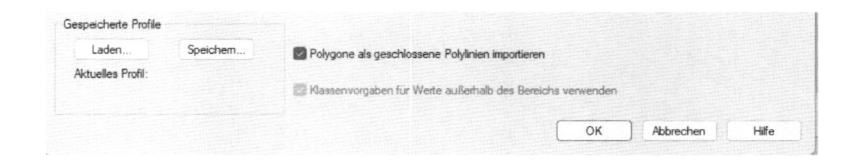

Die Daten sind Importiert und liegen als Polylinien ohne Objektdaten in der Zeichnung vor. Der räumliche Bezug sollte dem als Bestandteil der Daten vereinbarten Koordinatensystem entsprechen.

7.3 Beispiel 3, Vermessungspunkte, Koordinatendatei (3D-Funktion)

Über die Funktion MAP-Import ist auch der Import von Koordinaten-Dateien (Vermessungspunkten) möglich.

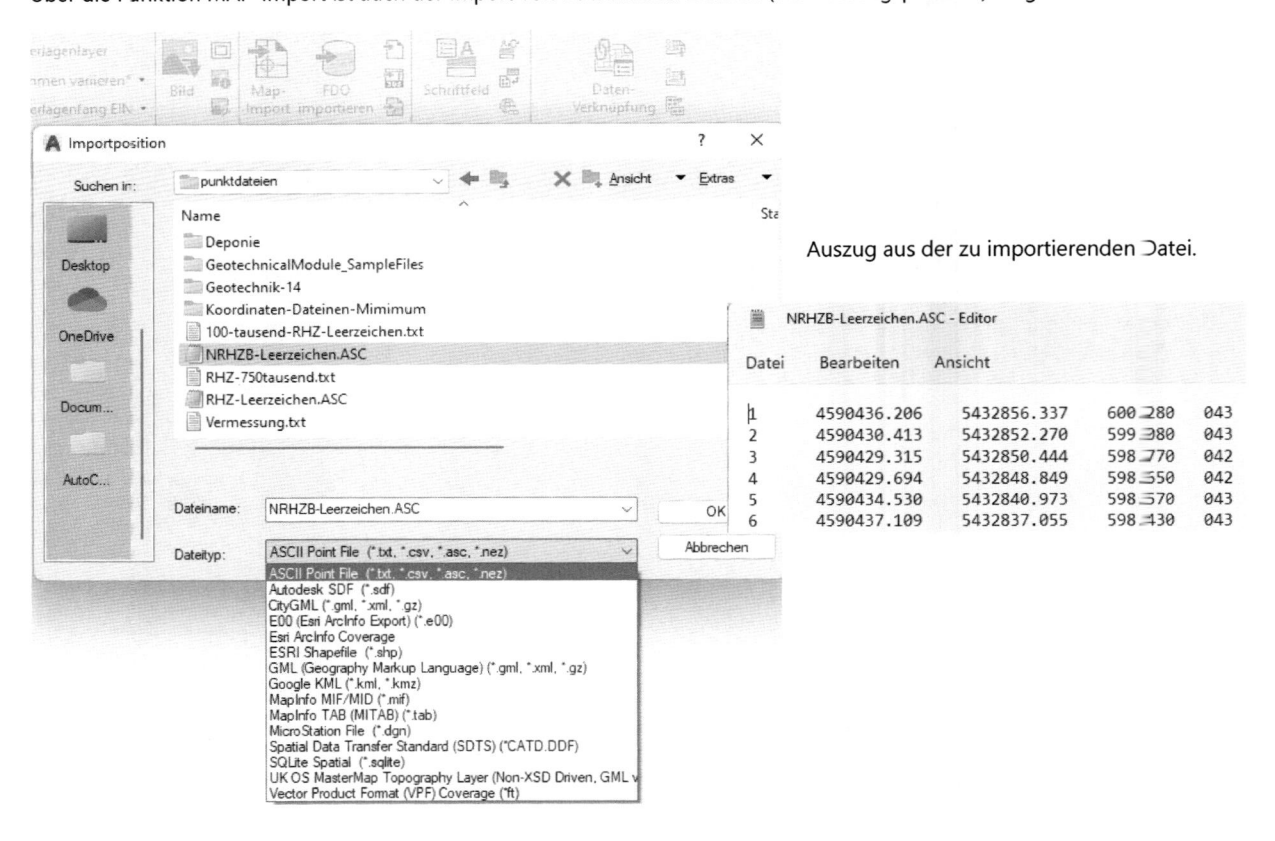

Auszug aus der zu importierenden Datei.

Die Datei beinhaltet (deutsch) eine Punktnummer, Rechtswert, Hochwert, Höhe und einen Vermessungs-Code, alle Werte sind durch „Leerzeichen" getrennt. Die anschießend gezeigte Import-Funktion oder die Spaltenbezeichnung ist im MAP Toolset nicht ins Deutsche übersetzt und einspricht der englisch-amerikanischen Bezeichnung.

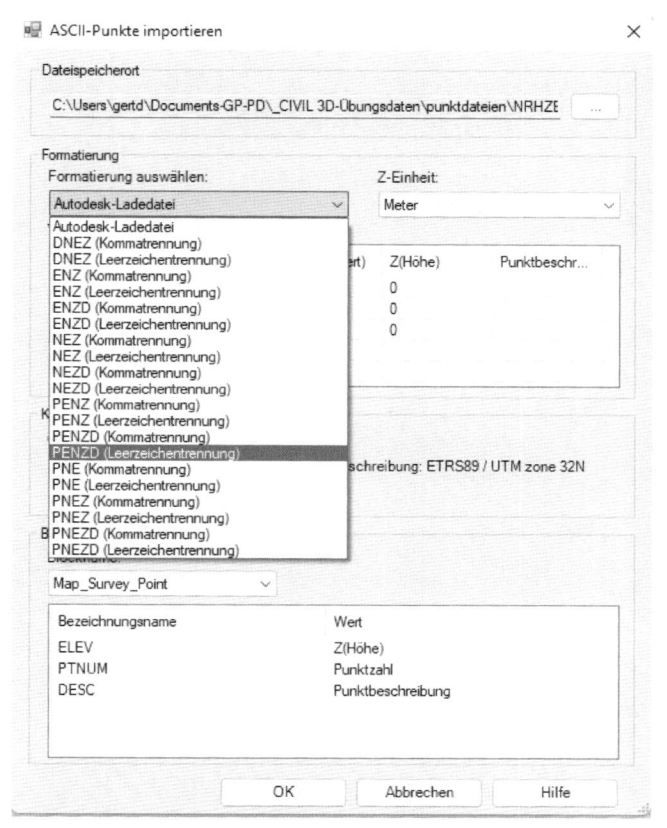

Für die vorliegende Datei ist entsprechend das Import-Format „PENZD (Leerzeichen) zu wählen. Die englische P-Pointnumber entspricht der deutsch P-Punktnummer. Dem deutschen R-Rechtswert entspricht das englischen E-East, dem deutschen H-Hochwert entspricht das englische N-Noth, Z- bleibt deutsch wie englisch „Höhe" und das deutsche B-Beschreibung entspricht dem englischen D-Description.

Hinweis:
Bei einigen Importformaten fehlt das P für Pointnumber und es ist en N wie Name zu finden. Das N (Name) steht für alphanumerische Punktbezeichnungen (Buchstaben, Sonderzeichen). Im Fall P-Poinnumber muss die Punktnummer durchgehend numerisch sein. Buchstaben oder Sonderzeichen sind für P-Poinnumber nicht zugelassen.

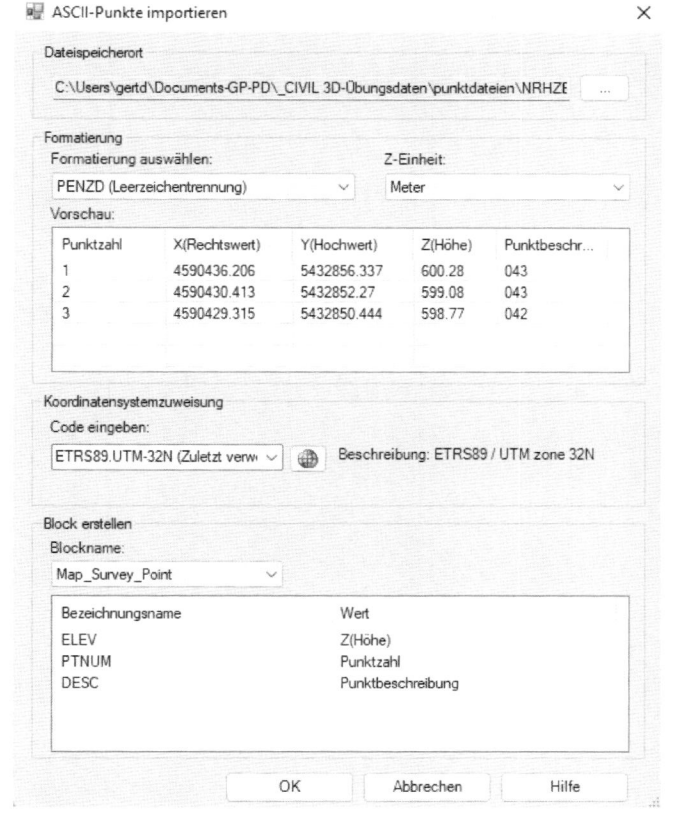

Ist das Importformat zugewiesen kann die Spalteneinteilung für einige wenige Zeilen kontrolliert werden. Es wird nicht der gesamte Dateiinhalt gezeigt.

Die MAP-Importfunktion benötigt an dieser Stelle unbedingt ein Koordinatensystem, ohne Koordinatensystem-Aufruft wird die Funktion nicht weitergeführt.

Die Punktdarstellung erfolgt als Block, Block mit Attributen. Der von Autodesk bereitgestellte Block „Map_Survey_Point" zeigt die Höhe (ELEV) die Punktnummer (PTNUM) und die Punktbeschreibung (DESC).

7 MAP Import, alternativer Direktimport

Der durch Autodesk vorgegebene Block kann durch einen eigenen Block mit Attributen ersetzt sein. Der eigene 8benutzerspezifische Block sollte dann in der ausgewählten Vorlage geladen sein.

Die erste Ansicht nach „Zoom Grenzen" kann irritieren, der Block wird eventuell in Abhängigkeit von der Zoomstufe grafikkartenabhängig skaliert.

Eventuell ist der Faktor für „X, Y und Z" zu korrigieren.

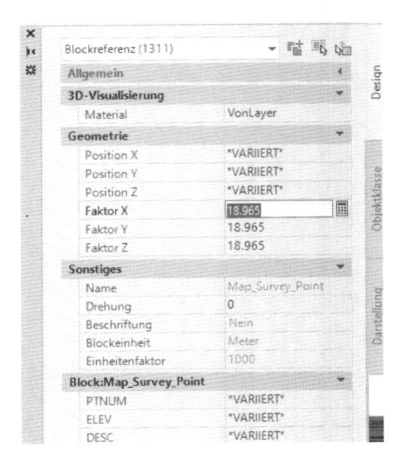

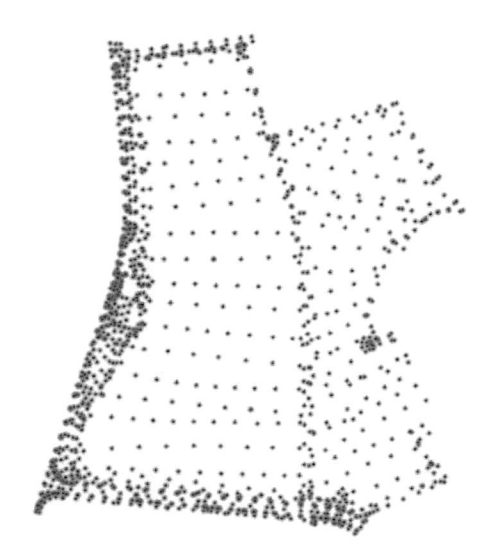

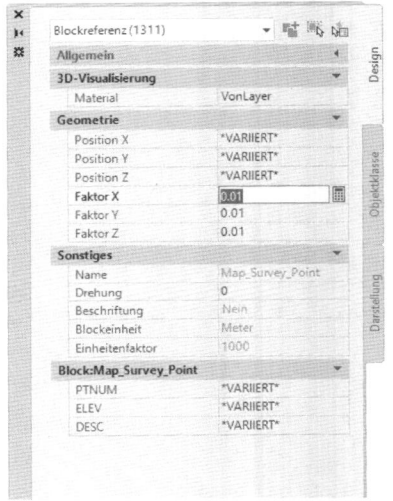

Das Bild zeigt zwei einzelne Blöcke aus dem import.

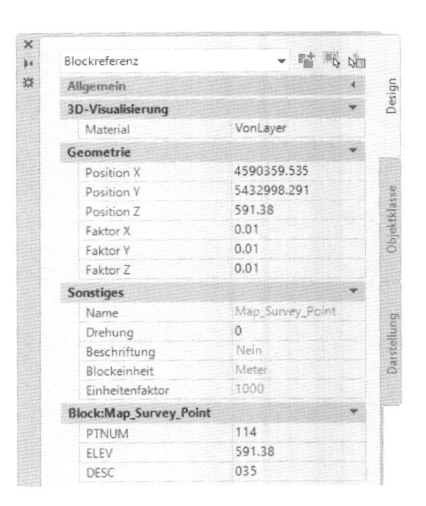

Gert Domsch, CAD-Dienstleistung

7 MAP Import, alternativer Direktimport

Die Punkte haben eine 3D Eigenschaft und sind innerhalb der 3D Funktionen verwendbar. Innerhalb der Beschreibung wird die Funktion „3D-Fläche" gezeigt.

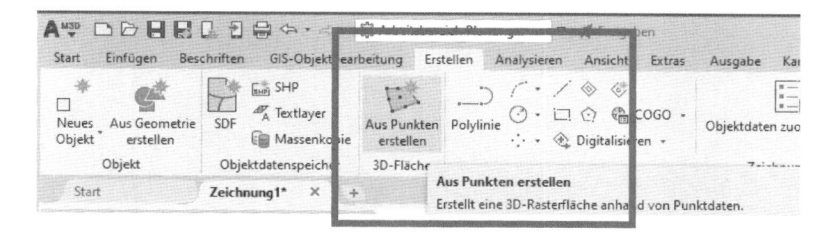

Aus Punkten erstellen
Erstellt eine 3D-Rasterfläche anhand von Punktdaten.

Die Funktion „Punkte in Zeichnung" kann auch „Blöcke" auswählen und damit zur Verwendung bringen.

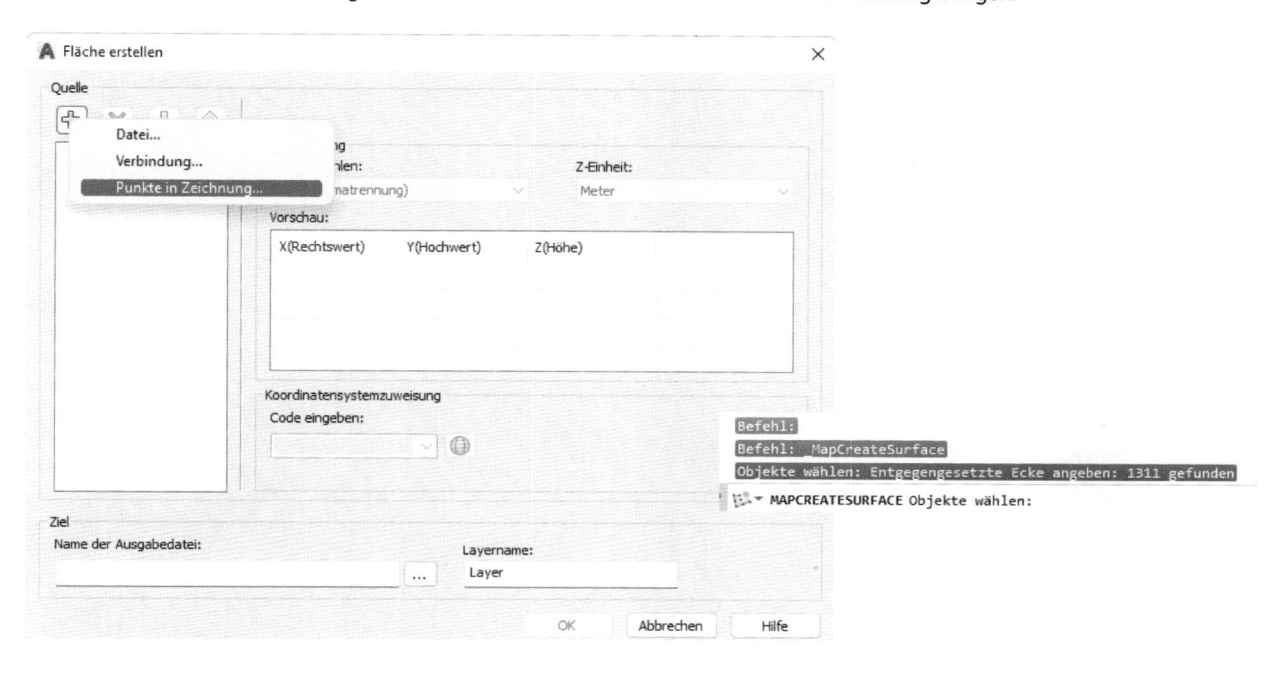

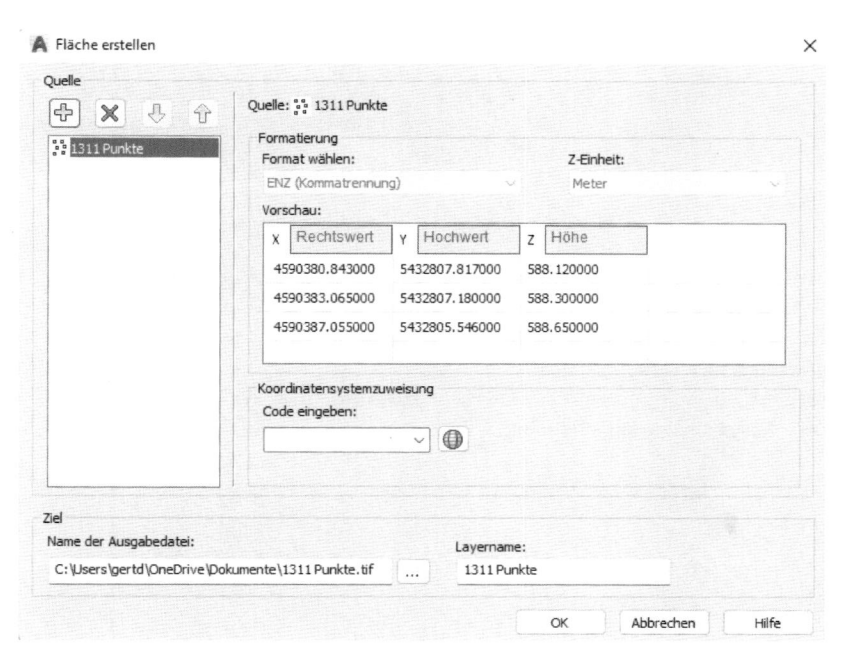

Befehl:
Befehl: _MapCreateSurface
Objekte wählen: Entgegengesetzte Ecke angeben: 1311 gefunden
MAPCREATESURFACE Objekte wählen:

Das Bild zeigt die erzeugte 3D-Darstellung in der Ansicht: „Oben"

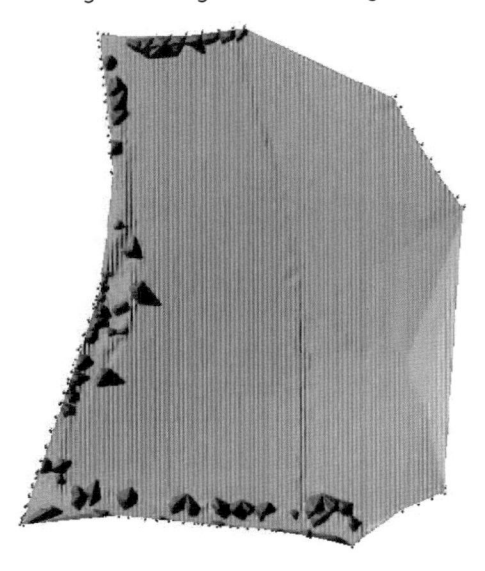

3D-Dtarellung: Orbit, Drehen in Aktion,    3D Darstellung Orbit Drehen beendet

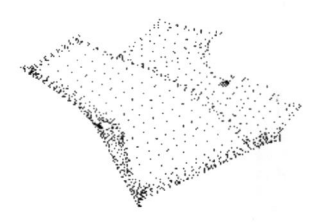

Die 3D-Funktion bleiben für mich (Autor) in gewisser Beziehung unvollendet. Solche Funktionen wie Schnitte oder Profile sucht man im MAP 3D Toolset vergeblich. Auch eine Massen- oder Mengenberechnung zwischen mehreren 3D-Flächen liegt nicht vor. Für mich ist das MAP 3D Toolset eher mit einem GIS vergleichbar als mit einem 3D-Programm, das Daten in Richtung Ausführungsplanung (Leistungsphase 5 der HOAI) erstellen kann.
Erst das Autodesk Civil 3D hat 3D-Funktion, die einer Ausführungsplanung nach HOAI gerecht werden können (Mengen- und Massenberechnung, Schnitt- und Profilableitung, Absteckpunkt-Berechnung).

7.4 Beispie 3, GML -Sonderformat (GIS-Daten der Bundesländer)

Als Folger der LASER-SCAN-Daten und der Luftbilderfassung, Orthofoto-Technologie werden immer mehr 3D Daten erstellt und durch die Landesvermessungsämter zur Nutzung zur Verfügung gestellt. Diese Daten stehen ebenfalls zum freien Download zur Verfügung können jedoch nicht mit der Funktion „Daten verbinden" importiert werden. Die Funktion „MAP-Import schließt hierzu in einigen Fällen die Lücke und erstellt mit diesen Daten 3D Objekte im AutoCAD-Format.

Eins diese Sonderformate ist CITY-GML.

3D Smart Maps für Berlin

Link: Testdaten Berlin,

LoD2 Gebäudedaten Berlin | Offene Daten Berlin 3D Smart Maps für Berlin | Offene Daten Berlin

Die kostenlose smartMap des Unternehmens 3D Content Logistics nutzt die offenen Daten des Berliner 3D-Stadtmodells in Kombination mit weiteren Geodaten (z.B. Standortinformationen oder Immobilienangebote) und bietet verschiedene Funktionen im Bereich Urban Analytics. Überall dort, wo bisher 2D-Karten eingesetzt würden, kön Geodaten mit der smartMap auch in 3D dargestellt und genutzt werden. Die Karter sich auch auf eigenen Webseiten einbinden.

Informationen zur Anwendung

URL:	http://3dcontentlogistics.com/smartmap3dberlin
Verwendete Datensätze:	o LoD2 Gebäudedaten Berlin
Tags:	3D-Stadtmodell, Karten

LoD2 Gebäudedaten Berlin

Flächendeckender LoD2 (Level of Detail 2) Gebäudedatenbestand des Landes Berlins im CityGML Format. Die Gebäude liegen texturiert vor und basieren auf der ALK (Automatisierte Liegenschaftskarte).

Informationen zum Datensatz

Lizenz:	Keine Freie Lizenz, siehe Website des Datensatzes [UNKNOWN]
Kategorie:	Geographie und Stadtplanung
Geographische Abdeckung:	Berlin
Geographische Granularität:	Block
Zeitliche Granularität:	Keine
Veröffentlicht:	22.05.2015
Aktualisiert:	27.10.2017
Veröffentlichende Stelle:	Senatsverwaltung für Wirtschaft, Technologie und Forschung
E-Mail Kontakt:	kathleen.lingner AT senwtf.berlin.de
Website:	http://www.businesslocationcenter.de/berlin3d-downloadportal/
Tags:	3D-Gebäudemodell	3D-Stadtmodell	CityGML ... (1 weitere)
Kommentare:	6

Ressource(n)

Downloadportal zum Download von Einzelgebäuden/Teilgebieten in 6 gängigen 3D-Formaten
Downloadportal zum Download von Einzelgebäuden/Teilgebieten in 6 gängigen 3D-Formaten
Sprache: Deutsch
[zur Ressource]

ZIP-Archive der originären CityGML Daten je Bezirk (Downloadportal)
ZIP-Archive der originären CityGML Daten je Bezirk (Downloadportal)
Sprache: Deutsch
[zur Ressource]

7 MAP Import, alternativer Direktimport

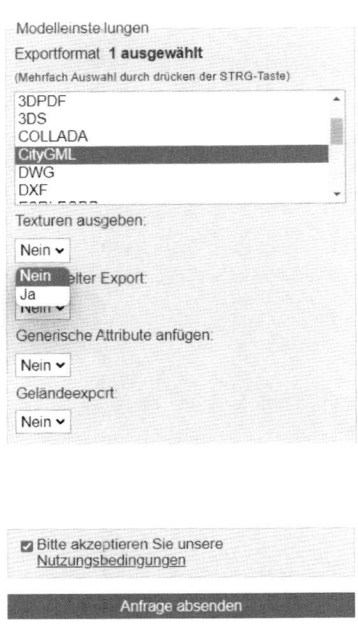

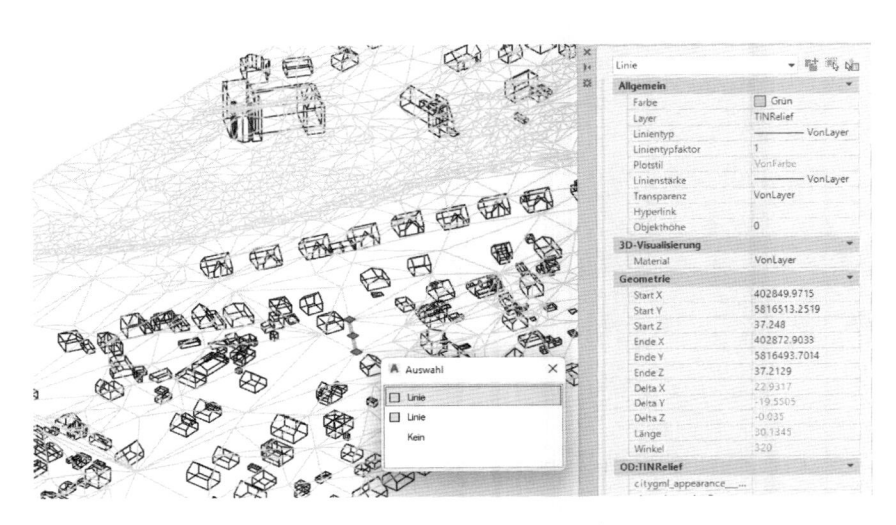

Lieber Benutzer,
Dear user,
vielen Dank für Ihr Interesse am 3D-Stadtmodell Berlin.
thank you for your interest in the 3D city model of Berlin.
Die Daten zu Ihrer Anfrage liegen in ein paar Minuten unter folgendem Link zum Download bereit:
The data you requested will be available for download within few minutes. You can download it from:

http://download.virtualcitymap.de/FME_2F2E706B_1655103731798_9577.zip

Dies ist eine automatisch generierte Nachricht. Für Rückfragen antworten Sie bitte auf diese Mail oder wenden sich an den technischen Betreiber des Downloadportals:
This is an automaticly generated message. For any questions please reply to this email or contact the technical operator of the download portal:

virtualcitySYSTEMS GmbH

support.berlin3d@virtualcitysystems.de
Tel.: +49 30-8904871-10
Wir sind immer interessiert daran, zu erfahren, in welchen spannenden Projekten die Daten eingesetzt werden. Über eine kurze Rückmeldung zum Verwendungszweck würden wir uns sehr freuen.
We are always interested in finding out in which exciting projects the data is implemented. We look forward to receiving your short feedback on how it is used
Mit freundlichen Grüßen / *Kind regards*
Ihr Support-Team
Your support team

Gert Domsch, CAD-Dienstleistung   195

Gebäude-3D Linien stimmen mit einer entsprechenden Luftbildinformation überein. Der Nachweis erfolgt mit Hilfe des bing-Kartendienst.

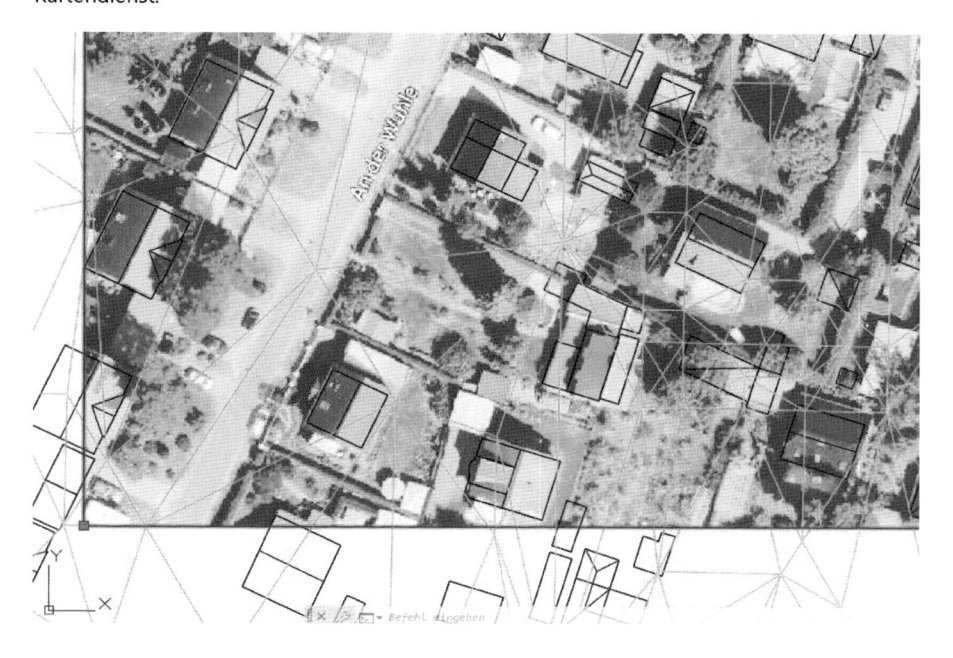

7.5 Beispie 5, KML/KMZ, Google Earth, My MAPs (Google)

Google Earth oder Google My MAPs bietet als Datenweitergabe das Format KML oder KMZ an. Die Erweiterung MAP 3D Toolset kann innerhalb der Funktion Map-Import diese Formate lesen, importieren und AutoCAD-Zeichnungen erstellen, das heißt aus der Kugelgestalt der Erde die Daten in die 2D-Welt bringen (Zeichnung).

Der Unterschied zwischen KML und KMZ besteht in der Art des Aufbaus der Datei und damit der Dateigröße.

Hinweis: Beschreibung des Formates nach WIKIPEDIA:
Das Format KMZ ist eine datenkomprimierte KML-Datei im Format ZIP. Sie kann vom Client unmittelbar eingelesen werden.

Als Datenbeispiel wird die Strecke Dresden Hauptbahnhof nach Chemnitz Hautbahnhof gewählt.

Variante 1 (My MAPs, Google)

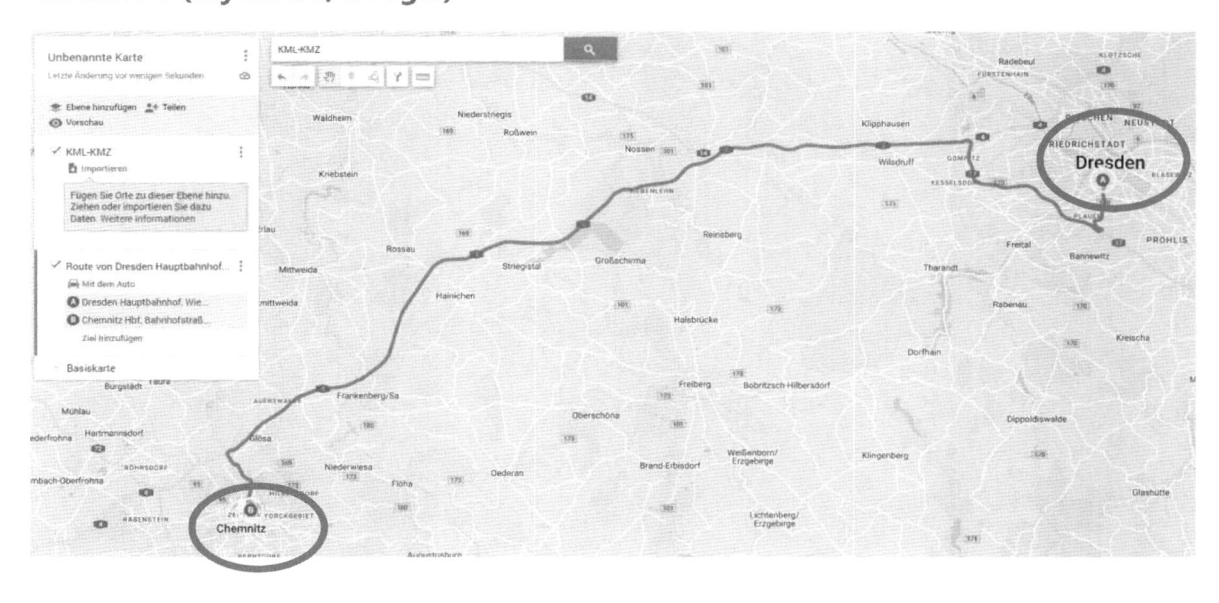

7 MAP Import, alternativer Direktimport

Die Berechnung der Strecke Google „My MAPs" gibt eine Entfernung von 80 km an.

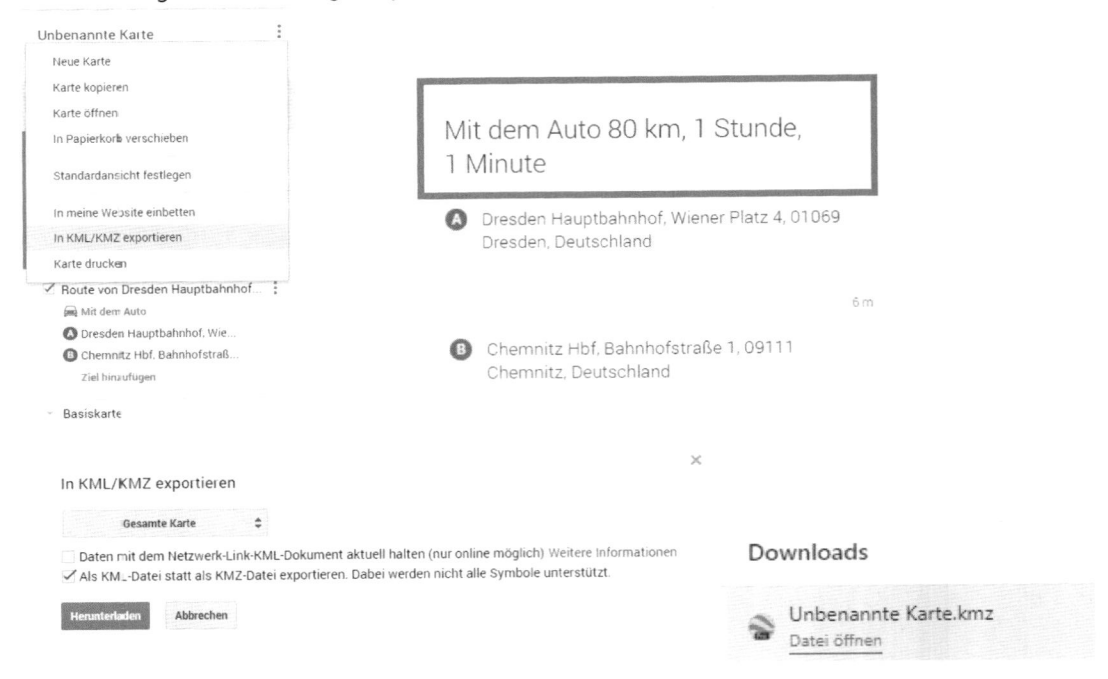

Variante 2, Google Earth

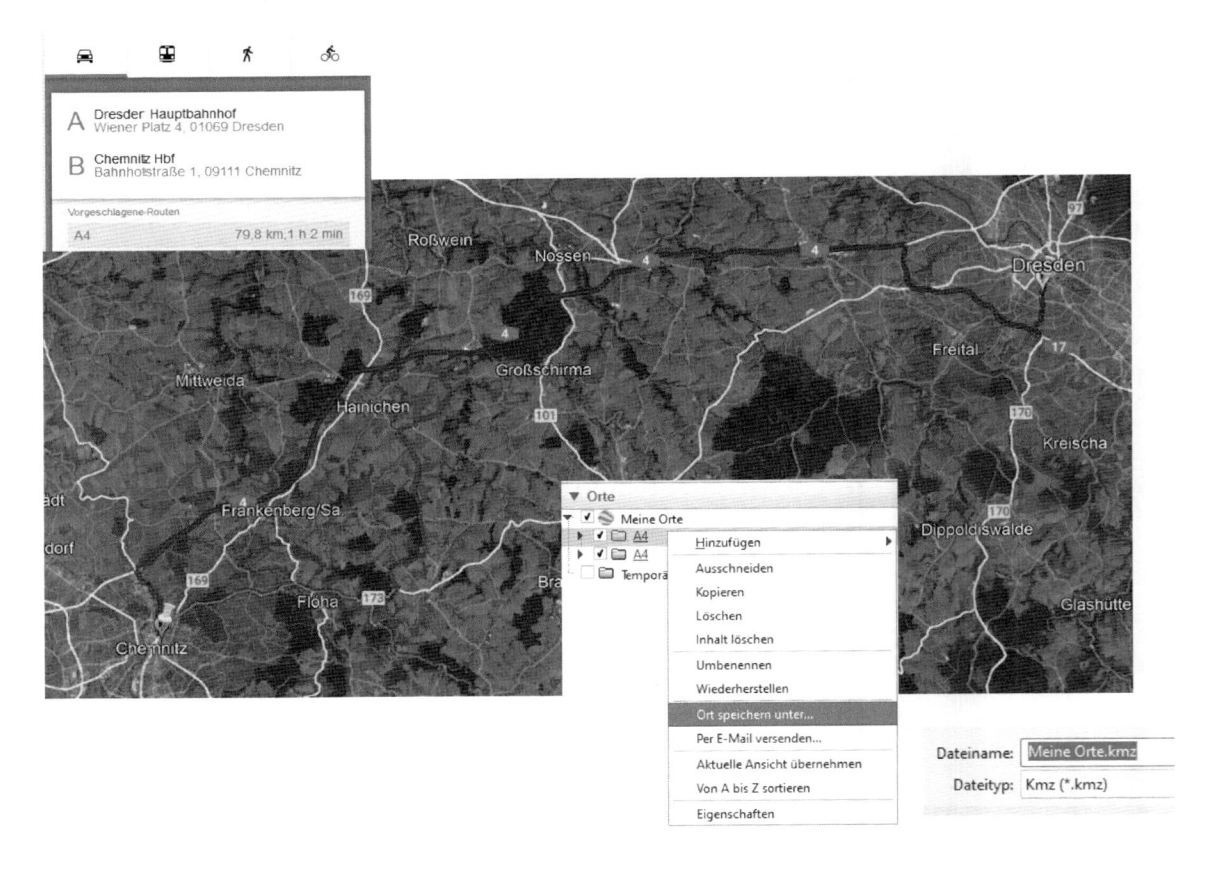

Google „Earth" bestimmt für diese Strecke eine Entfernung von 79.8 km.

7 MAP Import, alternativer Direktimport

Daten Import, Map-Import

Für den Import wird die Standard-Vorlage „map2Diso.dwt" geöffnet. Beide KML-Dateien werden in die hier beschriebene Vorlage importiert.

Hinweis:
Die AutoCAD-Einheit dieser Vorlage ist „Millimeter".

Beide Orte liegen im östlichen Teil Deutschlands, das bedeutet es sind Koordinatensysteme mit östlichem Meridianstreifen auszuwählen. Bei ETRS 89 UTM bedeutet das, es ist der Streifen 33N zu wählen (EPSG 25833).

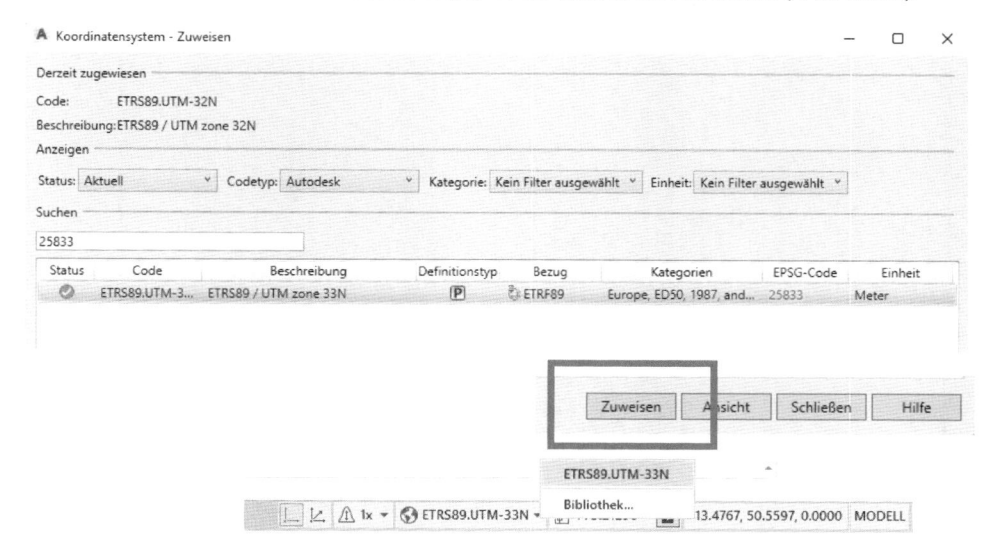

Variante 1, My MAPs

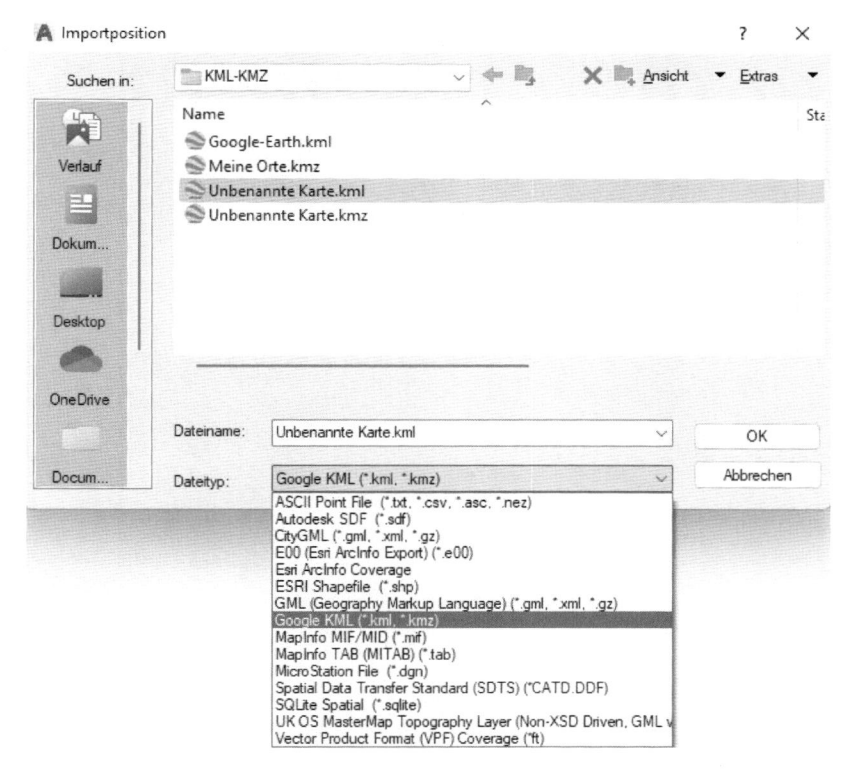

Die Übergabe von Daten aus My Maps oder Google Earth erfolgt immer in Welt-Koordinaten. In einem Koordinatensystem, das unabhängig ist von der Lage auf der Erde.

7 MAP Import, alternativer Direktimport

Dieses „Welt"-Koordinatensysteme berücksichtigen die kugelähnliche Gestalt der Erde. Die Bezeichnung im englisch-amerikanischen Sprachraum lautet „LL84", im deutschen Sprachraum WGS 84 (EPSG 4326).

Dieses Koordinatensystem ist ungeeignet für 2D Pläne, für Pläne in der Ebene. Für die Verwendung der Daten im MAP 3D Toolset muss dieses Koordinatensystem umgerechnet werden. Die Umrechnung soll in das der Zeichnung zugeordnete Koordinatensystem erfolgen (ETRS89.UTM 33N, EPSG: 25833).

Der Import wird automatisch die Umrechnung ausführen.

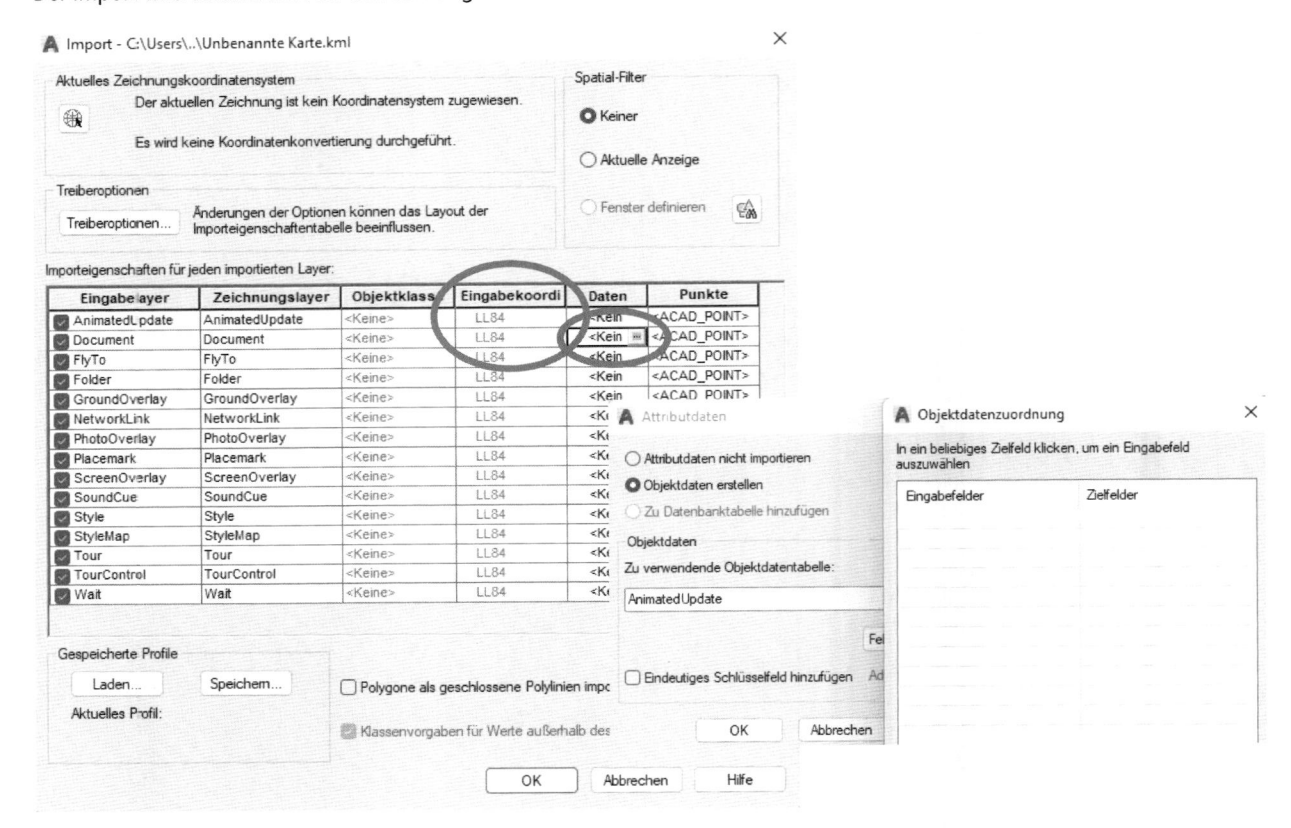

Die MAP-Einheiten bleiben auch nach der Koordinatensystem-Zuweisung und der Daten-Zuordnung auf „<Aktuelle Zeichnungseinheiten>".

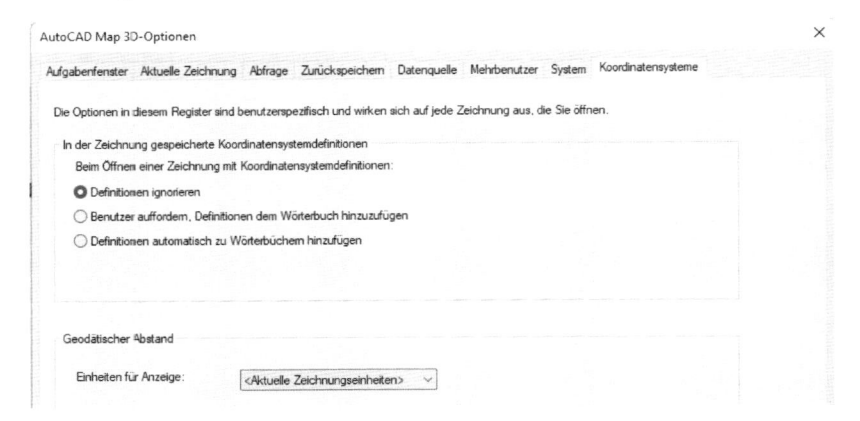

Durch die Zuordnung eines Koordinatensystems wird die Einheit neu interpretiert und die Eigenschaft der Linie in Meter ausgewiesen.

Der Import erstellt in der Zeichnung eine 2D-Polylinie. Die Länge der Polylinien beträgt 79.98km.

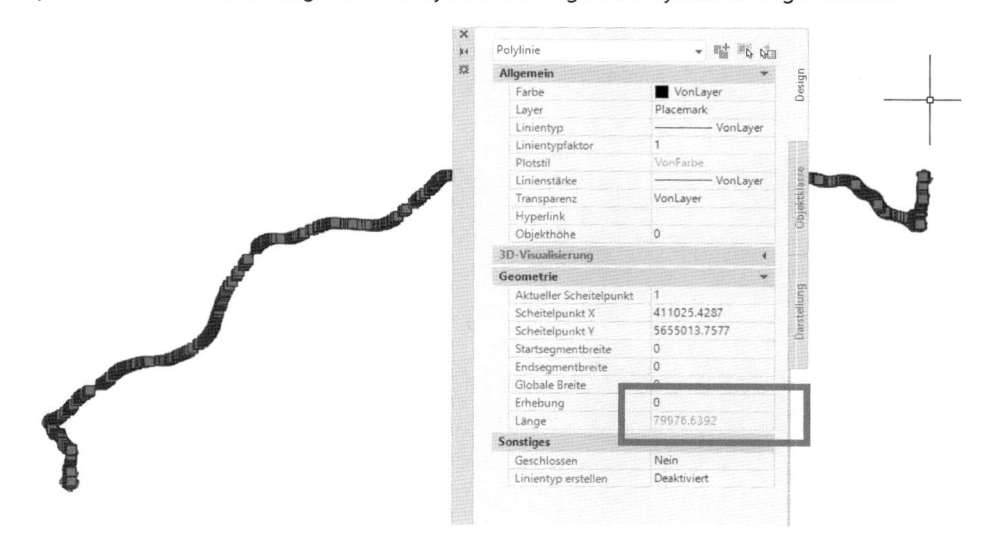

Die Lage des Importes wird mit Hilfe des bing-Kartendienstes kontrolliert.

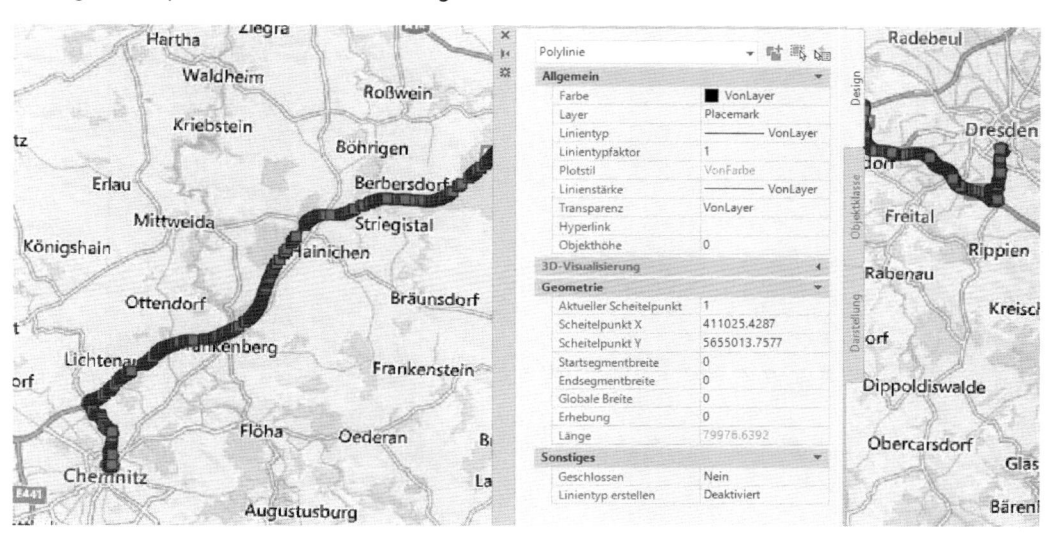

Variante 2, Google Earth

In diesem Teil der Beschreibung werden die Daten gezeigt, die innerhalb des „Google Earth" erstellt wurden. Der Import erfolgt mit der gleichen Funktion.

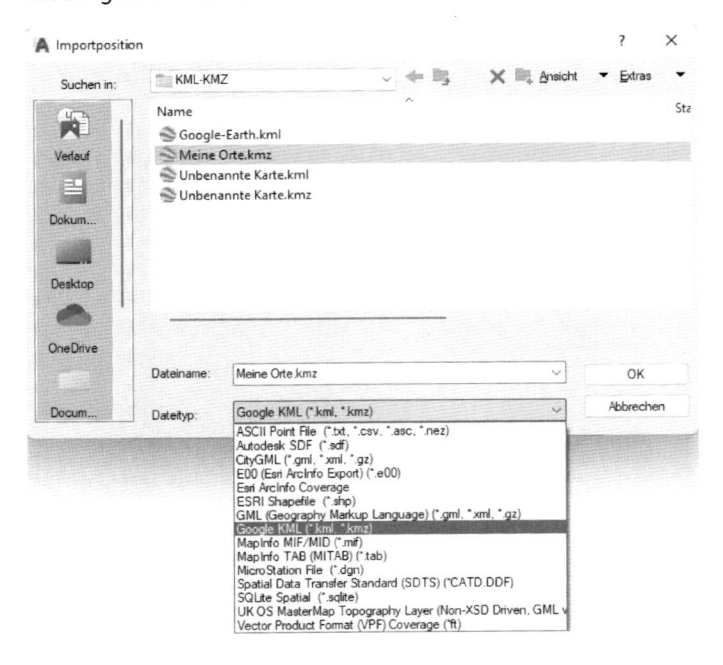

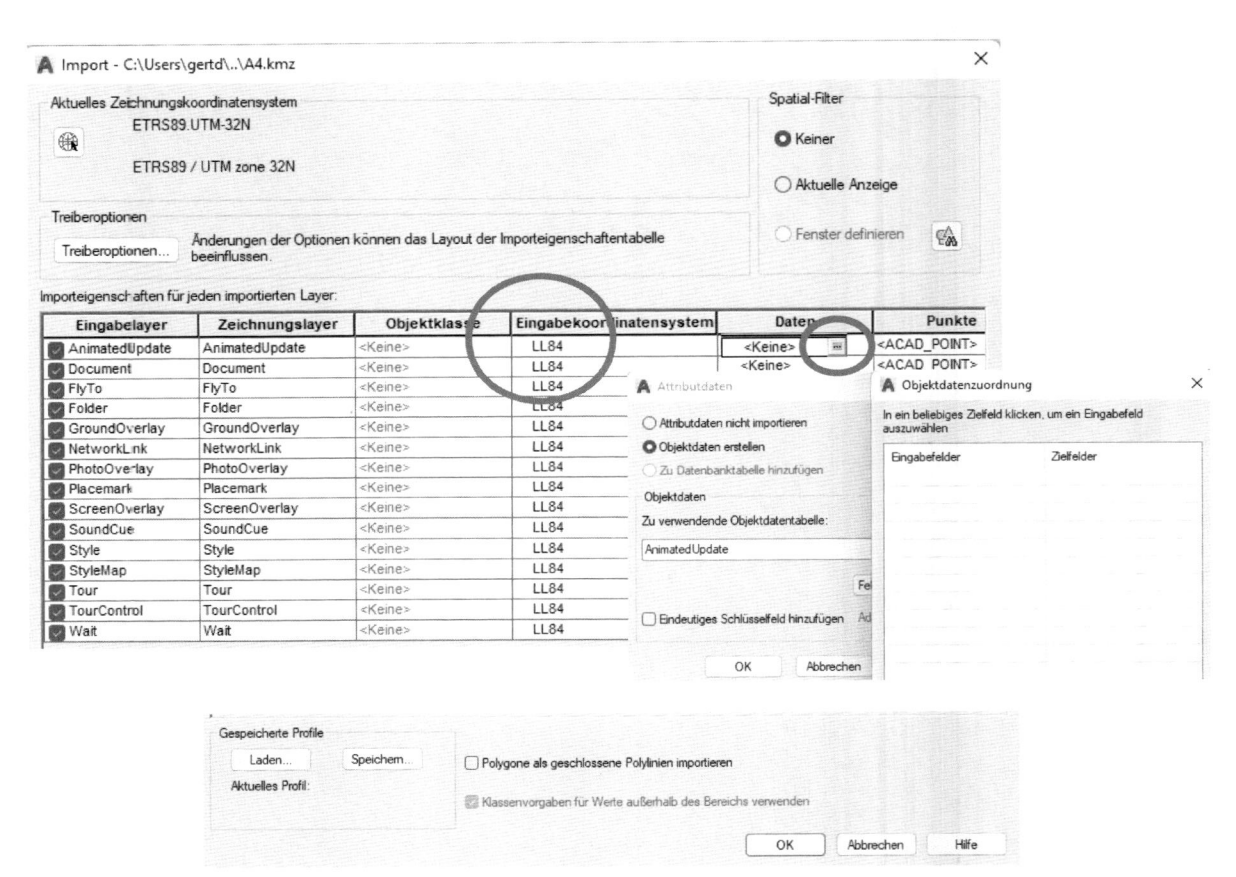

7 MAP Import, alternativer Direktimport

Der Import erstellt auch hier eine 2D-Poylinie, die Entfernung beträgt hier 80,01km.

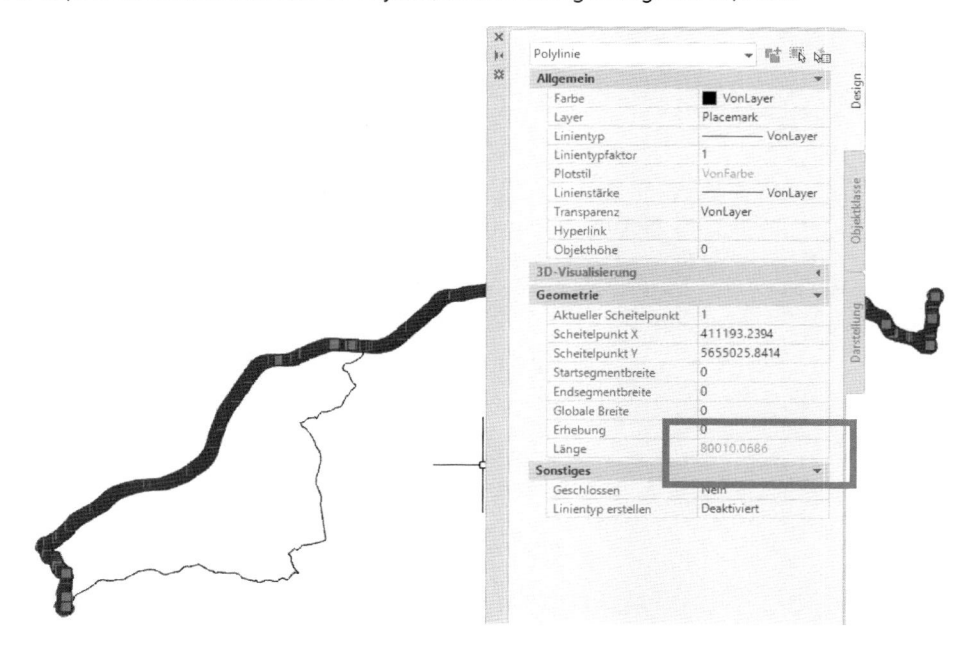

Die Lage des Importes wird mit Hilfe des bing-Kartendienstes kontrolliert.

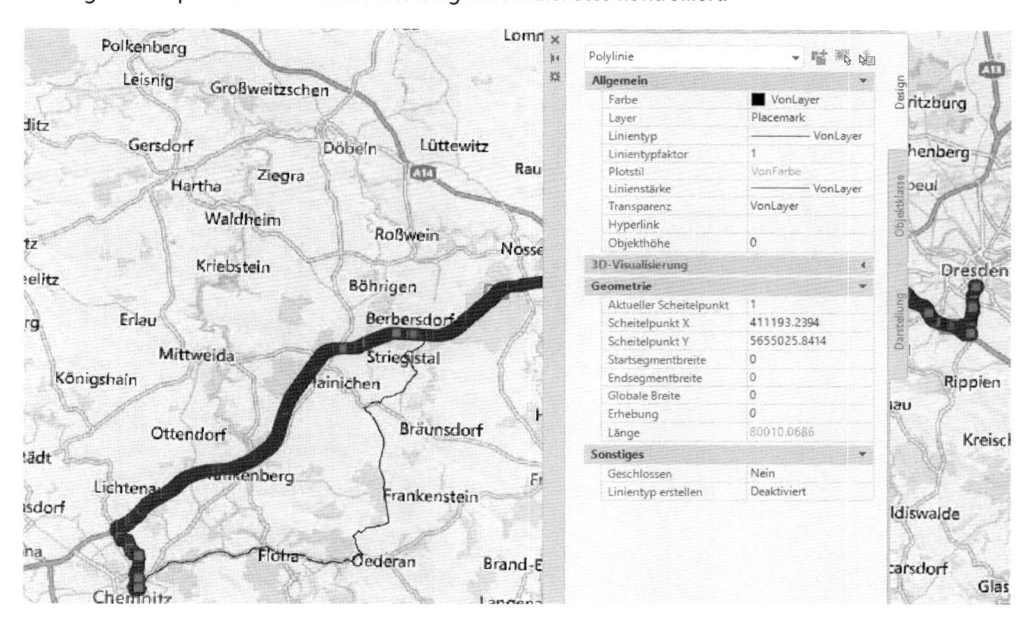

Der Import zeigt in beiden Fällen in Anbetracht der Entfernung das gleiche Resultat.

8 Extras (zu beachtende Sonderfunktionen)

8.1 Toplogie, Netzanalyse

Topologie erstellen

Autodesk stellt in seinen Beispieldaten, zur Erläuterung der Funktionen Topologie und Netzanalyse, eine Zeichnung zur Verfügung. die Teile des Abwasser-Kanal-Netztes der Stadt Würzburg zeigt. In meinen Erläuterungen nehme ich an, es handelt sich um ein Regenwasser-Netz (Zeichnung: Kanal.dwg).

Dieses Netz besteht nur aus einzelnen Linien (2D-Polylinien). Diese 2D-Polylinien stellen Haltungen oder Rohrleitungen dar.

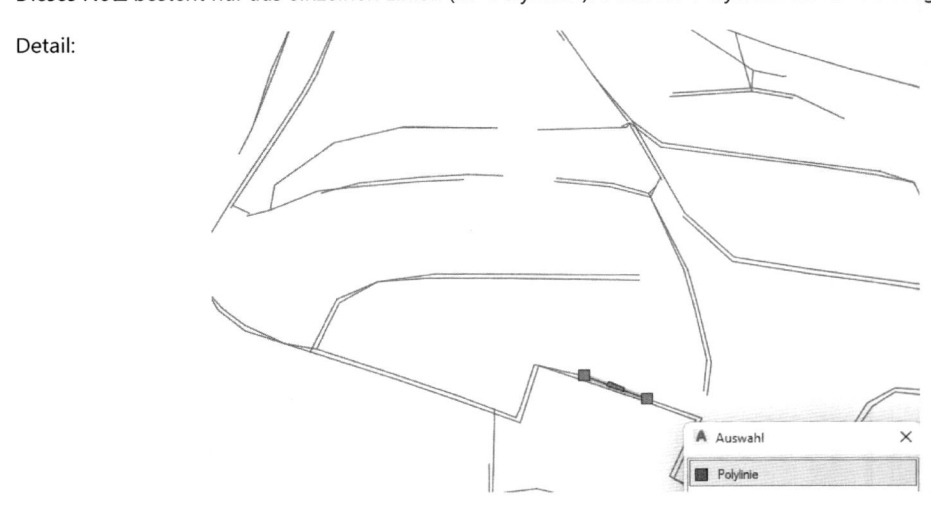

Detail:

8 Extras (zu beachtende Sonderfunktionen)

Um eine Wasserverteilung, Schadstoffausbreitung oder Verbindungs-Kontrolle zu erstellen, müssen Abhängigkeiten zwischen den Linien (2D-Polylinien) erstellt werden, Diese Abhängigkeiten sind unabhängig davon, ob in einen Knotenpunkt (meistens Schacht) zwei drei, vier oder mehr Haltungen anschließen. Das Erstellen einer solchen Verbindung oder Abhängigkeit nennt am im MAP 3D Toolset „Topologie".

Die Funktion ist Bestandteil der Registerkarte „Erstellen".

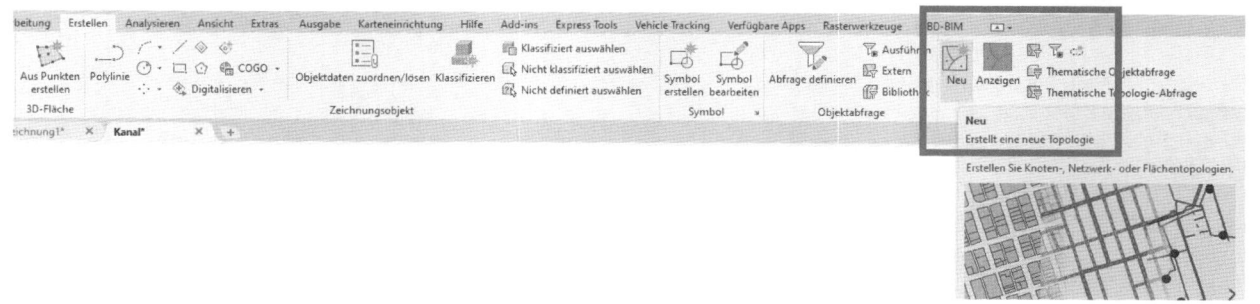

Topologien können zwischen Punkten (Blöcke, Knoten), Linien (Netzwerke) und Flächen (Polylinien, Polygone) erstellt werden.

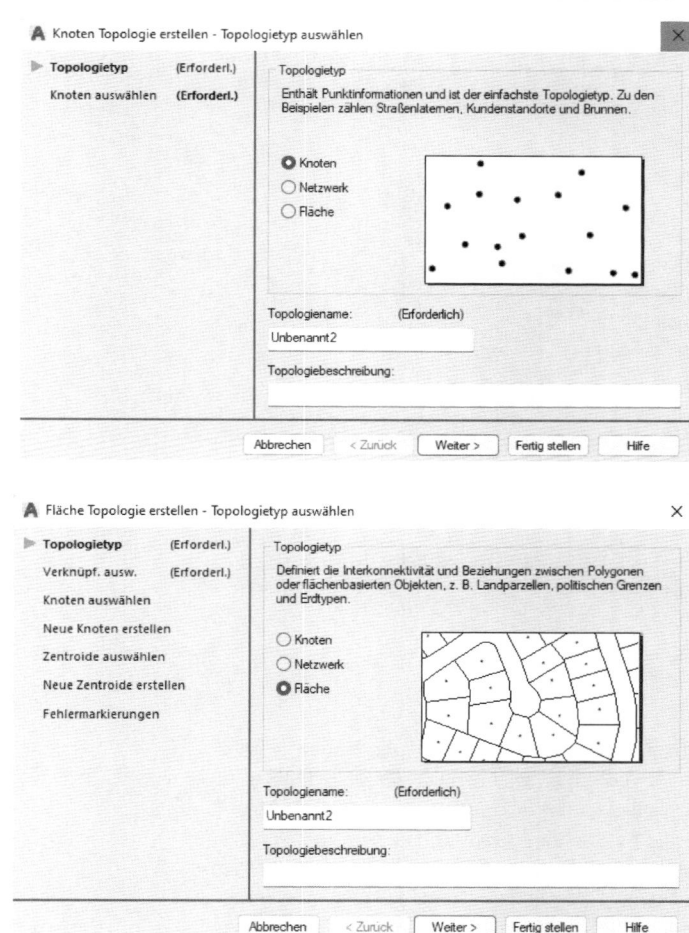

Netzwerge können Straßen, Rohrleitungen oder Kabel sein. Wichtig ist das die einzelnen Linien mit den Griffen (Grips) aufeinander Enden oder beginnen, das heißt sie müssen sauber mit Objektfang „End" gezeichnet sein.

Gibt es handwerkliche Fehler in den Netzwerk-, Flächen- oder Knoten-Zeichnungen. können diese eventuell mit den Funktionen des nachfolgenden Kapitels „Zeichnungsbereinigung" beseitigt werden.

8 Extras (zu beachtende Sonderfunktionen)

Im vorliegenden Beispiel handelt es sich um ein Rohrleitungs-Netz für Regenwasser (Regenwasser-Kanal). Deshalb wird als Topologie-Name „Regenwasser" eingetragen.

Weitere Einstellungen sind nicht erforderlich.

Mit „Weier" wird die Funktion fortgesetzt.

Es wird empfohlen, wenn eine manuelle Auswahl möglich ist, die Daten manuell auszuwählen. Layer-Einstellungen und Objektklassen sind für diese erste Übung ohne Bedeutung.

Mit „Weiter" folgt der nächste Schritt.

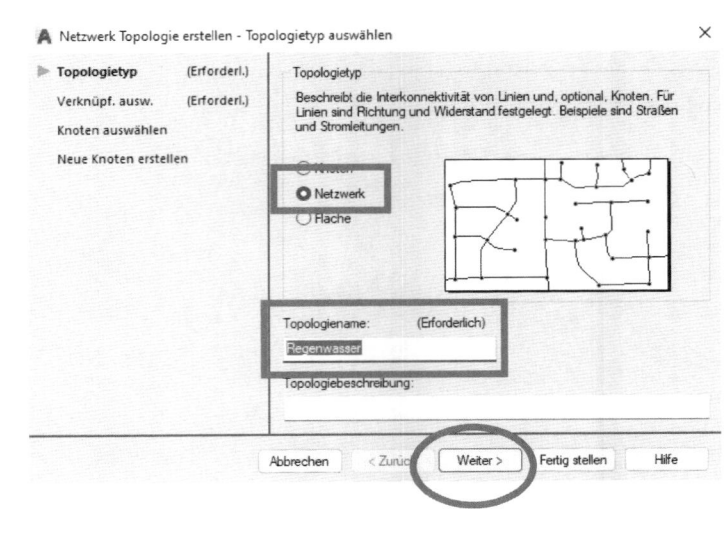

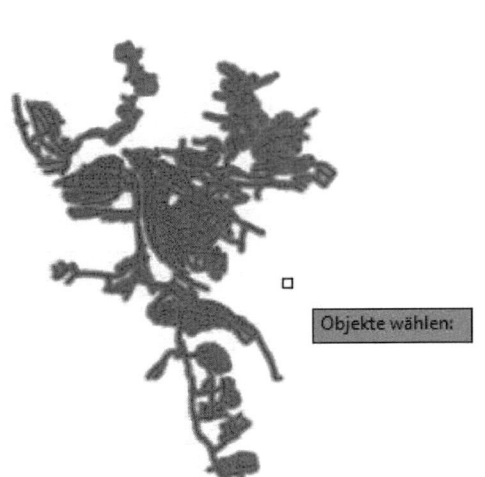

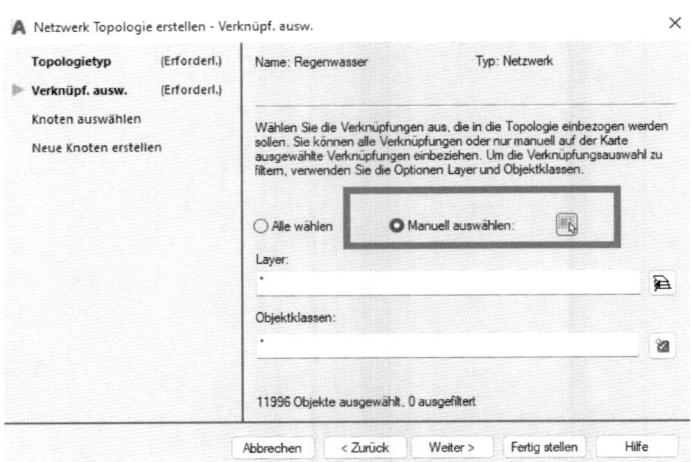

Bei der Funktion „Knotenhäufungen fangen" empfehle ich auch eine manuelle Auswahl. Diese manuelle Auswahl zeigt das es keine Knoten gibt oder Objekte, die die Konten-Funktion, Verbindungs-Funktion, Verzweigungs-Funktion übernehmen können (ACAD-Punkte, Blöcke oder ähnliches).

8 Extras (zu beachtende Sonderfunktionen)

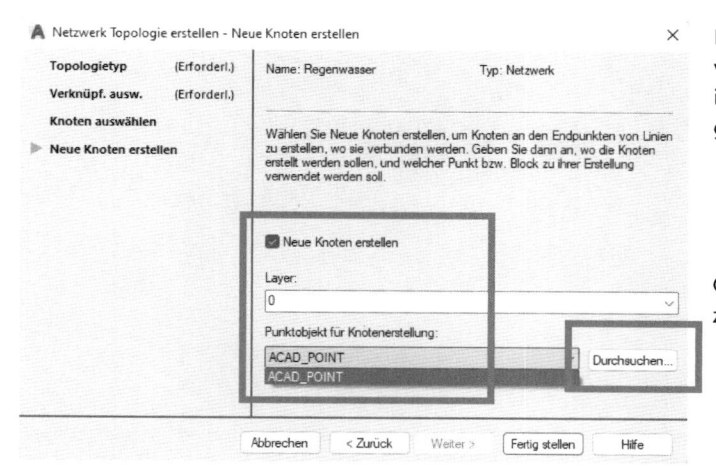

Im nächsten Schritt besteht die Option diese nicht vorhandenen Knoten nachträglich zu erstellen. Es wird im Beispiel die Funktion „Neue Knoten erstellen" gewählt.

Optional wäre es auch möglich Blöcke im Format *.dwg zu laden.

Es bleibt bei der Auswahl „ACAD-Point" (AutoCAD Punkt). Das bedeutet es werden neue AutoCAD-Punkte als „Knoten" erstellt. Die Funktion endet mit „Fertigstellen".

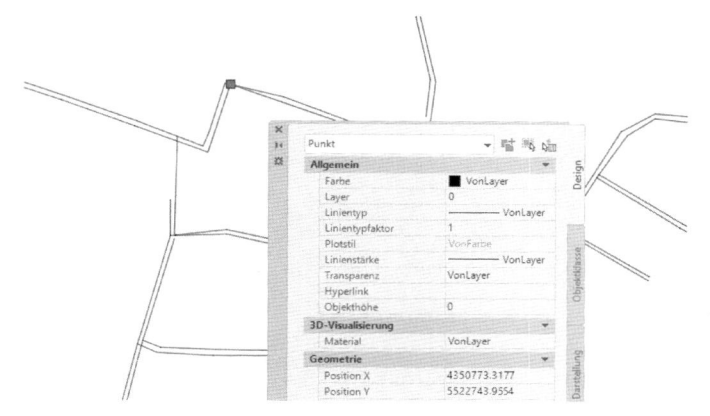

Zusätzlich gibt es jetzt an Stellen, wo Linien aufeinandertreffen ACAD-Punkte.

Die erstellte Topologie die Zuordnung der Objekte zur Topologie können mit der Funktion „Anzeigen" überprüft werden.

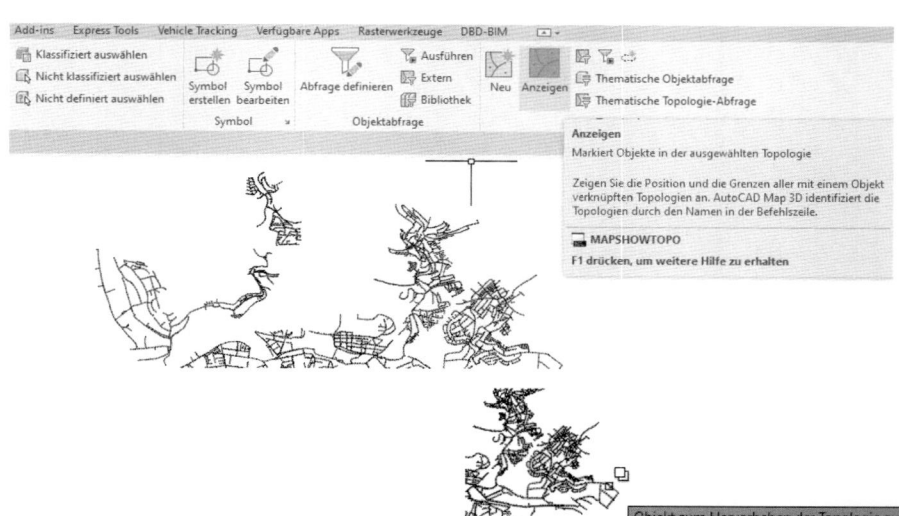

In der Befehlszeile wird ausgegeben, dass sich das gepickte Objekt in der Topologie „Regenwasser" befindet.

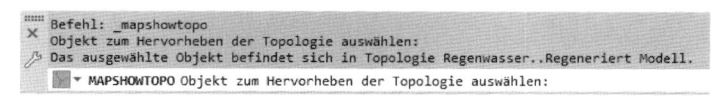

8 Extras (zu beachtende Sonderfunktionen)

Anschließend wird die gesamte Topologie hervorgehoben.

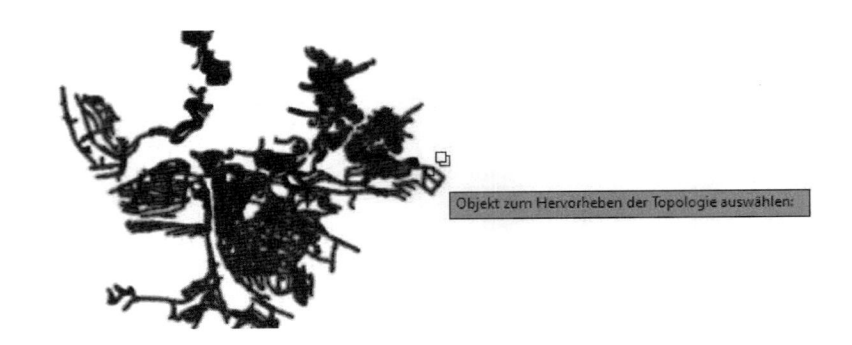

Arbeiten mit Topologien.

Das Erstellen solcher Topologien hat das Ziel, diese Netze nach verschiedenen Kriterien auszuwerten. Bei Straßen-Netzen ist das eine sehr geläufige und praktische Anwendung „der Routenplaner". Hier in diesem Fall könnte das die Ausbreitung von Gefahrenstoffen (Schadstoffen) oder die kürzeste Verbindung im Kanalnetz sein.

Die entsprechende Topologie ist zu wählen.
Bei geladenen Netztopologien besteht die Möglichkeit,
- den kürzesten Pfad,
- die Beste Route oder eine
- Netzausbreitung zu bestimmen

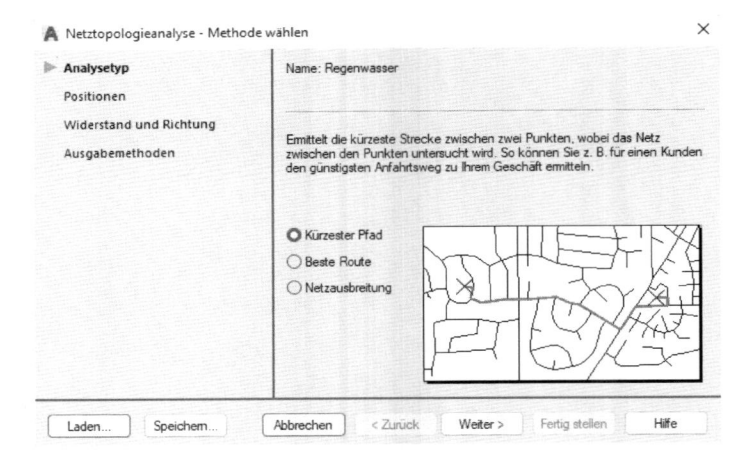

Im Beispiel wird die dritte Variante „Kürzester Pfad" gewählt.

8 Extras (zu beachtende Sonderfunktionen)

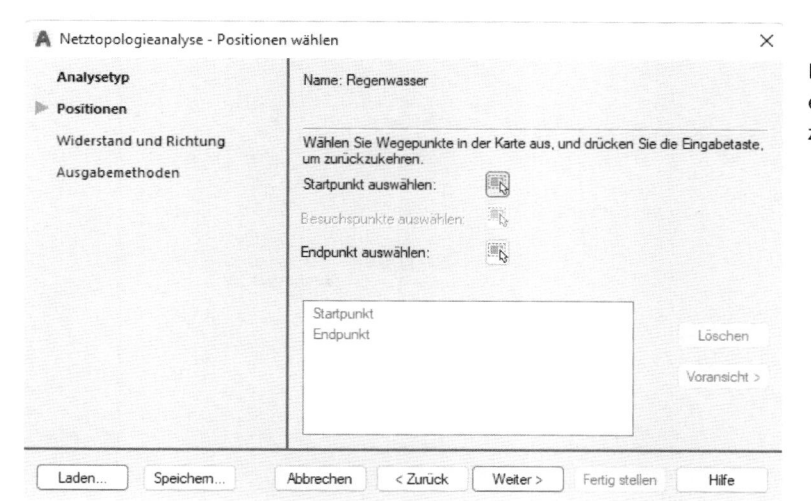

Für diese Variante braucht es einen Start- und einen Endpunkt. Beide sind in der Zeichnung zu picken.

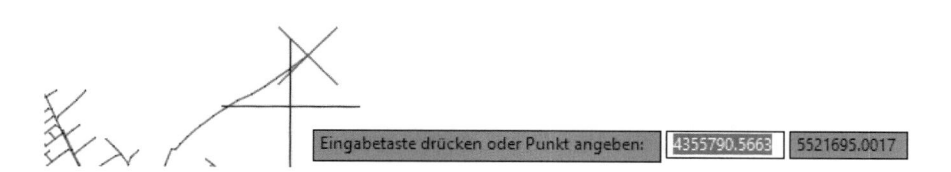

Zum Picken der Punkte ist ein entsprechender Objektfang zu wählen. Die Netzanalyse kann mehrfach überarbeitet werden.
Aus diesem Grund sollte für eine erste Variante der Abstand zwischen Start und Ziel nicht allzu unübersichtlich weit gewählt sein.

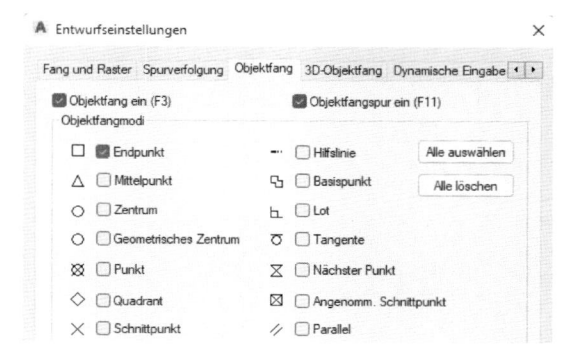

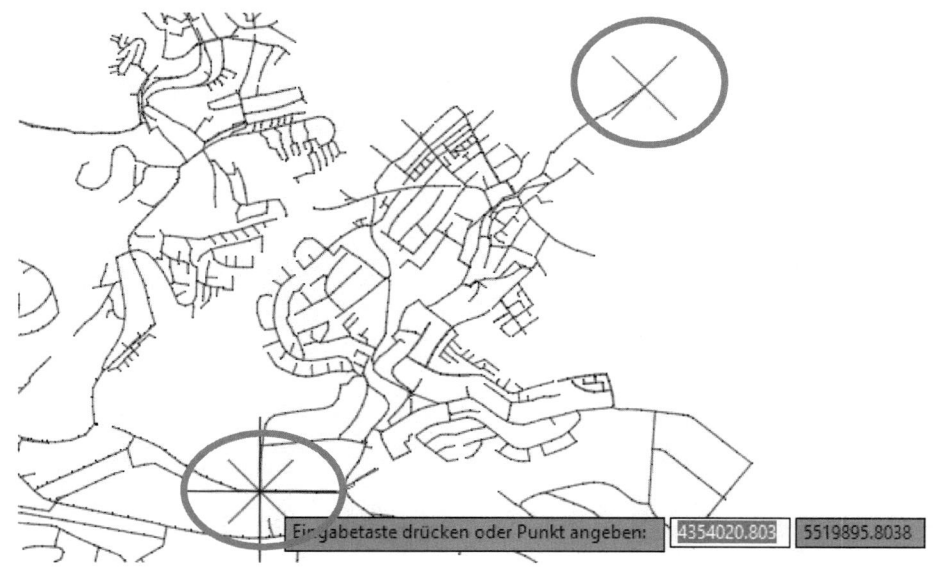

8 Extras (zu beachtende Sonderfunktionen)

Anfangs- und Endpunkt sind eingetragen. Anfangs- und Endpunkt sind beliebig oft wechselbar.

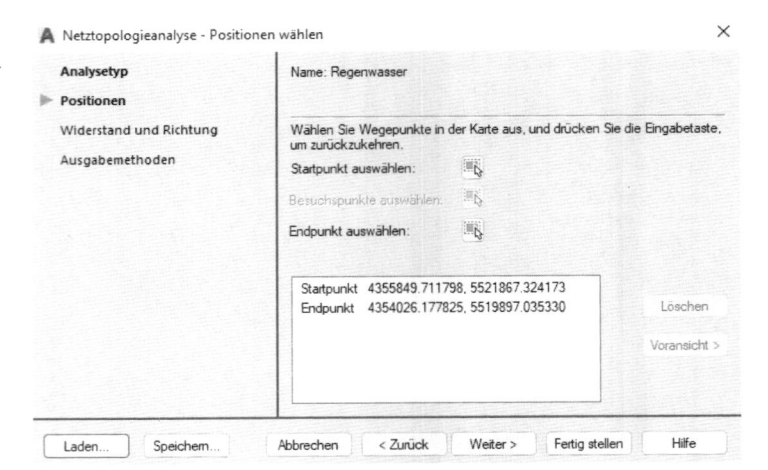

Zusätzlich können Eigenschaften eingegeben sein, die Durchflussmengen oder Straßenverhältnisse symbolisieren Besonderheiten in der Topologie (Engstellen, Rückschlagklappen, usw.).

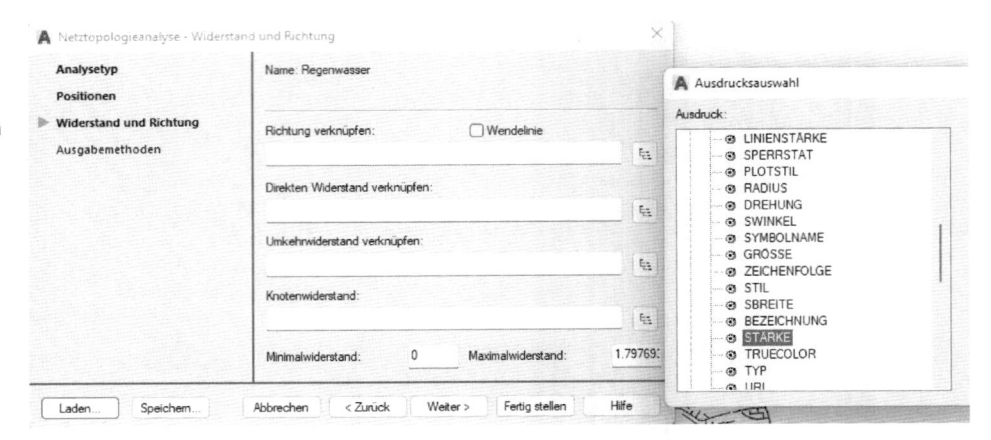

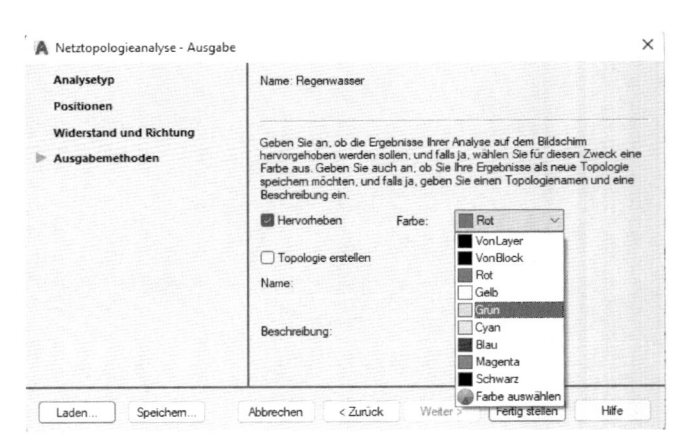

Die Berechnung kann mit dem Erstellen einer neuen neuen Topologie enden.
Es wird bewusst eine Farbe gewählt, die die neue Topologie deutlich hervorhebt.
Ausnahmsweise wird diese hier benutzt, um später weitere Besonderheiten bei Topologien anzusprechen.

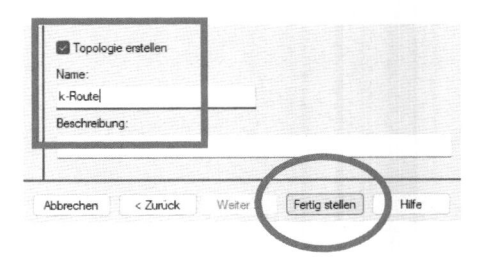

8 Extras (zu beachtende Sonderfunktionen)

Detail:

Hinweis:
Sobald die Zeichnung gespeichert ist, ist die neue Topologie „k-Route" nicht mehr sichtbar. Sie ist jedoch nicht gelöscht. Im Aufgabenfenster ist die Topologie im Karten-Explorer eingetragen.

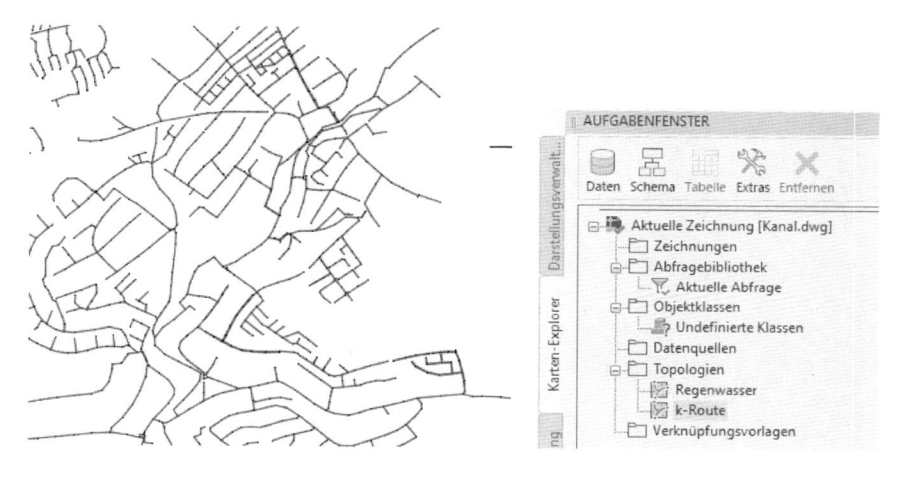

Hinweis:
Sind Topologien fehlerhaft erstellt, so können diese nicht direkt gelöscht werden. Zuerst ist eine Topologie zu „Entladen" und erst anschließend zu löschen. Das Löschen ist im MAP Aufgabenfenster zu finden.

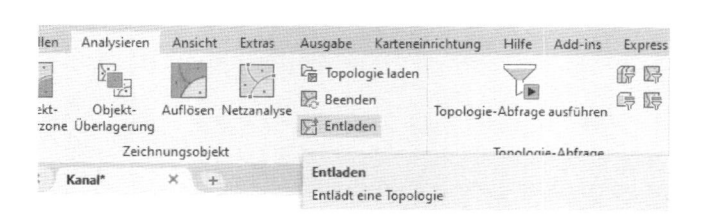

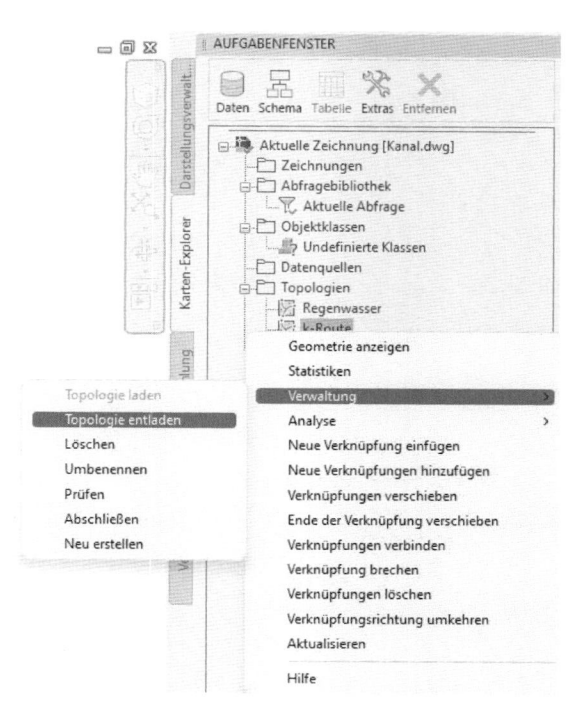

8.2 Zeichnungsbereinigung

Wie bereits im vorherigen Kapitel angesprochen, kann eine „Topologie" nur erstellt werden, wenn es fehlerfreie Daten gibt. Bei solchen Massen-Daten wie dem Kanalnetz einer ganzen Stadt ist das ein Problem und es kann fast nicht ausgeschlossen werden, dass es zu Fehlern beim Zeichnen kommt, weil die Daten meist auch unter Zeitdruck erstellt werden.

In den originalen Daten von Autodesk zum Rohrleitungsnetz der Stadt Würzburg gibt es einen solchen Fehler. Diese Zeichnung ist von mir in „Kanal-Fehler.dwg" umbenannt. Mit der Zeichnungsbereinigung kann dieser Fehler bearbeitet und beseitigt werden.

Die Funktion der Zeichnungsbereinigung gehört zum Register „Extras".

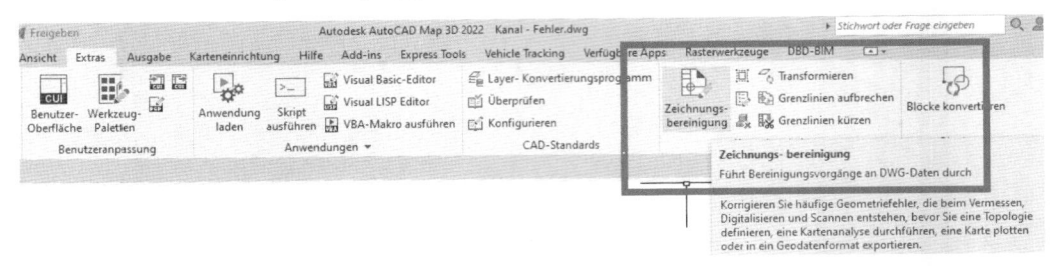

In der Zeichnung „Kanal-Fehler.dwg" ist dieser Fehler mit einem schwarzen Kreis im oberen-rechten Bereich markiert.

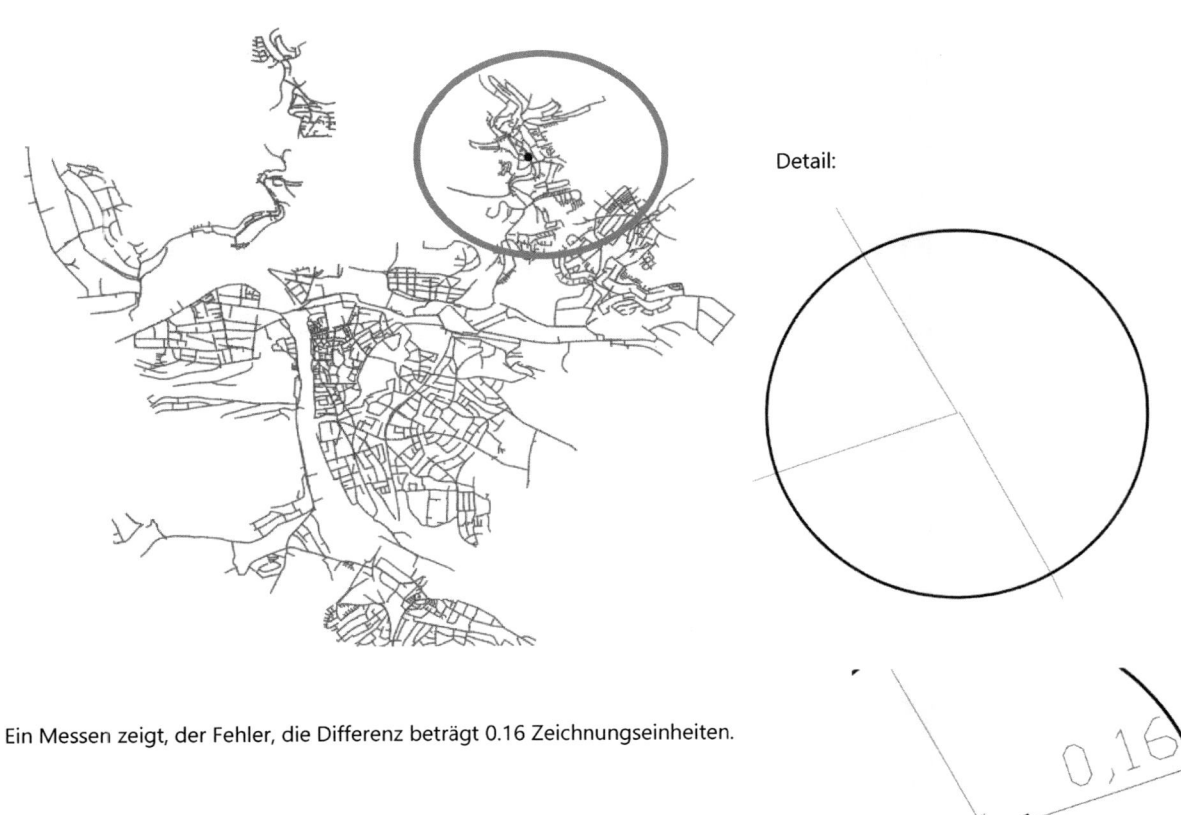

Detail:

Ein Messen zeigt, der Fehler, die Differenz beträgt 0.16 Zeichnungseinheiten.

8 Extras (zu beachtende Sonderfunktionen)

Die Zeichnung bleibt auf diesen Bereich gezoomt und es wird die „Zeichnungsbereinigung" gestartet.

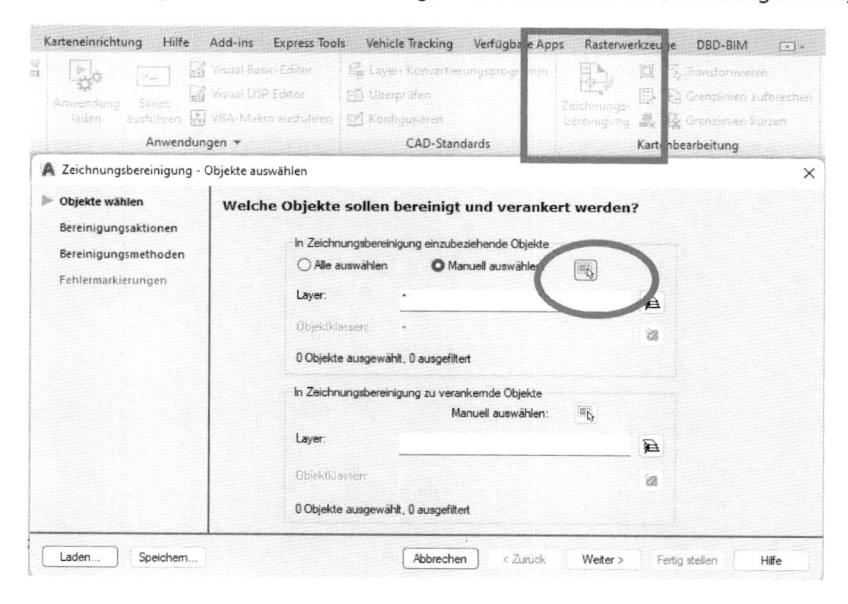

Wie bei der Beschreibung von Funktionen in den vorherigen Kapiteln empfehle ich, wenn „manuelle Auswahl" zur Verfügung steht diese Auswahl zu nutzen. Mit der Auswahl „Fenster" (über die gesamte Zeichnung) werden alle Zeichnungselemente ausgewählt.

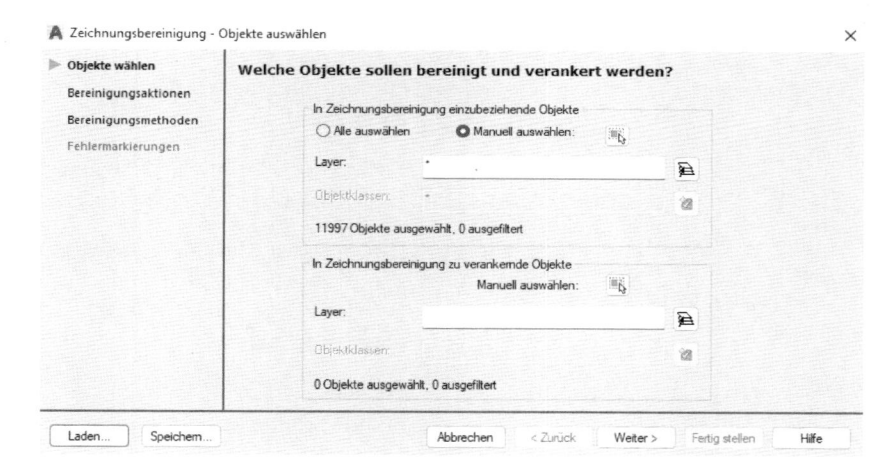

Es sind in die Zeichnungs-Bereinigung „einzubeziehende Objekte" wählbar und in der Zeichnung „zu verankernde Objekte" wählbar. Um den Unterschied zu erläutern wird die Autodesk-Hilfe zitiert.

Autodesk-Hilfe:

In Zeichnungsbereinigung einzubeziehende Objekte

Wählen Sie hier die zu bereinigenden Objekte aus. Sie können im Allgemeinen nur lineare Objekte bereinigen (Linien, Bogen, Kreise und Polylinien). Mit einigen Bereinigungsvorgängen lassen sich jedoch weitere Objekttypen bereinigen, wie z. B. Punkte, Blöcke, Text und MText. Nicht unterstützte Objekttypen werden ignoriert.

In Zeichnungsbereinigung zu verankernde Objekte

Wählen Sie die zu verankernden Objekte aus. Verankerte Objekte werden während der Bereinigung als Referenzpunkte verwendet und werden weder verändert noch verschoben. Objekte, die bereinigt werden, werden zu verankerten Objekten verschoben. Sie können lineare Objekte, Punkte, Blöcke, Text und Mtext verankern.

8 Extras (zu beachtende Sonderfunktionen)

Eine Auswahl von „zu verankernde Objekte" ist in diesem Fall nicht erforderlich. Die Funktion wird mit „Weiter" weitergeführt.

Das Feld „Bereinigungsaktion" bietet an, bei welchen Fehlervarianten eine Anwendung der Zeichnungsbereinigung möglich wäre. Der vorliegende Fall entspricht der Funktion „Knotenanhäufungen fangen" (Griffe-, Endpunkte fangen).

Mit „Hinzufügen" wird die Funktion in das Feld „Ausgewählte Vorgänge" übertragen und zeigt die Option „Bereinigungsparameter". In dem Feld Toleranz ist ein Wert einzugeben, der der Größenordnung des Fehlers entspricht.

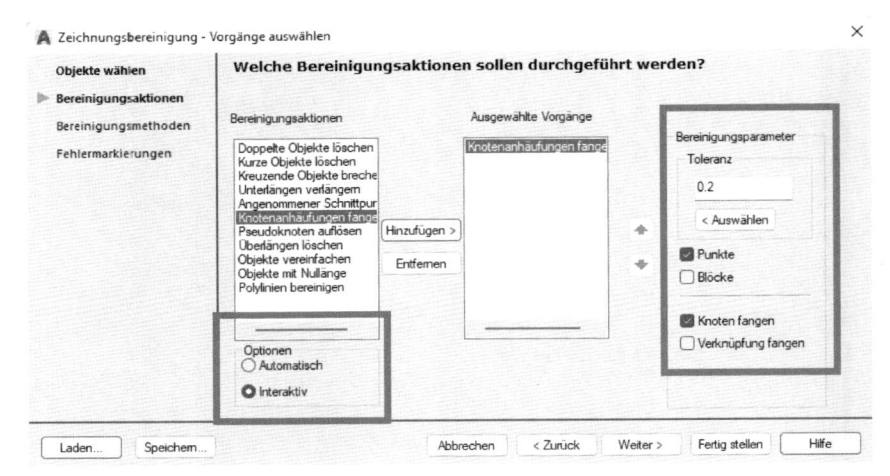

Würde der Wert (hier vorgegeben Wert „0.1") nicht geändert, dann würde der Fehler nicht beseitigt.

Die Änderung auf „0.2" wird den Fehler beseitigen.

Die Optionen „Punkte" und „Knoten fangen" bleiben unverändert.

Die „Optionen Interaktiv" zu wählen ist empfehlenswert. Mit dieser Funktion zeigt der Rechner jede korrigierte Position.

Mit der Funktion „Weiter" folgt der nächste Schritt.

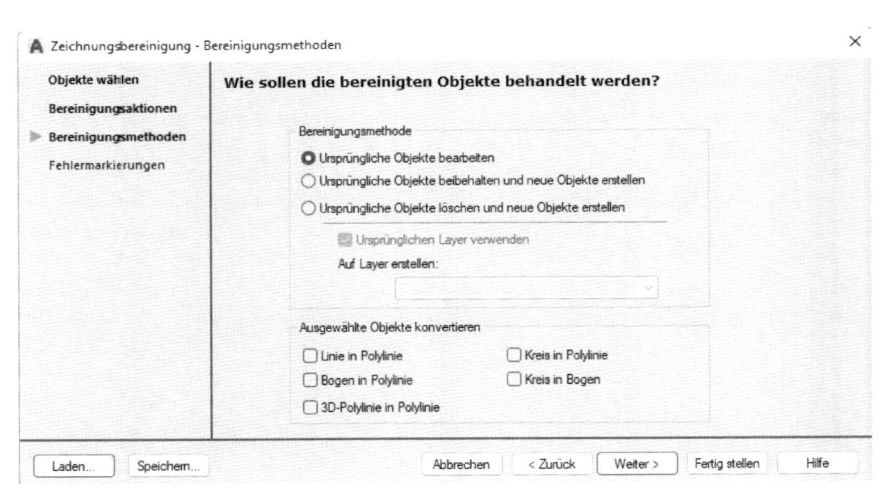

Verschiedene Bereinigungsmethoden sind möglich. Die Variante „Ursprüngliche Objekte löschen und neue erstellen" ist zu beachten. Diese Variante entspricht dem Erstellen einer neuen Zeichnung.

Gleichzeitig können mit dieser Funktion Objekte konvertiert werden. Das heißt diese Funktion der „Zeichnungsbereinigung" ist auch als Umwandlungs- oder Konvertierungs-Funktion nutzbar.

8 Extras (zu beachtende Sonderfunktionen)

Die Funktion wird ohne Änderung der Voreinstellung, mit „Weiter" fortgesetzt.

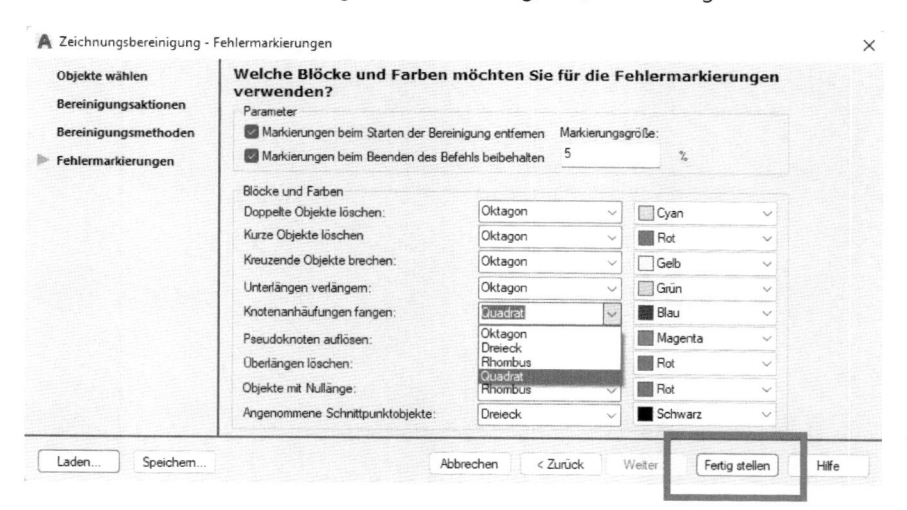

Es ist möglich in Abhängigkeit der gewählten Funktion eventuelle Funktions-Fehler mit speziellen Farben und Symbole zu zeigen.

Diese Einstellung bleibt ohne Änderung beibehalten.

Es wird mit „Fertig stellen" die Funktion der Zeichnungsbereinigung gestartet.

Die Funktion zeigt die Anzahl der Fehler, deren Position in der Zeichnung und mögliche Fehler-Beseitigungs-Optionen.

In der Übung werden hier lediglich die „ZOOM-Einstellungen" geändert.

Die Funktion wird mit „Beheben" weitergeführt.

Es wird der Wert 50.000 gewählt.

Erst mit dieser Größenordnung ist die Fehlerkorrektur zu erkennen.

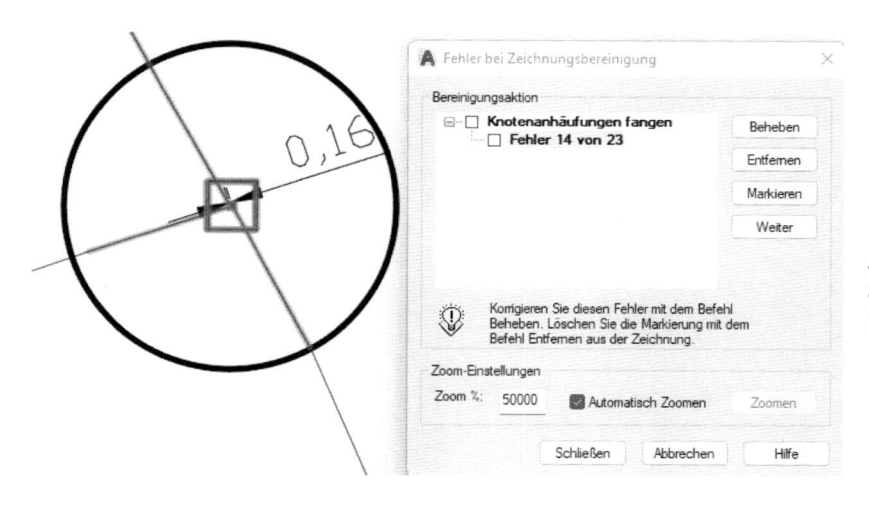

Alle Fehler werden mit „Beheben" abgearbeitet. Mit Schließen wird die Funktion beendet.

Gert Domsch, CAD-Dienstleistung

8 Extras (zu beachtende Sonderfunktionen)

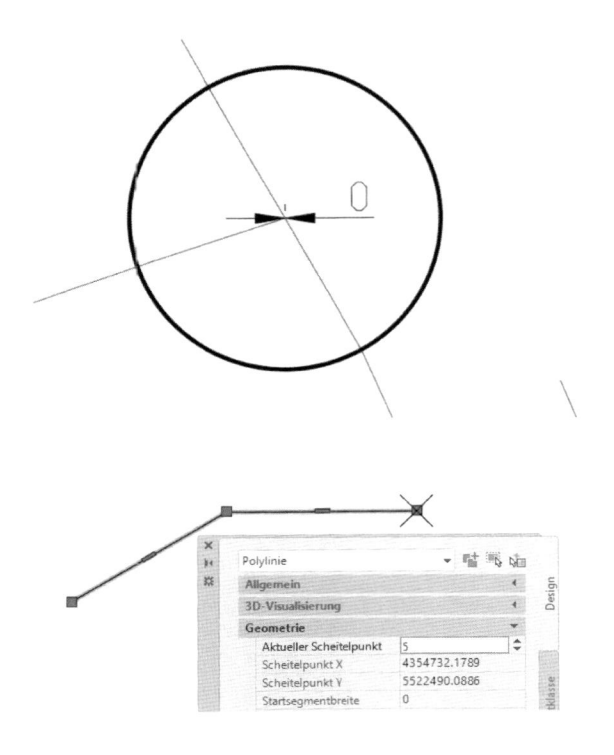

Der eingangs beschriebene Fehler zeigt jetzt den Wert „0".

Hinweis:
Weil bei vielen Funktionen Parameter einzugeben sind, ist die wichtigste Funktion hier nicht unbedingt die Funktion „Knotenhäufungen fangen". Einer der häufigen Fehler in Zeichnungen ist das „Picken" von „Stützpunkten" übereinander (doppelte Stützpunkte).

Die im nachfolgenden Bild gezeichnete Polylinie hat sichtbar „3 Griffe" (Gripps). Die Eigenschaften zeigen jedoch 5 Stützpunkte (Gripps) an?

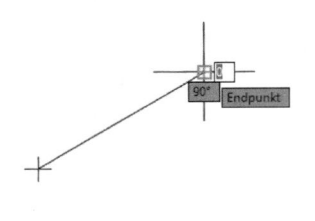

Diese übereinander liegenden Stützpunkte führen in CAD-Zeichnungen zu den verschiedensten Folgefehlern. Die Funktion Zeichnungsbereinigung kann mit der „Bereinigungsaktion, Polylinien bereinigen" diese doppelten Stützpunkte entfernen.

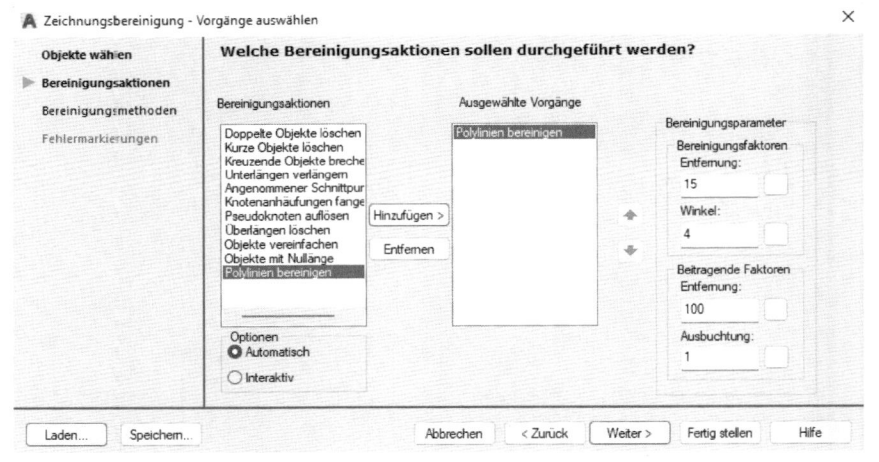

Hier sind Bereinigungsparameter zu beachten. Die voreingestellten Werte werden nicht geändert.

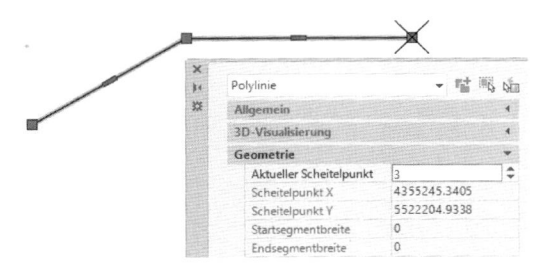

Mit ausgeführter Funktion gibt es nur noch 3 Stützpunkte.

Gert Domsch, CAD-Dienstleistung

8.3　Affine Transformation

Bei dem grundsätzlichen Umgang mit CAD oder CAD-Daten gibt es einen Unterschied zwischen Infrastruktur Planern (Tiefbau-Planer) und Architekten. Der Architekt plant Gebäude mit Wänden, Decken und Dach eventuell Treppen. Hier sind Abstände, Breiten, Dicken erforderlich, das heißt Bemaßungen. Vielfach ist es auch sinnvoll das neue Gebäude in 3D zu präsentieren. Vielfach werden dann „Render-Materialien", Licht und Schatten benutzt. Um die Planung effektiv und schnell auszuführen werden häufig die Ausgangs Daten rechtwinklig ausgerichtet und auf eine Position nahe „NULL" verschoben (an den Koordinatenursprung). Das ist gleichzeitig vorteilhaft bei der Verwendung von Render-Material.

Infrastruktur Objekte (Tiefbau) werden meist anhand von Absteck-Punkten (Vermessungs-Punkten) gebaut, die der Infrastruktur Planer (Tiefbau-Planer) als Bestandteil der Planung ermittelt. Dazu darf er grundsätzlich nicht die Ausgangsdaten verschieben oder neu ausrichten. Mit einer solchen Arbeitsweise würde er die Koordinaten-Referenz verändern und die erzeugten - oder ermittelten Absteck-Punkte passen nicht mehr zum Projekt.

Dieser Unterschied führt in der Praxis zu großen Konflikten. Ist ein Architekten-Plan nicht mehr nach geografischen Gesichtspunkten, sondern nach planerischen Gesichtspunkten ausgerichtet, können Medien-Anschlüsse (Trinkwasser, Abwasser, Strom) oder Straßen, Wege, Zufahrten nicht passen. Die realen geografischen Koordinaten sind eben Andere, als durch Verschieben und Drehen erzeugte, veränderte Koordinaten.

Diesen Konflikt kann die Funktion „Affine Transformation" lösen. Die Funktion kann durch das Picken mehrerer Punkte ein Objekt neu ausrichten (Ausgangspunkt und Referenz-Punkt). Die Funktion ist Bestandteil der Registerkarte „Extras".

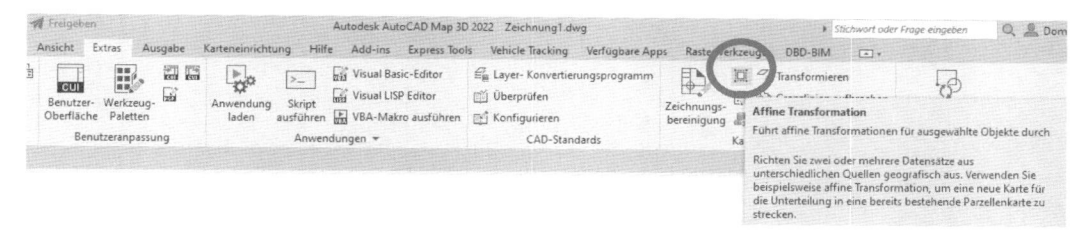

Um die Affine Transformation zu erklären, werden innerhalb der nächsten Übung zwei Zeichnungen verwendet.

Eine Zeichnung besitzt die originalen Koordinaten. Die Zeichnung besitzt Liegenschaftsinformationen, die sicher als Basis ein Koordinatensystem hat. Die angezeigten Koordinaten lassen diese Vermutung zu. Leider ist das Koordinatensystem unbekannt. Für die Übung ist das jedoch ohne Bedeutung.

UsingerWeg_ALK.dwg (Liegenschaftsinformation)

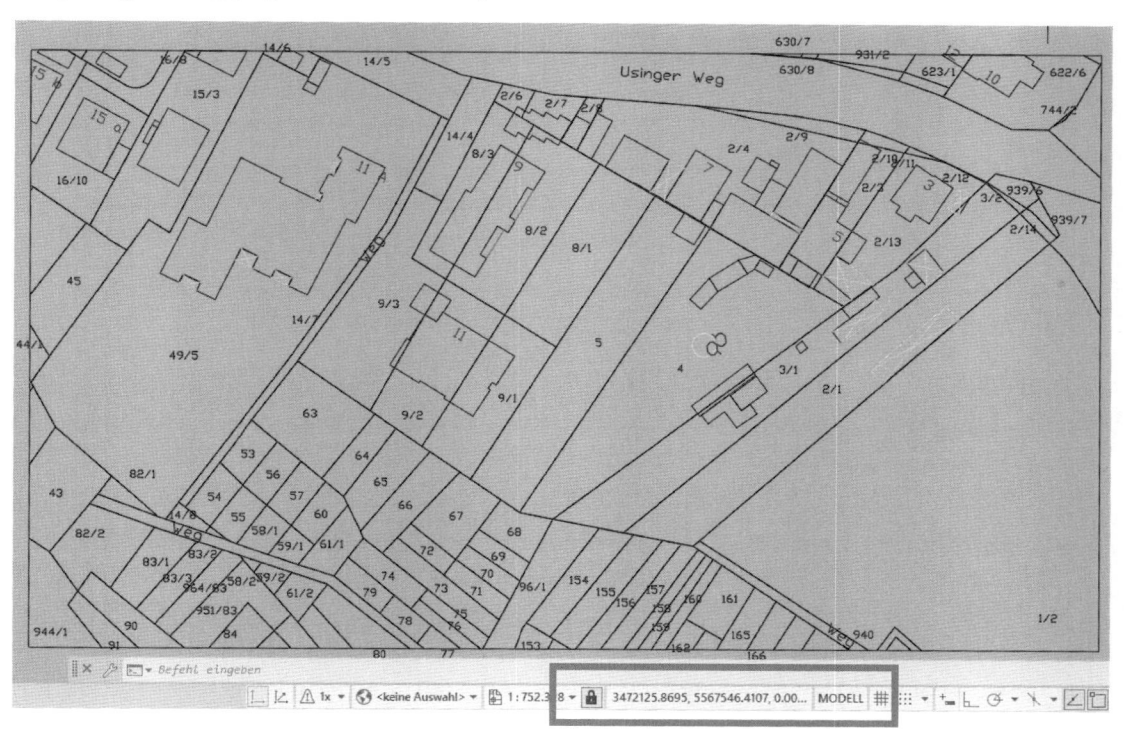

8 Extras (zu beachtende Sonderfunktionen)

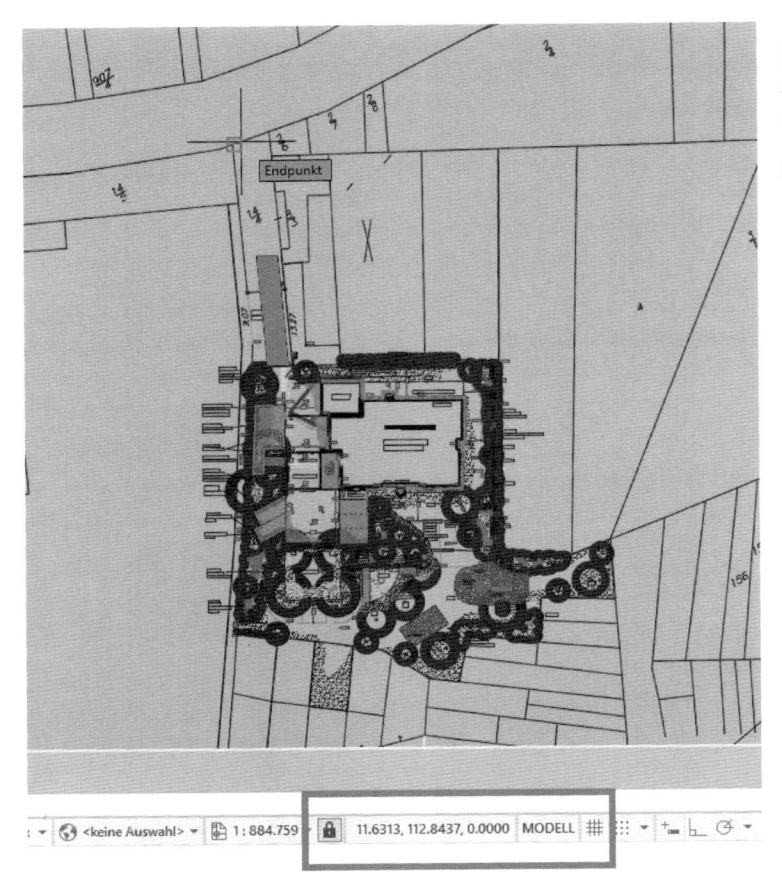

Die zweite Zeichnung besitz die Planung, die aus arbeitstechnischen Gründen verschoben und rechtwinklig ausgerichtet ist.

UsingerWeg_Ausführungsplan.dwg (Planung)

Die Funktion der „Affinen Transformation" wird die Zeichnung UsingerWeg_Ausführungsplan.dwg" verschieben, Drehen und eventuell Skalieren.

Die Funktion transformiert über mehrere Parameter.

Die angegebenen Koordinaten sind zu beachten.

Im ersten Bearbeitungsschritt ist visuell festzustellen, ob es in beiden Zeichnungen gemeinsame Punkte gibt. Um die Funktion ausführen zu können, sollte es in beiden Zeichnungen gemeinsame Punkte (Positionen) geben. Da beide Zeichnungen Liegenschaftsinformationen einhalten, können die Liegenschaftsgrenzen als solche gemeinsamen Punkte (Positionen) benutzt werden. Um diese Gemeinsamkeiten zu zeigen, wird in beiden Zeichnungen ein Layer mit der Farbe Rot angelegt (Hilfs-Info) und die gemeinsamen Positionen werden mit roten Kreisen markiert.

Es sollten in beiden Zeichnungen mindestens drei gemeinsame Punkte vorhanden sein. Mehr als 4 Punkte zu haben, macht kaum Sinn. Die Genauigkeit wird dadurch kaum verbessert.

Sind mindestens drei Punkte gefunden, empfehle ich für die Funktion eine zweite Voraussetzung zu schaffen. In der Zeichnung „Planung" wird die Planung einschließlich der Lage und der vier Punkte kopiert. Die Kopie wird als „Block" in die Zeichnung mit den georeferenzierten Liegenschaftsdaten „UsingerWeg_ALK.dwg" eingefügt und außerhalb der hier vorhandenen Liegenschafts-Daten positioniert.

UsingerWeg_Ausführungsplan.dwg (Planung)

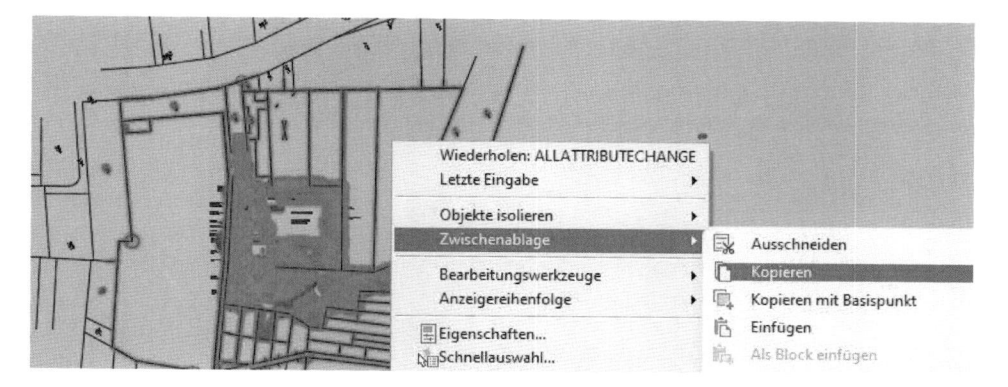

UsingerWeg_ALK.dwg (Liegenschaftsinformation)

Die Ausgangssituation für die Funktion „Affine Transformation" ist geschaffen.

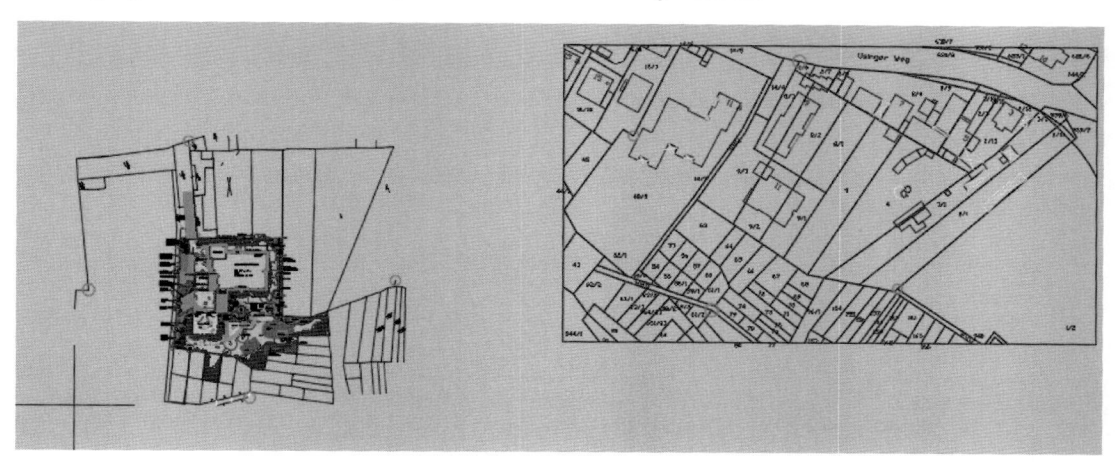

Die Funktion „Affine Transformation" wird gestartet.

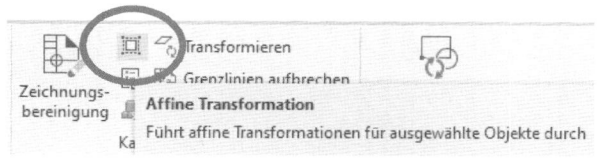

8 Extras (zu beachtende Sonderfunktionen)

Mit dem Befehl „Affine Transformation" können beliebig viele Punkte angepickt werden. Die als Ausgangspunkt und ....

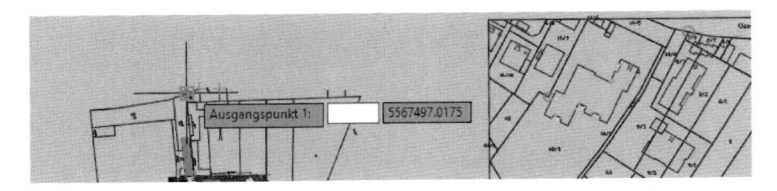

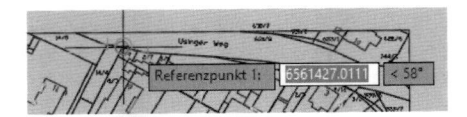

...als Referenzpunkt angegeben werden.

Während der Funktion verbindet MAP 3D beide Punkte mit einer symbolischen Linie.

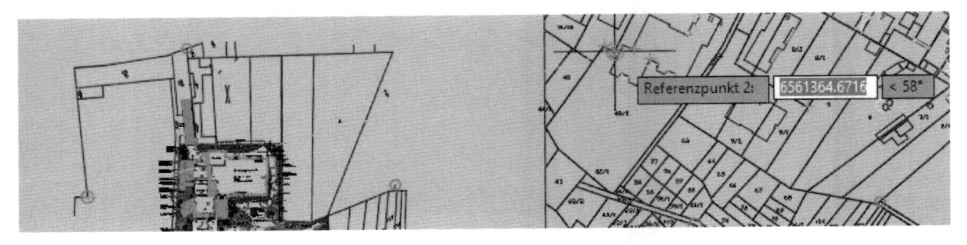

Es werden alle vier Ausgangspunkte mit dem entsprechenden Referenz-Punkt verbunden.

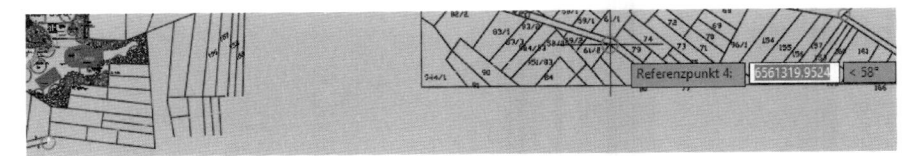

Auf diese Weise können beliebig viele Ausgangspunkte mit Referenzpunkten verbunden werden. Ein fünfter Punkt ist nicht vorhanden. Der erste Teil der Funktion wird mit „Enter" abgeschlossen.

Nach Beendigung der Verknüpfung von Auswahl- und Referenzpunkten werden die Daten, die zu transformieren sind, mit einer „Bereichsauswahl" oder durch „Anklicken" gewählt. Die Option „Auswahl" entspricht einem „Anklicken des Blockes".

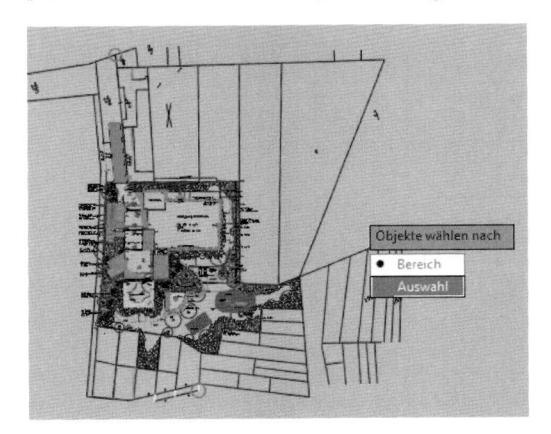

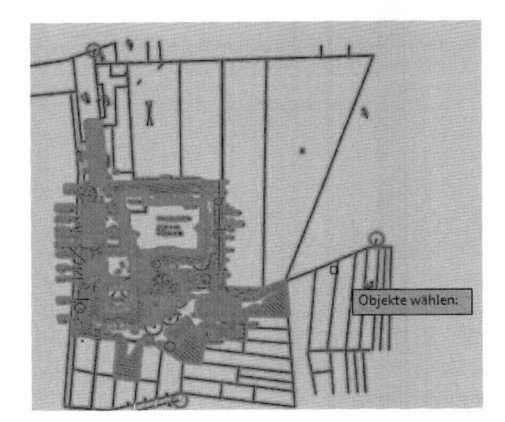

Mit der „Auswahl" sind die Daten auf den Lageplan verschoben, gedreht und skaliert.

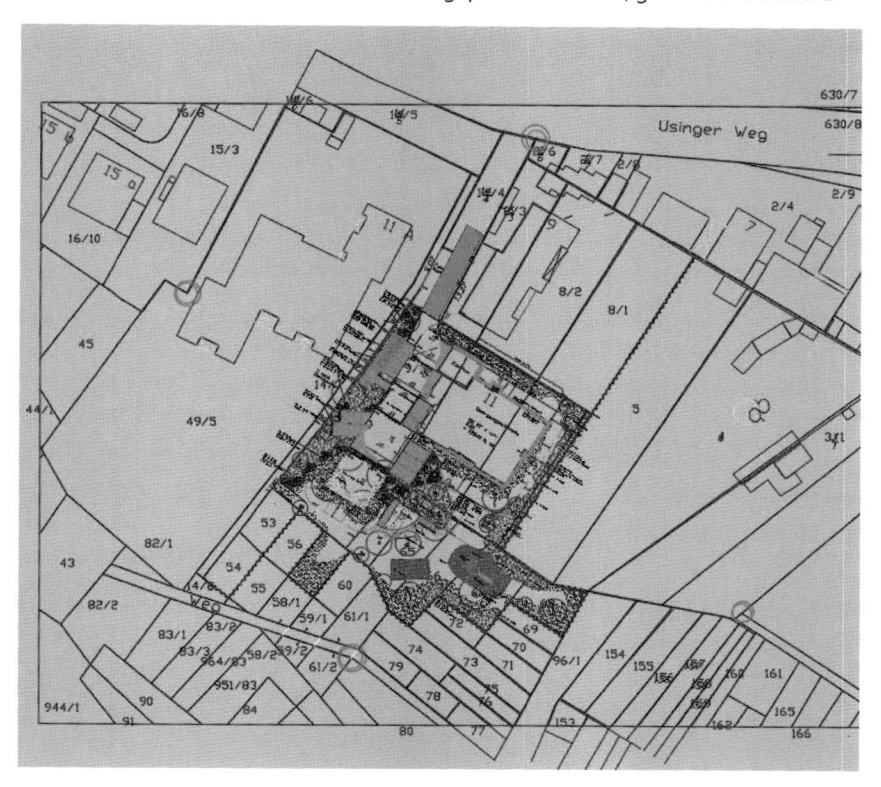

In der gleichen Art und Weise können auch Bilder gedreht, skaliert und auf die richtige Position gebracht werden. Das richtige Positionieren von Bildern in georeferenzierten Zeichnungen ist die Voraussetzung für das optionale Schreiben deine „World-Datei". Mit dieser Datei können Bilder wiederholt geografisch richtig eingefügt werden (Kapitel: Erstellen einer Korrelationsdatei).

Ende

ISBN 978-3-7565-1602-5

www.epubli.de